云程初声

闽江学院史学优秀毕业论文选集

毛晓阳　主编

海峡出版发行集团 ｜ 海峡文艺出版社

编委会成员

主　编

毛晓阳

编　委（按姓氏音序）

晁　舸　陈　玼　陈日升　房建国　黄清敏
黄运明　李　颖　宋馥香　王念祖　翁伟志
余元启　张铎瀚　朱勤滨

序 言

作为我校升格组建后设立的最早院系之一，2002年由原福州师专历史系改组而来的闽江学院历史学系走过了一段艰辛曲折的发展道路。组建之初，历史学系在前系主任韩琴教授的带领下，结合此前闽江职业大学和福州师专的办学特色，设置了4个招生方向，即历史师范教育、图书馆学（师范）、文档信息管理和历史信息系统。但是，受师资力量匮乏、办学理念模糊等主客观因素的制约，至2016年，4个专业方向被调整为2个，即历史学和文物与博物馆学。同年，历史学系与中文系合并为人文与传播学院。2018年新闻传播学院独立建置，人文与传播学院更名为人文学院。2021年历史师范教育方向恢复招生，2023年历史学方向停止招生。

面对招生方向频繁调整带来的压力与挑战，历史学系教师对未来的发展虽然担忧，但却没有"失去斗志"，而是自发、积极地应对工作——他们一面在学历学位和知识结构方面谋求自我提升与拓展，一面在学校政策调整的浪潮中互帮互助，团结共进。2002年以来，全系共有7名教师在职攻读博士学位，新引进的10名教师（含文博方向）也都持有博士学位，其中朱勤滨、程文博都是从本系本科毕业之后，考上国内知名985高校完成深造又回归母校，在为本系师资力量注入新鲜血液的同时，也形成了教师团队代际关系的新格局。与此同时，自2009年我幸运获得闽江学院首个国家社科基金青年项目以来，全系教师共获得了8项国家社科基金项目，无论是绝对数量还是人均占比，在全校各院系中都名列前茅。2023年6月，我再一次幸运获批了闽江学院首个国家出版基金资助项目。此外，历史学系教师还在教育部社科基金、中国博士后科学基金、福建省社科基金等各类省部级科研项目方面斩获颇丰。他们在学科研究与人才培养方面的努力也得到了各级管理部门的认可，本论文集指导教师中便有多位各类人才称号获得者，如福建省级高层次人才、福建省高校以马克思主义为指导的哲学社会科学学科中青年理论人才、福建省高校新世纪优秀人才、福州市闽都英才、闽都学者特聘教授等。

本论文集是历史学系教师近年来所指导的部分优秀毕业论文的结集，它们包括但不仅限于校级推优论文。之所以用"云程初声"为其命名，主要源于我们对于本系所有毕业学生的真诚肯定和殷切期待。一方面，我们肯定同学们的毕业作品在本科学位论文层面已经达到了较高的水平，希望他们毕业之后增强信心，勇毅前行；另一方面，我们也期待同学们立足新起点、踏上新征途，从此关山飞渡，鹏程万里，成就福泽世人的成功事业，创造属于自己的美好人生。

本论文集是历史学系教师民主讨论共同决定的结果。近几年来，省市地方政府加大了对闽江学院的教育投入，办学经费相对充裕，但是也存在年终经费未能执行到位而被回收的情况。2022年年底，经相关老师提议，全体教师一致同意将即将被收回的一笔资金用于出版本论文集。前人文学院院长助理王念祖教授尽管已经被调入新闻传播学院支持闽江学院首批硕士点申报工作，却依然心系历史学系。本论文集出版的一众事宜，包括选文标准、论文结集、编校体例、联系出版、经费划拨、书稿编校乃至封面设计等，王念祖教授都本着"功成不必在我，功成必定有我"的精神，事无巨细，几乎一力承担，但却功成而不居。经过历史学系同仁商议后一致决定由我这样一位既非院系领导亦非专业学术带头人的普通教师担任本论文集的主编。

本论文集体现了历史学系教师对闽江学院办学定位的积极思考。近些年来，历史学系教师积极在系内各类会议乃至茶余饭后讨论到了历史学应用型人才培养模式的转型问题。2022届同学4—5月毕业论文答辩前夕，全系任课教师针对是否应该将口述历史访谈录、人物传记、历史剧以及历史纪录片、历史影像志等应用史学作品纳入毕业设计的范畴，展开了开诚布公的激烈争辩，最终认为，作为应用技术型地方本科高校的历史学本科学位论文，应该改变以往史学学术论文的单一模式，增加更加适应社会需要的应用技能型史学毕业设计，形成一种多元模式；但是在增加新的类别时，则应确保质量，稳妥推进。2022年暑假期间，历史学系教师带领由多个年段学生组成的社会实践小组开展了"访校友，忆闽大"口述历史访谈项目，访谈了由时任福州市委书记习近平同志兼任闽江职业大学校长期间的7位退休教师和校友，获得了大量的录音、录像以及受访者的证件、证书等图片资料，并形成了一份 11 万多字的访谈录合集。通过本次口述历史访谈实践活动，我们对于 2021 年 3 月 25 日习近平总书记重返闽大讲话中所重申的"不求最大，但求最优，但求适应社会需要"的办学理念和"立足福州、面向市场、注重质量、突出应用"的办学宗旨有了更加深刻的理解。在论文集中，我们特意将入选的优秀毕业论文区分为"传统史学""应用史学""考古文博"和"传统文科+"四个类别，借以对一路走来的办学历程进行总结，为将来的办学路径指引方向。

事实上，在近两届校领导班子率领闽院师生勉力前行期间，历史学系教师不仅继续保持了在学术研究方面的强劲势头，在教学改革探索方面也有了新的突破。如以历史系教师为主体申报的"新文科视阈下地方本科高校史学应用型人才培养模式创新与实践"项目，获得"2023 年福建省本科教育教学改革重大项目（FBJY20230333）"立项、房建国老师申报的"世界近现代史"获得了 2020 年福建省教育厅"福建省一流本科课程"立项，分别实现了历史学系省级教改重大项目、一般项目零的突破；王念祖老师申报的"基于'传统文科+'的应用技术型人才培养模式探索（MJUJG2021A002）"、陈日升老师申报的"《公众史学理论与实践》课程改革与历史学应用型人才培养（MJUJG2021A004）"，同时获得闽江学院校级重点教育改革项目立项；我申报的"《学科基础实习》课程改革与史学应用型人才培养（MJUJG2021B033）"、黄清敏老师申报的"诗词在中国社会生活史教学中的运用（MJUJG2021B034）"、翁伟志老师申报的"基于 addie 模型的历史师范拔尖创新人才（MJUJG2023B012）"，叶婷老师申报的"地方应用型本科高校教学秘书数字媒介素养现状与提升策略研究（MJUJG2023B052）"，获得闽江学院校级教育改革项目立项；王念祖老师申报的"文化遗产旅游规划（MJUYYKC2022007）"、李颖老师申报的"推进产教融合实践，加快应用型人才培养（MJUJG2022B013）"，获得闽江学院产教融合应用型课程相关项目立项；朱勤滨老师申报的"'中国海洋历史文化'课程思政建设探索（MJUJG2022B012）"、黄运明老师申报的"毕业实习（MJU2022KC527）"，获得闽江学院课程思政课程相关项目立项。这样的成绩，不但突显出历史系教师在面对传统学科应用转型时采取的积极态度，更证明了老师们仍不忘初心、坚守岗位，自发肩负起身为历史系教师的重要职责。而皇天不负苦心人，这本论文集的内容也正是历史系教师在执行前述项目时，所获得的重要阶段性成果。

本论文集也是闽江学院首部本科学生优秀学位论文集。 编辑出版优秀本科毕业论文在国内外高校较为普遍，它们或以院校、或以专业、或以院系为单位进行选编，体现了不同院校或学科对其办学定位、特色与成效的积极反思。需要指出的是，在当前的高校绩效考核机制之下，教师费时费力编辑出版的此类优秀毕业论文选集，一般不被视为计算教学或科研工作量的统计对象，但是也因此更加凸显了其"以生为本"办学理念的可贵。多年以来，历史学系教师除了完成既定的教学、科研工作量，还投入了大量的时间为学生进行高水平的学习指导。比如张铎瀚、于戈、王念祖、余元启等老师都积极参加新生培优工作，定期开展读书会，指导新生阅读经典史学名著，培养其专业学习兴趣，启发其对高层次学术研究的向往。房建国老师积极承担了高年级学生的考研指导工作，他每年都会自费报名参加全国研究生英语统一考试，为即将参加考研的大四同学提供最新的考研体验。《公共史学理论与实践》课程组陈日升等老师则利用课外时间为学生联系口述历史访谈项目，带领学生走进锻炼史学应用技能的鲜活现场，让学生与受访人面对面对话交流，全程体验一篇规范的口述历史访谈录的诞生过程。全系教师还义务参加了历史学系与福建省五缘文化研究会联合主办的历届福建省大学生五缘文化征文大赛作品的评审工作。此外，历史学系教师还积极参加本系学生的专业考察指导工作，任劳任怨，不计报酬，体现了作为高校教师爱生爱校、无私奉献的优秀素养。

这部论文集只是历史学系教师探讨办学思路转型问题的一个节点。我们坚信，在全系教师的精诚团结和共同努力下，无论是办历史学、历史师范教育还是文物与博物馆学专业方向，我们都有信心将其办成既"特"且"优"的应用技术型史学专业，肩负起为省城福州社会需要服务、讲述新时代福州故事的历史使命。

谨序。

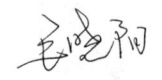

2023年6月于福州台江三源花园

代 序

　　2015年6月，我在北京大学信息管理系取得管理学博士（图书情报与档案学［编辑出版］专业），在折腾了半年多的时间后，终于在2015年12月9日（三），以"闽江学院引进的第一位台湾高层次人才"，如愿进入了闽江学院历史系。转眼8年，依稀记得当时福万楼518会议室中，身着正装、正襟危坐，一本正经的自己，以及一旁系上老师（今日已成好友）带着热切、盼望、好奇，又有点陌生的眼神。当时的我，怎样也想不到后来经历到的种种情况，乃至竟在8年后，离开了我第二个家（以及家人们），转到了新传学院。这其中原委并不容易在一篇序中说清楚（或许根本说不明白），所以，这些文字，就权当是又一次无力的忾叹吧！

　　我与"历史学系"的渊源起自8年前加盟闽江，但和"历史学"的渊源却不是从这里开始，而始自1997年就读台湾中兴大学历史系本科。当初的我热衷历史（多年后在历史学系开展读书会时，才惊觉自己喜欢的领域是"历史哲学"），以至于2001年本科毕业后又选择继续攻读硕士研究生，走的是中国近代思想史方向。然而，我的历史研究之路并非平坦，囿于学力不足与个性不够成熟，花了三年多的时间却并未取得学位；只好另寻他路，尝试在出版产业界找寻自己的存在感，因缘际会，得以在2011年登陆。在登陆之前，心中的选择有二：一是走回研究历史的老路；另一则是继续走传统出版数字转型之路。对我来说，虽然两者都是未竟之业，但之前攻读历史硕士时的斑斑血泪，令自己鼓不起勇气再走回历史研究之路；而与此相较，当初全心投入的"数字出版之路，何以失败？"的疑问，始终令自己耿耿于怀，故想通过攻读博士的机会，重新捋一捋自己失败的原因。于是，我最终选择绕开"历史学"，至北京大学信息管理系攻读管理学博士。只是没想到造化弄人，自己千算万算，最终仍是回到了历史学的怀抱，而自己此前的遭遇所得，竟成为自己与历史学系师生们，共同开始了这条"历史学本体论探寻之路"的重要养分，并在尝试过错（trial and error）中，催生出了这本《云程初声》。

此处，我之所以使用"历史学本体论探寻之路"，而非诸如"历史学应用转型""应用史学""新文科"等词汇，是因为我认为当前历史学的处境，正如同清朝中晚期的儒学一样，其面临的冲击是一种本质上的挑战，仅仅采用"中体西用"式的思考，无法直击问题的全貌。其实，早在30年前我在台湾念历史本科时（相信很多历史学系的老师们也感受到），历史学就已经处于一波又一波的冲击中——我记忆中最先开始的是"社会科学的冲击"，亦即"为了使历史学更靠近科学"，或是更"有用"——更能应用到实际的操作上，所以出现了历史学应该致力于寻找"通则"的呼声；然后，是"自然科学的冲击"，强调通过"计量方法"（后来也发展出"计量史学"）找出历史变迁历程中的"必然性"，以此提升对于充满"或然性"人类行为世界的解释能力；再紧接着，是KPI（关键绩效指标）的问世，开始广泛使用各类核心期刊（SSCI、A&HCI、CSSCI）作为评价标准，所有研究发表都要尽量能够用这个指标系统加以衡量——这使知识系统趋向一元化，压缩了具有多元化、精神性、伦理性等知识文化学科（如历史学）的发展空间；乃至于当前，学科发展与学生毕业后的就业率直接挂钩，这不啻将教师的科研教学工作的驱动力从一份志业转成一份职业，也使得中华优秀传统中知识分子"士不可以不弘毅，任重而道远"的文化责任担当，变得空洞苍白乃至于无处安放，而一旦当工具理性战胜了价值理性，可能离韦伯所说的铁笼子也不会太远了。

以上的论述，当属我个人杞人忧天的浅薄之见，虽免不了有危言耸听之虞，但也突出了我个人对历史学的终极关怀——我以为，历史学（还有很多传统学科）的本质不同于应用学科，其一开始就不对应于某一种行业；是此，要求历史系培养出来的学生能够直接就业，想要达到这样的成效，所牵涉的绝不仅仅是历史学应用能力的拓展，或是借助其他学科的"中体西用"般的"道义协助"，而应该牵涉到更深层次，亦即历史学本质的改变。而这也是我之所以使用"历史学本体论的探寻之路"，描述我进入闽江学院历史学系迄今8年来种种思考的原因。

历史学的本质（如果其真有本质）该如何调整，调整后的历史学系又该走向何方？面对这些问题，当下的我并没有肯定的想法，只能用毛晓阳老师曾说过的玩笑话来鼓励自己（以及搪塞他人）："只要思想不滑坡，办法总比困难多！"我不知道自己的思想是否滑坡，但我想到的做法，便是对标文化产业价值链定位历史学的发展方向，亦即将历史学研究成果作为文化产业价值链上游的"内容产业"，主要作用是为生产内容；以自己擅长的管理学研究作为文化产业价值链中游的"文化加值产业"，主要的作用是为内容赋能，创造价值；以传播学研究作为文化产业价值链下游的"传媒产业"，主要作用是对价值内容进行传播、应用。这样的思考，在2017年写进了"人文与传播学院"时期的"十三五规划"中，并于该年的教学大研讨中广受好评。

值得一提的是，历史学系的老师们，是一个尽职尽责的群体，大伙儿尽己所能，以自身之力自发地推动历史学的转型，希冀通过量变造成质变——这本论文集所包含的"传统史学""应用史学""传统文科+""考古文博"四个类别，其实正是对标文化产业价值链定位后的缩影——老师带领学生们，以自己的方法，投入历史学系的转型之中。

作为历史学系师生在探索历史学转型发展的阶段性成果，这部论文集的问世充满了幸运，无论是从经费获取的角度，还是从老师们能量积累的方面，都有一定的"偶然性"；而抛去这些不谈，这本论文集同时反映出的是我们自身的惶恐与对历史学系的学生们道不尽的歉意。惶恐，一方面来自历史学（非师）方向停招后，生源以及培养方案中的课程规划，不知能否继续支撑历史学系教师开展教学改革，将办学转型思路转化为现实；另一方面，也来自少子化对现存历史学（师范）方向的冲击——能留给历史学系老师的时间不多了！而歉意，则来自我们自身的反省——韩愈《师说》提及："古之学者必有师。师者，所以传道授业解惑也。"作为老师，传授知识、教授学业、解答疑惑是最基本的本职。但这一路走来，我们并无法指出一个明确可行的道路，只能说是摸着石头过河，一边积累经验，一边尝试迈出下一步。探索历史学转型发展思路，是我们身为老师应尽的本职工作，可学生们何辜？竟然让他们承担如此风险！！如今想起，仍不禁冷汗直流。是以此篇代序，一方面用以警惕自身，不积跬步无以至千里，这本论文集只是一个开始，而前路尚不明朗，仍需步步为营；另一方面，也时刻提醒我们自己，这本论文集的问世虽是老师们的无私付出，但也要感谢学生全然信任与配合，作为老师，我们的职责不可或忘。

最后，谨以泰戈尔的诗与历史学系的伙伴们共勉。

"路是长的，烈日中的尘埃是热的，任重而道远！"

2023年9月书于福万楼909

目录

第一辑　传统史学篇

民国福州警察职业群体略论（1927—1937年）

　　林毅煌 ………………………………………………… 3

从侨批看民国福建侨乡留守女性的生活

　　陈昱然 ………………………………………………… 18

郑贞文的教育主张与实践研究

　　林颖 …………………………………………………… 34

试析清朝后期福州港的纸张出口贸易

　　黄雅静 ………………………………………………… 45

拿破仑战争中的华沙公国

　　汤硕 …………………………………………………… 73

第二辑　应用史学篇

从碑刻看福州乡村社会的建设——以青州村为例

　　侯燕冰 ………………………………………………… 91

福建当代寺庙类教育公益基金研究——以平和县天湖堂为例

　　曾舒栾 ………………………………………………… 102

试析20世纪80—90年代周宁县农村抱养问题
　　蓝海麟 ………………………………………………… 119
一生相守"佛跳墙"——郭克赐访谈录
　　胡鹏举 ………………………………………………… 131
新课改背景下高中历史教学中图片史料的应用研究——以福州地区为例
　　赵楚 …………………………………………………… 147

第三辑　考古文博篇

微信公众号在国家一级博物馆中的应用
　　陈扬洋 ………………………………………………… 169
福州市闽侯县博物馆服务质量评价研究——基于SERVQUAL模型
　　代月 …………………………………………………… 183
文物保护视野下明代惩治发冢犯罪法律研究
　　王君 …………………………………………………… 207
从墓葬资料看中国战国秦汉时期西南地区的地方民族社会——以赫章可乐墓地为例
　　刘婷 …………………………………………………… 226

第四辑　"传统文科+"篇

安溪茶农的生产困境研究——以西坪镇为例
　　林秋玲 ………………………………………………… 255
福建省少年儿童图书馆室内设计研究
　　郑丽媛 ………………………………………………… 284
可持续地方创生视角下的福建乡村振兴评价指标构建
　　谢晓青 ………………………………………………… 309

第一辑
传统史学篇

民国福州警察职业群体略论
（1927—1937年）

林毅煌[①]

摘要：警察是现代国家对社会进行公共管理的一个重要手段，秉承国家意志，实施社会控制。1927—1937年间，南京国民政府改革警制，加强地方警政建设，使警察成为维持其统治及社会秩序的得力工具。本文通过介绍警察的发展演变、选拔方式、编制，对警察职业有进一步的了解。重点论述警察的社会职能，尤以其治安职能为主，从警察与民众生活的关系、社会地位及社会局限性三个方面，探究警察与当时社会的关系。

关键词：民国；福州；警察

一、前言

民国自建立以来，在内忧外患和地方军事化等诸多因素的共同作用之下，以至于中央权威下降，权力有所下移，地方各自为政[②]。受这些因素影响，各

[①] 林毅煌,历史学系2009级历史学（师范）专业本科生,现为福建省漳州市诏安县东湖中学历史教师.

[②] 彭雪芹.1927-1937年河南警政研究[D].郑州：河南大学,2006.

地的改革与制度建设也差别显著,警政建设也不例外。本文以福州为例,从警察职业群体这一角度来研究民国时期的福州警察。

长期以来,对近代警察研究虽起步较晚,但仍取得一定成果。台湾学者王家俭《清末民初我国警察制度现代化的历程》一书中,详细阐述了警察制度在中国产生与初步发展的进程。社科院法学所前辈们合著的、以论文集形式结集出版的《中国警察制度简论》,是大陆较早的有关警察史研究的著作,其中《中国近代警察制度的形成》《北洋政府的警察制度及其特点》《国民党统治时期的警察制度》等三篇涉及近代警察制度。韩延龙、苏亦工等著的《中国近代警察史》,是一部较系统地阐述近代警察制度产生与沿革的专著,使近代警察史的研究大大向前迈进了一步。另外,还有陈允文的《中国的警察》、潘嘉钊等编撰的《蒋介石警察密档》、李万里的《公安警察问答》等等。这些著作从不同角度对中国警察的发展历程进行了深入的研究。

对地方警察的研究主要集中在北京、上海、河南和武汉等地,如魏斐德(Frederic Evans Wakeman Jr.)的《上海警察1927—1937》、彭雪芹的《1927—1937年河南警政研究》、徐胜的《民国武汉城市警政研究(1927—1937)》。其中尤以北京警察研究成果最为丰硕,如穆玉敏的《北京警察百年》、蔡恂的《北京警察沿革纪要》、李自典的《近代京师警察职业群体略论(1901—1927年)》等等。这些著作具体介绍了北京警察机构设置的变迁过程及其附属机关的兴废,警察官吏人数的增减,经费与薪饷的消长,以及警察的服制、组织方式和办事章则等。

当前的学术界有关近代警察群体的研究,以往学者已取得了一些成果,但从职业角度来研究民国福州警察群体的文章相对较少。本文试从这一角度来研究民国福州警察,试图弥补这一不足。

本文主要研究1927—1937年间福州警察的状况。一方面是因为相对民国初期而言,自1927年南京国民政府成立,北洋军阀在福州的统治结束起,至1937年抗日战争全面爆发这十年间是国民政府统治最为稳固的十年,其政策措施具有一定固定性、延续性和代表性。

本文采用的资料主要来自以下几个方面:一是《福建省会公安局业务纪要(1934—1937)》和《警政月刊》等官方文书;二是《华报》《小民报》等民国时期的报纸;三是文史资料、福州市志等文献的记述。其中以《福建省会公安局业务纪要（1934—1937）》和《警政月刊》为切入口。《福建省会公安局业务纪要（1934—1937）》由福建省会公安局于1937年编制而成，记录了福建省会公安局的历史沿革、蒋介石训话、总务、1934—1937年间的所有业务等等。《警政月刊》又名《福州警政月刊》《福州市公安局警政月刊》。由福州市公安局于1927年开始出版，到1931年停刊，共有53期。《警政月刊》记录了1927—1931年（这段时间正好是南京国民政府成立，北洋军阀在福州结束统治，国民党开始统治福州的时期）内福州公安局公布的命令、公牍、布告、法规、表册等。这些内容涉及当时福州政府在商业、交通、卫生、户籍、军队内部整治、枪支、盗匪尤其是烟、赌、娼等各方面的警务活动和相关政策措施。这些史料为研究民国时期福州警察提供了真实、可靠的依据。

二、警察职业概述

中国近代意义上的警察诞生于20世纪初[①]。近代警察在中国开始试办的标志是1901年京师工巡总局的设立。1905年中央设立巡警部，作为全国最高警察机构，警察开始在全国范围内普遍推广。至清朝末年，全国的警察系统已基本形成。

（一）发展演变

从福州警察的发展轨迹来看，自清末到北洋政府时期，再到南京政府时期，尽管经历了多次政权更迭的急剧变革，但福州警察依然保持了组织结构上的制度连续性，其机构演变是一个连续性的历史过程。

"闽省警察，创始于前清光绪二十七年，清廷令各省创办巡警军，闽省乃就省垣城守营挑选改编为之，隶属于保甲局。"[②]在清政府的督促下，福州将军兼署闽督崇善和福建布政使尚其亨委托福建按察使朱其煊主办警政。[③]1903年，朱其煊改省城保甲总局为福建全省警务总局，并亲任总办一职。警务总局设立之后，在福州城内的重要地段设4个分局，直属于福建全

[①] 彭雪芹.1927-1937年河南警政研究[D].郑州：河南大学,2006.

[②] 福建省会公安局.福建省会公安局业务纪要1934-1937[M].1937.

[③] 张容官.福州举办警政始末[M].福州文史资料选辑第十一辑,1992:150.

省警务总局。与此同时，在福州南台设有一个警务局，称南台警务局，与福建全省警务总局没有隶属关系。在南台警务总局之下，设置4个分局。每个分局设置的人员及数目与城内分局相同，每个分局各设有一定数量的清道夫。1904年，总局实行分局之下再分区，区之下再分段的执勤制度。每段再设岗，并派巡兵轮流守望，各区设正、副巡长和巡目分班督率勤务。发展至1948年，福州市警察局在原来的基础上不断完善其组织机构，辖5个分局，每个分局各设3个分驻所、1个派出所，共计20个所。并增设外事科、户政科，人事股改称人事室，另成立经济检查队。警察组织结构演变的连续性，体现了警察机构的不断健全、警察制度的不断完善。

这时期还出现了女警。"本局向未训练女警，二十五年六月，因鉴于本地社会情形，日趋复杂，有采用之必要，关于警察训练所续招第二期学警时，添招女警十二名。"[①]女警的产生对于打破传统观念有重要意义。女警的出现更是表明了福州这一时期警察制度从不完善逐渐走向完善。警察制度的完善，也是警察职能实施的制度保障。

（二）选拔方式

警察是一个专业性很强的职业，因此警察选拔也有自己的一套机制。清末，福州将军崇善在城守营中挑选了一部分精壮士兵，编练成常备巡警军，再从常备巡警军中挑选精干士兵，送入学堂训练（当时学堂尚在筹设中），合格者为警察。民国时期，采取选募的办法招收警察（巡兵），四处张贴招收广告。选募以年龄、视力、脚力、手力、文字、官音为考查条件。招收年龄为20岁至35岁、视力能视2里以外标帜、脚力能1小时行10里路、手力能举百斛（约50斤）、文字只要求略知、官音以能说能听即可的青年。与此同时，还规定了涉及烟酒、赌博、残废、强暴、曾经犯案者、众人拒恶者为不准招收的情况。但由于从平民中选募很难，故都从制兵中抽取[②]。

采用招募的方式选拔警察，选募的条件主要以体力为主，对文化程度的要求不高，可能会影响整个警察队伍的整体素质；平均知识水平不高，也造成了这时期警察对自身身份认识的不足，导致社会地位不高。同时严格规定

---

① 福建省会公安局.福建省会公安局业务纪要1934-1937[M].1937.
② 张容官.福州举办警政始末[M].福州文史资料选辑第十一辑,1992:151-152.

了涉及烟酒、赌博、残废、强暴、曾经犯案者、众人拒恶者为不准招收的情况，把生活不检点、身体不健全、道德水平低、有犯罪经历的人排除在警察队伍之外，在很大程度上有利于纯洁警察队伍。

（三）警察编制

为使警察系统更加完善，就必须对警察进行编制，形成完善的人事结构。福州警察从诞生至逐渐发展壮大，各方面都逐渐规范统一，形成了严密的、多层次的警察系统，警察队伍进一步扩大。民国时期的警察编制已经相当完善了。首先是任别，福州警察的任别主要分为荐任和委任，仅本局局长为荐任，其他警察都属委任。其次是警衔等级，福州警察分为十三等，八、九、十一、十二、十三等中分别又分一、二两个级别，并且本局局长不包含于十三等中。

警衔等级不同，其行使的职权就不同，承担的责任也不同，所得薪俸更是有差别。下表1为不同等级警察的任职方式及对应的薪俸级别：

表1 警衔等级与薪俸表

任别	荐任	委任														
级别		一等	二等	三等	四等	五等	六等	七等	八等		九等		十等	十一等		十二等		十三等	
									一	二	一	二		一	二	一	二	一	二
薪俸别	400	160	140	130	120	100	90	80	70	65	60	55	50	45	40	35	30	25	20

资料来源：《福建省会公安局业务纪要1934—1937》附表

通过编制，警察组织机构的设置、人员定额、职务分配、工资待遇都由国家规定，确保了警察的国家身份，对于增强警察的责任心、荣誉感和组织纪律性起到一定作用，同时编制也有利于警察的指挥、管理和执行职务，在很大程度上有利于社会管理。

三、警察的社会职能

（一）职能的多样性

福州警察职业特色的多样性主要体现在：他们负责户籍管理，指导公共卫生，管理城市交通，维护消防安全，引导社会风俗变迁，维护社会治安，参与社会救助，等等。

1. 户籍管理

民国时期的福州警察的任务之一就是户籍管理，负责清查户口和办理户口异动登记，并定期呈报调查结果，有利于对区域人口流动情况的整体把握。福州市公安局颁布了《令各署定期调查户口文》，明文规定调查户口派专人负责，"每署所属分驻所准各添设三等巡警一名以资辅助"[①]，每天应由巡官长督带巡警按户详细查询，依式填载并加盖该巡官或巡长查讫木戳；为确保任务的落实情况，福州市公安局还不时派员抽查以观办事是否认真而定赏罚；并规定了调查时间为每日上午8时至12时，下午1时至6时；调查应特别认真办理，查竣后即应实行异动登记，务须确实详尽；定期呈报调查结果，定期向省政府民政厅报明调查户口情形。

2. 指导公共卫生

关于卫生行政事宜仍归公安局负责进行，在公共卫生领域，警察扮演着重要的角色，也做着各种努力，改善公共卫生条件。福州市公安局下令"拟编练卫生警察以资调遣"[②]。卫生警察队警士是经过精心挑选之后保送到总局，经考验合格后特设训练班施以速成教授以备任使。卫生警察队执行、取缔的事项主要有：防救疾病、清洁街道、清洁厕所、检查饮食物品等等[③]。这些具体事项的实施在《福州市公安局警政月刊》中均有详细记载。例如，福州在防救疾病工作中以倡导种痘为主，警察按户劝导市民实行种痘，福州市公安局下发《令各署按户劝导市民实行种痘文》[④]，劝导家中有应种痘儿童，无论男女，父母都应及时带儿童种痘；福州警察机构设有清道队，专门负责主要

[①] 令各署定期调查户口文[J].福州市公安局警政月刊,1928(10).

[②] 令各署等厘定卫生警察章程文[J].福州市公安局警政月刊,1928(2).

[③] 卫生警察队章程[J].福州市公安局警政月刊,1928(12).

[④] 令各署按户劝导市民实行种痘文[J].福州市公安局警政月刊,1928(17).

街道的扫除，维持路面的整洁，做到《令各区署清道应力求清净仰督饬办理文》①中规定的"力求清净"。

3. 管理城市交通

福州市公安局设立交通巡警管理城市交通，制定具体措施维护交通，据《福州市公安局警政月刊》记载，1927年7月颁布《令各区署督察处整顿交通办法文》②，1929年11月颁布《令第四五署添设万寿江南桥交通巡警文》③。同时，考核各区署发布对命令的执行成果，例如《令督察处发考查各署交通成绩一览表文》④和《令督察处送廿二三日考查交通成绩表仰认真办理文》⑤，有利于确保行人安全、预防交通事故的发生。

4. 维护消防安全

福州市公安局重视消防安全，设立消防队以维护消防安全，并制定了严格的《消防队服务规则》⑥。消防队轮班执勤，不得擅自缺勤。在消防设备的购置上也特别重视，例如《令第四区署迅令各戏园购置防火具文》⑦，确保公共场所的消防安全，有利于维护民众的人身和财产安全。

5. 引导社会风俗变迁

警察为使民众摆脱恶俗束缚、养成文明生活方式，努力引导社会风俗的变迁。取缔迷信，《令各署查禁拜香迷信文》，并也切实取缔迷信，《呈民政厅切实取缔迷信举动文》⑧；注重社会风化，简化婚丧仪式，《令各署禁止民间婚丧沿用前清各种仪仗文》⑨，此外，还不准车夫赤膊拉车，"车夫每多赤膊拉车"有碍"市政观瞻"⑩；查禁恶习，"男子蓄发妇女缠足均为我国恶

---

① 令各区署清道应力求清净仰督饬办理文[J].福州市公安局警政月刊,1927(2).
② 令各区署督察处整顿交通办法文[J].福州市公安局警政月刊,1927(1).
③ 令第四五署添设万寿江南桥交通巡警文[J].福州市公安局警政月刊,1929(29).
④ 令督察处发考查各署交通成绩一览表文[J].福州市公安局警政月刊,1927(1).
⑤ 令督察处送廿二三日考查交通成绩表仰认真办理文[J].福州市公安局警政月刊,1927(1).
⑥ 消防队服务规则[J].福州市公安局警政月刊,1927(5).
⑦ 令第四区署迅令各戏园购置防火具文[J].福州市公安局警政月刊,1927(5).
⑧ 令各署查禁拜香迷信文[J].福州市公安局警政月刊,1929(26).
⑨ 令各署禁止民间婚丧沿用前清各种仪仗文[J].福州市公安局警政月刊,1928(17).
⑩ 令各署车夫不准赤膊拉车文[J].福州市公安局警政月刊,1928(12).

习"①，既碍卫生又伤肢体，所以务须查禁，从某种程度上来说也解放了妇女。

6. 禁赌

福州政府在这一时期，颁布《禁赌宣言》，下令禁止赌博、收缴赌具。如"下令各区署侦缉队侦缉私收花会"②，"令各区署员警、干探从严查拿，从严究惩，决不宽贷"③。为严禁赌博，"准予财政厅拨款两千九百元抵补雀牌捐款，维持警费，布告民众并令各区警察署，无论何项赌博，均切实禁止"④。在政令严禁期间，福州禁赌取得了一定的成效，"侦缉队先后拿获花会，辑缴禁止之后，城台各处此种恶习业已消除"⑤。

7. 禁娼

主要采取三方面措施。第一，征收妓捐，承认公娼。起初，妓捐由台江警察第四署代征，后来成立了专门征收妓捐的妓捐局，对领取执照正式营业的妓院征收捐税。第二，严厉打击，取缔私娼。认为"私娼最足妨碍风俗，有碍观瞻，即应严行取缔以肃警章"⑥。应严厉打击，并取缔那些未经过公安局审查、发放营业执照而进行秘密卖淫的非法组织和个人。下令取缔"城台各处不良妇女秘密卖淫，严禁贪利之徒私设场所，供人窝宿或代为媒介"⑦。第三，开设教养院，救济妇女。教养院原名"济良所"，1927年，改名为"妇女教养院"⑧，直辖于公安局，收容的主要对象有不愿为娼者、被鸨母凌虐的娼妓、自愿从良却遭鸨母抑制者、迷失及被拐卖无人认领者等。

8. 参与社会救助

改济良所为妇女教养院，"济良所原为救济堕落妓女从良而设"⑨，因为

---

① 令各署查禁男子蓄发妇女缠足文[J].福州市公安局警政月刊,1928(12).

② 令各区署侦缉队查拿花会总缴巴仔文[J].福州市公安局警政月刊,1927(1).

③ 令各署队各处花会速查拿肃清文[J].福州市公安局警政月刊,1927(1).

④ 呈财政厅奉令严禁赌博准予增加拨款维持警费请核照拨文[J].福州市公安局警政月刊,1928(16).

⑤ 呈民政厅为报明城台花会业已厉禁并办理情形文[J].福州市公安局警政月刊,1927(1).

⑥ 令各区署严禁私娼文[J].福州市公安局警政月刊,1927(3).

⑦ 令各区署禁止私娼及窝宿文[J].福州市公安局警政月刊,1927(2).

⑧ 福建省政协文史资料委员会.福建省文史资料选编[M].第二卷.福州：福建人民出版社,2001:397.

⑨ 布告济良所改称妇女教养院文[J].福州市公安局警政月刊,1927(2).

济良所范围过于狭隘，所以改称为妇女教养院，收容妇女，为她们的生活提供资助，并训练她们，使她们获得相当的知识技能，保障妇女离开教养院后可以独立生活、服务社会。

（二）禁烟禁毒

这时期的福州社会治安存在着一些明显的问题，反动、盗窃、赌博、伤害等等刑事案件频繁发生。福州市公安局司法科就1931年4月份检举刑事案件人数进行统计，统计结果如下表2：

表2　1931年4月份福州市公安局司法科检举刑事案件暨人数统计表

案件类别 案类	反动	盗匪	绑匪	公共危险	伪造货币	妨害风化	妨害家庭	鸦片	赌博	伤害	遗弃	妨害自由	窃盗	诈欺	妨害秩序	妨害婚姻	杀人	总计
案件	1			2	4		6	19	2	12	2		4	4		1		57
人数	1			2	6		8	65	8	22	3		6	4		6		131
备考																		

资料来源：《警政月刊》第三十四期"表册"

从表2中可以看出这时期社会治安失范，社会治安问题突显。主要表现在：一是犯案形式多样，鸦片、赌博、妨害风化、家庭、自由、秩序、婚姻、反动、盗窃、绑架等；二是犯案件数及人数多，仅1931年4月份检举的刑事案件就有57件，犯案人数131人。其中鸦片犯案19件、人数高达65人，是犯案件数和人数最高的。

民以食为天，但是在晚清的福州社会却出现"民以鸦片为天"的现象，福州城和近郊有几千家鸦片烟馆，比米店还多。福州城镇各处可见"烟馆林立，悬挂招牌灯，通宵达旦，灯火不熄"。这样一来，既危害烟民身体健康，又使烟民沉迷于烟海而无所事事，导致没有经济来源，只能四处举债或从事一些非法勾搭，甚至抢劫、盗窃。可见鸦片泛滥，也严重危害着社会治安。因此禁烟禁毒迫在眉睫。

在禁烟禁毒方面，由政府颁布政令，警察实际执行。第一，征收烟税，"寓禁于征"[①]。"寓禁于征"就是在中央及各地设立禁烟查缉机关，其职责并不

---

① 吴雨,梁立成.民国黑社会[M].南京：江苏古籍出版社,1988:249.

是取缔一切种、贩、吸烟活动，而是负责征收鸦片税。1928年，国民党福建省政府推行南京政府的"寓禁于征"的禁烟政策，其中福州、厦门两市均规定，每月税额10万元。据1931年7月5日《申报》报道，福建省设立了禁烟查缉处，规定了全省各市、县的鸦片税额，实行"招商承包"[①]。这一政策在一定程度上限制了鸦片的泛滥。第二，颁布《禁烟条例》，取缔私开烟馆。1927年，国民政府财政部奉中央政治会议第一零五次会议决议，设立禁烟处办理禁烟事务。下令取缔烟馆，"将城台各烟馆，一律饬令歇业，以肃烟禁，抑或准予变通办法，设法予以取缔处理"[②]，同时下令"严行禁种烟苗"[③]。颁布《禁烟条例》，饬令各署予以遵照。1928年遵照禁烟条例，在南台设立驻台办事处。管理全省戒烟药品采办、运输、配销及一切取缔事宜。

在警察的不懈努力下，禁烟禁毒工作，取得了显著的成绩，扼制了鸦片的泛滥，这对于改善社会动荡、防治社会治安失范起到很大的作用，在很大程度上维护了社会治安。

四、警察与当时社会的关系分析

警察是社会政治、经济改革与发展的产物，与社会有着千丝万缕的关系。警察职能的设置与民众息息相关，涉及民众生活的方方面面，也引发了人们对其社会地位的讨论。以下主要探讨在民国时期这个时代背景下，福州警察与民众生活的关系、警察的社会地位及警察的局限性。

（一）警察与民众生活的关系

自警察诞生开始，他们就与民众的生活息息相关。由于这一时期外敌入侵、军阀混战、政治纷争，民国警察更是担当了比以往任何时期的警察远为艰难的重任，涉及民众生活的方方面面。正如美国的中国史专家魏斐德教授的研究所显示的："二十世纪初期中国市立警察的职责极为广泛，包括管理商务、审查报刊、检查住房、巡视店铺、颁发行医执照和开设难童收容所。警察还

---

① 吴雨，梁立成．民国黑社会[M]．南京：江苏古籍出版社，1988:250．
② 呈民政厅拟取缔烟馆办法文[J]．福州市公安局警政月刊，1927(3)．
③ 布告奉令严行禁种烟苗文[J]．福州市公安局警政月刊，1927(3)．

要负责食品检疫、卫生、消防、公共福利、大众教育和人口普查。"[1]民国时期普遍认为，警察是"亲民之官"，理当为人民表率。警察职权的伸展，使警察广泛地与民众接触，对民众的生活产生巨大的影响与渗透。

警察注重民众生活的实体环境，即交通、户籍制度、卫生、消防和住宅等的建设，也采取了相应的措施，并取得了一定成效。福州市公安局颁布了从行路须知到车辆登记的一系列规章，并设立交通巡警管理城市交通，主要是负责疏通道路，保证了交通工具和行人的正常出行，命令各区署切实取缔空车徘徊路上阻碍交通[2]，也特别注意取缔阻碍交通的街边摊和店铺，例如《令第三区署撤除南门外人行道小摊及店铺排列售品文》[3]和《令第一区署取缔西门城下排列物品售卖有碍交通文》[4]；管理户籍，负责清查户口和办理户口异动登记，如《令各署限令各户籍办事员缮写户籍异动浮签文》[5]，定期呈报调查结果，例如1929年2月《呈民政厅造送一月份福州市户口异动统计表文》[6]，清查户口是政府为更好地行使行政职能而采取的一项措施，有利于保障赋税征收和兵役人数的确定，有利于控制人口的流动，防止人口外流和外来人口的大量涌入，从某种意义上说有利于维护社会治安；编练卫生警察，负责防救疾病、清洁街道、清洁厕所、检查饮食物品，同时注重提高医疗水平，例如在对接生婆的管理上命令"调查谕令依限领照其未领照者不准悬排营业并将未领照营业者专案处分"[7]，在一定程度上可以降低婴儿的死亡率，保障产妇的人身安全，同时还"布告展期换领医生执照文"[8]，颁发行医执照，有助于取缔非法行医，提高医疗水平。

---

[1] 魏斐德.上海警察,1927-1937[M].章红,等译.上海：上海古籍出版社,2004:46.
[2] 令各区署切实取缔空车徘徊路上阻碍交通文[J].福州市公安局警政月刊,1927(1).
[3] 令第三区署撤除南门外人行道小摊及店铺排列售品文[J].福州市公安局警政月刊,1927(2).
[4] 令第一区署取缔西门城下排列物品售卖有碍交通文[J].福州市公安局警政月刊,1927(2).
[5] 令各署限令各户籍办事员缮写户籍异动浮签文[J].福州市公安局警政月刊,1928(16).
[6] 呈民政厅造送一月份福州市户口异动统计表文[J].福州市公安局警政月刊,1929(20).
[7] 令各署奉部令切实取缔接生婆文[J].福州市公安局警政月刊,1929(26).
[8] 布告展期换领医生执照文[J].福州市公安局警政月刊,1928(12).

与此同时，警察也重视居民思想文化、风俗、生活方式的管理。例如，在居民思想文化方面采取的措施，《令各署严密查禁措词反动刊物文》[①]《令各署队处查禁反动刊物文》[②]规范出版刊物，在满足民众精神需求的基础上，力求以健康的、科学的方式来引导居民思想文化的发展；更致力于引导社会风俗的变迁，取缔迷信、注重风化、查禁恶习，主张婚丧仪式从简，废除妇女缠足，在妆饰方面也做出改良，例如《呈民政厅布告劝谕各乡三条簪妇女改妆文》[③]改良福州妇女的三把刀装束，一定程度上解放妇女；开设妇女教养院收容妇女，参与社会救助；福州政府一方面制定《禁烟法》、颁布《禁赌令》、取缔私娼等政策对烟、赌、娼进行"严禁"，一方面征收捐税，发放牌照，对烟、赌、娼采取规范措施，通过禁烟、禁毒、禁娼扼制福州"三毒"，维护了社会治安。

警察通过这些职权的实际履行，从而将民众生活的方方面面纳入警察监管的统一规章制度之下，为此警察也做出了最大努力，为福州的百姓创造一个和谐、平安的生活环境。

警察对民众的生活起着至关重要的作用，而民众对警察也有一定的依赖性。由于民众生活的方方面面都纳入警察的监管，而警察也实际履行了为民众服务的义务，民众逐渐地信任警察，并在某些方面依赖警察。

（二）警察的社会地位

警察的出现是晚清政府为挽救社会统治危机而进行改革的产物，从诞生伊始他们就肩负起了为统治阶级服务的任务，成为统治阶级维护统治的一个工具。因而在政治上，警察的地位是相对较高的，基于警察职能的重要性，历任政府都对警察给予了一定的重视。清廷鉴于巡警关系重要，清末在福建都督府民政部设警务科，警务科直辖警备、消防、侦探、水巡和教练所、疯人院等。1917年8月，成立福建全省警务处。政府对警察行政的重视，不仅体现在设立专门的警察组织机构，而且对具体警察人员的素质、行为规范、待遇等均给予关注。为提高警察素质，政府在创设警察机构的同时筹办了警察教育，对警察进行职业培训。例如，1903年，开办全闽巡警学堂，1910年

---

① 令各署严密查禁措词反动刊物文 [J]. 福州市公安局警政月刊,1928(18).
② 令各署队处查禁反动刊物文 [J]. 福州市公安局警政月刊,1929(22).
③ 呈民政厅布告劝谕各乡三条簪妇女改妆文 [J]. 福州市公安局警政月刊,1927(4).

4月改称福建高等巡警学校,由巡警道兼学校监督,另设巡警教练所。1933年8月,在西湖农林学校旧址创办警官养成所,接收原警士教练所(1927年7月开办的警士教练所)。此外,1936年7月,省政府在福州开办了警官训练所。

但是由于福州警察的编制制度,使得警察群体内部有着比较明显的层次区别,警察主要分为警长与普通警察,这时期普通警察的社会地位较低,不受人尊重。警察不受尊重的原因主要有两方面,一是来自警察内部的歧视,这在初建现代警察时的一些警政主管官员的观念中也有着一定反映,例如针对巡警部的名称,中国北洋政府国务总理钱能训曾说:"堂堂一部,以巡警名之,殊不称。"①一些警察高级官吏的认识都如此,一般警察官吏更是轻视巡警;二是来自普通警察自身的认识,对于普通警察来说,选募时放宽对普通警察的文化要求,致使其知识水平均有限,对自身的身份与地位难以有清楚的认识,大多的巡警是因为生活的艰难而为之,民国时期曾流行着这样的民谚:"没有法,当警察。"

综上,福州警察在福州社会中的地位从不同意义上讲有着不同的含义。从政治层面上来说警察无疑是占据重要地位的,但普通警察的社会地位并不高。但无论如何,他们担负着复杂的社会使命,行使着多样化的职能,成为管理社会治安秩序的重要人群,增强了警察在民间的影响力和对民众生活的渗透力,这一切使其具有了不可替代的历史地位。

(三)警察职业的社会局限性

中国近代意义上的警察,原产于西方国家,在清末新政的制度革新过程中被引进,而不是完全根据本国制度和需要创立的,这导致中国近代警察制度发展存在先天不足。再加上始终摆脱不了与各种主流政治势力的纠缠,近代警察常常被攻讦为暴力统治的工具,其声誉之恶劣是人尽皆知的。具体到民国时期的警察,在崇尚阶级分析的"革命叙事"语境下,这时期的警察被视作"反动统治"的帮凶,民国时期警察机关在行使职权时确实存在有一些不被民众肯定的地方。例如,北洋政府、国民党政府为维护其统治,利用警察机关对反抗其统治的商人及工人、革命志士、学生及进步人士等进行残酷

---

① 十丈愁城主人.述德笔记(五)[M].铅印本.1921:4-5.

镇压。

　　1928年3月1日，福建省政府发出废止台伏票4项办法的布告。次日，福州市各钱庄为反对省府废止台伏票，举行全市罢业，停止兑现台伏票，并截止各商帮提款、放款。福州市典当业同时宣告停止典当。20日，省防司令部、市公安局派军警镇压。用武装力量干预商业活动，并祸及商人。

　　革命志士不断开展革命活动，国民政府认为这些革命活动严重威胁其统治，因此国民政府派军警大范围搜捕革命志士，大量革命志士被捕并遭受人身伤害，甚至被杀害。例如，1928年4月27日，福州城内出现革命传单，国民党当局派出军警搜捕革命志士，有十余人被捕杀害。另外，对于学生和先进人士的爱国行为，国民政府也派军警加以重重的打击，造成大量学生和进步人士被捕，甚至被杀害。例如，1932年1月2日，福州各校学生在西湖公园举行艺术抗日宣传大会，日本驻福州领事和日舰"北上"号正副舰长无理撕毁会场张贴的抗日标语，并用手枪威胁学生，激起学生的反抗，殴打舰长，国民党当局派出军警镇压学生的爱国行动，保护日人离去[①]。1937年5月7日，进步群众组织福州大众社被破坏，林秉炎、陈琼等进步人士先后被捕。

　　由于警察产生的原因及其政治统治工具的角色，警察职业的社会局限性是不可能完全避免的，只能随着政治文明的进步和警察制度的不断完善，以发挥其维护社会治安的作用为主，尽可能扬长避短。

五、结语

　　福州警察是社会政治经济改革与发展的产物，他们的诞生是顺应历史发展潮流的，担负着复杂的社会使命。作为特定的社会职业，福州警察有自己悠久的历史与文化内涵，是民国时期全国警察的一个缩影。

　　文章以国民政府统治最为稳定的时期即1927—1937年这十年间的福州警察为主要研究对象，探究福州警察的发展轨迹，对警察做初步了解，进而研究福州警察的社会职能，深入分析警察与当时社会关系。民国时期福州警察的发展是一个有内在脉络的连续的过程，担负着维护社会治安等多重使命。

[①] 福州地方志编纂委员会.福州市志[M].北京:方志出版社,1998:596-598.

尽管普通警察的社会地位不高，警察职业仍存在着社会局限性，但在维护社会治安中发挥着重大作用。因而也与当时的社会有着密不可分的联系，与民众的生活息息相关，通过一系列措施，为民众创造了一个相对安定的生活环境。

文章通过以上几方面的研究，对民国时期福州警察职业群体有了一定的认识，为民国时期福州警察研究的进一步开展，提供一点自己的认识，为福州历史文化的深入研究做一点基础性的工作。

（指导老师：李颖）

从侨批看民国福建侨乡留守女性的生活

陈昱然[①]

摘要：侨批是海外华侨华人寄给国内亲人的书信和汇款凭证，也是民国时期福建华侨与侨乡留守女性联系的重要载体。文章以侨批为史料，从中解读民国时期福建侨乡留守女性的婚姻状况、留守生活以及教育状况。文章认为，民国时期的福建侨乡留守女性的婚姻状况呈高稳定低质量的特点，留守生活以照顾老幼为主，以侨汇作为主要经济来源，教育状况较为低下但在逐渐发展。

关键词：侨批；留守女性；日常生活；福建；民国

一、前言

侨批又称"银信"，是海外华侨华人与国内亲人之间相互来往的书信和汇款凭证的合称，主要盛行于福建、广东等地区。侨批是早期华侨与家乡联系的最重要载体之一，也是海外赤子的情感所系。2013 年，侨批入选世界记忆名录。此后，学界对侨批的关注度逐渐提高。

[①] 陈昱然，女，江西樟树市人，历史学系 2016 级本科生，毕业于南京大学信息管理学院，图书情报硕士．现任职于江西省赣州市章贡区史志研究室（章贡区档案馆）．

侨乡女性指华侨家乡的女性，她们一部分是回国女性，一部分是家中有直系亲属移民出国，如丈夫、兄弟等。福建是中国的重点侨乡，自汉代以来就有移民海外的记录，但大部分移民者都是男性，女性则多留守在家。从学界的关注情况来看，学者们对男性移民的研究相较于对侨乡女性的研究更多些。

从已有研究来看，学者们对侨批的研究主要是就侨批本身展开，更加关注侨批的经济价值，对侨乡女性的研究也大致如此。侨批是侨乡女性生活的重要经费来源，虽然已有学者开始将侨批与侨乡女性关联起来，例如沈惠芬的《构建东南沿海侨乡女性生活史：侨批资料的价值与利用》一文，但从总体看，对这二者的研究尚有空间。有鉴于此，本文拟以侨批为史料，从侨乡留守女性的婚姻状况、留守生活、教育状况三方面入手，对福建侨乡留守女性生活进行研究，旨在充分利用侨批，丰富侨乡女性的研究资料。

二、侨批反映的福建侨乡女性婚姻状况

民国时期，从福建向海外移民的主体是中青年男性，他们大多数在国内都已有家室。因为传统的孝道思想，远离家乡的华侨必须考虑到年老的父母，所以他们往往孤身前往海外，让妻子留守家中照顾公婆、抚育子女。遥远的距离和不便的沟通方式使得华侨婚姻较普通婚姻更为复杂，有的华侨出国后就终生未归，留下妻子独守空房；有的华侨在海外也娶妻生子，建立"两头家"。不管是哪一种婚姻关系，大多都是丈夫居于主导地位，妻子多靠隐忍和坚持维系他们之间的婚姻关系。

（一）侨乡留守女性与海外丈夫之间互相思念、体谅

1919年出生于晋江英林伍堡村的林居真，18岁嫁给杨邦针，相处半年后，丈夫杨邦针便离乡前往菲律宾，离乡时答应林居真三年后回家团聚。离家之初杨邦针在给妻子的信中写道，"人生最苦的是离家，斯言良是。尤其是我俩此次短暂之相处，而忽作南北分飞之劳燕，其中有一种别绪离愁之苦衷，正如哑子吃黄连，说不出苦处。同行者有唱下里巴之曲，以解愁怀。我以为唱者未必有心，听者亦非无意"[①]，尽表思念之情。三年之后，杨邦针未能实

---

① 林居真.五十一年之心声[M].北京：作家出版社，1991：9.

现"三年一返"的诺言，只好常来信致歉："我俩初婚未几而遂赋骊歌。人有志而愿难从。"①林居真了解丈夫的为人，体谅他在外的苦衷，在复信中安慰他，并表示为了更美好的未来，愿意与他共渡难关。五年后杨邦针有了一定积蓄，想回家时却遭父亲的阻挠，让他带巨款回家建屋，没能赚得足够盖房钱的杨邦针有家却不能回，这样的苦闷通过信传达给林居真："今日之余，恰如失舵之孤舟，漂泊于汪洋大海中而无所指定……你是我的导师，请你拯救我于迷雾之中，使登光明之岸，多多写信给我！"林居真也认为"书信情系两地，写信时能诉衷情，谈展望，寄美景于来日，收信时能慰愁怀，受鼓励，盼游子之返聚"。②

由于日军侵略东南亚，战火让分居中国、南洋两地的亲人联系信息几乎全部切绝，海外的华侨时刻挂念着家中的亲属。1938年日寇进攻厦门，一片纷乱，远在新加坡的王金春挂念在家的妻女眷属。"音信久疏，此心怅怅，莫奈之何。身心两地，望眼将穿！""忆自离家南渡，瞬眼倏忽数秋之久，无时不萦绕于梦寐也。每念堂上祖先祭祝以及家中诸务，全赖吾妻治理，子女等惟祈勤心教养，以释远怀，则感激莫名……敬维健康自爱，余无他言。顺颂安好！""从别后以来，倏尔十载之久矣。夫妇之情，思念未常不忘"。③由于抗日战争，侨批中断了近四年，王金春却时刻不忘在家的妻子，面对妻子的多次责疑，王金春信誓旦旦："吾妻心中放清……定无背贤妻之情！"④同样情况的还有马尼拉华侨蔡天保，他在1945年9月给家乡石狮永宁的妻子发出首封侨批，由于三四年没有联系，他对家中亲人极度挂念。在侨批中他写道："此次战争发生影响全球，交通断绝，以致三四年无由通讯，每念家中妻子，未尝不梦寐为怀。"⑤他深知战争侨汇中断，家庭经济将会十分困苦，于是，

---

① 林居真.五十一年之心声[M].北京:作家出版社,1991:11.

② 同上,第10-12页.

③ 福建档案局.侨批故事:夫妻恩爱 鹣鲽深情[EB/OL].http://www.fj-archives.org.cn/dazt/qpzt/qpcg/qpgs_1452/201702/t20170210_4086.htm,2017-2-10.

④ 同上.

⑤ 黄清海.《世界记忆 抗战侨批》（第二十六期）——每念妻子 梦寐为怀.[EB/OL].http://www.fj-archives.org.cn/dazt/qpzt/qpcg/kzqp/201511/t20151125_3947.htm,2015-11-25.

他于"旧历六月间曾由交通银行电汇去国币柒万元"①,同时询问家中有没有外债。因为没有收到过家中信息,所以十分盼望收到回信。1945年旧历六月,马尼拉虽然已光复,菲律宾邮政可以办理,但此时中国尚未光复,交通邮政仍然受日军控制,因此,该笔电汇也许他的妻子并未收到。

1878年出生于福建省泉州府同安县锦宅村(今属漳州台商投资区角美镇锦宅村)的黄开物,约1903年来到马尼拉,在现今保留的450多封侨批中,百余封都是写给妻子的。按当时习俗,批封上一般不写女人的名字,但黄开物的许多封侨批上都是直接写"拙荆林氏妆次"②。虽然没有直接写上妻子的名字,但也能显现出他对于妻子的重视。所写侨批总是以"夫妇之情套文弗叙"③开头,常常在侨批中提到要接妻子来马尼拉,"况我父母俱逝,贤内裛婷体质,欲求其自顾尚且不能,惟有一法。先父除丧后,愚若拨回,可导尔来垠,以尽古人夫唱妇随之成法,亦世界文明各国所仝也。如欲守在室家,则一生夫妇终无数年之缘,实一大憾事也"。④在面对妻子对于自己已在马尼拉成家的怀疑,黄开物更是大胆表露心声:"窃谓予自娶汝过门,秉心未有他意,故作客岷江十余年,全无涉及花柳,此其人皆知,此心照明。"⑤他也确实兑现了他的承诺,在1916年,将他的妻子儿女接到马尼拉生活。

侨批是海外华侨与家人联系的唯一方式,留守侨乡的女性盼望着收到侨批,她们通过不多的文字了解丈夫的近况,纵然异地使夫妻二人分开,但是通过来往侨批,可以感受到他们之间感情的交流,互相鼓励共渡难关。侨批成为华侨婚姻重要的链接,成为二者的心灵寄托,多数寄给留守妻子的侨批中都表达了对妻子的思念之情,展现了海外华侨华人两性复杂关系中和谐的一面。

---

① 黄清海.《世界记忆 抗战侨批》(第二十六期)——每念妻子 梦寐为怀[EB/OL].http://www.fj-archives.org.cn/dazt/qpzt/qpcg/kzqp/201511/t20151125_3947.htm,2015-11-25.

② 黄清海.菲华黄开物侨批 世界记忆财富 1907-1922 年[M].福州:福建人民出版社,2016:4.

③ 同上,第5页.

④ 同上,第15页.

⑤ 同上,第26页.

（二）侨乡留守女性与海外丈夫之间的矛盾、冲突

在传统思想中，女子饿死事小失节事大，如果留守的妻子发生了婚外情，那么会被视为丈夫和家族的耻辱，轻则被丈夫断汇、抛弃，重则被族法处死。海外的丈夫由于距离的遥远没有在妻子身边，也就无法监督妻子的行为，因此国内的妻子是否恪守妇道成为海外丈夫最担忧的一点，在许多封侨批中丈夫多次提醒妻子要自尊自爱，要懂得避讳。

1909年7月29日，黄开物寄予妻子的侨批中，因为上一封回批的字迹与之前字迹不同，便产生怀疑，询问写上一封回批的人是谁："观本帮贤内来书，笔迹似非令外祖父所书，是仗何人，祈即示我。"[①]1910年11月14日的侨批中表达了对妻子办理祖母丧事停留很长时间的不满："丧事嘱尔须仗亲属办理，而故欲久留外家，实令人百思而不获解者。今既如此，所谓既往不咎，以后当检束自爱，是所深祷。"[②]

1932年一位新加坡华侨寄给妻子的信中表示希望妻子不要和其他亲戚过多交流："屡闻时常外出，对于无关重要之亲戚以作交谈，如此作为，大大有碍名教，实使余不得有喜悦之欢，窃思男女至为关注者，礼义廉耻四字为宗旨，才可算一生之美誉，希望你今后不再有如此举动。"[③]即使是像黄开物这样加入同盟会的有学问的乡绅，对于留守妻子的一言一行都还是极为控制，这也反映出女性在婚姻地位中还是属于"附属品"，没有自己独立的生活。为了不被丈夫怀疑、不产生流言蜚语，留守妻子一般不愿和陌生男子说话，每日待在家中，许多留守女性"沉迷于麻将赌博，她们用这样的方法来打发无聊的时光"[④]。

相比于对留守妻子全方位的监守，海外的丈夫受到的约束就小了很多。一些华侨在海外也娶妻生子成了一个家，形成了两头家的局面。对于丈夫在

---

① 黄清海.菲华黄开物侨批 世界记忆财富1907-1922年[M].福州：福建人民出版社，2016:14.

② 同上，第22页.

③ 陈历明.侨批是一部生动的民间历史[A].王炜中.第二届侨批文化研讨会论文选集[C].香港：公元出版有限公司,2004:241.

④ 陈凤兰.侨乡跨国移民的婚姻形态研究——基于对福州"万八嫂"的实证调查[J].福州大学学报（哲学社会科学版）,2014(4):71.

外洋纳妾或娶妇的行为，"往往不得其妻的同意，但其妻也认为正当，因为借此可以防其夫在外嫖娼等伤身丧财的危险"①。但有些华侨娶了外国女子后，对于留守的妻子逐渐淡忘，以至于没有侨批的来往，"华侨社区有1家，于13年之中，丈夫只自暹罗来过3次家信；另有1家，于21年之中仅通信2次"②。因此，留守的妻子不仅仅要担心丈夫在外的安全，还一直怀有对丈夫在外娶妻的担忧，缺乏安全感。

1946年，林居真听闻丈夫杨邦针在菲律宾娶妻，虽生气但却是因为他娶的是一位初死丈夫的菲律宾女子："有本事的人三妻四妾并不稀奇，离奇的是杨君知诗识礼，竟与新丧夫穿孝服的菲女结合，太无出息，也不吉利。"③之后将过去丈夫承诺的话语抄录寄给丈夫，八月收到丈夫道歉的来信："吾妻雪印：世战五年，断音断汇。在日本铁蹄下，草菅人命。我为偷安过日而出轨，对不起你。我已知罪。我知你心碎了，请你息怒。不久的将来，我将回去负荆请罪，任你审判定罪。请你将心寄托我，我决不再负你。"④但在收到信的下一个月，杨邦针就在菲律宾去世，从此夫妻从生离变成死别，再也未能相逢。

1930年一封妻子写给丈夫的信中，责怪丈夫长时间不回家，其情真让人动容："丈夫：（别）来有几年？妻想夫你未回，你想夫妻之情，你想该做什么。自夫你泪别之后，倒也有年不回来一次，一言一夜不明时，一（头）倒床人全不知。全不思夫妻之情，一言难尽。罢了，夫前日何莫伺妖精，知得迟去何方！要下湘，教丈夫，教与你相见。我知思丈夫你回意，想想咱夫妻相亲有几年。为何不想回家，巧是妖精，巧是大妖精迷你，你正不想要见妻。见（问）夫你可记得前情时。问夫你我相亲有几年，为何不想回家，你巧记得前情时，夫妻要如鱼求水。残妾。"⑤

在丈夫娶妻这件事上，旁人也都帮忙写信劝导妻子委曲求全，以求相安无事。一封旁人劝导妻子的信中，说她的丈夫大概率是会再娶的，但是劝她

---

① 陈达.南洋华侨与闽粤社会[M].北京：商务印书馆,1938:142.
② 同上，第159页.
③ 林居真.五十一年之心声[M].北京：作家出版社,1991:20.
④ 同上，第20-21页.
⑤ 王朱唇,张美寅.闽南侨批史话[M].北京：中国广播电视出版社,2006:35.

不要计较，如果选择出国去找他，可能也是没有作用的；如果选择忍耐，他还有可能继续汇钱回家，所以不要再争吵惹他生气了："镜嫂看：我前帮有写一张批去，谅必你敢也已经看见了。总是我有一句真要紧的话，要共你讲。以竟仔的人，真是给他这摆若要成，将来仔的确会甲（再）娶。我所要共你讲的是啥？就是（着较含容咧）。因为我真知王仔竟的人，你若和他多计较，他愈起无良心。……总是你那会忍得，看来伊也会塔银两寄去给你用，设使你若给你来这塔（地），我看讲叫你也是无法度。接着这张批，你是呒通（不可）要再加（多）苦，着较了然咧。"①

侨乡留守女性因为长时间与丈夫分离，夫妻之间的矛盾大多不在于相处的摩擦，而是是否对于婚姻忠诚，猜忌怀疑成为两人之间的常态，这种因为距离产生的不安全感，除了丈夫回国，无其他方法可解决。

三、侨批反映的福建侨乡女性的留守生活

民国时期，中国经济主要以农业和工业发展为主，家庭的主要劳动力还是男性。因为男性家庭成员的外出，留守的侨乡女性较普通女性承担起了更多的责任，她们的生活也因此产生了变化。

（一）侨乡女性以服侍公婆、养育子女和勤俭持家为主要责任

在外打拼的男性对于家中之事难以管理，只能汇款回家作为家庭生活的开支，而留守在家的人往往要打理家中大大小小的事情。如果家庭中父母的身体较好，则通常由父母主持家事，其次是长兄长嫂，一些家庭会由移民的妻子主持。留守女性既要照顾父母子女，还要妥善处理家中关系。因此，海外华侨在给家人的侨批中，除了对近况的描述外，固定的还会有拜托妻子照顾父母子女的话语。例如，黄开物写给他的妻子林选治的侨批中，提到他的妻子要处理家中的丧葬事宜，在安慰妻子亲人去世的同时，黄开物也给予第一次处理丧事的妻子建议："令先母仙逝，丧费一切专挂贤卿身上，欲愚力助，实所欣愿，确因此时愚尚未任生理，事事过人之手，十分掣肘。且又际此生理最败之秋，告贷亦是为艰，妙手空空，大有力不

---

① 王朱唇，张美寅．闽南侨批史话[M]．北京：中国广播电视出版社，2006:28．

从心之慨，不然贤卿既有此点孝心，愚又忝属半子，岂敢吝而不为，以成贤卿之志乎？捴既如此，通盘该费若干，先示壹节，以便撮土移山，尽愚力所能为以应，祈免过悴。凡事从长细思，是为上策。"①在给妻子的每封侨批中，黄开物都提到"但在家照顾儿女，是所厚望""小儿伏望尽心照拂"②等托付妻子照顾子女的话语。1938 年，王金春在侨批中表达了对妻子照顾全家的感激："每念堂上祖先祭祝以及家中诸务，全赖吾妻治理，子女等惟祈勤心教养，以释远怀，则感激莫名。"③1918 年，马尼拉华侨李逢茂给妻子寄侨批，请求妻子帮忙管束他的弟弟："舍弟逢点放荡，事敢欲，代为管束，是所盼。如其不听教示者，即任其自由就是，庶免惠君之劳心耳。"④1927 年 6 月，新加坡华侨郭懋岸在侨批中委托在福建同安县镏江的妻子照顾全家："想迩来家中大小平安良幸……惟嘱贤妻家中大小照顾为要。"⑤1932 年 4 月祖树给他的妻子写信："兹有小女现在年幼，务须小心抚养为要。祖母年近古稀，如风中残灼，在世日短，为下辈者务须敬奉，以享残年，方可无愧于心，家中事亦宜尽力……克尽妇道，是为至要。"⑥1936 年 8 月，菲律宾华侨施旌旗给晋江的妻子郭氏写信，因为收到不同侨批所说儿子的身体状况不一致，寻问儿子的身体如何，如果父母无法诊治，那么就去请别人，拜托妻子照顾儿子，取消外出计划："知悉接来复函，其情均息（悉）。本帮番婆来信陈述，谓其小儿议田尚未痊愈，然汝来书所云，对于议田之恙已经好了，但未审如何耳？至于堂上二老，未知有无为他调治否？倘二老置之度外者，见字之时，当叫教桔为议田调治，使他恢复健康。夫虽在外，亦可安心。然汝定九月十一日要往炒岱一

---

① 黄清海.菲华黄开物侨批 世界记忆财富 1907—1922 年[M].福州：福建人民出版社,2016:6.

② 同上，第 5 页.

③ 福建档案局.侨批故事：夫妻恩爱 鹣鲽深情[EB/OL].http://www.fj-archives.org.cn/dazt/qpzt/qpcg/qpgs_1452/201702/t20170210_4086.htm,2017-2-10.

④ 黄清海先生收藏.

⑤ 同上.

⑥ 邓芳蕾,邓达宏.讲好侨批故事 传播优秀文化[J].福建省社会主义学院学报,2016(1):58.

游，夫窃以为不可。但是小儿清训务须孝心照顾为要。汝若往炒岱者，不可久住，家中乏人料理，又恐子女走东走西，有碍家风，是为至要。"①1928年6月玉版写给他将出嫁的妹妹："达者，别来转眼已经年矣，想迩来妆次安好，兄旅外诸亦迪好，勿为锦注，但望妹恪遵上命，承挚妇道，视睦邻里，各事求和为祷。"②家中事务繁多，往往难以独自管理好整个家庭，一些人家就会聘请人帮忙。1914年8月在一封哥哥给弟弟的回批中："然家中操作之劳，他妯娌二人不堪其役，是以相议欲请一老妪来家相帮料理事务，幸喜双亲大人皆纳其论，碍现际一时难逢妥当之妪，维有缓缓觅之，已耳。"③

除了日常的照顾父母子女，家庭中的矛盾也免不了需要妻子在中调解。福建南安石井的一户林姓人家，家中的男性都外出在菲律宾谋生，留下了婆婆、大媳妇和二媳妇在家，但是由于三者之间发生口角，最后闹到分家。分家后，二儿子把侨批寄给了儿媳妇，林母很不开心："缘二媳妇有口角之嫌，致使各自分炊，其势难以再合。亏我一老人年近七旬，譬如西山之晚景，今二媳妇各自分炊，二子外出，家中何人看养？吾儿有念怀哺之情，或大媳妇或二媳妇抑或自炊，惟吾儿裁之。前三月廿二日寄领代来艮（即银）壹百大元，却被伊妻收入，尔母不见分文。况前尔母有借自来艮六十四元，现尚未还，见息须速备付来与尔母还此债项，切不可迟延。"④大媳妇为了避免婆婆对丈夫的不满，在信中未提及发生口角之事，只告诉丈夫把侨批寄给婆婆，以便还钱："以后若要寄信，可顺笔通知，免妾悬之。前君在家所缺银项四十二元，乃是母亲他处借来；后又置产业缺项二十，亦是母亲借来，此二条银共六十二元，须当速付来家，与母亲还人之项，切不可缓。"⑤由此可见大媳妇为缓解家中矛盾，对婆婆的让步，同时不让丈夫远在他乡还担心家中之事。同样，上文提到的林居真本可以随丈夫杨邦针一并出国，但是再三考虑后，

---

① 晋江市档案馆（局）编.晋江侨批集成与研究[M].北京：九州出版社,2014:128.

② 邓芳蕾,邓达宏.讲好侨批故事传播优秀文化[J].福建省社会主义学院学报,2016(1):58.

③ 王朱唇,张美寅.闽南侨批史话[M].北京：中国广播电视出版社,2006:33.

④ 黄清海先生收藏.

⑤ 同上.

丈夫认为带妻子而不带弟弟出国是不妥之举，有愧于父母，所以选择带弟弟出国。带弟弟出国后，杨父不断要求他寄钱回来，在去往菲律宾二个月后，表弟文献回国，杨父问文献杨邦针是否寄了邦沧的"大字"来，文献回答没有，杨父非常生气，"不靠他了，要靠文献兄弟了"[①]。林居真听此连忙写了三四封信给丈夫，要他快点寄邦沧的"大字"回来，这样才让一家"齐开颜"。在杨邦针想要回国时，杨父一改以前让先生代笔回批的做法，让林居真代笔要杨邦针寄"二十千"或"十八千"回来盖房，林居真虽怕公公给丈夫出难题，但还是照样做了。杨邦针回信没有那么多钱："挟泰山以超北海，不能也非不为也。环境足以屠杀人生，我不知会给环境影响到伊于胡底。"[②]父要子建业子不建不孝，父不让子回子不能回。为了缓解父子关系，尽量满足公公的要求，林居真将丈夫每次寄来的汇款都交给公公婆婆，由他们分配，林居真每次所分与丈夫的哥哥一样多，但是她觉得生活过得去就行，也未曾计较。

（二）侨乡女性以侨汇为主要经济来源，伴以较少的农业、手工业收入

表1 闽粤侨乡侨眷每年的收入

入款组（国币：元）	家数	每家年均侨汇 数额	每家年均侨汇 占总收入	每家年均本地收入 数额	每家年均本地收入 占总收入
240以下	17	136.8	75.5%	44.4	24.5%
240	49	308.4	80.6%	74.4	19.4%
600	21	817.2	78.6%	222.0	21.4%
1500—3000	13	2311.6	84.1%	435.6	15.9%
总计	100	646.8	81.4%	147.6	18.6%

资料来源：据陈达《南洋华侨与闽粤社会》（1938）第298页的华侨家庭每月入款推算

---

① 林居真.五十一年之心声[M].北京：作家出版社，1991:9.
② 同上，第10-12页.

表2：闽粤侨眷家庭与非侨眷家庭用费（国币：元）

各项消费	侨眷家庭年用费	非侨眷家庭年用费
食物	392.04	138.48
衣服	34.32	15.24
房租	123.84	18.84
燃料灯油	60.48	22.68
杂项	165.60	49.32
总计	776.20	224.56

资料来源：据陈达《南洋华侨与闽粤社会》（1938）第302—304页的华侨家庭每月入款推算

从表1、表2可以看出，在19世纪30年代初期，不管是哪一个层次收入的家庭，侨汇都占据了家庭收入的绝大部分。可见，在抗日战争之前，华侨社区的生计模式大部分是靠南洋的批款（汇款）。莱佛士在《爪哇史》一书中估计"1810年印尼西加里曼丹的采金业中，华侨获得利润370万西班牙元，其中，100万元用于购买鸦片和纺织品；100万用于购买盐、油、烟草和其他食品；70万元寄到中国；100万元由返回中国者带回"[①]。我们可以看出，汇回中国的170万元，为其总收入的370万元的47.22%，将近一半，换句话说，海外华侨的收入一半用于自己在外的生活，一半用于赡养国内的家人。再通过与非侨眷家庭的消费对比，可以看出，侨眷家庭的生活水平基本上都远远高出于非侨眷家庭。留守的侨乡女性生活也就比普通家庭过得更安逸富裕些。在福建泉州，洋楼大厦随处可见。侨乡女性妇女因为丈夫寄回来的钱多，"即使不全数放下锄头立地成娘，也把田园弃置不少，在家赋闲"，"她们已晓得如何穿好，如何吃好，至于满身珠光宝色逍遥过市，以显荣贵者，尤其余事"[②]。

从侨批中也能看到留守女性希望海外华侨能多汇点钱回家。1928年6月，印尼华侨蔡恒安收到家乡福建同安县浦南社的母亲的侨批，希望他能勤俭节

[①] 托马斯·斯坦福·莱佛士.爪哇史[M].英国：牛津大学出版社,1965.
[②] 曾奠林.华侨的家乡[N].东南日报,1944-9-29(4).

约,多寄钱回家:"所虑母亲年迈,事物多烦,衰弱难堪,介山面诸园产亦属荒废。惟千望吾儿加以勤劳,克俭粒积,花街柳巷漫勿效焉。须知家庭辛苦,正尽人子之道。"①1930年,菲律宾华侨林其章在得知家中妻子生活困难不得不典当物品后,寄回一百大洋,但是林其章在海外的生活也是十分窘迫,只能借钱寄给妻子:"前获来书,谓有物质在当铺,须速寄洋百元以便往赎而免被消。是时无处告贷,故未能为寄也!兹向妹夫尽力求借,始蒙应允,逢便寄上大洋一百元,至希查收,至即往赎该物为荷。现时愚欠妹丈之款至六七百元之多,望此后用费,切宜撙节,能省即省。是此至盼。"②

除了汇钱,因为国外的物资较丰富、多样,所以海外华侨还会寄一些家中要求的物品。"'杀文(肥皂)'老早已经装好,但是还没有妥当的人可以寄回去,鞋拖还未做,请你慢慢着等候,因为我近来忙了不得,不得了,昨天顺便寄本乡尚助君的女婿许北君带去天正的帽子一个,到即收入,没有别话说,天正怎样,请汝明白告诉我,付去二十元。""此来忙甚,故家堂稍滞问前,合玉棉、文宣之照片将寄一塘东人带来,未悉曾否付与。"③1936年8月,菲律宾华侨施㭎旗给晋江的妻子郭氏写道:"所寄详记叔皮鞋一双,谅早接到否?然此皮鞋未知清池合穿否?然阿箱姑托向施注催款,夫经数次为他代讨。但施注现尚无项应还,他云再候三几星期,当即设法。可将此情,向阿箱陈述。至于陈文华之金戒指一事,系夫前在赌场中被他取去抵额。"④

尽管侨眷的家庭收入和家庭生活要较非侨眷家庭优越,但不意味着侨眷都不从事生产的,许多人也有职业,从表1中也能看出,只不过入款微细,不能单独恃此来维持家庭的生活。之后,由于抗日战争的破坏,汇款"延而不发,呻吟待救之侨眷无可如何"⑤,出现了断汇又断音的情况,同时国内通货膨胀严重,侨乡女性的生活变得非常艰难。"帛夫君英鉴:谨启者,侨音开始断绝,弟弟立刻与妾来分家,妾每日三餐非常困难,非常困苦,不料去

---

① 黄清海先生收藏.
② 苏通海.中国海丝文化漳州侨批史话[M].福州:福建人民出版社,2016:101-102.
③ 王朱唇,张美寅.闽南侨批史话[M].北京:中国广播电视出版社,2006:28.
④ 晋江市档案馆(局)编.晋江侨批集成与研究[M].北京:九州出版社,2014:128.
⑤ 王朱唇:晋江抗日时期侨批史[A].政协福建省晋江市委员会文史资料委员会编.晋江文史资料选辑 第17辑,纪念抗日战争胜利五十周年专辑[C].晋江:编者,1995:31.

年四月廿六母亲别世，而今年正月初九日，父亲亦离世矣，对于两次丧事，一切开费，均妾自己维持，洪冰毫无帮忙，自双亲亡后，咱店仔及草间已被人赎回，幸得皇天保佑，良人得报平安，则我母子数年穷苦亦无恨耳，但愿夫君玉体康宁，对于谋利，切不可论多少，只要节俭，就较咱厝几分好得多。"①一些女性将旧衣、奢饰品等拿去卖，一些女性被迫改嫁，同时也有一批女性走出家门开始工作，在一定程度上是侨乡女性向独立的方向发展，有利于女性的进步。

四、侨批反映的福建侨乡女性的教育状况

由于中国古代的教育大多重视男性，认为女子无才便是德，对于女性的教育重在德育，"妇人有三从之义，无专用之道。故未嫁从父，既嫁从夫，夫死从子。故父者子之天也，夫者妻之天也"②。这样以三从四德为核心的女子教育，反而让女子完全成为男子的依附品，不能形成自己的独立人格。

在此背景下，侨乡女性和绝大多数中国女性相同，无法识字写字，封建思想浓厚。林居真自小读过几年书，又经常熟读家中的书信，因此学会了代侨属写信，一次代外婆写了复信，邻居们便纷纷让她帮忙，一上午竟然帮一二十个不能写字的女性写回信，可以看出大多数女性都无法亲自回批，需要找人替写。上文提到的黄开物多次劝导妻子放足不再缠脚，但深受封建思想影响的妻子却一直未听取他的建议，为此，黄开物一而再、再而三地劝导她。第一次劝导在1909年7月："今者，愚欲与卿相商一事最利便于卿，何也？放足是也！放足之益实有数层：行路免艰难也，出外舟车免畏怯也，操作得自由也，有此三利而无一害，卿何妨而不为？况我父母俱逝，贤内袅婷体质，欲求其自顾尚且不能，惟有一法。"③1913年7月："至汝放足一事，切当实心而行，万勿将鞋收贮，不肯放足，是所至嘱。"④1914年4月："而汝

---

① 王朱唇,张美寅.闽南侨批史话[M].北京：中国广播电视出版社,2006:35.
② 《仪礼·丧服·子夏传》.
③ 黄清海.菲华黄开物侨批 世界记忆财富1907—1922年[M].福州：福建人民出版社,2016:14.
④ 同上，第24页.

放足一事，至今全无言及，放后行走如何？"[①]1915年3月："而尔放足一事，至今尚未实行，何置吾言如不闻耶？实在可叹！"[②]1915年11月："尔之放足，切当实行，万勿再为欺瞒，致愚愤怒。"[③]在长达六年的反复劝导中，妻子仍不理会，坚持缠足，可以看出缠足这一封建思想在她的脑中的根深蒂固，难以改变。

国外的华侨丈夫接触到了许多不同的人、不同的思想，他们的视野开始变得宽阔，对于一些传统思想中对女性的偏见有了新的看法。他们通过侨批的方式，将国外的事情讲述给留守的家中女性，灌输新思想，在一定程度上也影响了侨乡留守女性。由华侨倡办的女子学校等开始纷纷成立，一些女性开始识字读书，尤其转变了对于后代的教育思想，不仅仅是教女儿、姐妹女红等手工活，还希望她们能至少上几年学，学会识字甚至培养独立能力。由于获取了新的知识，侨乡女性在参与革命的道路上也走在了前列。

1948年5月，菲律宾华侨李荣基寄给他的岳母，传递生男生女都一样的思想："籍知令媛已于五月初二日庆生一女，不胜欣慰。我国旧俗礼教，往往轻视生女重男，惟婿独以不为然也。"[④]1928年10月，一封丈夫给妻子的信中表示妻子的行动是由她自己决定，不需要征求丈夫的同意："汝莉玉照，昨宵忽接来电，知莲驾将与真人同涉重洋，至欣且慰，惟如以此问题征我同意，我则绝对不敢表示意见，夫各人各有自由权，各行其所志，绝不许第二人稍加干涉之也者，莲驾有远游之意，于我何与？我与夫人不过为一旧式结合之夫妻，我之一举一动既不必征求同意于夫人，则夫人之一举一动又何必征求同意于我也哉。笑话至极，令人口沫飞三丈，我归期订于十二月间，亦出于我个人之意，非夫人之命令也者，夫人有远行之意亦非我所能加以干涉也哉。专此奉复，不尽欲云！"[⑤]

[①] 黄清海. 菲华黄开物侨批 世界记忆财富1907-1922年[M]. 福州：福建人民出版社，2016：27.

[②] 同上，第38页.

[③] 同上，第50页.

[④] 晋江市档案馆（局）编. 晋江侨批集成与研究[M]. 北京：九州出版社，2014：158.

[⑤] 王朱唇，张美寅. 闽南侨批史话[M]. 北京：中国广播电视出版社，2006：28.

晋江金井镇沔洲（今改名丙洲）的王国团在菲律宾经商致富后，1920年在家乡建立了沔洲长兴学校，开设了"白话字"的妇女夜校班，请金井教会年轻女教徒进行教学，一半妇女参加夜校学习，学习二到四个星期，就可写信，而且终生不忘。该校的第一批学生玉瓶女士在70多岁时，抱病卧床读写，仍然犹如行云流水。20世纪20年代前后，华侨在晋江倡办和助办的女子学校有1913年的毓德女校、1916年的竞新女校、1917年的泉州华侨女子公学、1921年的嘉福女子职业学校、1924年泉州的华侨初级女子师范学校、1925年的进化女学，此外还有厦门鼓浪屿的佩实女子中学、南华中学等。[1]这些女子学校大大地提高了侨乡女性的就学可能，这些接受了教育的女性成为新女性，在之后为侨乡的发展做出了巨大贡献。

五、总结与反思

综上，通过对侨批的解读，对民国福建侨乡留守女性的婚姻状况、留守生活、教育状况三个方面进行了阐述。民国福建侨乡留守女性的婚姻状况因为夫妻的分离而变得复杂，其中包含着思念之情和矛盾冲突，总体来说其婚姻状况是高稳定低质量，女性处于劣势地位，基本上被视为丈夫的"附属品"。福建侨乡留守女性的留守生活主要以服侍公婆、养育子女和勤俭持家为主要责任，以侨汇为主要经济来源。民国福建侨乡女性的教育状况整体较为低下，但是在海外华侨的推动下，越来越多女性开始接受教育，逐步走向独立。可以看得出，侨乡留守女性是侨乡历史重要的构建者，也是海外移民过程的积极参与者。

但是，因为大多数侨乡留守女性无法亲自书写，只好请人代书。在代书人要书写多封回批的情况下，难免不能完全表达这些女性的情感。其次，按当时的习俗，侨批一般写给家中的长辈，大多数是在家的男性，所以海外华

---

[1] 明诚.泉州的女子学校简介[A].政协福建省泉州市委员会文史资料研究委员会.泉州文史资料.第13辑[C].泉州：编者,1982:70.

侨所写的侨批中也较少表达对留守妻子的情感。尽管如此，我们仍可以管中窥豹，透过侨批看到比较真实的福建侨乡留守女性的日常生活。

（指导老师：陈日升）

郑贞文的教育主张与实践研究

林颖[①]

摘要：郑贞文，福建长乐人，是民国时期福建著名的化学家、编译家、教育家，怀着教育救国、科学救国的愿望，热爱科学事业，热爱文化教育事业，在传播近代科学知识、确立化学专门名词、搜集中国古籍、文化教育方面做出了重要贡献。他在民族危机深重时期临危受命，出任福建省教育厅厅长一职。在任职的 11 年期间，郑贞文针对福建教育面临的问题提出自己的建议，领导各项措施的实施，为福建教育的发展做出大贡献。本文主要通过郑贞文任职福建省教育厅厅长期间的教育活动，对其教育主张和实践进行研究。

关键词：郑贞文；教育主张；教育实践

一、前言

郑贞文，字幼坡，号心南，晚年又号经余老人、龙山砚叟，化学家、编译家、教育家。他一生经历丰富，著述颇丰，在传播近代科学知识、确立化学专门名词、文化教育方面做出了重要贡献。在就任福建省教育厅期间，对福建教育也做

[①] 林颖，女，历史学系 2016 级历史学专业本科生，现于福清一中任教.

出了极大贡献。

目前学者已经对郑贞文进行了不少研究，研究成果内容丰富，覆盖面广，涵盖郑贞文的生平事迹、科学研究、教育实践甚至民国福建教育等等，其中，对于郑贞文科学事业的研究较为丰富。但是，对于郑贞文作为一位著名教育家的研究并不是十分充分，而对于郑贞文任职福建省教育厅厅长时期特别是其针对福建教育所遇问题而提出的教育意见以及实践的研究有待补充。因此，本文就郑贞文任职福建期间的教育主张和实践进行思考，以充实有关郑贞文的研究，更意将郑贞文的教育主张和实践加以借鉴，以期为现今福建教育事业贡献一点绵薄之力。

二、郑贞文的生平

郑贞文，1891年3月2日出生于一个没落的封建家庭，祖籍长乐，生长在福州，3岁丧父，13岁考取福州府学秀才，15岁随亲属前往日本求学。1909年，郑贞文在日本加入同盟会。武昌起义后，郑贞文回福州参加革命，不久，福建光复，他出任福建政务院教育部专门科科长。1912年4月，改任视学官，前往南洋视察华侨教育。翌年3月回国，任福建高等学校教务长。8月，再度赴日续学。留日期间参加留日学生创办的丙辰学社（后改称中华学艺社），该社为纯学术团体，以"科学救国、教育救国、科学独立、教育独立"为宗旨。1915年考取东北帝国大学理科大学，攻读化学，1918年大学毕业，名列第二，获理学士学位。[1]

回国后的1918年8月至1932年1月间，郑贞文在上海商务印书馆编辑所任理化部长，负责编著化学书籍。1918年至1921年，他曾四次出席在上海、太原、南京、广州召开的全国省教育联合会。1920年，他应陈嘉庚先生邀请，回闽参加筹办厦门大学，任教授兼教务主任8个月。1928年，出席大学院校第一次全国教育会议。1932年，商务馆毁于日军炮火，编译所停办，郑贞文应教育部之聘，任编审委员会编审。同年，国立编辑馆成立，他专任编辑委

---

[1] 中国人民政治协商会议福建省长乐县委员会文史资料工作组.长乐文史资料 第2辑[M].1986:112.

员兼自然科学部主任。① 从 1932 年起，郑贞文连续担任了 11 年福建省教育厅厅长。在 1943 年被免去教育厅厅长一职后，郑贞文于 1944 年到重庆，任国民政府党政考核委员会第五室主任，仍主管教育。任职仅 4 个月，便因患病辞职回到福建，在福建省政府挂个顾问的头衔，居家养病。1953 年，郑贞文被聘任为福建省文史研究馆馆员。1956 年，参加中国国民党革命委员会；同年，担任省政协委员。1965 年，作为福建历史学会发起人，被选为学会理事。1969 年 11 月 24 日郑贞文与世长辞，享年 78 岁。②

三、郑贞文的教育主张与实践

1932 年，在当时国民政府主席林森的推荐下，郑贞文出任福建省教育厅厅长一职，直到 1943 年，郑贞文主理福建教育工作共 11 年。郑贞文任职期间，国内矛盾重重，又逢抗日战争爆发，民族危机日趋深重，在这样复杂的环境之中，郑贞文采取了相应的措施来应对当时福建教育所面临的问题。

（一）充实教育经费

教育经费一直是影响福建教育发展的一个问题，民国成立以来，福建省因军阀纷争，财政紊乱，教育向无专款，校长无米为炊，教员枵腹从公，教育界忙于筹款索薪，无法顾及管教事业。③ 虽然前几任教育厅厅长力图达到"教育经费独立"，但未能实现。据统计在 1928 年时，福建省全年教育经费预算仍仅为 60 余万元。④ 1928 年 10 月省政府委员会议决，由盐税附加项下，月拨 12 万元为教育专款，按月由附税收入机关拨付。为保障教费的独立并监督其使用，特组"省教育经费保管委员会"，专司教费的收支、保管事宜。但因税收不足，每月实拨之数，平均不满 10 万元，且系盐商期票，须由教费保管委员会向银

---

① 中国人民政治协商会议福建省长乐县委员会文史资料工作组.长乐文史资料 第 2 辑[M]:111-113.

② 福州地方志编纂委员会,福州市志人物志编辑组.福州市志·人物志（传记试写稿）第 1 辑[M].1989:92.

③ 中国人民政治协商会议福建省委员会文史资料研究委员会编.福建文史资料 第 12 辑[M].中国人民政治协商会议福建省委员会文史资料研究委员会,1986:4.

④ 薛菁,翁伟志.闽都教育史[M].北京：北京大学出版社,2017:168.

行或钱庄贴现，月付2分6重2毫的高利，以致多延时日，不能按期发款。[①]

郑贞文在出任省教育厅长后，还兼任了省教育经费保管委员会主席，于是他立即陈请福建省政府主席向国民政府请求拨足12万元现款。后获准月拨11万元，虽大部分仍是期票，但量入为出，樽节开支，经大半年，教费实现按月发清，还补发了前任的一部分旧欠。[②] 1934年1月，郑贞文又与即将赴闽任省政府主席的陈仪谈及福建教育经费问题，请陈仪向财政部交涉，后成功获准教育经费按月发足12万元（即原定盐税附加实额）。当年2月，陈仪来闽，宣布省内财政自他就职之时起算，教费按月于25日以前发清。[③] 1936年，福建省府实行合署办公，省财政实行统收统支，教育经费保管委员会相应结束使命，教育经费发放事宜由省财务机关办理，教育厅只负责请领及转发。万幸的是这个时期福建省的教育经费仍可得到保障，因为"财政厅偶有愆期，（郑贞文）即代为催促，所幸尚无拖延积欠之事"[④]。

郑贞文也提出了保障教育经费、整理教育经费、节经费多办事业等原则，要求除了各县对地方教育经费进行审查外，各地区还制定各种方法来保证教育经费的筹集和使用。例如鼓励民间捐资兴学，鼓励华侨捐资，调查整理教费等。在省市各级政府的努力下，福建省教育经费数额不断得到提升。郑贞文在《三年来福建教育之回顾》中提道，"二十三年度（1934）省教育文化费预算列支1604702元，二十四年度（1935）预算列支1880706元，二十五年度（1936）预算列支2606208元"[⑤]，可见教育经费数额逐年增加，且增加幅度逐年扩大。在闽的外国人也注意到了这一点，发表在《教务杂志》上的《福建的教育状况》一文中提道：1933—1934年间，福建省每年小学的办学经费达到了280万美元，中学的办学经费也将近200万美元，比起民国初年的办学经费，小学方面增加了220多万美元，中学方面也增加了近180万美元。1934—1935年间，正规学校的教育总经费达到550万美元，其中还不算特殊

[①] 中国人民政治协商会议福建省委员会文史资料研究委员会编.福建文史资料 第12辑[M].中国人民政治协商会议福建省委员会文史资料研究委员会,1986:5.

[②] 同上.

[③] 同上，第6页.

[④] 同上.

[⑤] 郑贞文.三年来福建教育之回顾[J].闽政月刊教育辑.1937(1):3-8.

教育机构的 40 万美元。[①]

（二）提升教育质量

阻碍福建教育质量提升的因素主要有教学设施简陋、教学内容陈旧落后、缺乏师资等方面。面对如此情况，郑贞文对症下药，提出完善学校设施设备、改善教学内容和方法、提高教师数量和质量等措施来应对教育质量问题。

首先，福建教育存在校舍简陋、设备不足、卫生条件差的情况。城乡小学校舍，多数借用祠宇庙堂，"乡村无大祠宇，校舍尤属迫狭破陋，空气光线，亦多不适宜"。"多数小学，内容设备，除了不完全之椅棹黑板及几本旧书外，其他设备，简直没有。""各校卫生，整洁的很少，多数都是墙壁污涂，纸屑满地。""学生宿舍，不加修整，厨房厕所，污秽更甚"。[②]针对这种教育设施落后的情况，郑贞文在《对于南平初等教育人员之希望》的讲演中提出划出多量的教育经费设立设备完全的小学，在《视察闽南教育随笔》中提出要充实科学设备。他还提出，要建筑校舍，修复学校，注意改善中等教育校内设施、中学校力求设施上之完备化。在郑贞文的倡导下，霞浦中学建好了校舍，晋江乡村师范学校、晋江初级中学、龙溪中学、龙溪师范学校附属小学的校舍、校具都得到了修复。[③]为改变学校设施简陋的情况，各地区政府也采取了购置学校仪器、设备的措施。例如闽侯县政府购置小学所用之物理仪器、化学用品、博物标准模型 6 套，发交各中心小学流动使用并保管，此外还下令各校要依地方实际情形，及学校之性质，订定各校分期充实设备方法，分期办理，并列为考成标准之一。1936 年时各校第一期设备已将次完成。[④]

其次，教学内容陈旧，教法落后。县乡学校"课程课本不刷新，各校课程现仍沿用旧教授科目，课本亦未采用新编教科书，读经一科，乡村学校间尚有之"，"各校教学方法，可以说全用注入式……学生领会与否完全不计"；乡村学校占福建学校的大部分，"但各县乡校，悉照城校办理，

---

① 龙金顺等编译. 近代闽台社会风貌《教务杂志》文章选译 1867-1941[M]. 厦门：厦门大学出版社，2017:3-4.

② 刘海峰，庄明水. 福建教育史[M]. 福州：福建教育出版社，1996:341.

③ 郑贞文. 本省教育工作近况[J]. 教育周刊.1934(189):29-33.

④ 葛保飞. 二年来本县之教育行政[J]. 闽侯教育辅导，1936(6).

既无特殊课程，亦无特殊设备，与乡村社会毫无关系，乡民对之，亦乏信仰"。①郑贞文倡导采用散发式教学，希望教育人员好好利用初教研究会，阅读相关书籍，研究教育②，以改进教育。在视察闽北教育后，郑贞文提出组织研究会、指导教育改变教导方法③的措施来应对教学方法落后的问题。在视察闽东教育后，郑贞文提出中学要增开各项研究活动，教职员要以身作则，多让学生自己讨论。④

在教学方法上，民国时期福建省乃至中国的中学教育多在于课本上的教学，忽视实际操作。郑贞文提出历史、地理的教学应让学生真正接触到地图、地球仪等仪器，或旅行、考察来做活的史地教学，物理、化学等科目的教学要以实验来参证理论，注重学生实验；⑤倡导四种理化教授法：讲演式教授法、教科书式教授法、复习式教授法、探究式教授法。⑥对于其他科目，则通过调整课程来改善教学，例如增加必要的时间，减少不必要的，初中不必修习英文，而另设英文补习班等。对于教学内容方面，他认为要向欧洲学习中国没有的东西——科学，所以要进行科学教育，要发扬民族固有文化来吸收西方新知识，小学方面要注意自然界的观察、认识、了解、判断，养成科学观念。⑦通过举行自然科学竞赛会、全省自然科学成绩展览会来发扬科学精神。除此之外，郑贞文通过厉行国语教育来解决教学中的方言问题，其办法是：以培养发音正确的教师，加强师范学校对于注音字母的教学，从幼稚教育开始，认字读书一律用国语教学；除初级小学准于教课时暂用方言说明外，高级小学以上，师生间必须全用国语对话，不得混用方言，督学或视导员视察学校时，应特别注意教师的教学用语，如发现仍用方言，须即严加告诫，并责成校长

---

① 刘海峰,庄明水.福建教育史[M].福州:福建教育出版社,1996:341.
② 郑贞文.对于南平初等教育人员之希望（郑贞文讲演）[J].教育周刊,1933(164-165):40-44.
③ 郑贞文.视察闽北教育后之感想[J].教育周刊,1933(164-165):4-6.
④ 郑贞文.日记：二、闽东教育视察记（六月三日至六月五日）[J].教育周刊,1933(164-165):26-28.
⑤ 郑贞文.中等教育的几个问题[J].中等教育,1942(1):1-14.
⑥ 郑贞文.中等学校理化教授的改进[J].教育杂志,1922(6):35-63.
⑦ 郑贞文.科学教育的意义[J].教育周刊,1933(150):1-35.

负责纠正；随时举办国音补习及学生国音比赛，以资提倡。这些办法初行时，中等学校年老的教员（尤其是教会与私立学校的教员）甚感困难。但由于教育界觉悟的提高及督学、视导员们的严厉督导，不出数年，本省中、小学生大多会读国音，普通话说得流利的亦不少。①

最后，存在师资不足问题。师资是提高教育质量的关键所在，但是由于当时的师范教育不够发达，师范毕业生数量太少，并且在当时的小学教师中，师范毕业生占比极小，小学教员存在数量不足的问题。为此，郑贞文提出增设师范学校、鼓励无力升学的学生进师范学校并吸引有志青年从事国民教育事业、扩大师范学生实习范围等主张。②另外，由于教师待遇微薄，使他们无法安心工作，于是，郑贞文通过增加教育经费来补充师资训练费以及提高教员待遇，通过提高待遇来稳定教师、吸引教师。教师不仅要有数量还要有质量，对于教师的质量问题，郑贞文采取了师资选用师范毕业生，遴选教师送入暑期学校加以训练的措施，并且注重教员进修，希望学员（小学教师）进修期间听讲态度不懈、讨论精神恳切、生活常规恪守纪律、根据进修所得改正教育，他认为注意进修的教员不但使自身的知识经验得到补救，并且能使教员所在地区、学校，以及儿童受益。③从 1934 年开始，省教育厅依据先后选派两批省立小学教员赴上海大夏大学等校进修。后又规定各县市区应利用暑期举办讲习会，短期培训小学教员。1936 年 5 月，福州设立福建省小学教员训练所，令各县市区选送不合格的现任小学教员来省受训，每期 6 个月。共办 2 期，受训教员 614 人。后又举办 3 期中心小学校长训练班，受训学员 252 人。此外还举办音乐、体育教员培训班，受训学员 210 名。④同年，福建省颁布《福建省义务教育师资训练办法》，要求设立义务教师训练班，从 1937 年 2 月起，师训班办了 3 期，全省毕业学员 2648 人。⑤由于师范教育是培养师资的教育，是提高教学质量与教学水平的关键因素，郑贞文对于师范教育也是非常重视，他提出师范学校要

---

① 中国人民政治协商会议福建省委员会文史资料研究委员会编.福建文史资料 第12辑[M].中国人民政治协商会议福建省委员会文史资料研究委员会,1986:7.
② 郑贞文.国民教育的师资问题[J].教与学,1940(4):22-25.
③ 对于学员进修后之希望（郑贞文演讲）[J].教育周刊,1933(172):1-11.
④ 福建省政府编.福建省五年来初等教育[M].福建省政府,1939:9-10.
⑤ 薛菁,翁伟志.闽都教育史[M].北京：北京大学出版社,2017:180.

力求训练上之专业化,①通过划定师范区,全省分为四区,每区由厅指定省立师范学校或省立乡村师范学校为主要机关,各区内师范学校的改进和地方小学的辅导应共同负责,进行师范学校设备教育改进、师范生训练方法研究改善、师范生供求状况调查统计、师范学校各县招生比额规定、师范生服务考查、师范生参观实习方法指导等以谋师范教育的自身改善和发展,还将略为减缩普通中学经费,移充职业师范之用。②此后,福建省还分期推进师范教育,原有省立简易师范学校一律改办师范学校以促进师范教育之发展。③

(三)落实"战时教育"措施

1937年,抗日战争全面爆发,虽然福建不是主战场,但福州、厦门等多地沦陷,福清、惠安等县一度部分沦陷,各类学校遭到极大破坏。

面对战争的破坏,郑贞文响应国民政府"战时教育需作平时看"的教育方针,强调维持学校秩序,制定相应的战时教育措施。进入抗战时期后,福建省教育厅连续发布各类政策,如《本省中等以上学校非常时期青年训练实施纲要》《本省非常时期小学教育实施纲要》《本省社会教育机关非常时期施教办法》,还制定了《中小学紧急集合疏散训练办法》。④面对日本的入侵,郑贞文强调,要增进青年军事知能,减少不必要的牺牲,同时要指导他们战时服务,唤醒民众,发扬民族精神,增加抗敌力量,因此要特别注意青年训练。对于小学教育,郑贞文主张竭力维持原状,校长教员要力持镇静,完成好教育教学任务。对于社教机关,郑贞文提出了唤醒民众、训练民众、从事全面抗战的目标。⑤

郑贞文还提出一切教育应以加强民族意识国家观念及抗战建国之效能为唯一准则,以抗战建国为中心,彻底改革或增订中小学各科教材。⑥他召集了

---

① 郑贞文.视察教育及改进意见之报告:在省府举行第二四五次纪念周中演辞[J].教育周刊,1933(160):2-5.
② 郑贞文.二十三年度闽省教育进行情况[J].东南大观,1935:116-118.
③ 郑贞文.省政史料:最近数月来的福建的教育设施[J].新福建,1942(4):62-64.
④ 郑贞文.非常时期本省教育的动态[J].闽政与公馀非常时期合刊,1937(2):16-17.
⑤ 同上.
⑥ 郑贞文.施政工作报告:本省过去教育工作之回顾及本年度工作计划,二十八年一月十六日在省政府总理纪念周报告[J].闽政月刊,1939(6):25-27.

各科具有丰富教学经验的专家,重新选择教育部已经审定过的教科书,并于1941年公布了初中各科目用书选定本目录,通令各校根据此目录选购教材。同时,省教育厅还编印了如《精神讲话》《抗建三年》《兵役浅说》《高中文选》《初中文选》《亚洲风云》《中国抗建地理》《欧洲风云》《风雨海洋洲》《福建地理》《福建乡土史地》等教材以充实各科教学的抗日内容,并分发各校使用。除此之外,福建省还自编了一套民众教育教材以适应战时民众教育的需要。这些教材符合国家教育宗旨,适应战时教育之需要,对培养民族意识,激发爱国热情,坚定抗战必胜的信念发挥了重要作用。①

  为了防止战争的侵害,福建省采取了由沿海向内地迁校的措施。初等教育方面,福建省规定学校离海岸线应不少于30千米以及沿海县市调整小学的设立地点。②中等教育方面,沿海县区的中学也在调整办学地点,比如1941年,福清县城沦陷,福清县立初中由城市向乡村迁移,先往东张再至黄檗寺,最后到洋霞乡。③为了适应战时教育的需要,1940年福建省依据地方交通及师资需要,颁布《福建省师范教育设施方案》将全省重新划分为9个师范区,要求每个师范区至少成立一所省立师范学校或省立简易师范学校。各师范学校区应兼为地方教育辅导区,各师范学校对于区内各学校应负视察辅导之责。辅导工作包括派员视察指导、开办研究会、组织集体活动等多个方面。④这些举措一定程度上做到了对战时师资的保证以及各区学校教育的调整。高等教育方面,也通过调整课程、高校内迁的方式来应对抗战,例如私立福建协和学院在抗战爆发后迁闽西邵武,私立华南女子文理学院迁闽中南平,私立福建学院首迁闽清,后迁闽北浦城。各级各类学校通过内迁后,与当地学校互助合作,对当地教育起到积极作用。例如1942年福州三一中学、陶淑女中及寻珍女中先后从崇安迁至古田办学,为了互助,古田的史荦伯初中、精英女子初中、奎光妇女学校通过共同调整宿舍、改变教学制度、公用图书仪器、各校教师互相兼课来维

---

① 《长乐人杰》编委会编.长乐人杰[M].福州:福建美术出版社,2008:225.
② 薛菁,翁伟志.闽都教育史[M].北京大学出版社,2017:226-227.
③ 同上,第229页.
④ 同上,第231页.

护教学秩序。[1]各校通过教学交流、师资互济，教学条件强化了，课外活动丰富了，教学质量也相应地提高了。

面对战争，不得不提到社会教育，郑贞文也十分重视民众意识的唤醒以及民众训练。为此，福建省根据战争需要制定了社会教育的内容和实施措施。首先是战时民众训练工作，1937年12月，成立了福建省民众训练委员会后，民训委员会随即各种民众训练实施办法，并组织民训工作队。为了使民训人员有所遵循，还提供给民众一定的读物，民训委员会组织大中学校教师编辑及印发各种丛书、资料和刊物，如《三民主义与抗战》《敌国现状概述》等三十余种。[2]其次为了增进民众国防意识，福建省还积极推进图书馆事业。1938年秋，省立图书馆特辟国防图书阅览室，并随时将各种期刊所载有关抗战的论述编印出提要索引，以便利读者查阅。省立图书馆还举行了"国防图书展览会"，展览为期3天，参观者达5万人次。各县区也积极建设图书馆事业，扩大抗日宣传，连江县就复办了连江县立图书馆，并附设战时民校，扫除文盲，推行社会教育。[3]罗源县图书馆也积极开展民众教育、图书教育、国民体育等活动。[4]最后各县还根据本地教育设施的具体情况，增加建设各种文化设施。福清县分期筹建社会教育机构，充实县立公共体育场设备，开辟各乡镇简易体育场，成立县立图书馆，办理小学巡回文库、通俗教育巡回文库，创设国防教育讲座，筹办海口、高山、龙田、渔溪、东张等处民众图书报所，组织巡回教育剧团等，所以发扬民气，提高地方文化水准。[5]古田县也通过建立体育场，添置各种器具，组织民众抗敌音乐团等来开展战时民众教育。[6]通过社会教育，民众借助各种方式对战争情况得到了了解，民族意

---

[1] 中国人民政治协商会议福建省古田县委员会文史资料委员会编.古田文史资料 第13辑[M].1995:38.

[2] 薛菁,翁伟志.闽都教育史[M].北京：北京大学出版社,2017:226-227.

[3] 中国人民政治协商会议福建省委员会文史资料委员会编.福建文史资料 第34辑[M].1995:82.

[4] 中国人民政治协商会议福建省罗源县委员会文史资料工作委员会.罗源文史资料 第4辑[M].1990:65.

[5] 汪广度.福清教育的新设施（地方通讯）[J].福建教育通讯,1940(15):196.

[6] 同注[2]，第241页.

识得到提升，各方面的训练也得到了加强。

四、结语

郑贞文在任职教育厅厅长期间，使得福建教育取得重要发展，不过，郑贞文的教育主张与实践也存在局限性。主要体现在郑贞文在提出教育指导后，成效无法确定或成效不足。郑贞文在 1933 年视察闽北教育后，提出改善中等教育校内设施，组织研究会指导教育改变教导方法等意见，1935 年参加全体教职员茶话会时提出调整学生读物，以修养书籍、科学书籍为主，少看软性文学书籍，然而各地实际执行情况无法确定。对于发展学校教育，郑贞文大力采取增班扩校的举措，但是由于抗战，不免遭到破坏，损失严重，而后又进行学校搬迁，由沿海迁移至山区，也造成一定损失。另外，全面抗战爆发前，在教育资金投入方面，省财政采取了增设教育经费的措施以扩充学校、完善设备、扩充师资等，然而，随着通货膨胀的日趋严重，教育经费中用于生活补贴的部分不断增大，实际教育经费处于萎缩状态。如 1947 年度教育经费支出 55 亿元法币中，公费生主副食费共 42 亿元，占财政教育经费支出的 76.4%。[1]

在社会背景、时代环境的影响下，郑贞文的教育主张与实践必然会受到影响，使得结果产生偏差，成效不如所期，尽管如此，郑贞文在福建教育上做出的贡献仍然不容忽视。

（指导老师：翁伟志）

---

[1] 逄立左主编.福建省抗日战争时期人口伤亡和财产损失[M].北京：中共党史出版社,2015:159.

试析清朝后期福州港的纸张出口贸易

黄雅静[①]

摘要：茶、木、纸是清朝后期福州港出口贸易中的三大宗输出货物，纸张在福州港三大出口货物中的地位仅次于茶叶。本文以福州港纸张出口数据为研究样本，探析清朝后期福州港纸张的出口情况及其生产销售体系概况。受外销市场、纸张品质以及运输方式的影响，福州港纸张出口贸易经历"兴盛—萎缩—回升"三个阶段。上等纸、次等纸以及纸箔为福州港出口纸张的主要种类，三者的地位随着出口贸易的发展而产生变化，而纸张的生产销售体系使得福州港与闽江流域之间的联系更为密切，同时也为现代产业的发展提供了经验教训。

关键词：福州港；纸张；出口贸易；闽江流域

一、前言

第一次鸦片战争后福州被迫对外开放，但在开埠初期的十年间福州的对

[①] 黄雅静，女，福建漳州人，历史学系2018级历史学专业本科生，现任职于中共南靖县委党史和地方志研究室．

外贸易活动十分冷清。1853年之后,茶叶的出口带动了福州港其他货物的出口贸易,福州港逐渐成为中国近代对外贸易的重要港口。福建纸张也是这一时期福州港重要的出口货物。在五口通商前,闽北各产纸县的纸张外销多由陆路运往江浙,福州港开埠后,则改为循闽江而下集中到福州进行出口[①],纸张成为福州港对外贸易的三大重要输出货物(茶、木、纸)之一。

我国学界对于福建纸张出口状况研究的相关专著,主要有林仁川的《福建对外贸易与海关史》(鹭江出版社,1991年)、林庆元的《福建近代经济史》(福建教育出版社,2001年)、水海刚的《口岸贸易与腹地社会:区域视野下的近代闽江流域发展研究》(厦门大学出版社,2019年)、方彦富主编《福州台江与东南海陆商业网络研究》(海峡书局,2011年)等,已有的研究成果较为丰富,这些著作对近代福州港出口贸易进行了宏观的叙述,其中部分章节叙述了福州及闽江流域的纸张制作工序、纸品市场以及外销情况。但学界现有的研究成果主要是将纸张与茶叶、木材等产品相关联,作为一个整体考察福州港对外贸易情况以及对腹地经济的影响,较少专以纸张为研究对象。同时,有关研究未能系统地利用与分析近代福州海关的统计数据,因此该研究领域还有进一步探索的空间和意义。

本文主要探析清朝后期福州港纸张的出口情况及其生产销售体系概况。主要资料来源于《中国旧海关史料(1859—1948)》(京华出版社,2001年)中的福州港历年进出口数据记载、《近代福州及闽东地区社会经济概况》(华艺出版社,1992年)中的闽海关年度贸易报告(1865—1928年)和闽海关十年报告(1882—1931年)、1941年由福建省政府统计处调查整理出版的《福建之纸》(福建省政府统计处,1941年),以及福建各地地方志等。

二、福州港纸张年度出口的数值变化

关于"出口"的定义,在《中国旧海关史料(1859—1948)》的海关报告中,福州港与国内外的货物出口贸易均写为"出口",因此,本文文中的"出口"均按照闽海关报告中的含义,即包含福州港出口去国外,也包含福州港

---

① 福州港史志编纂委员会.福州港史[M].北京:人民交通出版社,1996:148.

出口去国内沿岸港口的部分。《中国旧海关史料（1859—1948）》中福州港的纸张出口包括了两个部分：一部分是来自闽北各县的纸张出口，即净出口，另一部分是来自其他港口的纸张，运往福州后再由福州港出口，即复出口，本文中仅考察福州港纸张净出口的情况，因此下文中的"出口"均为"净出口"。

为论述福州港纸张出口数量、价值、价格的变化情况，下文将《中国旧海关史料（1859—1948）》中清朝后期纸张出口的相关数据整理绘制成表格：

表1　1861—1904年福州港纸张出口数量、出口价值、价格及同比增长率

年份	出口数量（单位：担）	数量同比增长率	出口价值（单位：元）	价值同比增长率	价格（单位：元/担）
1861.7—12	2028.45	/	19308.50	/	9.52
1862.1—6	25117.13	1138.24%	280660.00	1353.56%	11.17
1862.7—12	36119.78	43.81%	415040.00	47.88%	11.49
1864	40061.14	10.91%	583272.00	40.53%	14.56
1865	55781.03	39.24%	747289.00	28.12%	13.40
1866	63593.78	14.01%	811478.00	8.59%	12.76
1867	55648.47	-12.49%	781211.00	-3.73%	14.04
1868	65422.44	17.56%	1025742.00	31.30%	15.68
1869	85144.76	30.15%	776497.00	-24.30%	9.12
1870	49442.75	-41.93%	505778.00	-34.86%	10.23
1871	33632.32	-31.98%	429482.00	-15.08%	12.77
1872	38890.26	15.63%	416220.00	-3.09%	10.70
1873	40896.57	5.16%	434145.33	4.31%	10.62
1874	37591.99	-8.08%	329763.00	-24.04%	8.77
1875	36243.22	-3.59%	309866.00	-6.03%	8.55
1876	42787.39	18.06%	322942.67	4.22%	7.55
1877	54890.00	28.29%	406025.33	25.73%	7.40
1878	63092.59	14.94%	469085.33	15.53%	7.43
1879	46990.78	-25.52%	424736.00	-9.45%	9.04
1880	36552.82	-22.21%	310240.00	-26.96%	8.49
1881	30434.59	-16.74%	326076.00	5.10%	10.71

续表

年份	出口数量（单位：担）	数量同比增长率	出口价值（单位：元）	价值同比增长率	价格（单位：元/担）
1882	49256.55	61.84%	427342.67	31.06%	8.68
1883	34187.55	-30.59%	320001.33	-25.12%	9.36
1884	45204.65	32.23%	385109.33	20.35%	8.52
1885	51554.68	14.05%	461157.33	19.75%	8.95
1886	30168.75	-41.48%	336026.67	-27.13%	11.14
1887	32890.47	9.02%	321045.33	-4.46%	9.76
1888	35403.28	7.64%	309078.67	-3.73%	8.73
1889	40419.02	14.17%	408553.33	32.18%	10.11
1890	56488.48	39.76%	540534.67	32.30%	9.57
1891	79471.48	40.69%	588530.67	8.88%	7.41
1892	49809.32	-37.32%	353878.67	-39.87%	7.10
1893	38281.86	-23.14%	340450.67	-3.79%	8.89
1894	28033.55	-26.77%	326920.00	-3.97%	11.66
1895	40070.18	42.94%	394514.67	20.68%	9.85
1896	81865.00	104.30%	647658.67	64.17%	7.91
1897	66621.00	-18.62%	594532.00	-8.20%	8.92
1898	53739.00	-19.34%	481201.33	-19.06%	8.95
1899	55363.00	3.02%	516458.67	7.33%	9.33
1900	28333.00	-48.82%	336821.33	-34.78%	11.89
1901	50735.00	79.07%	663846.67	97.09%	13.08
1902	56958.00	12.27%	876328.00	32.01%	15.39
1903	73661.00	29.33%	1031148.00	17.67%	14.00
1904	64216.00	-12.82%	1118541.33	8.48%	17.42

资料来源：茅家琦《中国旧海关史料（1859—1948）》（京华出版社，2001）。价值单位为元，此处元为墨西哥鹰洋。《中国旧海关史料（1859—1948）》中有部分年份的价值单位为海关两，为方便各年份的价值比较，将这些年份的出口价值按照1元=0.75两的汇率进行换算。

1863年无相关数据。下表均同，不再另述。

（一）出口数量

从表1的1861—1904年福州港纸张出口数量的数据中，取完整年份之1864年至1904年数据来看，其变动呈现以下波动曲线：

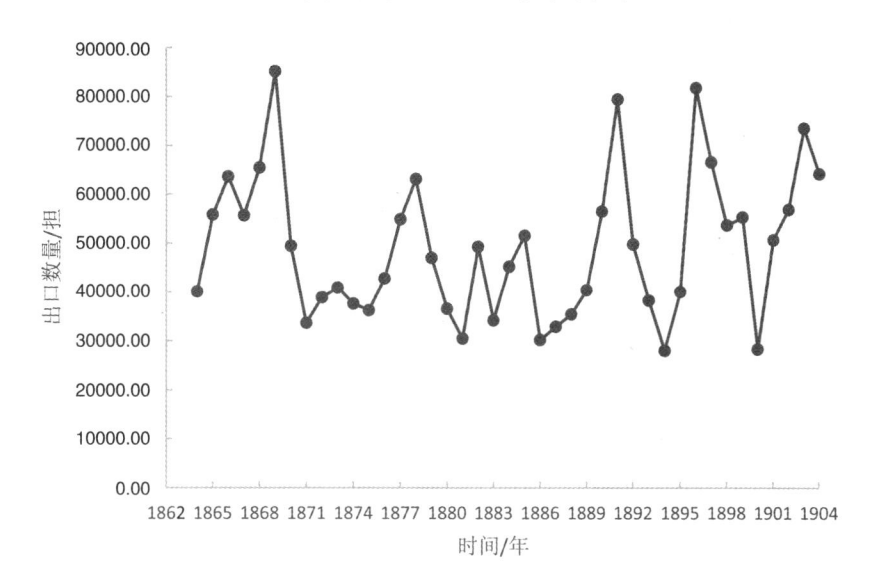

图1　1864—1904年福州港纸张出口数量变化趋势图

由上可见，出口数量的两个波峰点位于1869年85144.76担和1896年的81865担。综合41年的出口数量，平均每年出口49264.09担。

19世纪60年代，福州港纸张出口数量呈现出较好的增长趋势，纸张出口由1864年的4万余担增加到1869年的8.5万余担，创造了福州港纸张出口的历史最好水平。6个年份有5年的出口数量超过5万担。

1870年的出口量仅有49442.75担，与1869年相比同比增长率下降了41.93%，下降的幅度较大。而后整个19世纪70、80年代，出口数量各年间虽存在一些波动，但总体较为平衡，年出口数量大致在3万—6万担波动。20个年份中仅有3年的出口数量超过5万担，整体的出口形势疲软。

1890年至1904年，整体的出口形势比上个阶段发展得好，15个年份有10年的出口数量超过5万担。但是本阶段各年间的上下波动较为剧烈，出口量变化范围扩大到2万—8万担，1894年最低的出口数量仅为2.8多万担，1896年最高的出口量将近8.2万担，相差近3倍。从年增长率来看，1896年增幅达到104.30%，1900年降幅达到48.82%，之间相差超过150%。

（二）出口价值、价格

从表1的1861—1904年福州港纸张出口数量及出口价值的数据中，取完整年份之1864年至1904年数据来看，其变动呈现以下波动曲线：

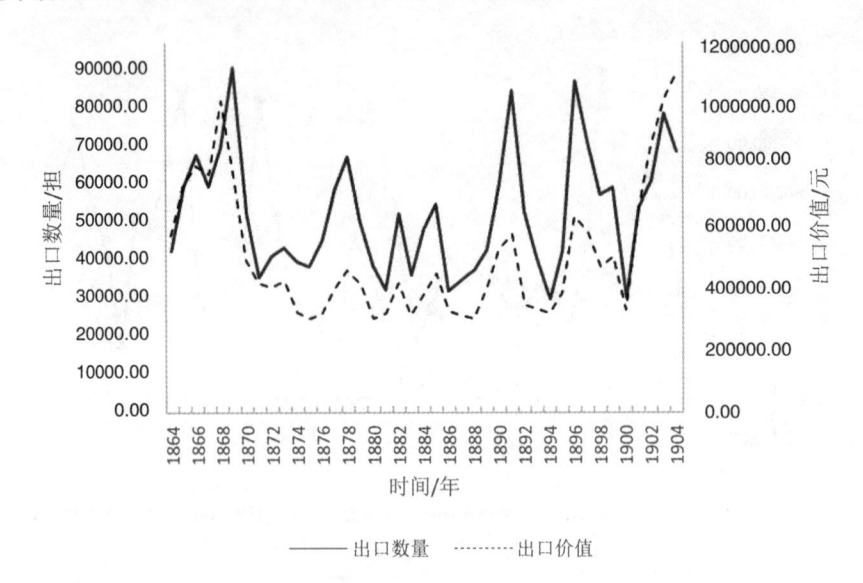

图2　1864—1904年福州港纸张出口数量及价值变化趋势图

由图2中1864—1904年福州港纸张出口数量及出口价值的数据对比情况，可以发现两者的变化趋势大体上一致。在价值方面，可以根据表1中1861—1904年福州港纸张出口价值的数据，大致将纸张出口情况分为三个阶段：19世纪60年代，出口值大体上呈逐年上升趋势；19世纪70—80年代，纸张出口贸易萎缩；进入19世纪90年代之后，整体的出口形势有所好转。

分阶段看：第一阶段，纸张出口值由1864年的58余万元发展到1868年的102余万元，但是在1868年出口值突破100万元之后，出口值开始下降，1869年出口值近78万担，增长率为-24.30%，跌回1867年的出口水平。第二阶段，1870—1890年的出口值整体不如第一阶段。福州港纸张出口值在1870年降至50余万元后，总体仅能维持在30万—47万元这一区间。进入第三阶段，1890年后，纸张出口萎缩的情况有所好转，部分年份的出口值超过50万元。这种增长趋势在进入20世纪后更加明显，1901年纸张出口值663846.67元，相比1900年的336821.33元，增加了97.09%。之后3年虽然增速回落，但仍呈现逐年增长的趋势，纸张出口值至1903年第二次突破100

万元，1904 年的纸张出口值更是达到了 43 年间的最高值 1118541.33 元。

在纸张价格方面，根据表 1 中 1861—1904 年福州港出口纸张价格的相关数据，取完整年份之 1864 年至 1904 年数据来看，其变动呈现以下波动曲线：

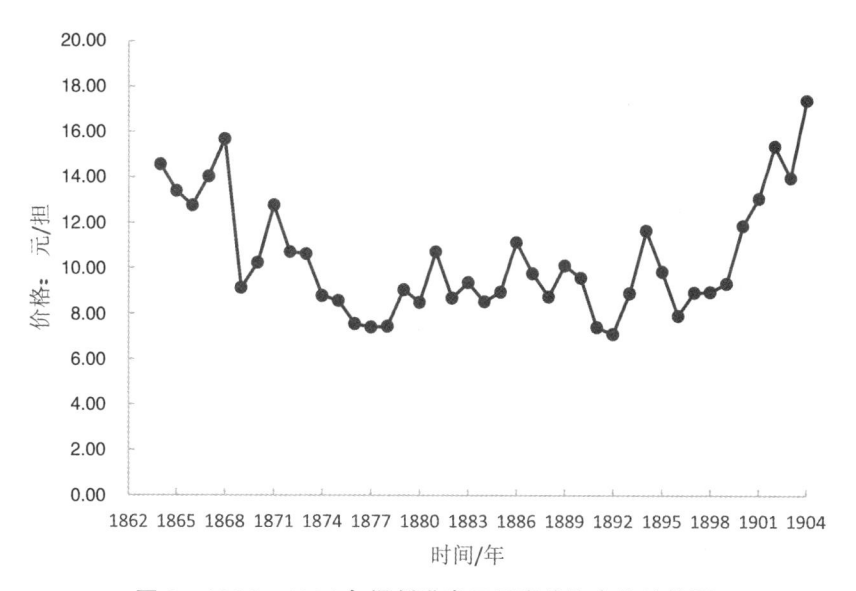

图 3　1864—1904 年福州港出口纸张价格变化趋势图

图 3 反映的变化趋势中显示，纸张价格也经历了"上升—下降—回升"的变化过程：1861—1868 年，纸张价格呈现上升趋势，平均价格维持在 10 元 / 担以上，在 1868 年达到最高值 15.68 元 / 担，1868 年后纸张价格开始下降。1869—1900 年纸张价格多数在 7—10 元 / 担上下波动，少数年份超过 10 元 / 担。1901—1904 年，纸张价格开始回升，均超过 10 元 / 担，1904 年甚至达到了 17.42 元 / 担的历史最高价。

（三）原因分析

综合福州港纸张的出口量和出口值两部分的情况来看，清朝后期福州港纸张出口贸易经历了以下几个阶段：19 世纪 60 年代纸张出口贸易相对繁荣，19 世纪 70—80 年代纸张出口贸易萎缩，19 世纪 90 年代开始纸张出口形势转好，但整体波动幅度大。其发展兴衰与波动幅度较大主要受到了以下几个方面的影响：

第一，外销市场的扩张和萎缩。19 世纪 60 年代开始，福建与省外以及南洋各地海上贸易往来的航运方式，由帆船改为轮船，运输时间缩短，且受季节风向的影响减弱，运费降低。①运输条件的改善以及运输成本的降低，使得省外纸商对福建纸张贸易的需求增加，外销市场扩张，福州港纸张出口增加。但在后期由于江苏镇江纸的出现，挤占了福建纸张的外销市场，北方沿海口岸的纸张价格低廉，纸张市场并不景气。②1894年甲午中日战争爆发后，北方政治局势紧张，福州港与北方口岸之间的贸易路线受到一定程度的影响，纸张外销市场萎缩，纸张贸易减少。③1900年，"印度及锡兰大量生产茶叶，影响了中国的茶叶贸易"④。福州港主要出口货物茶叶的出口量减少，使得福州港失去部分国外市场，影响了纸张出口国外贸易。但是1900年后，由于投资茶叶失败的商人改投纸业，使得大量的资本进入纸张市场，⑤因此进入20世纪之后，出现了福州港纸张出口贸易明显回升。

第二，纸张品质未有提升，生产技术逐渐落后。明代宋应星在《天工开物》中写道："凡造竹纸，事出南方，而闽省独专其盛。"⑥从中可以看出福建所生产的竹纸在当时的地位。明清时期福建纸张因为品质上佳在全国纸张中具有代表性，在纸张市场中竞争力较强，这也是纸张出口贸易在19世纪60年代呈现相对繁荣的原因。福建纸张的生产原料为竹子，手工造纸需要经过造料和抄纸两大工序，经过砍竹、剖片、腌浸、涤晒、漂白、洗浸、剥皮、捣烂、蒸煮完成造料工序，纸料再经过调料、配料、抄张、榨干、分张、焙纸、整纸才算完成造纸的所有工序。当时纸房中对造纸工艺有"一纸非容易，措手七十二"⑦的相关描述，可见造纸工序的繁琐复杂。根据福建纸业调查报告《福建之纸》显示，到了民国时期，纸张生产依然采用这套传统的手工造纸工序。闽江流域最早的造纸厂是1915年在崇安黄连坑设厂的金继美造纸厂，然而所谓造纸厂，仅是规模较大而已，依然大体上采用手工造纸，不能

---

① 林庆元.福建近代经济史[M].福州：福建教育出版社,2001:207.
② 池贤仁.近代福州及闽东地区社会经济概况[M].北京：华艺出版社,1992:139.
③ 同上，第200页.
④ 同上，第230页.
⑤ 同注①.
⑥ 宋应星.天工开物译注[M].潘吉星,译注.上海：上海古籍出版社,2016:243.
⑦ 朱维干.福建史稿下[M].福州：福建教育出版社,1986:398.

算是机器造纸。①纯手工造纸的繁琐造成了造纸工期长这一问题的出现，同时造纸过程中对天气的依赖性强，导致造纸效率低，纸张品质也难以保证。五口通商促进福建纸张出口的同时，也进口了欧式机制纸，优质的机制纸对福建纸张市场造成了一定的冲击。纸张品质几十年没有较大的提升，在纸张市场中的竞争力下降，一定程度上导致清朝后期福建纸张出口的衰落。

第三，民船运输不受监管。福州港纸张的出口量和出口值都存在波动幅度大的情况，这一情况的出现，一部分是由于福建与省外其他省份之间存在以民船为运输载体的贸易往来，且民船运输是不受海关监管的。虽然福建纸张通过民船运输的具体数值没有相关记载，但是在海关报告中有多个年份强调了民船运输对福州港货物进出口贸易的影响：1873年的海关年度报告首次提到近三年的土货出口量下降有可能是因为民船运输的增加；1880年的记载则具体到纸张和木材出口下降的原因，"在于它们大部分由民船运载出口"；1897年的报告中指出宁波纸商减少了从福州港进口纸张，而是采用民船运输。福建与省外的民船运输十分繁荣，福州与兴化来往的民船"海盐船"，与天津、牛庄来往的民船"北驳"，与台湾来往的"台湾船"，与温州、宁波来往的"乌艚"和"白底船"，与上海、烟台来往的"北商船"，各类民船运来各地的土货，又从福州运走纸张、木材等。②民船交易的繁荣，影响了福州港纸张出口贸易的波动。

三、纸张类型、用途及其腹地联系

福州港出口的纸张种类中，以三类纸的出口为主，三类纸分别为上等纸、次等纸、纸箔。

（一）上等纸

根据《中国旧海关史料（1859—1948）》各年统计数据，福州港上等纸出口情况如下表格：

---

① 林存和.福建之纸[M].福建省政府统计处,1941:101-102.
② 池贤仁.近代福州及闽东地区社会经济概况[M].北京：华艺出版社,1922:87-400.

表2　1861—1904年福州港上等纸出口情况

年份	数量（单位：担）	占比	价值（单位：元）	占比	单价（单位：元/担）
1861.7—12	375.94	18.53%	9393.50	48.65%	24.99
1862.1—6	10338.23	41.16%	206765.00	73.67%	20.00
1862.7—12	8268.89	22.89%	183535.00	44.22%	22.20
1864	13645.73	34.06%	341142.00	58.49%	25.00
1865	16677.83	29.90%	383157.00	51.27%	22.97
1866	14944.50	23.50%	448334.00	55.25%	30.00
1867	10993.73	19.76%	384782.00	49.25%	35.00
1868	10786.54	16.49%	377529.00	36.81%	35.00
1869	22537.32	26.47%	431925.00	55.62%	19.16
1870	15049.39	30.44%	264268.00	52.25%	17.56
1871	11144.48	33.14%	227793.00	53.04%	20.44
1872	7594.00	19.53%	144650.67	34.75%	19.05
1873	5272.69	12.89%	105320.00	24.26%	19.97
1874	7303.97	19.43%	75106.00	22.78%	10.28
1875	5470.13	15.09%	56459.00	18.22%	10.32
1876	8263.43	19.31%	76784.00	23.78%	9.29
1877	9655.00	17.59%	82113.33	20.22%	8.50
1878	12174.81	19.30%	102270.67	21.80%	8.40
1879	13877.47	29.53%	113413.33	26.70%	8.17
1880	12827.67	35.09%	108989.33	35.13%	8.50
1881	9211.92	30.27%	102014.67	31.29%	11.07
1882	10506.31	21.33%	105434.67	24.67%	10.04
1883	9399.04	27.49%	92336.00	28.85%	9.82
1884	11013.04	24.36%	110306.67	28.64%	10.02
1885	11035.43	21.41%	118898.67	25.78%	10.77
1886	6569.22	21.77%	66936.00	19.92%	10.19
1887	6247.21	18.99%	59948.00	18.67%	9.60

续表

年份	数量 (单位: 担)	占比	价值 (单位: 元)	占比	单价 (单位: 元/担)
1888	6302.37	17.80%	60082.67	19.44%	9.53
1889	2826.55	6.99%	26942.67	6.59%	9.53
1890	7621.18	13.49%	78853.33	14.59%	10.35
1891	13538.33	17.04%	134929.33	22.93%	9.97
1892	4778.96	9.59%	46912.00	13.26%	9.82
1893	4197.27	10.96%	41380.00	12.15%	9.86
1894	3104.95	11.08%	35304.00	10.80%	11.37
1895	4032.29	10.06%	42450.67	10.76%	10.53
1896	9328.00	11.39%	97550.67	15.06%	10.46
1897	11497.00	17.26%	146725.33	24.68%	12.76
1898	11670.00	21.72%	151708.00	31.53%	13.00
1899	12064.00	21.79%	156840.00	30.37%	13.00
1900	6655.00	23.49%	86521.33	25.69%	13.00
1901	8417.00	16.59%	113625.33	17.12%	13.50
1902	12939.00	22.72%	196166.67	22.39%	15.16
1903	13969.00	18.96%	230026.67	22.31%	16.47
1904	14947.00	23.28%	279821.33	25.02%	18.72
平均价格					14.81

上等纸在福建纸张分类中属于白料纸类,这一类型的纸张,从制法上看多为熟料纸,即选用的纸料要经过漂白和蒸煮这两道工序,但也包含了少部分品质较好的生料纸。由于选用了精细的纸料,又经过漂白和蒸煮这两道复杂的工序,因此上等纸纸张洁白、纸面光滑,主要作书写之用。[①]京庄、行重、大贡、顺太、连史等熟料纸都属于福州港出口的上等纸。[②]生料纸中,宁化所产的玉扣纸,经久不蛀,"作为官府档案、寺庙经本、宗祠族谱、商业账簿

[①] 林存和.福建之纸[M].福建省政府统计处,1941:19.
[②] 林庆元.福建近代经济史[M].福州:福建教育出版社,2001:111.

之用……历史上曾作为宫廷奏本用纸"[1]；将乐所产的毛边纸，光洁幼润"薄而韧，经久不蛀"[2]，也作书写用。这两类虽为生料纸，但属生料纸中的优质纸，因此也应包含在上等纸的范围内。

依据表2可大概看出上等纸的出口数量变化情况：上等纸出口量占福州港纸张总出口量的比重呈现出总体下降的趋势。在1872年之前，上等纸的出口量维持在1万担以上，最高达到22537.32担，其占比大致处于20%—35%这一区间，1872年上等纸出口量从1871年的11144.48担降至7594担，其占比也从33.14%跌至19.53%，在此后5年里，上等纸的出口量均未达到1万担，占比也没有达到20%。1878—1880年三年间出口量有所回升，出口量超过1.2万担，占比也同样回升。但回升的趋势没有维持太久，1881年开始上等纸的出口量再次下降，在1882—1904年间虽有部分年份的出口量超过万担，但是由于次等纸和纸箔出口量的增加，上等纸的占比始终没有再高于30%，其中上等纸占福州港纸张出口量的比重最低时仅有6.99%（1889年）。

依据表2可以看出上等纸出口值及价格的变化情况：1872年前上等纸的出口值占比均保持在35%以上，且多数年份占比超过50%。1874年，上等纸的出口价格由19.97元/担降至10.28元/担，骤跌近10元/担，加之出口量从1872年开始大幅度降低，导致1872年之后上等纸的出口值占比仅在10%—30%浮动，难以维持在出口值中的领先地位。

（二）次等纸

根据《中国旧海关史料（1859—1948）》各年统计数据，福州港次等纸出口情况如下表格：

表3　1861—1904年福州港次等纸出口情况

年份	数量 （单位：担）	占比	价值 （单位：元）	占比	单价 （单位：元/担）
1861.7—12	1652.51	81.47%	9915.00	51.35%	6.00
1862.1—6	14778.90	58.84%	73895.00	26.33%	5.00

---

[1] 福建省地方志编委会.福建志轻工业志[M].北京：方志出版社，1995：131.

[2] 郭柏苍.闽产录异[M].胡枫泽，校点.长沙：岳麓书社，1986：22.

续表

年份	数量 （单位：担）	占比	价值 （单位：元）	占比	单价 （单位：元/担）
1862.7—12	23954.82	66.32%	163938.00	39.50%	6.84
1864	19249.89	48.05%	134705.00	23.09%	7.00
1865	28629.84	51.33%	171779.00	22.99%	6.00
1866	41557.50	65.35%	243344.00	29.99%	5.86
1867	38747.45	69.63%	309979.00	39.68%	8.00
1868	45564.27	69.65%	546771.00	53.30%	12.00
1869	51944.39	61.01%	214087.00	27.57%	4.12
1870	25018.97	50.60%	102892.00	20.34%	4.11
1871	13721.17	40.80%	55792.00	12.99%	4.07
1872	20138.99	51.78%	80438.67	19.33%	3.99
1873	20747.28	50.73%	83736.00	19.29%	4.04
1874	18057.53	48.04%	65333.00	19.81%	3.62
1875	22232.69	61.34%	106481.00	34.36%	4.79
1876	25748.07	60.18%	112716.00	34.90%	4.38
1877	32015.00	58.33%	116086.67	28.59%	3.63
1878	36327.22	57.58%	139182.67	29.67%	3.83
1879	18800.22	40.01%	75732.00	17.83%	4.03
1880	14463.78	39.57%	51266.67	16.52%	3.54
1881	10103.09	33.20%	39196.00	12.02%	3.88
1882	23930.70	48.58%	75420.00	17.65%	3.15
1883	13564.86	39.68%	42826.67	13.38%	3.16
1884	21937.40	48.53%	67452.00	17.52%	3.07
1885	24847.29	48.20%	80578.67	17.47%	3.24
1886	9753.67	32.33%	29806.67	8.87%	3.06
1887	13538.85	41.16%	41065.33	12.79%	3.03
1888	16948.06	47.87%	51406.67	16.63%	3.03
1889	19118.49	47.30%	57992.00	14.19%	3.03

续表

年份	数量（单位：担）	占比	价值（单位：元）	占比	单价（单位：元/担）
1890	27902.60	49.40%	95734.67	17.71%	3.43
1891	48099.74	60.52%	145900.00	24.79%	3.03
1892	33036.78	66.33%	100033.33	28.27%	3.03
1893	20303.55	53.04%	61594.67	18.09%	3.03
1894	10007.84	35.70%	30433.33	9.31%	3.04
1895	19943.60	49.77%	60497.33	15.33%	3.03
1896	48902.00	59.73%	148344.00	22.90%	3.03
1897	39002.00	58.54%	185076.00	31.13%	4.75
1898	32484.00	60.45%	169320.00	35.19%	5.21
1899	33043.00	59.68%	171820.00	33.27%	5.20
1900	11526.00	40.68%	59469.33	17.66%	5.16
1901	25292.00	49.85%	124566.67	18.76%	4.93
1902	24394.00	42.83%	135632.00	15.48%	5.56
1903	43811.00	59.48%	303757.33	29.46%	6.93
1904	35341.00	55.03%	283669.33	25.36%	8.03
平均价格					4.51

次等纸在福建纸张分类中属于甲纸类，从纸张制法上看，基本上都是生料纸。这类纸张因为没有经过漂白和蒸煮，所以纸张质地粗糙，薄厚不均，颜色较重。次等纸主要做包装之用。节包、斗方、永利、长连、大包、中包等生料纸皆为次等纸。[①]

依据表3中次等纸的纸张出口数量来看，次等纸在福州港纸张出口中的地位突出：次等纸出口数量占纸张总出口量的大部分，其出口量占比大致维持在40%—70%这一区间，除1861年下半年占比达到81.47%外，完整年份的最高出口量占比为1868年的69.65%，次等纸的突出地位可见一斑。

但是从表3中次等纸出口值上来看，情况则明显不同于出口量。次等

[①] 福建省地方志编委会. 福建志轻工业志[M]. 北京：方志出版社，1995:131.

纸的纸张平均价格约为 4.51 元 / 担，在 3—5 元 / 担这一价格区间内上下浮动，较低的价格导致次等纸的出口值占比明显逊色于出口量的占比，主要在 15%—30% 浮动。

（三）纸箔

根据《中国旧海关史料（1859—1948）》各年统计数据，福州港纸箔出口情况如下表格：

表 4　1861—1904 年福州港纸箔出口情况

年份	数量 （单位：担）	占比	价值 （单位：元）	占比	单价 （单位：元/担）
1861.7—12	0.00	0.00%	0.00	0.00%	0.00
1862.1—6	0.00	0.00%	0.00	0.00%	0.00
1862.7—12	3896.07	10.79%	67567.00	16.28%	17.34
1864	7159.05	17.87%	107386.00	18.41%	15.00
1865	10377.39	18.60%	191703.00	25.65%	18.47
1866	6916.45	10.88%	118889.00	14.65%	17.19
1867	5697.28	10.24%	85868.00	10.99%	15.07
1868	9041.17	13.82%	101182.00	9.86%	11.19
1869	10636.07	12.49%	128348.00	16.53%	12.07
1870	9349.13	18.91%	135689.00	26.83%	14.51
1871	8766.67	26.07%	145897.00	33.97%	16.64
1872	11134.04	28.63%	188798.67	45.36%	16.96
1873	14876.60	36.38%	245089.33	56.45%	16.47
1874	12230.49	32.53%	189324.00	57.41%	15.48
1875	8520.24	23.51%	144990.00	46.79%	17.02
1876	8768.99	20.49%	132632.00	41.07%	15.13
1877	13220.00	24.08%	207825.33	51.19%	15.72
1878	14590.56	23.13%	227632.00	48.53%	15.60
1879	14313.09	30.46%	235590.67	55.47%	16.46
1880	9261.37	25.34%	149984.00	48.34%	16.19
1881	11119.58	36.54%	184865.33	56.69%	16.63

续表

年份	数量（单位：担）	占比	价值（单位：元）	占比	单价（单位：元/担）
1882	14819.54	30.09%	246488.00	57.68%	16.63
1883	11223.65	32.83%	184838.67	57.76%	16.47
1884	12254.21	27.11%	207350.67	53.84%	16.92
1885	15671.96	30.40%	261680.00	56.74%	16.70
1886	13845.86	45.89%	239284.00	71.21%	17.28
1887	13104.41	39.84%	220032.00	68.54%	16.79
1888	11403.63	32.21%	195876.00	63.37%	17.18
1889	17821.07	44.09%	321913.33	78.79%	18.06
1890	20020.50	35.44%	362824.00	67.12%	18.12
1891	16921.88	21.29%	304836.00	51.80%	18.01
1892	11528.87	23.15%	204925.33	57.91%	17.77
1893	13063.68	34.12%	235314.67	69.12%	18.01
1894	14174.50	50.56%	258917.33	79.20%	18.27
1895	16094.29	40.17%	291566.67	73.91%	18.12
1896	21952.00	26.81%	396714.67	61.25%	18.07
1897	14027.00	21.05%	255626.67	43.00%	18.22
1898	8688.00	16.17%	156873.33	32.60%	18.06
1899	9448.00	17.07%	179290.67	34.72%	18.98
1900	9138.00	32.25%	186876.00	55.48%	20.45
1901	16044.00	31.62%	422089.33	63.58%	26.31
1902	18784.00	32.98%	541269.33	61.77%	28.82
1903	15193.00	20.63%	494464.00	47.95%	32.55
1904	13247.00	20.63%	549534.67	49.13%	41.48
平均价格					17.07

　　纸箔在福建纸张分类中属于海纸类，海纸多由生料纸和熟料纸的残料制成，因此纸张薄且容易破。这类纸张为迷信用品，在制法上，首先要将进口锡锭捶打成片状，制成锡箔，再将其粘贴于海纸上，有时还会用旃那汁与米

糊混合将锡箔刷成金黄色。①

依据表 4 中福州港纸箔的出口量数据，可以发现 1861—1904 年纸箔在福州港主要出口纸张种类中所处地位的上升。纸箔的出口量在 1872 年之前相对较低，仅有 1865 年和 1869 年两个年份出口量超过 1 万担，但是从占比上来看，1861—1872 年纸箔出口量占比呈现明显的上升趋势。1872 年后，纸箔的出口量波动幅度较小，多数年份保持在 1 万担以上。纸箔在纸张总出口量中的占比也相对提升，除 1898 年和 1899 年以外，其余年份均超过 20%，部分年份超过 30%，甚至在 1886 年、1894 年因为上等纸和次等纸出口的低迷，这两年纸箔出口量的占比分别达到了 45.89% 和 50.56%，超越次等纸，跃居纸类出口第一。

从表 4 出口值来看，纸箔在福州港纸张出口中的重要性更加明显。1872 年之后，纸箔的出口值占比大致在 50%—70% 的区间上下浮动。最高占比是 1894 年，达到了 79.20%，这一年的出口值为 258917.33 元，但并非纸箔出口的最高值。依据表 2、表 3 中可知 1894 年上等纸和次等纸出口量非常低，导致两种纸的出口值在出口市场占比中的份额也随之减少，而纸箔出口量在 1894 年处于正常出口的状态，因此出口值可以达到将近 80% 的比重，为纸箔在 1861—1904 年间出口的最高值。纸箔地位的提升，部分受纸箔价格变动的影响。纸箔价格整体呈现波动上升的趋势，由 1864 年 15 元/担增长到 1900 年 20.45 元/担，1900 年后，纸箔价格激增，1904 年甚至达到了 41.48 元/担的历史最高价，超出 1864 年纸张价格两倍有余。

综前所言，稍做比较可见三类纸在福州港出口中的地位变化。在出口量方面，次等纸始终占据第一的绝对优势地位，而上等纸和纸箔以 1872 年为时间节点，纸箔的出口地位反超上等纸，跃居第二。在出口值方面，由于纸箔的价格高于上等纸且远高于次等纸，福州港三类纸的出口地位以纸箔为首，上等纸次之，出口量大但价格最低的次等纸位居最后。

（四）腹地联系

关于腹地的定义，吴松弟认为港口腹地即"位于港口城市背后的港口吞

---

① 朱景星,郑祖庚.闽县乡土志　侯官县乡土志[M].福州市地方志编纂委员会整理.福州：海风出版社,2001:255.

吐货物和旅客集散所及的地区范围。在通常情况下，这一范围内的客货经由该港进出在运输上比较经济和便捷"[1]。五口通商之后，福州成为对外开放的港口城市，《福建之纸》中记载："福州扼闽江之尾闾，位港沪航线之中心，不特闽江流域所辖二十余县之货物皆集散于此。"[2]福州成为闽江流域各县的货物集散地，集中闽北各县生产的纸张，再通过福州港转运到国内外市场。因此，福州港纸张腹地范围大致上与闽江流域范围一致。探究福州港的腹地联系，即为探究福州港纸张的生产销售体系，主要包括福州港出口纸张的来源产地、运输路线以及销售网络。

1. 源头产地

闽江流域的产纸县份总共有22县。将闽江流域分为建溪流域、富屯溪流域、沙溪流域、半溪流域和大樟溪流域五个流域来看，各流域的主要产纸县份分别为：

表5 闽江流域主要产纸县份一览表

流域	产纸县份
建溪流域	浦城、崇安、建瓯、松溪、政和
富屯溪流域	邵武、顺昌、将乐、建宁、泰宁
沙溪流域	沙县、永安、清流、明溪、宁化
半溪流域	南平、尤溪、古田、大田、闽清
大樟溪流域	永泰、德化

资料来源：林存和《福建之纸》（1941）第26-33页

其中上等纸的主要产纸县份为富屯溪流域五县、沙溪流域五县和建溪流域五县，在产纸量值上富屯溪流域产出的上等纸最多，次为沙溪流域。半溪流域的尤溪，以及大樟溪流域的永泰和德化也生产少量的上等纸，但与其他三个流域相比，"无论量值，均不足称"[3]。

次等纸的主要产纸县份中，半溪流域的南平、尤溪、古田、闽清四县总

---

[1] 吴松弟.中国百年经济拼图 港口城市及其腹地与中国现代化[M].济南：山东画报出版社,2006:2.

[2] 林存和.福建之纸[M].福建省政府统计处,1941:150.

[3] 同上,第49页.

产量最多，建溪流域的浦城、建瓯、松溪、政和也都生产次等纸，其中以南平和建瓯两县产量最大。富屯溪流域中的邵武、顺昌，沙溪中的永安、明溪和宁化，这五县虽以生产上等纸为主，但也兼生产少量的次等纸。

海纸生产以半溪流域为最多，该流域五县中有南平、尤溪、大田三县生产海纸，沙溪流域中永安、清流、明溪，宁化也生产少量的海纸。《尤溪县志》中有关于海纸的记载："邑产甚多，可衬锡箔之用，通运海外。"[1]由此可见海纸在尤溪纸张生产中的重要地位。而制作纸箔的另一重要原料——锡箔的生产则主要集中于福州台江区，锡箔业在当时福州称为锡镈业，主要工作就是将锡锭制成薄片状的锡箔。福州制作锡箔的手艺传自闽南晋江，到清末，才有了第一家由福州人创办的锡镈业品牌——"高晋发"，此后又有几十家锡镈业发展起来，福州台江成为制作锡箔的重要地区。[2]制成的锡箔除了售给福州地区内的纸箔业以外，同时也运销到闽北各县，与海纸一起进一步加工成纸箔。

2. 运输路线

纸张市场可分为生产市场和中心市场，生产市场以各产纸县份为核心，生产市场的纸张被收购和加工包装后集中运往中心市场福州出口。[3]与陆路运输相比，水路运输的运载量大，因此纸张从生产市场到中心市场，采用的运输方式以水路为主，陆路为辅。富屯溪流域中的泰宁以陆路运输为主要运输方式，纸张大部分运往江西南昌，小部分与其余四县走水路运往南平；建溪流域五县均可沿建溪而下至南平；沙溪流域中宁化、清流、永安、明溪四县的纸张沿支流先运往沙县，再统一运往南平，其中宁化的一部分纸张走陆路运往汀江流域的长汀，经由汕头出口。各个流域的纸张汇集到半溪流域的南平，由南平采用轮船运载到达福州，而半溪流域支流的其余四县——尤溪、古田、大田、闽清则多由民船运输至福州。大樟溪流域的永泰、德化的纸张也多由水路运输直接运往福州。[4]

---

[1] 卢兴邦,洪清芳.尤溪县志[M].台湾：成文出版社,1927:1047.
[2] 高振云.台江独有的锡镈行业[J].政协台江县委员会学习文史委员会.台江文史资料第1-12辑合订本[M].政协台江县委员会学习文史委员会,2006:107-109.
[3] 林仁川.福建对外贸易与海关史[M].厦门：鹭江出版社,1991:307.
[4] 林存和.福建之纸[M].福建省政府统计处,1941:140-142.

3. 销售网络

福建纸张由腹地生产后运输至福州,再经由福州港出口到省外及国外市场,这一过程中由多市场主体参与运作,形成销售网络,各主体之间联系密切,存在买卖关系以及借贷关系。

生产市场由槽户、纸贩、纸栈、庄客、过塘行和转运公司构成。[①]槽户为生产纸张的农户,纸栈主要收购纸张,所收购的纸张少部分供当地消费,大部分运往中心市场福州。槽户与纸栈之间一般不进行直接交易,而是由纸贩担任买卖的中间人,由纸贩收购槽户的纸张再转售给纸栈,赚取佣金。纸张由过塘行或者转运公司承担运输任务。槽户、纸贩和纸栈三者之间除买卖关系之外还兼有借贷关系。在槽户开始造纸之前,纸贩和纸栈会放给槽户一定的钱款用以购买原料,槽户多以纸张成品还款。借贷关系成立后,槽户按照约定,只能将纸张售予放款的纸栈,不得另寻买主。庄客则是中心市场中纸行在生产市场的代表人,建立起生产市场和中心市场之间的联系。庄客进入生产市场中,物色优质纸张,与纸贩或者纸栈建立买卖关系。

中心市场主要由纸行、行客、承友构成。[②]纸行是整个中心市场的买卖中心,它的业务主要为通过行客收购生产市场中的纸张,批售给省外及国外市场,有时也会放贷给地方的纸栈以预定优质纸张。行客则是省外或者国外纸行派遣到中心市场中收购纸张的商人,只有少部分行客能直接与中心市场中的纸行进行买卖,大部分需要经过中间人——承友的介绍,承友借此从买卖中抽取佣金。福州承友数量多,多为暴戾之徒,结为团体组织,拥有极大势力,常对纸商多加盘剥,以饱私囊。行客在中心市场福州收购的纸张大部分通过福州港出口,少部分如上文所述,采用民船运输的方式进行贸易。

福建纸张由生产市场到中心市场再到省外或国外市场的销售网络中,环环相扣的买卖关系使得港口城市福州与腹地闽江流域之间的联系更加密切,不仅促进了福州与各县之间的省内物资交流,也促进了各纸张生产县份内部的城乡交流。[③]但是纸张销售网络中,纸贩和承友这类中介角色的存在,也在

---

① 林存和.福建之纸[M].福建省政府统计处,1941:152-154.

② 同上,第 155-161 页.

③ 陈长伟.1844 年至 1894 年福州港进出口贸易的兴衰嬗变[D].福州:福建师范大学,2003.

一定程度上牵制了福建纸业的发展。比如纸贩在向槽户放贷时，贷款利息往往高于纸栈贷款给槽户而产生的利息，而仅有少部分的槽户能够直接接触到纸栈，以及承友强势要求增加佣金，不断榨取纸行和行客，给福州纸行的发展带来了生存压力。此外，槽户得到贷款，虽然减轻了纸张生产过程中的资金压力，但是纸张只能售卖给放款的纸栈，而不能售给出价更高的买主，造成了槽户利益的损失。

四、纸张出口的市场及其地位

《中国旧海关史料（1859—1948）》中关于福州港纸张出口的相关数据，分为了出口国外、出口香港以及出口中国口岸三个部分，据此，本文将福州港纸张出口市场分为国外市场和国内市场两个部分进行介绍和探析，并将纸张出口香港的部分归入国内市场进行统一计算。

（一）市场

表6　1864—1904年福州港纸张出口国内外市场的数量、价值及占比

年份	出口国外 数量（单位：担）	占比	价值（单位：元）	占比	出口国内 数量（单位：担）	占比	价值（单位：元）	占比
1864	0.00	0.00%	0.00	0.00%	40061.14	100.00%	583272.00	100.00%
1865	93.17	0.17%	2795.00	0.37%	55687.86	99.83%	744494.00	99.63%
1866	0.00	0.00%	0.00	0.00%	63593.78	100.00%	811478.00	100.00%
1867	0.00	0.00%	0.00	0.00%	55648.47	100.00%	781211.00	100.00%
1868	0.00	0.00%	0.00	0.00%	65422.44	100.00%	1025742.00	100.00%
1869	4.51	0.01%	90.00	0.01%	85140.25	99.99%	776407.00	99.99%
1870	0.00	0.00%	0.00	0.00%	49442.75	100.00%	505778.00	100.00%
1871	0.00	0.00%	0.00	0.00%	33632.32	100.00%	429482.00	100.00%
1872	17.24	0.04%	345.33	0.08%	38873.02	99.96%	415874.67	99.92%
1873	19.56	0.05%	382.67	0.09%	40877.01	99.95%	433762.67	99.91%
1874	0.00	0.00%	0.00	0.00%	37591.99	100.00%	329763.00	100.00%

续表

年份	出口国外 数量（单位：担）	占比	价值（单位：元）	占比	出口国内 数量（单位：担）	占比	价值（单位:元）	占比
1875	4.48	0.01%	38.00	0.01%	36238.74	99.99%	309828.00	99.99%
1876	0.00	0.00%	0.00	0.00%	42787.39	100.00%	322942.67	100.00%
1877	159.00	0.29%	1309.33	0.32%	54731.00	99.71%	404716.00	99.68%
1878	484.40	0.77%	4917.33	1.05%	62608.19	99.23%	464168.00	98.95%
1879	0.00	0.00%	0.00	0.00%	46990.78	100.00%	424736.00	100.00%
1880	0.85	0.00%	6.67	0.00%	36551.97	100.00%	310233.33	100.00%
1881	32.75	0.11%	377.33	0.12%	30401.84	99.89%	325698.67	99.88%
1882	20.72	0.04%	208.00	0.05%	49235.83	99.96%	427134.67	99.95%
1883	5.15	0.02%	37.33	0.01%	34182.40	99.98%	319964.00	99.99%
1884	9.92	0.02%	101.33	0.03%	45194.73	99.98%	385008.00	99.97%
1885	7.75	0.02%	82.67	0.02%	51546.93	99.98%	461074.67	99.98%
1886	17.58	0.06%	177.33	0.05%	30151.17	99.94%	335849.33	99.95%
1887	50.16	0.15%	502.67	0.16%	32840.31	99.85%	320542.67	99.84%
1888	49.13	0.14%	546.67	0.18%	35354.15	99.86%	308532.00	99.82%
1889	60.46	0.15%	669.33	0.16%	40358.56	99.85%	407884.00	99.84%
1890	36.96	0.07%	348.00	0.06%	56451.52	99.93%	540186.67	99.94%
1891	19.08	0.02%	176.00	0.03%	79452.40	99.98%	588354.67	99.97%
1892	15.33	0.03%	221.33	0.06%	49793.99	99.97%	353657.33	99.94%
1893	101.59	0.27%	984.00	0.29%	38180.27	99.73%	339466.67	99.71%
1894	22.98	0.08%	252.00	0.08%	28010.57	99.92%	326668.00	99.92%
1895	2495.44	6.23%	7772.00	1.97%	37574.74	93.77%	386742.67	98.03%
1896	13.00	0.02%	160.00	0.02%	81852.00	99.98%	647498.67	99.98%
1897	25.00	0.04%	324.00	0.05%	66596.00	99.96%	594208.00	99.95%
1898	832.00	1.55%	4849.33	1.01%	52907.00	98.45%	476352.00	98.99%
1899	3412.00	6.16%	26309.33	5.09%	51951.00	93.84%	490149.33	94.91%
1900	3095.00	10.92%	24034.67	7.14%	25238.00	89.08%	312786.67	92.86%

续表

年份	出口国外				出口国内			
	数量（单位：担）	占比	价值（单位：元）	占比	数量（单位：担）	占比	价值（单位：元）	占比
1901	3027.00	5.97%	25416.00	3.83%	47708.00	94.03%	638430.67	96.17%
1902	4195.00	7.37%	35884.00	4.09%	52763.00	92.63%	840444.00	95.91%
1903	3436.00	4.66%	33345.33	3.23%	70225.00	95.34%	997802.67	96.77%
1904	2553.00	3.98%	29184.00	2.61%	61663.00	96.02%	1089357.33	97.39%

1. 出口市场的量值

表6主要展示了福州港纸张出口国内外的出口量和出口值，以及两者在纸张出口总量和出口总值中的占比。从表中出口值和出口量的占比中很明显可以看出，福州港纸张的主要出口市场是国内市场，而非国外市场。

从出口数量上来看，出口国外市场的纸张数量在1902年达到的最高值4195.00担，依然无法与出口国内的纸张数量相提并论，出口国内市场的最低值为25238.00担，仍远远超过出口国外数量的最高值。

从出口量占比来看，除1900年以外，其余年份福州港出口国内市场的纸张数量占比均能达到90%，且大多数年份出口量占比高达99%，1864—1899年，连续36年出口国内市场的纸张占比达到99%，其中有10个年份的占比甚至达到了100%。出口国外市场的纸张数量占比中，仅有1895年、1899年、1900年、1901年、1902年、1903年、1904年7个年份出口量占比超过1%，其中占比的最高值出现在1900年，达到了10.92%，为1864—1904年间唯一一次出口量占比超过10%，而依据1900年的出口国内外的纸张数量分析，这一年的出口国内数量相比去年减少了将近一半，因此出口国外的数量比重才相对较大。

虽然出口纸张中各类纸的出口价格有所不同，但是从出口值的角度来看，福州港纸张出口国内外的情况与出口数量的情况并没有存在很大的不同。

从出口价值上看，出口国内市场的最高值达到了1089357.33元，而最低值出现在1888年，出口值为308532.00元，但仍比1902年出口国外的最高值35884.00元多出7倍有余。

从出口值的占比上来看，出口国外市场价值占比的最高值和出口国内市场价值占比的最低值均出现在 1900 年，出口国内市场价值占比的最低值为 92.86%，仍超过了 90%，这也说明从 1864 到 1904 年间，福州港纸张出口国内市场的价值占比均超过了 90%。据此也可以看出国内市场在福州港纸张出口市场中的重要地位。

2. 出口市场的空间

据海关报告记载，福州港纸张出口到国内的口岸有：牛庄、天津、烟台、上海、宁波、台湾、厦门、汕头、香港等口岸[①]，通过国内各个口岸转销各地。国外市场则有菲律宾、日本、安南及南洋各地，其中安南和南洋各地是福建纸张主要的外销市场。[②]福州港纸张具体的国内交易口岸及转销地如下[③]：

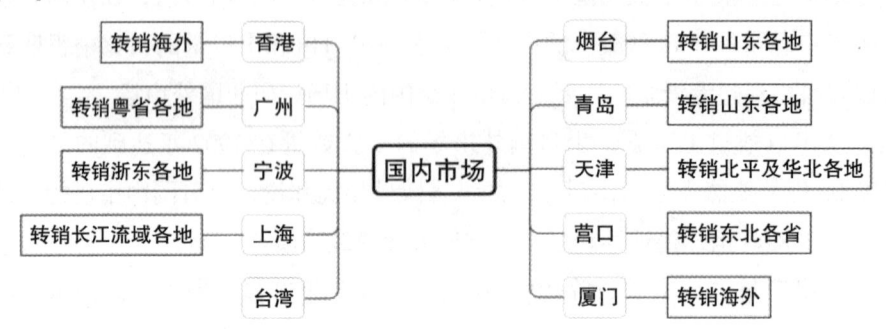

图 4 福州港纸张的主要内销区域一览图

其中香港口岸是福建纸张对国外市场输出的重要中转口岸。香港相对于国内其他口岸来说，拥有更加密集的对外航线，而且香港作为自由港，不对进出口货物征收税费，转运的成本低，因此香港成为大宗货物出口国外的中转站。[④]

（二）地位

前文已述福州港纸张出口市场主要集中于国内市场，因此以下对纸张在

---

① 池贤仁. 近代福州及闽东地区社会经济概况[M]. 北京：华艺出版社，1992:11-12.
② 水海刚. 口岸贸易与腹地社会　区域视野下的近代福州及闽江流域研究[M]. 厦门：厦门大学出版社，2019:107.
③ 林存和. 福建之纸[M]. 福建省政府统计处，1941:179.
④ 毛立坤. 试析晚清时期香港在上海口岸外贸领域发挥的中转功能[J]. 安徽史学，2017(1):76-84.

福州港出口货物中的地位考察，主要关注国内市场的部分。

表7　1864—1904年福州港茶叶、木材、纸张出口国内市场总值及占比

年份	出口国内市场总值（单位：元）	茶叶 出口国内值（单位：元）	占比	木材 出口国内值（单位：元）	占比	纸张 出口国内值（单位：元）	占比
1864	1780635.00	670868.00	37.68%	19472.00	1.09%	583272.00	32.76%
1865	1686165.00	125375.00	7.44%	199271.00	11.82%	744494.00	44.15%
1866	1725225.00	551005.00	31.94%	200895.00	11.64%	811478.00	47.04%
1867	1662301.00	268668.40	16.16%	270661.00	16.28%	781211.00	47.00%
1868	1829292.00	177605.00	9.71%	166164.00	9.08%	1025742.00	56.07%
1869	2216011.00	696055.00	31.41%	357251.00	16.12%	776407.00	35.04%
1870	1746559.00	648016.00	37.10%	214751.00	12.30%	505778.00	28.96%
1871	2197649.00	1196908.00	54.46%	221011.00	10.06%	429482.00	19.54%
1872	2123014.67	1165881.33	54.92%	159800.00	7.53%	415874.67	19.59%
1873	2053704.00	1125938.67	54.82%	130414.67	6.35%	433762.67	21.12%
1874	2005366.00	1186192.00	59.15%	59284.00	2.96%	329763.00	16.44%
1875	2685159.00	1958257.00	72.93%	39320.00	1.46%	309828.00	11.54%
1876	1793901.33	978316.00	54.54%	149892.00	8.36%	322942.67	18.00%
1877	1974909.33	1061060.00	53.73%	3550.67	0.18%	404716.00	20.49%
1878	2539462.67	1584409.33	62.39%	54754.67	2.16%	464168.00	18.28%
1879	2888250.67	1843058.67	63.81%	142337.33	4.93%	424736.00	14.71%
1880	2270810.67	1320730.67	58.16%	81420.00	3.59%	310233.33	13.66%
1881	2128616.00	1187214.67	55.77%	96589.33	4.54%	325698.67	15.30%
1882	2475768.00	1266384.00	51.15%	199800.00	8.07%	427134.67	17.25%
1883	2051937.33	1105254.00	53.86%	138709.33	6.76%	319964.00	15.59%
1884	2006172.00	1127401.33	56.20%	283806.67	14.15%	385008.00	19.19%
1885	2518676.00	1463173.33	58.09%	113425.33	4.50%	461074.67	18.31%
1886	2824736.00	1708389.33	60.48%	245393.33	8.69%	335849.33	11.89%
1887	2884796.00	1720028.00	59.62%	282989.33	9.81%	320542.67	11.11%
1888	2757793.33	1631124.00	59.15%	313669.33	11.37%	308532.00	11.19%

续表

年份	出口国内市场总值（单位：元）	茶叶 出口国内值（单位：元）	占比	木材 出口国内值（单位：元）	占比	纸张 出口国内值（单位：元）	占比
1889	2653868.00	1306634.67	49.24%	259073.33	9.76%	407884.00	15.37%
1890	3131853.33	1572060.00	50.20%	322558.67	10.30%	540186.67	17.25%
1891	3253354.67	1681593.33	51.69%	1260004.00	38.73%	588354.67	18.08%
1892	3140980.00	1721778.67	54.82%	382182.67	12.17%	353657.33	11.26%
1893	3863409.33	2405202.67	62.26%	418157.33	10.82%	339466.67	8.79%
1894	4297973.33	2876375.58	66.92%	260178.67	6.05%	326668.00	7.60%
1895	4604540.00	3196924.00	69.43%	161668.00	3.51%	386742.67	8.40%
1896	5147524.00	2998241.33	58.25%	669572.00	13.01%	647498.67	12.58%
1897	4528232.00	2543360.00	56.17%	398004.00	8.79%	594208.00	13.12%
1898	4870813.33	2885886.67	59.25%	400586.67	8.22%	476352.00	9.78%
1899	5029244.00	2610868.00	51.91%	328873.33	6.54%	490149.33	9.75%
1900	3901458.67	2183485.33	55.97%	26432.00	0.68%	312786.67	8.02%
1901	5257333.33	2644357.33	50.30%	617748.00	11.75%	638430.67	12.14%
1902	6355368.00	2882830.67	45.36%	1116378.67	17.57%	840444.00	13.22%
1903	6255513.33	3741511.00	59.81%	577114.00	9.23%	997802.67	15.95%
1904	6026640.00	2541729.33	42.17%	397061.33	6.59%	1089357.33	18.08%

备注：该表中，茶叶相关数据由李长潞同学整理，木材相关数据由龙家绒同学整理

茶叶、木材和纸张是福州港出口的三大宗货物。[1]从表7茶、木、纸三类货物的出口值及其占比中，可以明显看出三者在福州港货物出口国内市场中的重要地位。清朝后期，福州港对外输出的货物主要有18种："茶、纸、竹笋、木、樟脑、椎耳、李干、李咸、蜜柑、桂圆、橄榄、荔枝、松烟、竹及竹叶竹丝、羽毛、药材、伞、中国靴。"[2]其中茶叶在国内市场中始终拥有压倒性的绝对

---

[1] 朱景星,郑祖庚.闽县乡土志 侯官县乡土志[M].福州市地方志编纂委员会整理.福州：海风出版社,2001:262.

[2] 北京商务官报局.商务官报[M].农工商部工艺局印刷科,1906-1907.转引自水海刚.口岸贸易与腹地社会区域视野下的近代福州及闽江流域研究[M].厦门：厦门大学出版社,2019:86.

优势，其占比远远高于木材和纸张。依据纸张在福州港出口国内市场中的占比，不难发现在国内市场上，纸张在福州港三大出口货物中的地位仅次于茶叶。1864—1869 年纸张的出口值占比甚至高于茶叶占比。1870 年开始，纸张的出口值降低，而茶叶的出口值大幅度提升，导致纸张在福州港出口中占比下降。1870 年之后纸张的出口值虽不如上一阶段，但在大多数年份中依旧能维持 10% 以上的出口值占比。在茶叶的出口值占比超过一半的情况下，纸张的出口值的占比仍能超过 10%，其重要地位不言而喻。

五、余论

福州港纸张出口给闽江流域带来了繁荣的贸易与发展的机遇。福州港的开埠与轮船的进入打通了闽江流域纸张的贸易通道，同时运输成本的降低支持福建纸张到达更远的国内外市场，为福建纸张走出福建提供了更多的可能性。此外，纸张由生产到销售、出口的过程促进了腹地与港口城市的交流，福州与闽江流域的联系更加紧密。

但同时，机遇与挑战并存。纵观清朝后期福州港纸张出口贸易的兴衰变迁，可以从中窥见中国传统手工造纸业受到冲击并逐渐走向衰落的过程。福建纸张作为当时的优质纸品，成为福州港大宗出口货物之一，其手工造纸技艺在全国具有代表性，福州港纸张出口由盛转衰，也代表着传统手工造纸业的逐渐落后。

晚清福州港纸张出口贸易的兴衰变迁，为现代产业的发展提供了历史教训与经验，对现代产业的升级发展具有现实意义。一是要始终具有危机意识与创新意识。在传承与不断地创新中寻找产业升级发展的正确道路，提升竞争力，才能使产业葆有永久的生命力。二是要优化销售网络。产品从生产地到市场的销售网络中，过多的中间商的参与使得交易的佣金不断提高，利润的降低往往会导致产业失去活力。把握数字媒体的优势，优化销售网络，简化销售流程，以此降低交易成本，提升交易的效率与质量。三是发挥政府在市场中的指导与调控作用。市场的发展难免具有盲目性与滞后性，把握市场规律就显得尤为重要。政府必须走在企业前面，提升对国内外市场的了解程度，提高对产业发展指导的正确性和精准性。特别是在疫情暴发的时代背景下，部分农业与手工业产品出口遇冷,如何盘活国内市场,消化出口份额是当下必须思考的问题。

(指导老师:朱勤滨)

拿破仑战争中的华沙公国

汤硕[①]

摘要： 诞生于战争中的华沙公国，是拿破仑构建欧陆霸权的"拼图"之一。其建立既是法军在战场上的迫切需要和法国现实政治背后的必然逻辑，也是波兰人的热切期盼使然。为了拥有属于自己的国家，波兰人不得不选择暂时效忠于拿破仑。法国和波兰之间的紧密结合，除了相互需要之外，也与当时欧洲的时代背景有关。两国人民想要改变本国旧制度的实践，反映了资本主义经济进一步发展的需求，却均被欧洲旧制度势力打断。绞杀革命和民族独立更成为战后维也纳体系的主基调，但这只是欧洲旧制度势力的最后反扑，壮大起来的资产阶级将建立起属于自己的秩序。

关键词： 拿破仑战争；华沙公国；波兰

一、前言

华沙公国在拿破仑的推动下建立，通常被视为拿破仑帝国的附庸国，其建立、发展及灭亡与拿破仑战争密不可分。有学者将华沙公国与维也纳会议

[①] 汤硕，男，汉族，河南邓州人，中共党员，历史学系2018级历史学专业本科生，在学期间曾连续四年获得学院学年综合测评奖学金。现为吉林大学文学院2022级世界史专业硕士研究生。

之后由俄国控制的波兰议会王国视为波兰的"外国统治时期"。实际上这两个政权的性质存在显著区别。拿破仑战争后俄国主张成立波兰议会王国的目的是为了维持其对波兰的长久统治,故统治手段明显带有制度性压迫;华沙公国则是拿破仑利用波兰人为自己具体政策服务的附庸政权,波兰人能够切身参与政府和议会,拿破仑只是凭借个人权威和手腕压制其自主性,并未建立起对波兰人制度性压迫,而更多是政策性的利用。

一些学者根据拿破仑战争在性质上的变化将其分为两个时期,即认为拿破仑战争期间存在某个节点,使之由正义的反侵略战争转变为非正义的侵略战争。至于具体的节点为何,则未形成统一认识,比如关文哲认为在第五次反法同盟战争后,于华民则认为在签订《提尔西特和约》后。林贤报在《试论拿破仑战争性质转化问题》中总结了前人的观点,他提出拿破仑战争的性质转变应该是在拿破仑帝国建立前后发生的;拿破仑战争的影响有消极和积极两方面,理由主要集中在对欧洲各国人民正常生活的破坏和促进启蒙思想的传播,以及促进欧洲各民族国家的建立等方面。

有关拿破仑战争时期波兰国家的研究多集中于一战后和冷战期间。刘祖熙所著之《波兰通史》基本理清了波兰国家发展的历史脉络。华沙公国作为波兰历史上昙花一现的政权,其相关研究在国内更为匮乏。国外关于华沙公国的研究也并非显学,但研究起步早和能够接触相关资料较多,所以相关论述相对较为丰富。加拿大学者 John Stanly 在华沙公国研究领域首屈一指,他 1982 年的博士论文就是研究华沙公国的力作,且 Stanly 此后一直从事华沙公国研究,成果颇丰。此外,Grab Alexander、Hubert Zawadzk、Marcin Mielnik 和 Jarolaw Czubaty 等学者也对华沙公国研究做出较大的贡献。其中,Jarolaw Czubaty 所著《华沙大公国:1807—1815(*The Duchy of Warsaw,1807–1815*)》是目前唯一关于华沙公国的专著,该书全面而详细地介绍了华沙公国的政治、经济、社会等状况,是现今关于华沙公国研究的总结性著作。

整体来说,目前关于华沙公国的研究在国内外史学界相对小众,但成果不容小觑。本文将在已有研究成果的基础上,斗胆从更为广阔的视野思考拿破仑帝国和华沙公国之间的关系,尝试解释拿破仑建立华沙公国的深层次目的,探讨波兰人为何将复国的希望寄托于拿破仑,以及推动两者紧密结合背后的历史驱动力等问题。

二、波兰国家的变迁

波兰人是西斯拉夫人的一支,自古便在东欧平原西部活动,在6—10世纪期间逐渐向阶级社会过渡。9世纪后半期波兰地区出现了两个较大的公国,即波兰公国和维斯拉公国,前者成为日后波兰国家的核心。11—14世纪初是波兰国家封建化和分裂割据时期。进入14世纪后,波兰国家产生了统一趋势,直到1320年罗凯提克统一大小波兰后才最终完成了统一进程。

(一)从合并到瓜分——波兰立陶宛的衰亡

华沙公国的前身为"波兰王国及立陶宛大公国联邦"(以下简称"波立联邦"),是16世纪中叶至18世纪末地处中东欧的一个联邦王国。根据1569年的《卢布林条约》,波立联邦由波兰王国和立陶宛大公国两个政治实体合并而成。两个王国在法理上平等,但由于波兰王国的政治、经济、文化等实力都远在立陶宛大公国之上,因此联邦控制权实际掌握在波兰手中。[①]合并之初的波立联邦实力强大,曾于1683年维也纳战役中击退西侵的土耳其人,成功保全了欧洲,这是波兰对欧洲文明做出的最突出的贡献之一。[②]此后波立联邦逐渐衰落,原因之一在于其落后的政治机制。波立联邦实行贵族共和制和选举君主制,强大的贵族寡头文化催生出各派政治团体,他们相互攻讦并将个人与团体的利益置于国家利益之上;国王多是欧洲其他势力支持的外国人,在贿选成风的政治环境下成为可有可无的摆设。国家权力掌握在贵族控制的议会手中,而议会的组成又缺乏广泛的代表性,致使决策不能够对社会诉求进行及时的反馈。此外,议会最致命一点的在于议员有所谓"自由否决权":纵使某项议题即将以全票通过,但若最后一位议员投出否决票,该项议题便告流产。[③]受几大显赫家族影响的波兰议会几乎无法决定任何事务。因此,波立联邦几乎长期处于"原地踏步"的状态,甚至无法及时回应邻国的政策变化。有学者称这种近乎停摆式的状态为"波兰式无政府"。[④]

[①] 巩海东. 从王朝联合到王国合并[D]. 桂林:广西师范大学,2012:14.
[②] 乔治·肖·勒菲弗. 瓜分波兰[M]. 王静,译. 北京:中国画报出版社,2018:8.
[③] 亚当·扎莫伊斯基. 波兰史[M]. 郭大成,译. 北京:中国友谊出版公司,2019:97.
[④] 同上,第187页.

波立联邦的无政府状态引起了邻国的关注。俄国长期视波兰为势力范围并采取了相应行动。自叶卡捷琳娜大帝支持其情夫波尼亚托夫斯基在1764年当选为波兰国王后，波兰国家沦为俄国附庸。普鲁士也积极插手波兰事务。18世纪后期腓特烈大帝同俄国在波兰问题上达成了利益交换，约定共同维持波兰的无政府状态以便随时宰割之。为了顺利实现对波兰的瓜分，俄普两国通过外交利诱吸引奥地利参与，三国遂在1772年、1793年和1795年三次瓜分波兰领土，波立联邦因之亡国。

（二）在战争中复国——华沙公国的建立

波兰复国运动并非兴起于波兰国家灭亡之后。早在波兰第一次被瓜分时，就有许多波兰人积极投身于救国事业。比如流亡到巴黎的波兰爱国人士成立了"Agency"和"Deputation"两个各自为政的"复国"组织。[①]1789年法国革命爆发后，更多的波兰爱国人士加入复国斗争的行列。以"爱国党"为核心的波兰革新派在1791年曾成功使议会通过了"五三宪法"。[②]此外，波兰人民最具激情的尝试就是1794年波兰民族英雄塔德乌什·柯斯丘什科领导的起义，这次起义沉重打击了外国占领政府的权威。

然而这些尝试都以失败告终。波兰真正迎来复国的希望是在拿破仑战争期间，尤其是1806年第四次反法同盟战争爆发之后。同年10月拿破仑在耶拿战役中大败普鲁士，而后向西进逼普鲁士波兰，即18世纪普鲁士获得的前波立联邦土地。在法军尚未抵达之前，普鲁士波兰境内就爆发了声势浩荡的反普起义，大量卡利什和其余要地的普鲁士人遭到驱逐。11月法军进入波兹南时受到了当地居民热烈欢迎，甚至被视为最亲近的盟友。1807年6月法军在弗里德兰战役中击败俄军，第四次反法同盟瓦解。腓特烈·威廉三世和亚历山大一世被迫接受拿破仑提出的议和条件。谈判主要在法俄两个大国间展开，而波兰问题是重要议题，经过为期两周的谈判，双方签订了《提尔西特和约》。地缘政治在谈判中成为重要因素。和约规定：被普鲁士占据的前波立联邦比亚韦斯托克地区归属沙俄；格但斯克（但泽）成为自由城市；除比

[①] A.Grab. Napoleon and the Transformation of Europe[M]. New York: Palgrave Macmillanm, 2003:177.

[②] 程人乾.波兰民族解放运动在世界近代史上的地位[J].世界历史,1979(3):44.

亚韦斯托克外，普鲁士第二次和第三次占领的原波立联邦领土组成隶属于萨克森王国的"华沙公国"。①据统计，当时华沙公国面积约为10.4万平方公里，人口260万。②

华沙公国是法俄通盘考量各自的国家利益后做出妥协的产物。对于法国而言，拿破仑想把波兰当成与沙俄谈判的筹码，但又不能完全忽略波兰人的利益；然而法国当时最关键的目标是与俄国结盟，因此拿破仑所有的外交活动必须以此为最终目的。俄国方面，虽然不愿见到一个独立的波兰重新横亘于西部国境，但迫于奥斯曼帝国的压力以及向斯堪的纳维亚扩张的战略需求，亚历山大不得不接受这一现实。③

三、华沙公国建立背后的逻辑

（一）拿破仑的考虑

拿破仑起初对波兰复国运动并不关注，甚至在进入波兰境内后，他一度对波兰人的复国诉求持谨慎态度。这是可以理解的。一方面，拿破仑本人对波兰的了解仅限于其曾长期处于无政府状态；另一方面，法国外交部门当时尚未就波兰问题向拿破仑提出实质性建议④。因此拿破仑有意避免在波兰复国问题上做出明确表态。然而1806年10月耶拿战役的胜利并未结束第四次反法同盟战争，法军即将面临冬季作战。东欧战场远离法国本土，兵源和物资补给的运输压力极大。所以拿破仑急需在东线找到稳固的基地，以及能够维持作战的物资来源，而这都需要波兰人的支持。这就是拿破仑为何在这时将波兰问题提上议事日程，并在后来积极转为支持波兰复国的原因之一。

不过，战争方面的考虑仅是推动拿破仑支持波兰复国的导火索。为何拿破仑要以"讨好"波兰人的方式，弥补法军在战场上的损失？这背后隐藏着

---

① H.Zawadzki. Between Napoleon and Tsar Alexander: The Polish Question at Tilsit, 1807[J].Central Europe, 2009,7(2):120.

② 于沛,戴桂菊,李锐.斯拉夫文明[M].福州:福建教育出版社,2008:342.

③ 同上，第118页.

④ 同上，第113页.

某种更深层次的原因或必然性。拿破仑帝国繁盛背后始终存在不稳定因素，作为法军最高统帅和帝国最高统治者的拿破仑能够切身感受到这一点，尤其在东线陷入僵持后。因此拿破仑在波兰问题上的"转性"从逻辑上说也必然要受其影响。为了探清拿破仑波兰问题决策背后的影响因素，就必须审视拿破仑战争以来帝国面临的外部形势的全貌。

首先，1805年特拉法加海战惨败后，帝国海军几乎全军覆没，彻底断送了拿破仑渡过英吉利海峡，登陆大不列颠岛的希望。但拿破仑统一欧洲的野心并未受挫。军事上无法战胜英国，拿破仑便将经济手段提升至国家战略地位。他企图利用法国在欧陆强大的政治影响力对英国实行全面的经济封锁，切断反法同盟来自英国的经济援助，以确保法国在欧陆的霸主地位[1]，这便是大陆封锁政策。该政策实施的难度在于要彻底禁绝英国商品在欧洲大陆上的流通，这意味着拿破仑要绝对控制从伊比利亚到斯堪的纳维亚的海岸线，否则封锁就会出现缺口。从这一战略思维出发，拿破仑战争的根本战略形势演变为英法之间彻底的战略僵持，或者海权和陆权之间彻底的战略僵持。[2]为了获得胜机，拿破仑必须主动出击以确保掌握陆权。但在有限的条件下，仅凭军事征服势必难以实现对陆权最大限度的掌控，这一点拿破仑心知肚明。因此外交和政治手段的作用便凸显出来。与意大利和德意志紧紧毗邻法国的情况不同，波兰所在的东欧地区并非法国传统势力之所及，与法国在文化和政治上的联系亦远不如前两者密切。所以对于拿破仑来说，直接驻军占领波兰地区绝非上策：一来语言不通，二来一旦不慎触及波兰人民的亡国之痛，则极有可能失去其支持。因此，为了争取波兰人能够配合甚至加入大陆封锁政策，拿破仑不得不考虑波兰人的复国需求。

其次，帝国东线始终面临俄国威胁。俄国资源丰富、人口众多，有着广阔的疆域，战略纵深极大，这是俄国与其他欧洲国家相比最大的不同之处。贸然发动旨在征服这种国家的战争显然是不明智的。因此即便曾于1805年和1807年分别在奥斯特里茨和弗里德兰两度击败俄军，拿破仑也未敢轻易与俄国人彻底"翻脸"。在实力未必居于俄国之上的情况下，拿破仑需要更多时

---

[1] 毕伟光.大陆封锁政策的经济外交视角研究[D].哈尔滨：黑龙江大学,2011:12.

[2] 时殷弘.法国大革命、拿破仑和国际政治的变更[J].欧洲研究,2005(6):9.

间与亚历山大周旋。此时法俄围绕战后领土的处置问题发生了分歧。亚历山大拒绝接受拥有独立主权的波兰国家重新出现在俄国西侧，拿破仑也不允许俄国趁普奥国力空虚之机肆意向西拓土。双方虽然彼此深谙对方的战略意图，但却默契地保持心照不宣，并在谈判中互相试探对方的底线，以便灵活选择最有利于自己的处理方式。亚历山大更关心东方问题和波兰问题。在东方问题上，法俄同盟为他处理土耳其战事争取了足够的时间，俄国可以说是"完胜"；在波兰问题上，亚历山大虽然被迫接受了华沙公国，但争取到了公国不以"波兰"命名，俄国至少可以说没有"完败"。所以，建立华沙公国对于法国来说仅是暂时的胜利，而俄国只是想借同盟之名，趁机从与法国的战争中脱身。[①]此外，联法抗英政策令俄国贵族地主失去了海外农产品和工业产品的重要来源地，进而引发了俄国国内的财政危机，因而遭到他们的激烈反对。从政治层面上考虑，俄国的地主贵族们同样认识到与法国结盟没有任何好处可言。他们担心法国革命的思想输入俄国会威胁俄国的农奴制度，从而动摇俄国专制统治的经济基础。更令他们无法容忍的是，拿破仑在东欧和亚洲地区的扩张，将直接危及俄国自彼得大帝以来的南下扩张计划。

所以，拿破仑战争导致法俄两股势力的扩张在东欧交汇。在两国都无绝对实力击败对方，且要尽可能避免冲突的情况下，在它们之间建立一个缓冲国是最为务实的解决方法。波兰公国就是这一形势与拿破仑1806—1807年冬天在战略部署上的需要和波兰人强烈的复国需求相结合之后的逻辑结果。

（二）波兰人的选择

波兰民众和贵族之间在复国问题上的出发点根本不同。波兰贵族在亡国后仍可享受优渥的物质生活，政治上亦与俄普奥三国统治阶层保持良好关系；而波兰民众在亡国后面临着新的剥削和压迫，他们对俄普奥三国的统治深恶痛绝。因此波兰人中间存在着两条不同的复国路线，即下层民众的起义与上层贵族的政治游说。1794年大波兰起义被镇压后，自下而上的路线宣告破产，贵族的政治游说成为波兰复国最后的希望。贵族的游说同样分为东西两个方向，分别以俄国和法国为游说对象。在第四次反法同盟崩溃之前，波兰贵族始终没有放弃向俄法两头"下注"的努力。比如曾领导过前波兰国家的贵族

---

① 杜桂枝.拿破仑统治时期的法俄关系[J].驻马店师专学报（社科版）,1991(1):39.

成员亚当·恰尔托雷斯基在1805年任俄国外交大臣之时,曾向亚历山大一世提议建立一个隶属于俄国的波兰国家,但未获准许。1807年初著名的拉齐维乌家族也曾向俄普奥三国分别提出过波兰建国的方案,同样无果而终。所以波兰贵族们在大失所望之余转而求助于拿破仑是"顺理成章"的。对于波兰贵族而言,最终选择法国也是出于现实政治的考虑,同样是权宜之计而非既定计划。

但是,波兰人民在情感上却始终同拿破仑站在一起,认为他代表的是与欧洲各旧制度势力为敌的革命的法国。从一定程度上说,华沙公国是波兰人民自己争取而来的,他们向拿破仑展示了自己无与伦比的勇气。1789年革命爆发后,法国几乎与整个欧洲为敌,这和波兰的命运存在相似之处。同时拿破仑与俄普奥的对决也激起了波兰人的复仇欲望,无数波兰人自告奋勇地参军为法国而战,在意大利、奥地利、普鲁士,甚至法国的海外殖民地都有波兰士兵的身影。波兰人民对法国和拿破仑的这种感情,我们可以使用国际关系思想家马丁·怀特的"国际革命"理论加以解释:"信念和狂热的再三爆燃"以及"依靠强力、依靠战争或革命或这两者来变更国际社会的系统的努力"。凡是符合这两点的政治现象均属于国际革命范畴。而法国革命就是国际革命的典型案例,它造就了强烈的跨国意识形态和跨国情感,前者被法国用来感召别国国内的亲革命力量,后者则导致这些力量中的不少人热爱法国及其意识形态甚于依恋本国及国家独立。[①]在大革命之初,波兰人就对法国产生了天然的好感,后来又将这种感情转移到了拿破仑身上。他们视拿破仑为"解放者",将复国的希望寄托给这位来自科西嘉岛的征服者。尽管他们当中的部分精英人士深知拿破仑的用意和自己的棋子地位,[②]但是面对着不可预测的未来,他们依旧选择将波兰捆绑在法国与整个欧陆为敌的战车之上,这是18世纪末法国革命之于波兰人的影响所产生的惯性使然。

综上所述,波兰贵族的复国策略显示出明显的"灵活性",而波兰民众

---

① 时殷弘.法国大革命、拿破仑和国际政治的变更[J].欧洲研究,2005(6):3.

② A.Grab. Napoleon and the Transformation of Europe[M]. New York: Palgrave Macmillan, 2003:178.

的复国策略则以"连贯性"为最大特征。前者带有"机会主义"倾向,后者带有"冒险主义"倾向,二者无意间形成了绝佳配合,最大限度地提高了波兰复国的概率:波兰贵族的外交活动为波兰复国争取了政治上的空间,而波兰民众的革命活动则进一步为波兰复国争取到了现实上的空间。

四、效忠于拿破仑的华沙公国

(一)拿破仑在华沙公国的统治

华沙公国是法俄在仓促间决定建立的,以至于许多波兰统治委员会成员被拿破仑从华沙召到德累斯顿时全然不知自己将要建设的是一个怎样的国家,甚至这个国家的面积和人口都尚未确定。但他们却都对此行满怀信心,毕竟一个由波兰人掌握的波兰政府呼之欲出。所以他们兴奋地向同胞宣布:"在王座前向拿破仑致敬,我们将从他的手中接管我们未来的命运。"[1]委员会成员们被拿破仑召集在一起的目的显而易见。新的华沙公国需要一部新的宪法,这部宪法将决定华沙公国未来的政治制度、社会性质和国家地位。关于宪法的制定,委员会成员波托基和维比茨基曾试图复活1791年的"五三宪法",甚至考虑过仅稍加修改让拿破仑满意即可。但这一想法并未得到同僚的支持,甚至他们本人也从未在拿破仑面前正式和完整地提出这一建议。[2]但这并非他们缺乏信心和勇气所致,而是拿破仑从来不曾考虑这一计划。据维比茨基回忆,在与拿破仑讨论波兰宪法的过程中,波托基的报告遭到了拿破仑的打断。拿破仑直截了当地表示:"我知道波兰人可能会失望,但是我不能损害法国的利益去满足你们的需求。"[3]拿破仑认为波兰需要一部不同于以往的全新的宪法,并且给出了各种理由,但着重强调的是未来公国的稳定和秩序,因为很明显拿破仑需要的波兰必须是可控的,而不是叛逆的。于是,拿破仑亲自颁布了华沙公国宪法,并将《拿破仑法典》的精神和

---

[1] Jaroslaw Czubaty. The Duchy of Warsaw,1807-1815, A Napoleonic Outpost in Central Europe[M]. Ursula Phillips,trans[M].London: Bloomsbury Academic, 2017:73.

[2] 同上,第74页.

[3] 同上,第88页.

专业的官僚体系注入其中。①法国君主专制和中央集权制度的引入，一方面确保了拿破仑能够对华沙公国实行有效统治，另一方面标志着波兰国家无政府宪法时期的终结，这也是拿破仑的统治给波兰国家带来的进步之处。

除此之外，为了确保自己对华沙公国的直接影响，拿破仑向公国派驻了由他直接任命的"Resident"（特派代表），其作用类似于法国驻波兰大使。这一职位最初仅相当于法国军方与公国政府之间的临时联络人，后来职责越来越扩大，成为法国外交部门负责帝国在华沙公国境内军事和政治事务的最高官员之一。②Resident本质上是拿破仑控制华沙公国的工具，其权力来自拿破仑的信任；同时由于兼任公国大公的萨克森国王腓特烈·奥古斯都与拿破仑私交甚密，Resident便不敢染指公国政府的总体目标，而始终从属于拿破仑的个人意志。由此，拿破仑既满足了波兰人建立自己的独立主权国家的愿望，又通过非正式外交在公国政府安插了自己的代理人，确保其政策体现自己的意志。一些波兰的"有识之士"基于其对华沙公国"定位"的认知坦然接受了这种安排，甚至"自觉"地为这种状态寻找合理化的理由聊以自慰。比如波兰著名改革家胡果·科翁泰的观点就颇值得玩味。他把拿破仑征服欧洲的战争进程比作太阳系形成的过程：拿破仑帝国是恒星，而它的附属国和同盟国则属于围绕着恒星运行的行星。同时，他认为东方的俄国是除了拿破仑帝国之外的另一个强大帝国；拿破仑帝国和俄罗斯帝国需要一个"中介"平衡二者的力量，而能够承担这一责任的便是华沙公国。

综上所述，拿破仑对华沙公国的统治策略有两个出发点：一是可以有效地控制并利用波兰；二是留下足够的外交空间与沙俄周旋，这两点是拿破仑在华沙公国所有政策的出发点和落脚点。

（二）华沙公国在拿破仑战争中的作用

华沙公国在拿破仑战争中所起到的作用之一，在于帮助法国削弱普鲁士和奥地利。普奥两国自法国革命爆发以来便一直威胁法国的侧翼，是能够直

---

① 耶日·卢布瓦斯基，赫伯特·扎瓦德斯基.波兰史[M].上海：东方出版中心，2011：142.
② J. Stanley. The French Residents in the Duchy of Warsaw, 1807–1813[J]. Canadian Slavonic Papers, 1985, 27(1):60.

接对法国实施军事介入的两股力量。拿破仑对此有着十分清醒的认识。1807年之前的历次反法同盟中，奥地利参加过三次，普鲁士参加过一次，但两国从未在同一次反法同盟中联手，从而使法国多次避免了同时对抗"德意志双雄"。这是拿破仑在这一过程中充分利用普奥矛盾所致。在战争早期，为了捍卫法国革命的成果，拿破仑坚持积极的防御战略，即让战场远离法国本土。前两次反法同盟战争对法国来说称得上是正义的反干涉战争，然而第三次反法同盟后，拿破仑凭借他在战场上的一系列胜利和出色的外交活动，使法国一跃成为欧陆强国，开始宰割毗邻的普奥两国，强迫它们与法国签订空前屈辱的不平等和约，使战争的性质由反干涉主义转化为霸权主义。[①]第四次反法同盟战争之后，随着华沙公国的建立，拿破仑对普奥的削弱也达到了顶点。横亘在普奥之间的华沙公国如同利刃一般楔入德意志双雄的咽喉。这是继建立莱茵邦联之后拿破仑再次重组中东欧政治力量（见图1）。

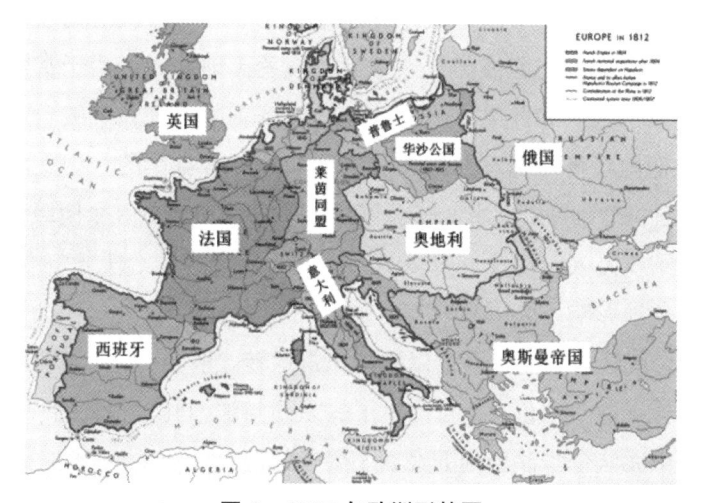

图1 1812年欧洲形势图

必须指出的是，这种削弱不仅表现在地缘政治上，更表现在疆域剧烈变化给普奥增加的各种隐形成本。拿破仑要黜普奥为欧陆二流国家，确保它们彻底失去在军事上干预法国的能力，建立华沙公国就是最后的将军一棋。事实证明，华沙公国起到了这一作用，尽管持续的时间并不长。而且必须考虑

---

① 李元明.论拿破仑外交政策的特征和转化[J].史学月刊,1982(1):59.

到的是，华沙公国后来失去这一作用的原因并非来自内部，而是由于1812年拿破仑远征俄国失败后无暇他顾，与此同时普奥两国借拿破仑众叛亲离之际迅速联合其他反法力量发动反击。

华沙公国在拿破仑战争中所起到的作用之二，在于充当法军的"后勤补给站"，在一定程度上缓解了帝国的财政压力。大陆封锁政策在初期的确起到了封锁英国的作用，英国国内农产品和工业原料供应链条被暂时切断，经济明显下滑。然而英国很快凭借其庞大的海外殖民体系扭转了这一颓势，并且对拿破仑控制的欧洲大陆展开了反封锁。随着时间的推移，大陆封锁政策对法国愈加不利，其重要原因是欧洲市场规模有限，原材料产出的多元化程度不足以满足内需，而英国广阔的海外殖民地几乎能够为其提供任何所需资源以及充分的海外市场。1801年法国拥有1500艘远洋舰只，而1810年只余343艘，到1812年则仅剩179艘。①法国国内的工商业遭到重创，再加上长年累月的战争债务，令帝国财政越发困难。为了缓解帝国的财政压力和弥补财政缺口，拿破仑将先前被普鲁士夺走的波兰土地和财产用于赏赐军功或以高价卖回给波兰人。除此类"一次性"的经济剥削之外，拿破仑还追求对华沙公国的长期性经济压榨。如法国驻华沙的6万常备军的一切支出和物资供应都由华沙公国政府承担。此外，公国还要负责西班牙的8个团级作战单位、维斯瓦军团约1万人，以及近卫军的一个轻骑兵团的供给任务。②沉重的财政负担不可避免地影响了公国政府与法国当局的关系，③因此每当公国陷入财政危机，拿破仑就会为之输入资金以维持正常运转。事实上，随着时间的推移，公国逐渐适应了这一角色，并且产生了一系列与法国驻军相关的"产业链"。这种局面虽然无法令华沙公国的经济"突飞猛进"，但至少能使之维持稳定。正是实现了经济的平稳运行之后，华沙公国才真正意义上起到了缓解拿破仑帝国财政压力的作用。④

---

① 黄增强.拿破仑的"大陆封锁政策"及其影响[J].云南社会科学,1998(1):82.

② 亚当·扎莫伊斯基.波兰史[M].郭大成,译.北京：中国友谊出版公司,2019:247.

③ J. Stanley. The French Residents in the Duchy of Warsaw, 1807-1813[J]. Canadian Slavonic Papers, 1985,27(1):50.

④ Jaroslaw Czubaty. The Duchy of Warsaw,1807-1815, A Napoleonic Outpost in Central Europe[M]. Ursula Phillips, trans.London: Bloomsbury Academic, 2017:193.

华沙公国在拿破仑战争中所起到的作用之三，在于遏制俄国。自彼得大帝以来，俄国便确立了对外领土扩张的目标：向东是太平洋沿岸，向南是巴尔干半岛，向北是斯堪的纳维亚，向西是中东欧。波兰作为东欧门户，自其国家形成之时就与俄国生隙。俄国对于波兰也早有觊觎，长期视之为向西扩张的跳板。[1]到叶卡捷琳娜大帝统治时期，俄国最终掌握了波兰国家的权力，势力范围进一步渗透到了中欧。拿破仑战争期间，俄国人在舆论上大肆妖魔化法国革命，在外交上积极促使普奥两国参与对法战争，背后的目的就是增强自己在西欧的影响力，这一点包括法国在内的欧洲各国均有认识。但是拿破仑不敢贸然彻底激怒俄国的原因，一是势力不逮，二是希望俄国加入大陆封锁体系。除此之外更为重要的是，拿破仑知道战争期间法国的势力范围在东面业已实现最大化。边境地区原本易发地缘政治冲突，遑论在两个扩张野心均如此明显、大国彼此接壤的情况下。拿破仑人为制造了一个华沙公国作为缓冲区，既遏制了俄国西扩的野心，也为法国的军事和外交政策创造了战略纵深。如果日后东部边境发生重大变故，拿破仑退可凭"不介入华沙公国和俄国之间的矛盾"为由冷眼旁观，进可游刃于波兰和俄国之间充当二者的"仲裁人"。这样，即便波俄之间的摩擦系拿破仑在背后操纵所致，法国也可以免于陷入舆论谴责。相反，如果俄国入侵华沙公国，则拿破仑可立即获得出兵干涉的正当理由，因为如前所述，华沙公国大公由萨克森国王兼任，而萨克森王国是法国保护之下的莱茵邦联成员国；根据《莱茵邦联条约》，拿破仑拥有对邦联成员国的保护权和军事通行权。[2]

华沙公国在拿破仑战争中所起到的作用之四，在于为法军提供了有力的军事支持。波兰军队与拿破仑帝国的傀儡国或附庸国的军队有着显著区别：后者战斗意志薄弱，仅能充当辅助部队；前者作战士气高涨，可以用为帝国的作战主力。事实上，拿破仑指挥的军队中出现波兰军队，甚至整建制的波兰军团的现象并不罕见。早在1797年1月，曾领导波兰起义的杨·亨里克·东

---

[1] 李乃玲.简析波兰国家的两度沦亡[J].外交学院学报.1988(12):34.
[2] Girolamo Lucchesini. History of the Causes and Effects of the Confederation of the Rhine[M]. John D.Dwyer, trans. London: John Warren, Bond Street and Alexander Black, Pall Mall,1821:382.

布罗夫斯基将军就同当时的法国督政府签订协议，由他组织波兰军团作为法国在伦巴第地区的"辅助军团"。[①]波兰人作战之勇猛得到了拿破仑的赞赏，他们被派往各地战场的前线，赢得了来自友军的敬意和敌军的敬畏。华沙公国建立后，波兰军队被纳入拿破仑帝国的军事结构，波兰军团从最初的 3 万人扩充至 10 万人。达武是为数不多支持波兰人重建国家的法军指挥官之一，再加上其高超的指挥艺术，波兰人很乐意与他合作，所以波兰军团由他指挥。[②]波兰军团不仅被拿破仑视为东部守备军，还曾被派遣至伊比利亚镇压西班牙起义。波兰军团在 1812 年拿破仑侵俄战争中的表现尤可圈点。首先，波军人数达 10 万之多，数量上仅次于法军；其次，波军不仅最早渡过涅曼河，而且最先进入莫斯科；再次，在拿破仑战败之际，前来营救的是波兰的轻骑兵；最后，法军撤退时在别列津那河遭到重创，断后的仍然是波军主力。侵俄一战，10 万波军中战死者虽逾 7 万之众，但士气从未崩溃。

五、结论

在理清上述基本问题的基础上，还需要进一步解答的问题，即华沙公国在拿破仑战争中的表现是否达到拿破仑本人的预期？仅存在 7 年的华沙公国在波兰国家历史上有何意义？华沙公国与拿破仑帝国除了各自的需求之外，二者紧密结合的背后反映了什么样的历史趋势？

首先，华沙公国起到的作用远超拿破仑的预期。在 1807 年初，拿破仑支持组建由波兰人参与的临时政府，仅是希望波兰人能够帮助法国与俄普作战；在建立华沙公国时，无论是颁布由自己钦定的宪法还是引入民法典，拿破仑也不过是为了打造一个可控的波兰。在拿破仑看来，新的波兰国家能够避免频繁起义和确保帝国东线的稳定就是最理想的状态。然而波兰人的效忠是绝对的，这不仅止于情感，更是受现实利益的捆绑。在华沙公国建立后，波兰人只能依靠拿破仑帝国才能确保脆弱的新生政权免于倾覆。在这场危险的政

---

① 刘祖熙. 波兰通史[M]. 北京：商务印书馆，2006:179.
② Jaroslaw Czubaty. The Duchy of Warsaw,1807–1815, A Napoleonic Outpost in Central Europe[M]. Ursula Phillips , trans. London: Bloomsbury Academic, 2017:106.

治赌博中，波兰人选择的是"全部下注"，不留后路。这一方面给了波兰人破釜沉舟的勇气，另一方面也让波兰人因之产生的危机感伴随华沙公国存在的始终。总之，这两方面都迫使波兰人不遗余力地为拿破仑政府服务，并在经济和军事上付出了惨重代价。其实在某种程度上，波兰人比法国人更希望拿破仑帝国"江山永固"，因为一旦拿破仑失败，法国人最多不过失去本土之外的征服之地，而波兰人则有复国失败和再次沦为亡国奴之虞。

其次，华沙公国虽然"昙花一现"，但却是波兰历史上必须正视的政权之一，对波兰民族有着深刻影响。从时间上看，华沙公国位于波立联邦和波兰第二共和国之间，它不同于维也纳会议之后实际上丧失主权附属于俄国的波兰会议王国，是法理意义上的独立主权国家，拥有自己的宪法、议会和政府。此外，在拿破仑的影响下，华沙公国宪法也部分体现了1791年宪法的原则，使波兰国家终于结束了长达百余年的无政府状态，拥有了统一的法律。公国时期中央集权和君主权力的加强极大地推动了统一市场的建立和资本主义的发展。在大陆封锁体系之下，波兰人积极融入欧洲市场，确保了经济的稳定发展。《拿破仑法典》的引入促进了自由、民主、博爱的启蒙思想在波兰的传播，封建人身依附关系遂逐渐解体，为现代化的波兰国家奠定了思想基础。此外，出于珍惜来之不易的复国机会，无数波兰人在公国时期热情地投入国家建设之中，极大地激发了波兰人的民族意识和凝聚力。

最后，推动拿破仑帝国和华沙公国紧密结合在一起的，除去波兰人和拿破仑各自主观上的需求之外，还有时人难以察觉到的某种历史趋势的客观存在，即欧洲各国旧制度势力的垂危与殊死反扑，以及资本主义进一步发展的客观需要等。这里的"旧制度"是相对而言，指的是与新的生产方式不相匹配的封建统治秩序，比如贵族政治、国家分裂、农奴制度等。这些因素严重阻碍着欧洲资本主义的发展。值得一提的是，英国虽然在严格意义上并非上述"旧制度"势力中的一员，但它为了自身利益与旧制度势力"合流"，甚至扮演了"金主"和组织者的角色。18世纪以来，欧洲最先遭受旧制度摧残的国家正是波立联邦。在欧洲大陆各国君主专制和中央集权普遍加强的背景下，波立联邦的贵族们却为了满足私利而维持国家的无政府状态。后来波兰贵族虽然意识到问题所在但为时已晚，俄普奥在波兰人即将觉醒之际彻底将波立联邦从地图上抹去，波兰人尝试改变自身旧制度的努力最终被旧制度势力扑灭。同样，法国革命的爆发也是因为法国第三等级挣脱旧制度桎梏的需要。但随着革命的逐渐深入，路易十六之死震惊了欧洲旧各国的旧制度势力，法国革命升级为国际革命。为了剿灭法国的"反动"革命，旧制度势力前后组织了七次反法同盟，甚至将拿破仑本人也引入其"正统"怪圈之中。但即便如此，他们也不愿意接纳拿破仑家族加入欧洲王室"俱乐部"，而是要为法国重新迎回波旁家族，并且最终在滑铁卢战役后实现了这一目的。在欧洲的旧制度势力面前，法国和波兰想要改变本国旧制度的努力均遭失败。因此，两国人民基于感情上的互通而紧密地结合便不难理解了。维也纳会议之后，旧制度势力通过强调"正统主义"重新树立秩序，更联合起来打压欧洲各地出现的革命并斥之为"反动"。然而，19世纪20年代至中叶的历史事实证明，这只是旧制度势力最后的反扑，在此后的世界历史发展进程中真正主导世界秩序重建的，是拿破仑战争后逐渐发展壮大起来的工商业资产阶级。

（指导老师：房建国）

第二辑

应用史学篇

从碑刻看福州乡村社会的建设
——以青州村为例

侯燕冰[①]

摘要：农村城镇化是中国走向现代化的必经之路，人们越来越重视乡村建设。福州市闽侯县的青州村作为典型的传统农村，迎合时代的潮流不断发展。本文以碑刻为主，辅之以其他民间文献资料，展现青州村发展历程，从理性角度分析青州村村民不同群体对村落建设的不同贡献及作用，从而研究中国乡村社会的建设力量，以丰富对碑刻和中国乡村社会的研究。

关键词：碑刻；乡村建设；华侨

一、前言

碑刻是一种以石头为载体的特殊文献，为研究历史提供了丰富的资料。目前，我国学者有关碑刻的研究有以下类型：一是为肯定碑刻文献的价值与功用而进行的相关的研究调查，意在引起人们对碑刻的重视，呼吁人们保护碑刻，利用碑刻，如汪鹏的《碑刻媒介的文化记忆与传播方式——以嵩山武则天碑刻为例》（2015年）；二是在肯定碑刻的文献价值的前提下，针对碑

---

① 侯燕冰，女，历史学系2015级本科生．

刻的内容、书法进行相关领域的考证、论述与研究，如毛远明的《汉魏六朝碑刻异体字研究》（2006年）；三是从某角度出发，以碑刻为证据，对中国社会的具体现象、事物及其变迁加以论述，如姚春敏的《明清碑刻所见山西泽州民间"水官"规制》（2013年）。总体来说，目前针对碑刻的研究可以多角度出发，碑刻研究拥有很大的发展空间。

农村城镇化是中国走向现代化道路的必经之路，现代人越来越重视乡村建设。青州村作为典型的传统农村，也顺应时代的潮流不断发展，在政府与村民的帮助下一步步向城市化道路前进。在青州村的建设过程中，村民们用碑刻记录有关乡村建设的人和事，其中最早的碑刻立于1992年。而碑刻的树立在移风易俗、教化乡民的同时，也保留了历史的痕迹。因此本人借助田野调查，以碑刻为主，展现青州村发展历程，从理性角度分析青州村村民不同群体对村落建设的不同贡献。

二、村落概况

青州村是一个较小的自然村庄，总共约有2000人口，隶属于福建省福州市闽侯县上街镇，位于闽江学院与福建医科大学之间，村庄被都套河围绕着。青州村主要由四个自然村组成，包括有上洲村、中洲村、下洲村和劳光村。劳光村位于福建医科大学学生公寓旁，而其他三个自然村则位于闽江学院旁边。都套河将劳光村与其他自然村分隔开来，村庄一分为二，由青州中桥连着。

（一）历史沿革

青州村是一个多姓村庄，每个自然村的主要姓氏各不相同，如上洲村主要是陈、郑姓，下洲村主要是侯、杨姓，中洲村主要是卢姓，劳光村主要卞姓。

上洲村的陈氏、郑氏宗族大概是最早定居在此的人家，上洲村村民们都没能说清他们什么时候出现在这里，只有老人回道：先人为躲避战乱定居于此[1]。因"永嘉之乱，衣冠南渡，始入闽者八族"中有林、黄、陈、郑、詹、邱、何、胡八姓。[2]故猜测陈氏是最早定居于此的。

---

[1] 2017年10月8日，田野调查上洲村，访问上洲村村民所得.

[2] 梁克家.三山志[M].福建省地方志编纂委员会,整理.福州：海风出版社,2002:125.

中洲村的卢氏宗族在清朝顺治年间（1644—1661年），因子孙繁衍部分乡民从闽南漳浦地处迁徙来到侯官、青州地区居住。

下洲村的杨氏宗族迁入时间不明，根据《九老侯氏家谱》记载，侯氏先祖在此生根繁衍子息前，杨氏是青州村的大地主。下洲村的侯氏宗族先祖于嘉靖年间（1522—1566年）迁于福州永福，其五代孙圣基公因祖上家业没落，算命为生。一次途经侯官青州时，被杨姓富户练武射箭误伤，杨氏为赔罪以婢女婚配，并赠薄田数亩，因此在青州村定居，开枝散叶。①

最后定居在此的是劳光村的卞氏，劳光村村民先祖是疍民。历史上，疍民被陆地汉人歧视而不准陆居，终生以船为家。20世纪中期后，疍民大批上岸定居。因长久以来的陆地汉人对疍民的歧视影响下，青州村各族人排斥疍民。故而疍民们在都套河的另一岸定居，组建村庄——劳光村。长久以来，上洲村、中洲村、下洲村，三个自然村相互通婚，却几乎杜绝与劳光村联姻。

（二）村内的碑刻情况

青州村是个多信仰村庄。劳光村村民信仰天主教，很早便修建了教堂。除劳光村外，其他三个村庄的村庙都供奉有汉闽越王。上洲村村庙为诸天宫，供奉紧那罗王和福禄寿星。中洲村的村庙元帅庙与太保庙，供奉田元帅、临水夫人和陈太保。下洲村的三相公庙，供奉护国留侯高爵主——高三春和土地神。

由于青州村自然村村民的信仰不同，因此形成以村落为单位、以不同民间信仰为中心的不同群体，即信仰圈。在信仰圈内，每个信徒都自发地、积极地为建设信仰而慷慨解囊，不吝付出。此外村民们不仅重视对乡村的河渠、桥梁、道路、路灯等公共设施方面进行建造。从1992年至今为止，青州村共有碑刻16块（详见表1），除劳光村外，上洲村、中洲村和下洲村都有碑刻。青州村的碑刻上记录的都是有关青州村建设的人和事，从碑刻上可得：参与青州村的公共设施建设的主要人物有侯振南、陈道坤、林忠良和卢美珍夫妇；而对于青州村的精神文化的主要建设者，是青州村村民。如村庙的建设，是自然村各自的村民筹集建造的；宗族的建设，是各族老带领族人共同努力的

---

① 九老侯氏编修家谱筹备会.九老侯氏家谱[Z].1992:40.

结果……总之,青州村的不同群体都对村落的建设做出贡献,他们所起到的作用与效果各不相同。

表1 青州村碑刻情况一览表

序号	碑刻名称	立碑时间	碑文内容	主要捐款人
1	青州中桥碑	1992.01	青州中桥建立的原因、经过和结果,建桥献资者及其献资金额	青州村侨胞
2	重建元帅庙碑	1995	说明重建庙宇原因,记录献资者及其献资金额	中洲村村民
3	下洲水塔碑	1996	侯振南领子侄德耕、德种、德庆、德生、金焕,捐建下洲水塔	侯振南（华侨）
4	中洲老人会碑	1997	林忠良、卢美珍夫妇捐建中洲村老人会	卢美珍、林忠良（外嫁女与其夫）
5	元帅庙续碑	1997	元帅庙得献功德钱的捐献者、时间与金额的记录	中洲村村民信徒（林忠良、卢美珍献资最多）
6	中洲主干道水泥路碑	1998.01	林忠良、卢美珍捐建中洲村水泥主干道	林忠良、卢美珍
7	侯振南碑	1998.01	细数侯振南为青州村的贡献,建下洲庙后水道头、建造下洲水塔、独资修建铺设下洲主干道水泥路等	侯振南（华侨）
8	上洲同心路碑	1998.01.05	献资建设同心路者及其金额	陈氏、郑氏族人（家住同心路旁）
9	下洲水泥支路碑	1999.01.01	侯虞团先生与其子侯建华献资铺设下洲村水泥支路	侯虞团（华侨）
10	上洲水管道碑	2001年农历四月	上洲村村民陈道坤先生为中洲村铺设水道管	陈道坤（企业家）
11	青州村路灯碑	2001年农历四月	林忠良、卢美珍为青州村全村村民架设路灯	卢美珍、林忠良（外嫁女与其夫）

续表

序号	碑刻名称	立碑时间	碑文内容	主要捐款人
12	建元帅庙戏台碑	2007年农历六月	卢书祥一家人献建元帅庙戏台	林忠良、卢美珍（外嫁女与其夫）
13	元帅庙戏台地属碑	2007.09.18	元帅庙戏台的土地归属	郑玉海、郑敏川（中洲村村民）
14	杨氏宗祠碑	2012	杨氏祠堂献资者及其献资金额	杨氏族人
15	杨家老人活动中心碑	2013	杨家老人活动中心献资者及其献资金额	杨氏族人
16	三相公庙碑	2016年农历十二月	介绍三相公，说明重建三相公庙的缘由，记录献资者及其金额	下洲村村民

三、华侨与青州村的建设

青州村的侨胞们，大都是在 20 世纪上半期离乡漂泊的。当时，中国处于军阀混战期，军阀到处抓壮丁、打内战，导致民不聊生。村民们为了生计、躲避战争或读书深造而离开家乡。他们在国外安定下来后，会把家人都接到外面生活。同时他们也顾念家乡，会力所能及地为家乡的建设贡献力量。青州村能有如今状况，华侨功不可没。从碑刻中可见，对青州村建设献资最多的华侨是：侯振南。

侯振南，1924 年出生，1946 年躲避兵役去到英属殖民地——缅甸。侯振南曾为家乡建设持续出资，时间长达半个世纪之久。根据《侯振南碑》可得：从 20 世纪 60 年代到 2015 年，侯振南都一直参与家乡的建设。而且，侯振南为家乡的建设面广，不论是农业建设，还是公共设施建设，抑或精神文明建设……皆有涉及。比如：侯振南时常挂念家乡的人和事，知道青州村地势低又处闽江下游，河水时常泛滥，耕地又因常年耕种肥力不够，粮食收成不好。于是在人民公社后期，侯振南就为家乡的农业生产做贡献。在 20 世纪整个 60 年代期间，侯振南为村民提供化肥，帮助乡亲恢复生产，促进农业生产。因为他的无私奉献，村民提高了生产积极性，乡邻之间关系缓和。后来因缅甸的反华排华运动，侯振南在缅甸的生意无法继续经营。1973 年 5 月他带着全家移民澳门，随后筹建福州三山同乡会。曾在此期间回乡一次，观察乡亲的生活状况，注意到乡民生活有诸多不便之处，又由于自己当时被迫匆忙离开缅甸，辗转澳门，自身的经济条件下降。思及此处，便退而求其次，在三相公庙旁修筑水道头，为下洲村民取水、用水方便；又修筑凉亭，供村民闲暇时休息。1984年，侯振南收到堂哥侯协正寄给他的商讨关于建设青州中桥的信件。他当即附议并带头献资，为建桥曾三次给家乡寄款，数额一次比一次多。1992年，侯振南出资为下洲侯氏宗族编写族谱。1995年，侯振南回乡时看见村民饮用被污染河水的现象，便立即筹备出资建下洲水塔，以保证村民饮水健康。在1998年，侯振南又为了村民出行方便，承诺独资铺设下洲主干道水泥路。侯振南于2014年去世，然而在2016年的《三相公庙碑》中还是有他的捐献芳名。这是他的儿女按照他生前的要求，将他留下的八万元遗产全部捐献，用于乡村建设。[1]

此外，在华侨对家乡献资建设中还有一个特点：以家族或家人的名义出资为家乡建设。在《下洲水塔碑》中，侯振南先生携其子德耕、德种、德庆、德生和侄子金焕一起出资为下洲村民建造的蓄水建筑——下洲水塔，其中主要出资者是侯振南。《下洲水泥支路碑》中的旅澳侨胞侯虞团也是如此。在1998年，下洲村水泥主干道修造完成，但下洲村未铺水泥的支路很多。远在澳门的侯虞团收到远在家乡的妻子的来信称：侯振南独资捐建的下洲水泥路主干道铺成了，但家门前的羊肠小路一到下雨就泥泞不堪。于是侯虞团在1998年底回乡过年时，独资为下洲村民铺设一条下洲水泥支路。碑刻中却说，下洲村的水泥支路是侯虞团先生与其子侯建华一起铺设的。

四、本地企业家与青州村的建设

企业家是发展乡村建设力量不可缺少的重要组成部分。本地企业家的回归与到来，不仅能够促进乡村的发展，而且可以有效解决农村的资源和资金不足等问题。他们为乡村建设的贡献力度大，且时间持久、效果显著。

（一）陈道坤

上洲村村民陈道坤，现在经营着一家木材加工厂。他是改革开放后第一

---

[1] 2017年8月13日，田野调查下洲村，访问下洲村民侯协正所得．

个敢于经商创业的人。在此之前,他曾经是人民公社的领导者,这一经历为他成为成功的领导者增加了方法和经验。他的事业虽几经波折,但他的创业道路有惊无险。他深知村民生活的不易,他见下洲村村民饮用的是自来水,而其他村村民们的饮用水与生活用水全都依赖河水,但河水易受污染又无法保证水质。而且自己的工厂也需要大量的水资源。于是在 2001 年,他用自己积攒的财富为青州村的其他三个自然村都铺设水管道,让家家户户都喝上健康的水源。①

这是一个少有的受益的村民为别村的捐献者立碑的例子。立于 2001 年夏的《上洲水管道碑》,是中洲村民为纪念上洲村村民陈道坤帮助中洲村铺设水管道这一贡献所立。

(二)林忠良、卢美珍夫妇

林忠良,长乐人,今年 77 岁,是专门承包建筑类工程的承包商人。他的妻子卢美珍,今年 58 岁,是青州村中洲村村民。岳父卢书祥,今年 88 岁,曾经是一位裁缝,早年家境贫寒,现常年卧病在床。1996 年,林忠良与卢美珍结婚。此后,林忠良、卢美珍、卢书祥的名字频繁在青州村的碑刻上出现。如 1997 年《中洲老人会碑》、1998 年《中洲水泥主干道碑》、2001 年《青州村路灯碑》,以及《元帅庙续碑》和 2007 年《建元帅庙戏台碑》。②

夫妇二人为青州村献资建设长达 17 年之久,类似于华侨侯振南对下洲村乃至整个青州村的贡献;这对夫妇对中洲村乃至整个青州村建设的贡献亦非常多。《元帅庙续碑》中记载,多年来夫妇二人共献资 36 万 6 千元人民币。1996 年,夫妇二人为中洲村建造老人会,以供村民休憩。

同年,青州村周围的乡镇早已铺好水泥路,而青州村仍旧是崎岖不平的土路。村民都认为铺水泥路是件益民的好事,然而村委们争取多年,得到的款项也只够两个小村的水泥路铺设。无奈之下,村委找各村长辈相商,正准备发起通知众筹时,下洲村侨胞侯振南承诺独资捐建下洲村的水泥主干道。卢美珍、林忠良夫妇二人听闻此事后,捐资 11 万元人民币,用于建设中洲村水泥主干道。1998 年水泥路的铺设完成。在 2001 年,夫妇二人又为青州村全

---

① 2019 年 2 月 26 日,田野调查上洲村,访问上洲村村民所得.
② 2018 年 8 月 2 日,田野调查中洲村田元帅庙,访问中洲村村民所得.

境铺设路灯，以便人们走夜路安全。此举使青州村的交通设施更加完善。

夫妇二人为青州村建设时，也时常用家人的名义出资。原本忠兴境探花府管委会在每年农历八月二十三日时，会组织请神看戏的活动。戏台都是用木板临时搭建的，常有小孩子因嬉戏玩耍而钻到戏台底下，安全保障不足。于是在2007年，林忠良、卢美珍夫妇出资搭建戏台。《建元帅庙戏台碑》中却说，是卢书祥领着女婿林忠良，女儿卢美珍、卢青榕，儿子卢辉献建。

五、一般村民与青州村的建设

青州村的许多居民世世代代居住于此，他们对家族与乡村的发展和建设都是非常重视的。虽然村民个人的贡献力量远远不如于华侨与企业家。但参与家乡建设的村民人数众多，总力量可与华侨、企业家相媲美。

上洲村同心路在闽江学院东门，道路短窄，宽不足2米。捐建者们原居住在同一处巷子里。虽然青州村的水泥主干道已铺设，但并没有顾及居住在村落中的边角岔路的村民，因此这些村民们商量着筹钱自己修路。根据《上洲同心路碑》记载可知：此路于1998年铺成，其中16位上洲村民共捐资10530元人民币，5位郑家人捐资2900元人民币，11位陈家人捐资7630元人民币。[①]水泥支路铺成后，捐建者起名为同心路。意在表示他们在共同心愿下，克服困难铺成此路，颇有"六尺巷"美谈的意味。

上文有说到林忠良以家人的名义为中洲村的元帅庙捐建戏台，而戏台搭建的土地却是中洲村村民郑玉海自愿无偿供予忠兴境探花府长期使用的。据《元帅庙戏台地属碑》记载：在2007年，为了给元帅庙兴建戏台，郑玉海自愿无偿借出土地，但土地权永远属于郑玉海或者其子郑敏川。如果政府拆迁，土地赔偿款按政府赔偿价全额归还郑玉海或郑敏川，特立石碑为证。郑玉海的举措，使得忠兴境探花府的建设更加全面，也教化了村民。

青州村各村庙的建设，也是各村村民齐心协力出资建设的成果。诸天宫第二次集资时，出资者86位上洲村民，共献资35万元人民币；捐建元帅庙的出资者有上洲村民110位，共献资73600元人民币；捐建三相公庙的下洲

---

① 2018年8月17日，田野调查上洲村同心路所得．

村村民 167 位，共献资 1369070 元人民币。

根据《杨氏宗祠碑》与《杨家老人活动中心碑》可得：下洲村杨氏族人在族老的带领下于 2012 年建立杨氏宗祠，其中捐资者 22 名杨氏族人，共获捐资 195500 元人民币；2013 年建造的杨家老人活动中心，捐资者 7 位杨氏族人，获得捐资 33332 元人民币。下洲村侯氏编有家谱《九老侯氏家谱》，据家谱可知：最先赞同编修家谱的是华侨侯振南。因为他常年在外漂泊，觉得自己成了无根之人，所以捐献 1 万元人民币作为修谱开支。随后消息传开，有 139 位族人自愿捐资，共筹集 26450 元人民币。他们自主奔走，为修谱者提供族人世系信息。1992 年族谱修成，侯氏族人每户一本。族谱的编修和宗祠的建造，增强了族人的凝聚力，有利于青州村的经济建设与发展。①

六、村干部与青州村的建设

在青州村的建设过程中，村干部的身影始终存在。在有关民间信仰的建设上，都是村委负责领导与组织的。比如上洲村诸天宫、中洲村元帅庙、下洲村三相公庙的捐建等，其管委会、负责人名单中都有青州村委的名字；杨氏宗祠建造与侯氏族谱的编修，其负责人杨康生亦是青州村委。在公共设施建设上，青州村委也时常发挥隐性作用，统筹协调各方的力量。比如青州中桥的建造、青州村水泥路的铺设以及路灯的完善，其中就包含了村干部、华侨、本地企业家与村民的建设力量。

1992 年的《青州中桥碑》，是青州村现存最早的碑刻，记述了关于青州中桥的建立。据碑刻可得：青州村因为地处偏僻，背山靠水，交通不便，导致物资匮乏、经济困难、消息闭塞。加上乡村学校早年因"文革"被毁，使得村里的孩子上学读书都要过河渡船，有诸多不便。在此情况下村委为发展经济，号召村民造桥修路。青州中桥的筹建从 20 世纪 80 年代末开始，从集资到建成共花了 5 年时间，1992 年建桥完成。捐建者共有 82 人，捐人民币的村民有 35 位，捐外币的村民有 43 位。共获得捐款 35300 港元、253500 台币、13000 美元、26300 元人民币。其中半数之上的造桥金额，来自当时对家乡念

---

① 2018 年 7 月 26 日，田野调查下洲村，访问下洲村村民所得.

念不忘的华侨，而剩下的捐资则是村民们省吃俭用攒来的。建成后的青州中桥总长91.5米、宽度为4.8米。桥梁的建设加强了青州村与外界的交流，开阔了村民的视野，促进乡村经济的逐渐发展，改善了村民的生活质量。[①]

碑中刻道："村委号召发展经济，需造桥路。村民响应，不遗余力，解囊乐助。台澳乡亲极力赞资，美港侨胞同心帮助。"可见，青州中桥的捐建就是一个由村干部引导各方力量积极建设乡村的例子，是村干部综合村民、华侨、企业家的力量建设乡村的结果。

七、结语

在1990年至今的建设青州村的过程中。前期的村干部、村民与捐建者们更加重视有利于民生的公共设施的建设。当时，华侨与企业家是青州村公共设施建设的主力军，如卢美珍、林忠良夫妇，陈道坤，侯振南等。虽然存在较为明显的村落各自为政的现象，即捐建者们更多的是为自己的小村庄建设。但他们所做的贡献相辅相成，共同促进了青州村的发展。如青州中桥，青州水泥路主干道、支路与路灯，下洲村水塔与青州村水管道的捐建，都使青州村的公共设施越加完善；诸天宫、元帅庙、三相公庙、天主教堂和宗祠的建设，都使得青州村文化更加丰富。

近几年乡村的建设内容由公共设施建设转移到精神文化建设，尤其在民间信仰的恢复重建方面。以不同神灵为中心的信仰圈多以村庄为单位，因此在这方面的建设中，自然村皆各自为政，各自然村村民只为自己村庄献资。而政府对民间信仰无政策法规，无归口部门，无建设审批。虽说民间信仰虽不属于宗教范畴，但也要将它规范起来。因此青州村干部对民间信仰这一方面的建设虽不加以阻止，但非常注重参与和引导建设。

在青州村整个建设过程中，村民们总是积极响应，不遗余力地参与建设。然而在早期的乡村建设中，村民的作用并不明显，因为他们并不富裕，对建设乡村有心无力。当乡村建设的主力军华侨与本地企业家逐渐退出建设青州

[①] 2018年8月20日，田野调查青州村碑刻所得.

村的历史舞台后，村民们的身影开始显露。由于经济的发展提高了村民的生活质量，村民手有余钱投身于建设乡村，而乡村的发展又能促进村民生活水平的提高。

从组织作用上来看村干部在建设过程中始终发挥引导作用。早期村民们无力出资建设村庄，村委便号召、领导人民为乡村建设出钱出力。很多青州村的碑刻是以青州村村委的名义所立，以此作为对乡村建设者的感谢与回报。而在建设过程中，也是村干部统筹协调各方的综合力量，使得村落迅速发展。

总之，一个村落的建设发展，并不是依靠一种力量就能完成的。每个村落都有各自不同的建设力量，村干部若能充分挖掘统筹和发挥各种建设力量优势和长处，将能极大提升乡村的发展水平，带领村民走向共同富裕。

（指导老师：翁伟志）

福建当代寺庙类教育公益基金研究
——以平和县天湖堂为例

曾舒栾[①]

摘要： 寺庙类教育公益在中国有着悠久的历史传统，对推动国民教育有重要的作用。平和县的天湖堂奖学基金作为当代寺庙类教育公益基金的代表，不仅有其重教的文化传统和民俗特色，而且借鉴现代公益基金组织管理方式，促进自身组织的转型发展，有益于促进教育事业的发展。

关键词： 教育公益；寺庙；天湖堂；转型发展

一、前言

教育是立国之本，强国之需。随着实现中华民族伟大复兴的步伐不断迈进，教育也不断成为万众瞩目的事业，而教育公益则被认为是促进教育事业发展繁荣的重要因素。"公益"一词最早引起社会关注是在清末，光绪十三年（1887

[①] 曾舒栾，女，福建省平和县人，历史学系2015级历史学图书管理（师范）专业本科生．现为漳州市龙文区龙文一中历史教师．

年），清政府首任驻日参赞黄遵宪（1848—1905年）撰成《日本国志》一书，首次将"公""益"二字结合形成"公益"一词，一指"人民公益"[①]，另一指"一国公益"[②]，该书于1890年以后正式刊行，也引起了人们对"公益"的普遍注意。在法律界定上，我国的法律条文中尚未对"公益"进行明确的概念界定，根据现行《中华人民共和国公益事业捐赠法》第一章第三条的规定，公益事业是指非营利的下列事项：其一，救助灾害、救济贫困、扶助残疾人等困难的社会群体和个人的活动；其二，教育、科学、文化、卫生、体育事业；其三，环境保护、社会公共设施建设；其四，促进社会发展和进步的其他社会公共和福利事业。据此可以推出，教育公益就是指非营利性地促进公共教育事业发展的行为及活动，而以此建立起来的基金就是教育公益基金。

在悠久的中国文化传统之中，公益慈善也同样具有深厚的历史积累，具有丰富的历史经验。学界将传统中国的公益慈善称为"四大基石"或"四条腿"，这就是宗族公益慈善、社会公益慈善、政府公益慈善、宗教公益慈善[③]。宗教公益慈善作为传统中国的公益慈善的"基石"之一，自1982年中央19号文件首次提出要鼓励宗教界参与"社会服务"以来，我国各个宗教组织就始终活跃在慈善行动的第一线。宗教组织对教育公益事业的参与和管理问题，也成为学术界关注的热点。本文中的寺庙是一种泛称，主要指佛教、道教以及佛释道融合类型的宗教组织及其活动场所。

在学术界有关宗教公益的研究成果中，主要的代表作有：张士江、魏德东的《中国宗教公益事业的回顾与展望》（宗教文化出版社2008年版），是首届宗教与公益事业论坛论文集，共收录会议论文30篇，其中的《中国当代佛教的公益事业》一文将近30年中国当代佛教公益事业的发展分成三个阶段，即萌芽期（20世纪80年代）、初创期（20世纪90年代）与发展期（21世纪初）。[④]谭苑芳《佛教慈善事业非营利组织治理结构的局限及其回应》[《广

---

① 黄遵宪.日本国志[M].北京：中华书局,2005:1197.
② 同上，第1211页.
③ 李向平.宗教发展及其社会救助模式[J].江南大学学报（人文社会科学版）,2010(3):29.
④ 张士江,魏德东.中国宗教公益事业的回顾与展望[C].北京：宗教文化出版社,2008:188-189.

州大学学报（社会科学版）》2012年第11期]从非营利组织的视角出发，考察中国当代大陆佛教慈善事业的管理机制，发现过分借鉴非营利组织治理结构的科层化运作模式，佛教慈善事业因此存在着合法化危机，而应对这一危机的途径就是在进行组织建设的同时，注重对宗教精神理念作用的重视和开发。付莉《道观与唐代士大夫》[《淮北师范大学学报（哲学社会科学版）》2011年第2期]主要介绍了唐代士大夫喜出入道观，在道观中从事习业、结交、应举题名等活动，论述了道观的社会功能超越了宗教，而成为联结政治、促进当时教育文化发展的神秘场所。秦倩《宗教公益信托：宗教组织进入社会服务领域的新模式》（《世界宗教文化》2010年第2期）提出引入"宗教公益信托"这样一种宗教慈善模式，它以慈善、文化、学术、技艺、宗教、祭祀或其他公共利益目的，为将来不特定的、多数的受益者设立信托，完成慈善的转型。龚万达、刘祖云《当代中国宗教慈善事业发展：历史与现实的审视》（《甘肃社会科学》2013年第5期）分析了当代宗教慈善对促进社会信任，积聚社会资本的重要作用。研究宗教慈善公益事业的硕博士学位论文中，靳昕彤《宗教慈善公益事业研究——以佛光山与救世军为考察重点》（西南大学2017年博士学位论文）是其中代表。该文以佛教的佛光山与基督教的救世军作为研究个案，首次对宗教慈善公益事业进行了较为全面和系统的梳理，分析了为什么要做宗教慈善公益事业、已经做了哪些宗教慈善公益事业，以及如何做好宗教慈善公益事业三个基本问题。

广东省对寺庙类慈善事业的研究起步较早，发展也较为迅速。2008年，华南农业大学何方耀承担的国家社科基金一般项目"寺庙管理的现状与走向研究——以广东为例"与华南理工大学莫岳云承担的国家社科基金一般项目"当代宗教公益事业的地域特征比较研究"，均对寺庙类教育公益展开研究。前者及其作者所发表的《营造发挥宗教组织社会公益积极作用的法制环境——以广州的宗教团体为例》（《广州社会主义学院学报》2012年第4期）分析了宗教组织的社会作用、面临的困境以及应对措施。后者主要是对香港的宗教公益事业进行研究调查，分析香港政府对香港宗教公益事业的管理及其对大陆宗教管理的启示。

福建省自改革开放以来各宗教团体更是在教育公益方面做出了很大贡献。早在1992年3月，厦门南普陀寺妙湛法师（1910—1995年）便倡议成立了"福建省佛教协会佛教教育基金委员会",1994年底又在南普陀寺主持创立了"南普陀寺慈善事业基金会",成为大陆成立最早的佛教类慈善组织之一,同时也是目前大陆佛教类慈善组织中影响最大的机构。对于这样一个快速成长、影响巨大的佛教慈善组织,目前仅有一篇会议论文《福建厦门南普陀寺慈善会社会基础略析》(朱贻强)对其进行了相关探讨。

鉴于学界较少探讨福建省寺庙教育公益问题的学术概况,本文拟以平和县天湖堂为个案,采用田野调查的方式进行深入了解,从而弥补福建当代教育公益研究的缺失。天湖堂位于福建省漳州市平和县崎岭乡南湖村,主要供奉保生大帝,是闽南地区的一个颇具代表性的宗教活动场所。笔者在对平和县天湖堂教育基金进行实践调查的基础上,结合中国古代寺庙对教育的公益行为以及近现代寺庙教育公益的发展,分析平和县天湖堂教育基金的历史沿革、基金现状和社会影响等,从而为研究福建当代寺庙类教育公益基金研究打开一扇窗户。

二、寺庙类教育公益的历史渊源

(一)佛教教育与道教教育

道教发源于春秋战国时期,佛教于东汉时期传入中国,儒释道三家合流于魏晋南北朝,其教派场所主要区别在:佛教场所是寺、道教场所是观,而儒释道三家在保持彼此的鲜明特色和各自独立性的基础上,相互吸收、相互融合。自古以来,在福建大多数寺庙中,往往同时供奉儒释道三家的神祇。其信众则往往只为求得庇佑,并不深究是哪家之神在庇佑自己。

古代意识形态上三教融合历史主题的确立,在客观上促进了佛教和道教的发展,由此而推动了宗教教育的独立开展。魏晋南北朝佛教教育的发展,大致经历了从个别教育到寺院教育这两个阶段。佛教戒律的大量传入,促进了僧团组织和丛林制度的建立,最终促成了寺院教育的发展。东汉明帝十年(67年),洛阳白马寺最早开始进行寺院讲学。东晋南北朝时期,佛教寺院建设形成高潮(其中包括对女僧的教育和少数民族地区的寺院教育),寺院教育便逐渐形成规模。东汉末年的黄巾起义失败后,道教曾一度陷入沉寂。魏晋南北朝时期,道教教育大致经历了两个发展阶段:第一阶段为师承关系较为松散的阶段；第二阶段则因道教馆舍的出现而形成了道馆制度，道教教育开始步入规范化[①]。寺院教育和道教教育不以营利为目的，客观上促进了当时社会教育事业的发展，从广义上来讲也属于教育公益的范畴。

（二）隋唐以来的寺庙类教育公益

自隋炀帝创立科举制度以来，人们对于学习的热情催生出寺庙对外界学习的支持和帮助，寺庙类教育公益应运而生。

唐代家贫族卑的书生入仕无门，故寄身山水之间、寺院道观，等待着入仕的时机。而佛教讲求广布福田，提倡不为盈利、容留世俗。唐高宗（649—683年在位）初年，终南律师道宣《四分律》要求"众僧房、堂，诸俗受用，毁坏损辱，情无所愧"[②]。以此有了宋人钱易（968—1026年）《南部新书》乙卷介绍的赴京科举落第的举子常于长安寺院中修习功课以待来年再试的场景，其载："长安举子，自六月已后，落第者不出京，谓之'过夏'。多借静坊庙院及闲宅居住，作新文章，谓之'夏课'。"[③]另据《新唐书·五行志》云："天宝后，诗人多为忧苦流寓之思，及寄兴于江湖僧寺。"[④]《太平广记》卷六三《玉女》载大历时书生班行达"性气粗疏，诽毁释道，为学于观（华山云台观）西序"[⑤]。《北梦琐言·逸文》卷二《丁秀才奇术致物》亦云："朗州道士罗少微，顷在茅山紫阳观寄泊。有丁秀才者，亦同寓于观中，举动风味无异常人。然不汲汲于仕进，盘桓数年，观主亦善遇之。"[⑥]唐初陈子昂（659—700年）就曾"于州东南金华观读书，痛自修饰"[⑦]。这些都说明各地的寺院、道观也是唐代士人隐居读书之所在，同时有些隐士还教授来访求学的书生少年，执教的士人和就学的少年同是隐居读书者，他们的活动扩大了知识的传播范围，把私学教育带到了林间乡野。

[①] 李国钧,王炳照.中国教育制度通史（第1卷）[M].济南:山东教育出版社,1999:139.

[②] 道宣.四分律[M].见:中华大藏经编辑局.中华大藏经.第四十册.北京中华书局,1990:789.

[③] 钱易.南部新书[M].北京:中华书局,2002:21-22.

[④] 欧阳修,宋祁.新唐书[M].北京:中华书局,1975:921.

[⑤] 李昉.太平广记[M].北京:中华书局,1961:391.

[⑥] 孙光宪.北梦琐言[M].西安:三秦出版社,2012:3379.

[⑦] 辛文房.唐才子传校笺[M].北京:中华书局,1987:101-112.

唐朝还开始了寺院奖学之举，这里的奖学并不是以钱币奖励，而是一种荣誉奖励，最著名的是唐代慈恩塔题名，俗称"雁塔题名"。西安慈恩寺又名大雁塔，建立于589年，是唐代长安的四大译经场之一，世界闻名的佛教寺院。通常新科进士宴游于杏园后，即至慈恩寺，题其姓名于慈恩塔身处，作为学子登科的奖励。题名之源起，史载不一。据《南部新书》："韦肇初及第，偶于慈恩塔下题名，后进慕效之，遂成故事。"[①]张礼《游城南记》："张莒及进士第，闲行慈恩寺，因书同年姓名于塔壁，后以为故事。"[②]《唐摭言·慈恩寺题名游赏赋咏杂记》："神龙已来，杏园宴后，皆于慈恩塔下题名。同年中推一善书者纪之。他时有将相，则朱书之。"[③]白居易曾于27岁一举及第，有诗云："慈恩塔下题名处，十七人中最少年。"[④]其得意之状溢于言表。题名之举，是新科进士荣耀非常之事，使得进士及第者光宗耀祖、流芳百代。宋代殿试考校完毕，还要举行唱名赐第等一系列活动。宋太宗太平兴国二年（977年），初赐宴于开宝寺，所谓"赐宴"，是皇帝亲自为及第进士举办宴会，以示庆贺和褒扬。

除了奖学之举，还有助学之为。宋代王随自幼居故里西寺读书，家贫不能自养，寺僧以钱币资助其读书，王随显达后即有回报，寺中则为其奉立生祠，引以为荣。除了用钱币进行资助外，寺院对贫寒学子的资助还表现在州县学尚未普遍建立之前，为许多布衣寒门的学子提供了读书寄居的场所。诸如范仲淹寄读于长白山醴泉寺，苦习科举之业；苏轼、苏辙兄弟幼居乡间，读书于天庆观；真宗时官至宰相的吕蒙正，少时寄读于洛阳龙门利涉院；参知政事钱若水，少时寄读于嵩山佛寺；等等。清末留学之风盛行，广东六榕寺僧人铁禅等向地方当局禀称：我等"伤心陵谷，蒿目时艰，虽在世外之身，常怀处堂之叹"，自愿于本寺祖遗田产210余亩中捐出193亩，献给政府做留学经费。[⑤]

另外，宋代私学兴盛，私学形式也丰富多样，其中就包括寓居寺庙的私学，

---

① 钱易.南部新书[M].北京：中华书局,2002:22.
② 张礼.游城南记[M].文渊阁四库全书影印本.台北：商务印书馆,1986.
③ 王定保.唐摭言[M].西安：三秦出版社,2011:40.
④ 詹杭伦.唐代科举与试赋[M].武汉：武汉大学出版社,2015:216.
⑤ 李国钧,王炳照.中国教育制度通史（第六卷）[M].济南：山东教育出版社,2000:297.

如北宋《泾阳县重修孔子庙记》对泾阳县官学不振情况下的私学状况所作的描述："泾阳庙学其衰也久矣……或假观于佛宫，或开户于委巷。"①从泾阳县的情况来看，由于官学不振，本县士子只能到各地游学，而年幼的学子或读书于委巷私塾，或寄读于佛宫寺院。宋代各州郡解试均在本州进行，但初无固定场所，多依附于学校或寺院等进行。礼部省试最初也没有固定的考场，多附于寺庙、宫观及太学等处。

元代的许多私学、义学也多借用地方的寺庙为授业场所。如据《汉滨区教育志》中记载，元代当地三种学塾之一便是"由官绅富户借祠堂庙宇，延请塾师教授地方贫寒子弟的义学"。②至清末，国家财政危机严重，为解决兴学中的经费问题，清廷及各级地方政府根据当时情况，结合本地实际，采取破旧立新的措施，即对寺庙庵观等宗教设施，或直接将房产改建新式学堂，或截用其经济来款充作兴学经费。如福州船政学堂最初便是借城南定光寺为校舍。③1949年9月，新中国成立前夕，宁夏回族自治区石嘴山市的小学仍多设于寺庙，办学条件十分简陋。④

改革开放以来，在"积极引导宗教与社会主义社会相适应"的理论指导之下，宗教界积极投身公益慈善活动。据统计，2007年至2012年底，全国佛教界投入公益慈善事业的资金和实物折合人民币近18.6亿元，全国道教界捐款捐物折合人民币2.4亿元，全国伊斯兰教界共捐款1.8亿元，天主教全国各地教会为各种公益慈善项目捐款超过2.5亿元，全国基督教界参与各种慈善活动，捐款约3.5亿元。⑤宗教界的慈善公益活动涉及赈灾助困、兴教助学、医疗服务、老年关怀、孤儿抚养、残疾护助、护生环保、心灵环保等领域，服务领域不断延伸，服务对象不断扩展，服务水平逐渐提高。

---

① 王昶.金石萃编[M].北京：中国书店影印本,1985.
② 《汉滨区教育志》编委会.汉滨区教育志（元代-2012年).2015:3.
③ 严复.海军大事记严序[A].中国史学会.洋务运动(8)[C].上海：上海人民出版社,2000:479.
④ 马绍华.石嘴山市教育志[M].银川：宁夏人民教育出版社,2012:67.
⑤ 本刊.济世利人扶危助困——五年来我国各宗教从事公益慈善活动的概况与特点[J].中国宗教,2012(10):26-28.

（三）寺庙类教育公益的类型

佛教教育和道教教育不以营利为目的，不仅面向寺院道观里的内部人员，教化寺院道观内外部人员，同时也向世俗之人提供接受教育的机会，推动社会教育事业的发展。

寺庙作为教育公益活动场所的途径有三。第一，寺庙向学子无偿提供自学、备考的场所，同时也是一个思想交流、文化传播的一个地方。寺庙多位于偏远山林，安静舒适，常被读书人作为修身读书的绝佳选择，他们聚集于此，相互交流。也有许多人慕名前来求教隐居于寺庙的读书人，而寺庙也十分欢迎读书人前往。第二，寺庙常被借作为义学场地。义学是为贫困学子筹建的初等学校，寺庙的慈悲理念与义学办学的初衷不谋而合，所以义学办在寺庙也是情理之中。第三，寺庙常作为科举考试者赶考途中的免费"驿站"。为了节省考试途中的费用，书生们往往选择在寺庙借宿、备考。

与当代寺庙向学子提供奖学、助学金不同，古代寺庙更加重视对登科学子的荣誉奖励，很少奖学助学之举。寺庙还利用其产业与香火钱资助贫寒学子，这也是从古至今，寺庙一直在做的慈善公益事业。

三、天湖堂奖学基金研究

我国当代寺庙组织集成了古代寺院与道观济世救人、扶危助困的精神，在此基础上，结合当代社会发展特征，许多寺庙组织开始或继续参与社会公益，其中平和县天湖堂就是其中一个代表。

（一）天湖堂的历史地理环境

天湖堂坐落于漳州市平和县崎岭乡南湖村。崎岭乡位于福建省漳州市平和县西部山区，东临霞寨镇，西接秀峰乡，南依九峰镇，北临芦溪镇，省道公路贯穿崎岭腹地。根据平和县人民政府官网数据显示，截至2018年3月19日，崎岭乡总面积为127.3平方公里，耕地面积为1.73万亩。现辖溪头、时陂、南湖等13个自然村，含171个村民小组，总人口24760多人。[①]

---

① 平和县政府网.崎岭乡[EB/OL]http://www.pinghe.gov.cn/cms/htmlphxrmzf/2018-03-19/1700380535.html,2018-03-19.

天湖堂始建于南宋嘉定十年(1217年),其建造历史比平和县建县历史(明代正德十二年即公元1517年析南靖、漳浦县地建平和县)整整早了300年。天湖堂建成之后,历代屡经修葺。今天天湖堂的主体建筑为二进皇宫式庙宇,主要供奉保生大帝吴夲,是平和县最大的保生大帝庙宇。此外,庙中还供奉观音菩萨、三宝佛、弥勒佛、广济祖师、待者公、浸水佛像,左走廊安置崇源、有余、文凯三位主持僧神主牌位,右走廊供有福德正神、伽蓝、文武状元塑像,是福建地区典型的佛道相融的宗教庙宇。

天湖堂主祀保生大帝。保生大帝又称大道公、吴真人,本名吴夲(979—1036年),字华基,生于泉州同安县白礁村(今漳州台商投资区白礁村),祖籍泉州安溪。生前曾任御医,归乡后悬壶济世,因其医德高尚,深受世人敬仰。去世后被封为大道真人、保生大帝。乡民建庙奉祀,尊其为医神。目前大陆、和台港澳东南亚有2000多座保生大帝庙宇,信众近亿人。

保生大帝信仰在福建省历史悠久,其祖庙即建于漳州台商投资区白礁慈济宫。漳州市平和县崎岭乡天湖堂所供奉的保生大帝,便是从白礁慈济宫分灵立庙而来的。据传说,有一年崎岭乡十二牌社瘟疫流行,民众苦不堪言。保生大帝乃化身为游医,炼丹煮药,医治众生。百姓感激之余,遂往白礁慈济宫迎请分香,奉祀于天湖堂中。如今在崎岭乡桂竹坑里还保存有吴真人当年炼丹煮药的"丹井药泉"和舂制草药的药臼遗址。

据天湖堂微信公众号的信息,早在元惠宗至元五年(1339年)天湖堂从石鼻头庵坑岭马氏庵迁到大埔寨(又名庵寨,即今之崎岭乡),扩建庙宇,供奉保生大帝、观音菩萨宝像等,并在庙宇南边设立一座文昌宫,奉祀至圣先师孔子,同时在其中设立私塾,聘请有名望的先生任教。元明清时期,文昌宫发展成为崎岭社学的校址,培育出许多文武贤才,其中包括一名林氏武进士、一名石氏提督、一名黄氏万户侯、一名陈氏太子太保等历史人物,这也成为天湖堂信众区形成尊师重教风气以及实行教育公益事业的历史渊源。

当前,天湖堂的信众主要分布于崎岭乡,依然按照明清时期的惯例,按"牌"划分为不同信众区,总计14个牌,除了崎岭乡所辖的13个自然村,还有国强乡的岩坑村、霞寨镇的联荣村、高山村,都是在十四牌的范围。据南湖村曾四夷先生介绍:天湖堂古代为清宁里五图崎岭约,约属有天湖、桂竹、合溪、高山、彭溪、时坡、联荣、承卿、浮坪、石寨、溪头、岩坑十二社,称为十二牌。

每年的正月初，保生大帝及众神明也都会出巡到这些地方。属于崎岭乡的牌有十个半，包括南湖牌、桂竹牌、新南牌、浮坪牌（其中包含浮萍、际头村信众）、下石牌（其中包含下石、崎南村信众）、顶寨牌、诗坑牌、合溪牌、彭溪牌、时坡牌，另溪头牌中有半个；属于霞寨镇的牌有2个，高山牌、联荣牌；属于国强乡的牌有1个，岩坑牌；属于九峰的牌有半个，即溪头牌中的半个，与崎岭乡的溪头村合成一牌。

天湖堂建庙历史悠久，至今具有广泛、坚实的民众信仰基础。崎岭乡尊师重教之风由来已久。崎岭地区在清朝时期就以牌划分地方行政单位，如今仍依照古法以牌来划分信众区，这在漳州其他地区都是少见的，这也就增加了各牌之间、各牌内的信众之间的稳定性和团结性，是以为天湖堂教育基金的创设和发展提供良好的社会历史条件和群众基础。

（二）天湖堂奖学基金概况

1. 天湖堂奖学基金建立与增值方式

天湖堂奖学基金始设于2003年。时任天湖堂管理委员会经过讨论，一致同意每年从本堂信众的善款中拨出经费，奖励参加当年高考被各类高等院校录取的本堂信众的子女。对于考取硕士、博士的十四牌信众的子女，也给予相应的奖励。2008年，天湖堂奖学基金调整了获奖学生的奖励额度，并增加了初考、中考前十名的奖励类别。

天湖堂奖学基金的资金来源主要是信众捐款，统一纳入天湖堂账目经费中进行管理，其奖学基金并没有独立分拨出来的账簿与具体数额。目前，天湖堂所有经费均采取存入银行的方式进行增值。

事实上，信众的慷慨捐资便是天湖堂奖学基金实现其本金增值最直接的途径。据天湖堂管委会张贴于办公室楼下外墙的一张喜报显示，2018年春节期间，仅"戊戌年保生大帝合庵众神出巡"仪式过程中所收到的各牌信众"诚心款"便达到了2158677元。另外，根据天湖堂各建筑外墙所刻的"捐资芳名功德碑"，每逢天湖堂发起某一建设工程项目时，都能得到14牌信众的踊跃捐款。如2003年天湖堂在完成"中心剧场"建设之后，又计划兴建"安生楼"，以及实施庙宇周边环境绿化和自来水饮水工程等项目，因而向信众发动募捐。此次募捐，仅捐款数额在508—8000元之间的捐资者便有75人，其余捐款在120—500元之间的捐资者则有516人。一些周边市县的宗教庙宇也主动捐款，如漳州保元宫、广德堂便都捐助了620元。有些信众则独力或独家进行捐资，专门用于修建天湖堂某一建筑。如1999年溪头牌信士赖添枝便与其4个儿子德顺、建辉、建平、德雄一起合力捐造了天湖堂的钟楼。2018年，天湖堂在寺观外面山坡下临江岸边建造了一所保生大帝文化园，投入经费达900万元，也都是来自信众的捐款。

正是由于有信众源源不断的捐款，天湖堂奖学基金才能维系每年数额不菲的奖学活动。据了解，天湖堂创设至今的15年间，已经向考取各级各类高校的硕博士研究生、本一、本二高校学生以及初考、中考前十名的学生发放了总额达120万元左右的奖学金。

2. 天湖堂奖学基金的奖励对象与额度

2003年，天湖堂始设奖学基金，并经过讨论，统一规定了对各级各类学生进行奖励的标准。以2003年为例，当年十四牌信众学子中有1人考上本一类高等院校，获得了600元的奖励费；有12人考上了本二类高等院校，每人奖励360元；有8人被本三类高等院校录取，每人奖励160元。全年度合计向21名高考新生发放了6200元的奖学金。到了2008年，天湖堂管理委员会经过研究，决定增设对初考、中考成绩优异者的奖励条款，即成绩为所在学区的前十名者，每人奖励200元。

天湖堂奖学基金作为民间自发的教育公益基金，没有制定纸质本的规章制度，其奖励金额也不具有强制性、稳定性，即其奖励额度会随着募捐情况和其他开支情况做相应的调整。

表1　天湖堂奖学基金奖励门类一览表

年份	博士	硕士	本一	本二	本三	初考前十	中考前十
2003	1200	800	600	360	160	无	无
2008	800	600	360	260	无	200	200

表2　天湖堂奖学基金历年奖学人次一览表

年份	研究生	本一	本二	年度人次
2007		1	29	30
2008	5	10	30	45
2009	2	21	24	48

续表

年份	研究生	本一	本二	年度人次
2010	5	24	45	74
2011	3	29	45	77
2012	6	20	33	59
2013	5	29	64	98
2014	6	37	72	115
2015	9	54	90	153
2016	8	70	110	188
2017				160 多
2018	13	68	140	221
合计	72	363	682	1168

3. 天湖堂奖学基金的奖学金发放程序

每年的 8 月 25 日，都会在天湖堂举行隆重的颁奖大会，邀请获奖学子及其家长参与。此外，参加大会的还有县有关部门领导及团体负责人，包括平和县民宗局局长或副局长，分管民宗局的平和县统战部副部长，平和县道教协会会长，平和县文化局局长、副局长，以及崎岭乡乡长、书记，崎岭中学校长，崎岭中心小学校长等。颁奖大会由管委会主持，邀请统战部领导讲话。会上向到会学生统一发放奖学金，并邀请学生代表发言。

在召集会议之前，天湖堂基金管委会的财会人员负责收集当年参加高考、中考、初考的信众子女的升学录取信息，以便确定获奖者名单。其中，参加本年度初考、中考且考试成绩位居本学区前 10 名的学子，需由录取学校配合提供成绩证明。考上本科或研究生的信众子女，需提交录取通知书的复印件作为奖励凭证。经过管委会的开会审核与集中讨论，最终确定获奖学生的名单。所有通过了审核的同学，将应邀出席本年度的获奖典礼。对于笔者所提出的是否有人伪造录取通知书从而骗取奖励的疑问，基金会会长表示，所有提交了录取通知书复印件的同学或者其家长，都属于天湖堂的信众，"一般不会说谎"。[①]这也体现了对各牌信众们的信任。

---

① 天湖堂奖学基金调研访谈,周五镇,2018 年 8 月,福建省平和县天湖堂.

天湖堂与"闽南文化看漳州"微信公众号合作，及时将奖励情况录制成视频，发布在该公众号上。据2018年8月26日该公众号上发布题为"【金榜题名】闽南平和崎岭天湖堂奖励高考优秀生"报道："8月25日，闽南平和崎岭天湖堂举行大型颁奖大会，奖励2018年度高考优秀学生221名，其中博士生1名、研究生12名、本一生68名、本二生140名。本次奖励的优秀大学生均为天湖堂十四牌的学子。据了解，天湖堂励志奖学活动已连续开展10年，奖励资金达60多万元。今年，天湖堂拿出10万多元资金用于奖励高考优秀生。"①

（三）天湖堂奖学基金的组织管理与监督机制

1. 天湖堂奖学基金的组织管理制度

天湖堂奖学基金附属于天湖堂整体经费之中，没有独立的奖学基金账户。基金的管理人员也由天湖堂管委会的相关成员兼任，没有组成额外的基金理事会等类似管理机构。

天湖堂管委会成员，一般从十四牌代表中选举产生。天湖堂十四牌信众，每牌各选举一人，成为管委会成员。各牌所推举的管委会成员的候选人，必须是从村干部里退下来的，经过乡镇党委审核者。管委会主要包括主任1人、副主任1人，成员12人。管委会还另外设有顾问5人，主要为前任管委会成员。天湖堂管委会主任、顾问等不领取工资，只是给予每人每月200元的生活补贴。天湖堂还有其他10多名员工，包括扶乩6人，3人一组，每周无休，每月1200元，免费吃住，另可得扶乩过程中所收红包的20%，其余80%必须上交天湖堂。环卫1人，每月报酬为900元；厨师1人，每月1600元。文保1人，每月1200元。员工全部包吃住，要求年龄都必须在65岁以下。

天湖堂管委会的成员由十四牌选举产生，十四位代表在天湖堂管委会中具体负责的相关事务，尤其是管委会主任的人选安排，一般用扔"三圣杯"的方式决定。其大致的"选举"仪式，是十四牌代表共聚于天湖堂正殿神龛

---

① 闽南文化看漳州.闽南平和崎岭天湖堂奖励高考优秀生[EB/OL].https://mp.weixin.qq.com/s?__biz=MzU0NDcyNjEwOQ%3D%3D&idx=1&mid=2247484865&sn=9d8e6a3af315da1738acdf72ba4999f2,2018-8-26.

之前，采取丢筊杯的方式决定具体人选。"三圣杯"实为"筊杯"，是中国古代流行的占卜用具。十四牌代表依次掷筊杯于地，根据筊杯所呈现的正反、向背的情况，决定最终的主任人选。经过若干轮次的掷筊，获得"吉祥"次数最多的一位候选人，即当选为本届管委会主任。这种以掷筊优胜概率高低选择管委会主任的方式，被认为是因为其道德品行、综合能力都得到神的认可，是神定的获胜者。这种选举方式，不仅普遍流行于闽南地区，在台湾地区也颇为常见。

表3 2004年天湖堂管委会成员名单

职务	姓名
主任	周五镇
副主任	曾为国
成员	林明清、曾庆模、曾泳才、石金天、曾振城、林丙成、黄美生、曾凡文、林贵顺、刘建平、林长东、林建荣
顾问	曾金阵、林荣豪、林成万、陈木大、杨民权
扶乩师	曾鲁雄、林哲生
抄写	林福春、龚其和
管理员	杨金春

表4 2018年天湖堂管委会成员名单

职务	姓名
主任	周五镇
副主任	曾为国
成员	林明清、曾庆模、曾泳才、石金天、曾振城、林丙成、黄美生、曾凡文、林贵顺、刘建平、林长东、林建荣
顾问	曾金阵、林荣豪、林成万、陈木大、杨民权
扶乩师	曾鲁雄、林哲生
抄写	林福春、龚其和
管理员	杨金春

天湖堂的办公经费及水电费用,统一从管委会的账目上进行报销和支付。其中,办公经费、水电费为每月 6000 元人民币。天湖堂奖学基金会虽然没有将一些基金的信息编辑成册印刷发行,但是对奖学过程中的原始资料则加以完整保存。

根据上述调查可知,天湖堂属于小型组织,将其寺庙的祭祀、节日、日常开支和奖学助学经费都归在一起,有统一的管理组织进行管理。天湖堂管委会成员的来源需要有基本的文化基础和社会基础,同时要有一定领导能力和公益热心,但其主任选举方式具有一定的宗教色彩,这也是乡村民俗和宗教组织特有的选举方式。在信息保存方面,天湖堂管委会还单纯采取纸质材料保存方式,未形成数据信息。

2. 天湖堂奖学基金的监督

天湖堂经费主要由会计、出纳、文书各 1 人进行共同管理,而天湖堂管委会主任、委员、顾问等对其也具有监管责任。根据天湖堂的传统,在每年的重大民俗活动如正月初五保生大帝出巡中,都会采取张贴红纸告示的形式,对去年整个年度的经费收支情况予以公示,供群众了解、监督。随着网络时代的到来,天湖堂也会将信士捐来的钱公示于"平和县崎岭天湖堂"这一微信公众号。尽管其出发点主要是为了彰显捐款信士的善行与荣誉,鼓励大众踊跃捐款,但也在一定程度上打开公众监督的窗口,使天湖堂奖学基金在社会影响和社会募捐之间得以良性循环。

另外,参加天湖堂奖学金发放大会的还包括县有关部门领导及团体负责人,包括平和县民宗局局长或副局长,分管民宗局的平和县统战部副部长、平和县道教协会会长,平和县文化局局长、副局长,以及崎岭乡乡长、书记,崎岭中学校长、崎岭中心小学校长等。这些地方领导、知识分子的热情参与对奖学金的发放也起到一定的监督作用。

四、天湖堂奖学基金的社会影响与发展建议

(一)社会评价与影响

1. 社会评价

湖堂管委会主任周五镇认为,天湖堂奖学基金是"天湖堂对乡里、对社

会的一种贡献,它对崎岭乡的学子起到一种激励作用"[①]。

2007 年度获奖学子、曾就读于闽江学院历史系的周少娟认为,天湖堂所颁发的奖学金"是一种激励,同时也是一种肯定。作为获奖者,心里肯定是很感激的,很开心的"[②]。

其他社会人士认为,天湖堂奖学基金"是一件好事,这是对教育的支持,也是近年来许多宗教团体试图融入现代社会所探寻的一种方法"[③]。

2. 综合影响

从奖学活动到爱国教育等的一系列活动中,可以窥得其作为现代宗教团体为融入现代社会所做出的努力,也深刻体会到天湖堂以其神秘的宗教色彩,对信众起到一种无形的心灵作用,对本地区的民众产生着潜移默化、深远持久的影响。

值得指出的是,在近些年的奖学金发放仪式上,很多获奖学生及其家长在领取了奖学金后,会直接将其投入天湖堂正殿的功德箱里,也就是捐回给天湖堂。据不完全统计,获奖者回捐奖学金的比例可达 30%,可见信众对待奖学金所持有的态度:只希望获得这份荣耀、这份关怀,并对这一公益与大爱回馈自己的态度和绵薄力量。向信众子女发放奖学金,是天湖堂这一宗教组织努力适应社会主义政策的体现,也使广大信众更新了对于当代宗教组织认识,从而实现了宗教信仰与现实社会的平衡。

(二)天湖堂奖学基金的发展建议

宗教教育公益组织作为一种非营利组织,应该将慈善公益精神引领与非营利组织的治理结构相结合。虽然宗教的科学性随着社会的发展越来越微弱,但是宗教作为"善"的化身以及心灵的慰藉,在现代社会中仍然发挥着重要作用,所以宗教组织应当用其慈善的理念感化组织内部人员、感召社会成员,形成社会感召力和影响力。天湖堂奖学基金是天湖堂管委会为了促进地区教育事业发展而筹建的,作为非营利性组织,也应内外兼修,使自身得以发展。天湖堂奖学基金可以利用各种民俗活动,弘扬保生大帝护国佑民、慈悲济世

[①] 天湖堂奖学基金调研访谈,周五镇,2018 年 8 月,福建省平和县天湖堂.
[②] 天湖堂奖学基金调研访谈,周少娟,2018 年 8 月,福建省平和县天湖堂.
[③] 天湖堂奖学基金调研访谈,曾祥镇,2018 年 8 月,福建省平和县天湖堂.

的精神，发挥宗教信仰对善款募集的积极影响，使信众的价值追求超越神明，而是基于对宗教善义的认同，同时，也有利于拓展善款的募集对象，增加善款筹集。

另外，天湖堂奖学基金应借鉴现代非营利组织的管理方式，完善管理制度，参照中华人民共和国国务院颁布的《基金会管理条例》，制定成文的规章制度和管理章程，健全监管机制；提升管理人员的综合素质，引入专业的管理人才；采用更加科学公平的选举方式，让更多人才可以参与管理等，为有效管理自身事务提供新途径，将"共享模式"与"专业化模式"有机结合起来[1]。

五、结语

通过探索，可以看到当代许多寺庙传承着自身历史的慈善公益精神，同时也表现出许多时代特征，形成一个个非营利性组织，在各个方面贡献其光热。

结合对天湖堂奖学基金的调查研究，笔者发现天湖堂奖学基金不仅激励着学子勤学苦读、勇于向上，在其影响范围内促进尚学重教风气的形成，从而推动整个社会教育事业的发展，而且也扩大了寺庙的影响力，推动其在积极适应社会主义的努力中取得了一定的成功。但是，也应该看到，在寺庙进行转型的新时期下，时刻面临新的挑战，寺庙类教育公益基金在对待内外文化与经验中应保持清醒态度，取其精华、去其糟粕，勇于改革、发挥优势，同时应该努力争取外部条件，积极寻求政府帮助。

限于时间、资源及个人水平，本文在许多地方仍需细化，对于一些问题的把握和分析不够成熟，有待加强，这也是未来本文需要进一步丰富和完善的地方。

（指导老师：毛晓阳）

---

[1] 李向平．宗教发展及其社会救助模式[J]．江南大学学报（人文社会科学版），2010(3):28．

试析 20 世纪 80—90 年代周宁县农村抱养问题

蓝海麟[①]

摘要：抱养现象古已有之，本文结合田野调查，就周宁县农村抱养发生的原因、周宁县农村抱养方式及周宁县农村抱养三方所需承担的责任义务进行探析。通过调查发现，抱养是周宁县农村地区的一种普遍现象；周宁县农村抱养活动发生的原因多样，传宗接代是其重要原因；周宁县农村抱养活动过程是非营利性质的，村民在这一过程中并未获取收益；抱养活动是非法的，抱养三方权利都无法得到法律的保障。

关键词：抱养；周宁县；农村地区

一、前言

周宁县，隶属福建省宁德市，位于福建省东北部鹫峰山脉东麓，县城海拔达 880 多米，居全省之冠，素有"高山明珠"之称。2012 年，周宁县被确认为省级扶贫开发工作重点县；2020 年 4 月，达到脱贫退出条件。周宁地区

---

① 蓝海麟，女，福建宁德人，历史学系 2017 级本科生，现为周宁县第八中学教师.

大多地处深山,在20世纪80—90年代经济落后且发展缓慢,抱养现象在周宁县农村地区频繁出现。

抱养,指抱来别人家的孩子当自己的孩子抚养,出自《汉书·外戚传下·孝元傅昭仪》:"太子小,而傅太后抱养之。"现代学者对抱养与收养做出了明确的界定:"抱养是出于个人原因,私下把别人家的孩子抱来当作自己的子女抚养的行为,是未被法律所认可的'非法'收养行为。"[1]福建省明清时期即存在大量异姓养子承祧现象,20世纪80—90年代,周宁县农村地区的抱养现象仍频繁发生。

学界目前对有关的抱养研究较少,因此笔者将关键词定位为抱养、收养。国内学者对抱养、收养的研究内容大致分为以下几类:一是对《中华人民共和国收养法》的建议,如沈涛所著的《中国农村事实收养法律问题研究》(上海大学,2014年);龚朝慧所写的《民间收养困境及出路》(华南理工大学,2014年);二是从人口学的角度进行研究,如谭克俭、景世民所作的《流动人口生育意愿的个例剖析》(《南京人口管理干部学院学报》,2005年02期),李钢、薛淑艳、马雪瑶、周俊俊、王皎贝、徐婷婷共同编写的《中国儿童非正常迁移的时空分异及综合机制——拐卖与抱养对比视角》(《人口研究》,2020年03期);三是分析农村抱养情况,如杨彦所著的《关于"中国农村抱养子女"的调查报告》(《人口与经济》,2004年第1期),康青所著的《从抱养者视角看我国农村地区的非法收养现象——以山西省某农村为例》(中国青年政治学院,2013年)。

目前对于农村抱养本身的研究还有待丰富。本文采访周宁县部分村镇[2]的抱养家庭,通过调查周宁县农村抱养活动,对当时的社会背景(如国家政策、经济发展等)、农村居民心理(如承嗣意识、法律意识等)进行阐述。抱养活动是中国农村历史的一部分,对抱养活动进行记录有助于之后研究农村历史,为相关法律的不断完善提供一定的原始材料,具有积极的现实意义。

---

[1] 康青.从抱养者视角看我国农村地区的非法收养现象[D].北京:中国青年政治学院.2013:3.

[2] 周宁县咸村镇云门村、周宁县狮城镇周家村、周宁县咸村镇咸洋村、周宁县狮城镇南庄村。

二、周宁县农村抱养发生的原因

抱养，也称为非法收养，是一种不符合《中华人民共和国收养法》有关规定进行的收养行为。明清时期，福建省即有螟蛉子现象，《厦门志》中对这一现象有记载："闽人多养子，即有子者，亦必抱养数子。"[1]在福建，即使是已有子嗣的家庭也会进行抱养活动。通过对福建省宁德市周宁县农村地区的田野调查，村民们进行这一活动主要有以下因素。

（一）承嗣意识

长期受到宗法制度和礼教思想的影响，"不孝有三，无后为大"；"养儿防老"等观念在许多人的脑海里根深蒂固。出于承嗣意识进行抱养活动的情况屡见不鲜，长汀有相关记载："张氏，宁化杨向日继妻。向日卒，氏年二十七，纺绩度生。至年六十，乃泣告夫族曰：'老妇死沟壑不足惜，如祖宗血食何？'族人嫌其贫，无应者，不得已，立养子为嗣。"[2]当家中没有孩子或者只有女孩的时候，许多家庭就会进行抱养。在田野调查过程中，一位村民这样介绍村中一个抱养家庭：

"我们家会生男孩子，他们家怎么都生不出来，实在是没办法了，只能跟亲戚熟人什么都说一下，看看哪家小孩子养不了了介绍给他家养，不然他家连根都要断了。"[3]

能够看出，"会生男孩子"的家庭面对"生不出来"的家庭具有优越感，这也能够体现出村民眼中传承香火的重要性。村民们更多还是采取尝试自己生育男孩或者过继亲戚子女的方法，只有在毫无生育希望的情况下才会选择抱养男孩。因此，抱养男孩的情况相对较少。出于这个原因发生的抱养，村民们会尽量选择年龄小的孩子进行抱养，以免发生"养不熟"的情况。

（二）童养媳

自古以来，抱养孩子作为童养媳或童养夫便是一种常见现象。在福建顺昌县便有抱养童养媳的记载："恒抱他姓女孩为养媳，不用媒证财

---

[1] 周凯.厦门志·风俗志[M].厦门：鹭江出版社，1996：517.
[2] 曾曰瑛.汀州府志·烈女[M].台北：成文出版社，1967：398.
[3] 2021年1月30日，采访周宁县咸村镇梅山村村民T先生.

礼。"①抱养童养媳能够省去聘礼，由此省下大量金钱。在田野调查过程中，一位村民也向我们透露了以下情况：

"我们村主要都是抱女孩子，男孩子是实在生不出来的人家才要，毕竟不是亲生的。家里穷？越穷越要抱的。你算算，抱个女孩子多一个人干活是不是，等女孩子长大了，直接送去和儿子睡一屋，彩礼钱和结婚钱都省了嘛！"②

在20世纪80—90年代，农村地区与城市地区贫富差距较大，当女性不愿留在贫困地区时，"外嫁"是一种脱离农村的有效手段。这就使贫困山村更容易发展为"光棍村"，许多家庭出于抱养女孩作为童养媳这一目的进行抱养活动。越是贫穷的村镇，抱养女孩作为童养媳的情况越是常见。笔者通过采访咸村镇一名"中间人"③得知，20世纪80—90年代，咸村镇辖内几个贫困村村中十来户人家中出现抱养女孩作为童养媳的有四五户。可以说，抱养女孩作为童养媳这在周宁县农村地区并不鲜见。

（三）计划生育

计划生育在1982年9月被定为基本国策，同年12月写入宪法，目的是提倡晚婚、晚育，少生、优生，从而有计划地控制人口。但相对于城市而言，农村村民们的避孕意识较为薄弱，且更追求"养儿防老"。在这一政策下，20世纪80—90年代许多家庭为逃避罚款而送养超生儿女，抱养也因此频繁发生。一位村民便向我们讲述了她姐姐的故事：

"我爸妈一直想要个男孩，我家现在人口是三个女孩一个男孩，但其实我还有个姐姐。当时计划生育，她一生出来就被偷偷放在村口了，被那个村子好心人抱去，前几年结婚了。我爸妈想去认，那个姐姐拿扫把把人赶出来的。我刚出生，我奶奶见不是男孩，还想把我摔死，唉……"④

村民们为了能够生出男孩而不断生育，又往往因生出女孩而继续生育，试图生出男孩以传宗接代。在此过程中，生出的女孩"占用"了男孩的位置，

---

① 前南京国民政府司法行政部编.《民事习惯调查报告录》[M].胡旭晟,夏新华,李交发,点校.北京:中国政法大学出版社,2000:925.
② 2021年1月26日,采访周宁县咸村镇云门村村民L先生.
③ "中间人",指村镇中人脉广泛、消息灵通的人,抱养双方往往会通过其进行沟通.
④ 2021年2月16日,采访周宁县狮城镇南庄村村民Y女士.

违背了计划生育的要求。因此，计划生育所导致的送养大部分都是女孩，且送养后许多会被作为童养媳抚养长大。此外，农村地区避孕意识的薄弱，意外怀孕的情况更为频繁，"多余"的孩子也变相导致了抱养的发生。

（四）性别单一

部分家庭会存在生有多个男孩或者多个女孩的情况，有些村民便会希望能够"儿女双全"，因此发生抱养活动。一位村民简单介绍了他的想法：

"家里好几个儿子了，都说女儿是贴心小棉袄，我家就想要个女儿。正好××家里都是女儿，也想要个儿子。我们两家商量了一下，就说我拿儿子和你女儿'换'一下，这样就皆大欢喜了。"①

经过调查，这种"换"的情况发生较少，一个村子里就一两户人家，并且大部分女孩被"换"后是作为童养媳抚养，男孩则是"换"过去"养儿防老"。

（五）民族因素

周宁县的云门村是一个纯少数民族行政村，村中还保留着浓厚的畲族风情，文化习俗也基本保持不变。因此，周宁县农村地区少数民族进行的抱养也值得探究。在对其调查后，了解到以下情况：

"1980年左右啊？我们村很多有去抱孩子……那时候畲汉不通婚，汉族不会嫁到我们村，我们没办法，就去抱其他村的，互相抱。"②

通过采访得知，在20世纪早期，畲、汉两个民族有隔阂，许多畲人不会说普通话，畲族行政村又大多地处深山，经济较为落后。因此，许多畲人只能通过与其他畲村互相抱养来保障儿女婚姻。

（六）法律意识淡薄

尽管1991年12月29日《中华人民共和国收养法》已经颁布，但由于当时农村地区法律意识淡薄，许多村民根本不知道抱养是非法行为。因此，村民们往往不会为被抱养的孩子办理相关手续。通过询问一位曾经的村委得知：

"以前直接抱，通过我们证明确实是'捡'来的就可以上户口。1992年还是1993年开始抓得很严，不让上户口了。那时候抱的小孩就只能偷偷养，应该叫'黑户'，上学都挺愁的。后来又过了10年左右吧，突然能上户口了，

---

① 2021年1月26日，采访周宁县咸村镇云门村村民L先生．
② 2021年1月26日，采访周宁县咸村镇云门村老人L先生．

就把那段时间抱的一次性都补上户口。"①

1992—1993年左右政府开始严查抱养,而《中华人民共和国收养法》恰巧是在1991年正式实施,由于没有联系到相关人员,无法得知两者之间是否有所关联。学者李卷林调查发现,在所有抱养中,仅有2%的孩子上户口,其他98%都是以"黑孩子"的形式游离于社会有效管理之外。②而在本次对周宁县农村地区的田野调查中,也得出相似的结论:大部分抱养并不符合《中华人民共和国收养法》的相关规定。③

综上所述,周宁县农村地区大量存在抱养现象的原因复杂,其中村民们的承嗣意识强烈是抱养发生的重要原因。此外,20世纪80—90年代,周宁县农村经济发展相对落后,村民们难以承担养育多个孩子的经济压力;周宁县农村妇女的避孕意识薄弱,意外怀孕发生的概率较大;计划生育政策的严厉实行,"多余"的孩子没有安身之处;少数民族与汉族之间的隔阂;周宁县农村地区文化素养相对较低,村民法律意识淡薄;等等,都是当时抱养高频发生的重要原因。

三、周宁县农村抱养方式

在周宁县农村地区,主要有两种抱养方式:一是无确定抱养人,在被抱养家庭匿名进行当地约定俗成的行为后,抱养家庭自发进行的不确定抱养;二是通过"中间人"介绍,抱养双方共同商讨,达成一致后发生的定向抱养。

（一）"菜篮子"

首先,通过田野调查,一位"中间人"向我们描述了20世纪80—90年代时周宁县农村地区的抱养过程:

"不想要了的孩子就放进菜篮子里,然后放到热闹的大路旁边,比如菜市场那种地方。父母躲在角落看,想要孩子的人捡走孩子后,这事就成了,

---

① 2021年1月30日,采访周宁县咸村镇咸洋村某退休村委.
② 李卷林.关于北京市海淀区抱养孩子调查的实证分析[J].南方人口,2000(2):23-28.
③ 《中华人民共和国收养法》第十五条:收养应当向县级以上人民政府民政部门登记,收养关系自登记之日起成立.

双方不用见面,这孩子就是抱走的那家人的。如果没有人捡走,就把孩子抱回家第二天继续放菜篮子。那时候特别多人去捡孩子,所以基本都会被抱走。(笔者:万一被坏人捡走呢?)你以为为什么还要留着偷看?就是因为那时候人贩子特别多。看着觉得不对劲,躲着的父母就会去拦下来不给抱走。(笔者:这能辨认出人贩子吗?)怎么会不能,我们看一眼就知道是不是真心来抱的。那时候都说人贩子会把小孩手脚弄伤、弄残送去当乞丐,谁舍得自家孩子受这种罪。所以有的就来问我找个好的家庭,两家一起面对面地谈,这样知道孩子过得不错也会安心点。"①

由于这一过程中孩子是被装进菜篮子中被抱养,便简单称呼这一过程为"菜篮子"。可以看出,通过"菜篮子"进行的抱养,被抱养家庭事先无法确定抱养人的家庭情况、抱养的目的、对待被抱养孩子的态度等等,而抱养家庭也无法通过被抱养孩子的父母对孩子未来的发展有所预测。因此,这一方式对抱养双方都具有不确定性。一位村民就提到了自己身边一位被抱养孩子的经历:

"我对门的姐姐就是被捡回来当童养媳的,但是养母对她不好,从小什么活都要她做。那个姐姐也知道自己是抱养的,一直努力学习想独立。好不容易工作了,前几年又出车祸,腿残疾了。护工照顾她时候说话不好听,姐姐一时没想开,跳楼去世了……"②

不过,由于村中往来大多都是附近村镇人员,抱养双方仍有可能知晓对方究竟是谁。但经过"菜篮子"后,孩子就已经归抱养家庭所有,双方之后即使有所不满,也不方便插手对方的家庭事务。不论是自家孩子被抱养后受到苛责,还是抱回来的孩子身体有什么遗传性疾病,都是抱养双方所不愿看见的。

(二)"中间人"介绍

为了避免"菜篮子"的不确定性,许多村民会选择第二种定向抱养方式:经由"中间人"介绍来事先选定满意的抱养家庭与被抱养对象。在调查中,"中间人"透露了他经手介绍时所遇到的部分情况:

"那些人没有孩子,想要一个孩子,就去和熟人说。(笔者:熟人

---

① 2021年2月24日,采访某匿名"中间人".
② 2021年2月16日,采访周宁县狮城镇周家村C女士.

是指？）就是亲戚、朋友、邻居，反正透露这个事，大家都会帮忙问。有的人家里孩子生多了或者不想要了也一样，消息传出去，都会有人来联系。也有的直接去医院，那时候很多人生了孩子不想要，就给抱走了。很多人就直接找我问，想抱孩子的人家，就说下想要男孩女孩啊，想抱个多大的啊，有些讲究的还会想抱个父母机灵点的，这样孩子以后也比较机灵。想把孩子给别人家的，也会说希望对方家里有钱点，对孩子好，没别的孩子之类的。我如果碰巧有合适的，就互相介绍介绍，两家人坐一起合计合计，觉得可以，那这事就算成了。等商量完了，抱孩子的那家人就来接孩子回家，一般这时候都会'意思意思'。（笔者：是指"买"孩子吗？）当然不是买，那不是成人贩子了。孩子妈为了生这孩子辛苦了十个月，拿了人家身上掉的肉，补偿下孩子妈的'月子钱'总要有吧？不过那时候大家也没什么钱，几百、上千，要不然拿点东西算是心意到了就行了，××家去抱孩子时候只拿得出两袋地瓜粉，照样给他抱走了。（笔者：那会给您一些报酬吗？）要什么报酬啊，都是信得过我才找我问的，这事要是拿钱会遭报应的。"[1]

在"中间人"的叙述中，这种抱养方式是有商有量的。抱养双方能够事先提出对抱养与被抱养对象的要求，"中间人"会尽力按照要求寻找合适的人选。因此，抱养双方往往能寻找到互相较为满意的人选。

在调查中，周宁县农村抱养活动与拐卖儿童显示出了本质性的差别。在周宁县农村抱养活动过程中，"菜篮子"与拐卖儿童完全没有相似点，而"中间人"介绍仅仅是出于"交情"来帮助抱养双方寻找合适的家庭，且抱养纯属自愿，具体事宜还是要靠抱养双方自行商讨，"中间人"、抱养家庭与被抱养家庭任何一方都不会由此获得物质收益；抱养双方虽有涉及经济问题，但这并非是否进行抱养的决定性因素。拐卖儿童的人贩子则是通过买卖孩子来获取大量金钱，获得孩子的方式也可能是违法的，在寻找交易对象的过程中可能会对孩子进行虐待、伤害，并且买入孩子的家庭必须付出金钱。因此，周宁县农村抱养是一种与拐卖儿童完全不同的、非营利性质的活动。

---

[1] 2021年2月24日，采访某匿名"中间人"。

四、周宁县农村抱养的权利与义务

自《中华人民共和国收养法》颁布后，为了保护合法的收养关系和收养关系当事人的权利，第二十三条规定："自收养关系成立之日起，养父母与养子女间的权利义务关系，适用法律关于父母子女关系的规定；养子女与养父母的近亲属间的权利义务关系，适用法律关于子女与父母的近亲属关系的规定。养子女与生父母及其他近亲属间的权利义务关系，因收养关系的成立而消除。"

在周宁县农村抱养中，大部分都并未前往县级以上人民政府民政部门登记，属于非法收养。在这一活动中，被抱养的未登记的孩子属于"黑户"，抱养家庭、孩子、被抱养家庭三方的权利与义务都没有得到法律的保障。对此，在田野调查中，笔者着重对围绕财产继承权、赡养义务以及一些特殊情况，对相关人员进行了采访，希望能够探析抱养与收养权利义务是否有所差别。

（一）财产继承权

在 20 世纪 80—90 年代，周宁县抱养家庭在进行抱养后，就会将孩子视若己出。若要在族谱上记录抱养孩子的姓名，也不会特别注明为"养子"。通过对一个抱养家庭的深入调查，了解到关于养父母、孩子、亲生父母三者间的财产继承方面的部分情况：

抱养家庭 A[①]："家里钱肯定两个孩子都有啊，我们家不分亲的抱的，至于家里的这个房子就给我们养老了。现在女儿已经出嫁了有自己的小家庭了，儿子也已经买房结婚了，日子越过越好。两个孩子互相扶着走，路就能走得比较远，我们也能安心了。如果抱的是女孩子？那也一样的，抱来就都和自己家的孩子没什么差的。"

被抱养家庭 A[②]："我们家里穷，孩子又多，本来就没得分全靠孩子自己拼的，更不可能给他留什么了。他（指养子）被抱走时候就已经是别人家

---

① 2021 年 2 月 17 日采访抱养家庭 A，居住于宁德市七都镇，为少数民族，原有一女，后又于 1985-1990 年间抱养一子.

② 2021 年 1 月 26 日采访被抱养家庭 A，居住于周宁县咸村镇云门村，为少数民族，家中共有八个子女，因计划生育与经济压力送养一子.

的孩子了，我们也不好打扰。心里肯定还会挂念着，但我们要是还上门念叨就太不明事理了，他养父母那边也会觉得不舒服的。"

在调查过程中，不论是抱养家庭还是被抱养家庭都对"财产继承权"这一个名称感到陌生。但在村民们的认知中，孩子在入住新家庭的一刻就与亲子无异，享有亲子的全部权益，对抱养家庭自然享有完全的财产继承权。而被抱养家庭在将孩子送养的时候便默认该孩子已与自家断绝关系，与孩子之间的权利义务关系完全消除。因此，周宁县农村地区对被抱养的孩子的财产继承权的认知与《中华人民共和国收养法》的规定实际上是一致的。但由于抱养本身是违法的，被抱养的孩子并没有得到法律的保护，其实际所享有的权益主要还是由抱养家庭的认知所决定。

（二）赡养义务

我国婚姻法规定，子女对父母有赡养的义务。赡养义务就是指子女需要为父母在物质方面和经济方面提供必要的生活条件，不论是儿子还是女儿都有义务赡养父母。通过采访，了解到 A 先生与其养父母、亲生父母之间的赡养情况：

"我的养父母主要是我来赡养，每个月给家里打点钱。姐姐已经嫁人了，要以婆家为主。过年过节我都是在养父母家住的，平时有空也会回家尽尽孝，没觉得和亲生的有什么差别。因为我是七八岁被抱去的，亲生父母我也有印象。刚开始当然会想，想回家，但是隔了几个村回不去，养父母也对我很好，慢慢就忘记了。现在和亲生父母也有联系，就和远房亲戚一样处，一年大概就回去两三次看看，有什么事能帮互相都会帮，毕竟是亲人，隔不断的。"[1]

在抱养活动中，更讲究"养恩大于生恩"，被抱养的孩子只需要履行对抱养家庭的赡养义务。对于被抱养家庭来说，不论孩子日后还会不会有联系往来，都不再强制要求其履行赡养义务。因此，赡养义务主要还是取决于被抱养的孩子本身的意愿，倘若孩子愿意赡养亲生父母，养父母也无权干涉。

（三）抱养失败的后果

在抱养中，掌握话语权的是抱养家庭与被抱养家庭，但抱养的中心——孩子的意见却很少有人在意。随着抱养的频繁发生，自然也会有抱养最终失

---

[1] 2021 年 2 月 17 日，采访宁德市七都镇 A 先生.

败的情况,"中间人"举了几个有关例子:

"有一家'换'了个女孩子,回去当童养媳的,养大了女孩子说不喜欢,不乐意嫁。大家都是附近村里的,那女孩子就跑回亲爸妈家去了。遇到这种情况也没办法,只能是自认倒霉,还赔了个儿子给人家。虽然呢这种情况很少,但总是有的。还有一家也是童养媳养大了,结果儿子和童养媳互相看不上,两个人都不乐意,就让他们各过各地去了。那女孩子最后就跟嫁亲女儿一样的,嫁妆什么都弄得好好的出嫁了。不过男孩子这种情况基本没听说过,基本都是抱小小的什么也不知道的养大的,等大了有感情了,知道了也不会跑。"[①]

《中华人民共和国收养法》中对解除收养关系有明确规定:"生父母要求解除收养关系的,养父母可以要求生父母适当补偿收养期间支出的生活费和教育费,但因养父母虐待、遗弃养子女而解除收养关系的除外。"与此不同的是,在周宁县农村抱养中,通过抚养孩子长大,养父母往往会与孩子建立深厚的感情,抱养最终失败的情况极其稀少。因此,抱养家庭对于这种情况并没有应对措施,一般是"自认倒霉",最多上门与被抱养家庭发生争执,获得一些赔偿。此外,这个孩子可能会被冠上"白眼狼"的称呼,在社交圈中造成名声损失。

综上所述,抱养终究是非法的行为,没有得到法律的认同与保障。抱养中三方的权利与义务都带有主观性质,随着三方认知不断变化,缺乏明确依据。

五、结语

在20世纪80—90年代,相对于《中华人民共和国收养法》对收养家庭、被收养家庭及孩子的严格要求,周宁县农村地区抱养的发生成本更为低廉、条件更为简单。因此,与收养相比,抱养活动在农村地区更为普遍,并且得到村民的广泛认同。抱养发生的原因多种多样,这些原因体现出当时农村地区的经济发展相对城市较慢、村民的思想较为落后、法律意识淡薄等情况。抱养活动是非法的,抱养三方的权利都无法得到法律的保障,许多抱养家庭

[①] 2021年2月25日,采访某匿名"中间人"。

虽未正式办理收养手续，其实已经构成事实收养[①]。此外，抱养活动过程是非营利的。在早期一些与抱养有关的案件中，主要判决依据是拐卖儿童的法律条约，但抱养与拐卖儿童有着实质上的差别，对其判决理应适当放宽。

随着时代的进步、经济的发展、法律的普及，抱养也在不断减少。但在农村历史中，抱养是一个不容忽视的环节。不论是法律的进一步完善，还是对农村历史的补充，都需要对抱养进行深入研究。

（指导老师：黄清敏）

[①] 指双方当事人符合法律规定的条件，未办收养公证或登记手续，便公开以养父母子女关系长期共同生活的行为，中国承认事实收养的法律效力，并予以保护．

一生相守"佛跳墙"
——郭克赐访谈录

胡鹏举①

摘要： 中华传统饮食文化是中华传统文化的重要组成部分。本文以郭氏佛跳墙为调查对象，通过口述访谈和实地考察，对"佛跳墙"繁荣发展过程中存在的问题、"佛跳墙"的当代价值、"佛跳墙"与五缘文化交流关系及中餐申遗等问题进行分析。研究发现，中华传统饮食文化对于传承弘扬中华优秀传统文化、推进社会主义文化强国建设、提高国家文化软实力、增强海内外华侨华人文化认同感仍具有重要价值。文章对更好地传播中华传统饮食文化提出了建议，旨在推动中华传统优秀文化传承与发展。

关键词： 佛跳墙；郭克赐；饮食文化；中餐申遗；五缘文化

口述：郭克赐
访谈人：胡鹏举
采访日期：2022年1月6日
采访地点：福州市闽侯县国宾大道郭氏"佛跳墙"专卖店

---

① 胡鹏举，男，河南省沈丘县人，历史学系2018级本科生，现为重庆师范大学马克思主义学院中国近代史基本问题研究专业研究生．

郭克赐，男，福建闽侯人。当代知名的传统美食制作专家，闽菜"佛跳墙"正宗非遗传承人，福州郭氏餐饮文化有限公司董事长。郭克赐先生18岁就跟祖父郭则贤学厨艺，得祖父真传，把闽菜制作技艺得以正统传承，郭克赐曾任福州西湖大酒店名菜总厨、侨联大厦名菜研发中心组长、海山宾馆餐饮部经理。现任世界中餐业联合会理事兼国际评委、福建省餐饮烹饪协会顾问、美国闽侯同乡会主席、浙江省侨联智库专家、江苏省餐饮行业协会海外名誉会长、爱斯克菲国际烹饪艺术大师、国际中餐大师、中华传统文化创新发展论坛常务副主席兼非遗专家组组长等。

图1 "郭则贤佛跳墙"第三代传人郭克赐

一、传承祖业，苦练闽菜技艺

（一）"郭则贤佛跳墙"起源

胡鹏举：郭老您好，很感谢您百忙之中接受我的采访。首先，请您介绍一下"郭则贤佛跳墙"的一些故事。

郭克赐：郭则贤是我的祖父，福州市岳峰镇台中村人。父母希望其成人长大，一生平安，于是便取了一个贱名"和尚"。果然16岁出头的他长得人高马大，活像个花和尚鲁智深，所以后来也就少提"则贤"这个正名。小时候，我的爷爷在家里以放牛为生。

1922年，当时福建督军李厚基倒行逆施被赶走，徐树铮、王永泉、许崇智的部队蜂拥而入福州，老百姓难以过日，我爷爷便听了父亲的建议与哥哥一起去聚春园学艺。当时聚春园的老板是郑春发，福清人，见我爷

图2 郭克赐制作"佛跳墙"过程中

爷长得一表人才,便收下他,先让他去厨房洗碗。因为年龄小,我爷爷便有了雅号,称"和尚弟"。"三十年的媳妇熬成婆",我爷爷成了师傅级的人物,"和尚弟"也自然改为"和尚司",而且是数一数二的"炒锅"能手,当时的名宦巨贾都点名要吃"和尚司"的菜肴,这其中主要就有"福寿全"(即"佛跳墙")。

抗战时期,聚春园的同仁们都随着老板迁到南平的大后方,我爷爷也觉得自己不应该留在福州为日伪汉奸服务,于是便装病辞了职回老家了。抗日战争胜利后聚春园重建,股东之一强先生亲赴我爷爷家乡,力邀这位在战争期间归隐的大师重新出山,再次执掌聚春园。我爷爷归来后继续将闽菜发扬光大,并培养出了荣获中国首批"全国最佳厨师"的强氏兄弟、林水俤、张老马、郑雪英等数位闽菜大师。

(二)传承祖业,险些放弃

胡鹏举:您可以介绍一下自己的人生经历吗?

郭克赐:我从小就在聚春园长大,我的爷爷当时在聚春园当主厨。在我读书毕业之后,18岁就开始跟他学厨艺,也算是"佛跳墙"第三代传承人,后面我陆续担任福州西湖大酒店闽菜总厨、侨联大厦厨师长、海山宾馆餐饮部经理等职。1996年我只身前往美国纽约发展闽菜和"佛跳墙",在纽约"闽菜郭"无人不晓,我还在美国创办福建烹饪协会,并担任会长。2008年我回到了阔别已久的故乡发展。现在担任福州郭氏餐饮文化有限公司董事长。

胡鹏举:据说您在跟随祖父学习厨艺的过程中,曾险些放弃,想问一下当时是什么原因呢?又是什么原因让你决定坚持下去?

郭克赐:是的,学这个手艺是非常难的,不像现在(煤气、电这么方便)。过去炉头都是烧煤的,当我在学艺的时候,每天都是抱着煤,两个手都是黑不溜秋的。我那个时候和你一样,18岁的年纪,还是小孩子嘛,对什么事都比较好奇,(一件事)做完了就不爱去做了,就变得讨厌了,学完一件事之后,已经会做了,就不爱去学了。但是,那种想法和现在(想法)也不一样,为什么呢?因为那是小孩子想法,当时比较累,我在聚春园学艺的时候非常累,每天早上要捅九个炉头,炉头捅完还要加火,加火完之后两个手就全是黑不溜秋的。师傅十一点上班,要等到火上来了,他才能去炒菜。就是太累了,(我)学到一半就不想学了,但是后面想一想老一辈的做了几十年都坚持下来,那真的是不容易的，（把菜）做好更是不容易的。我的爷爷，13岁在聚春园学艺，一直到他退休为止，真的是不容易的，那个时候想一想，我们祖辈有这样的经历，能够传承（闽菜）也是很光荣的一件事情，他的徒儿徒孙非常多，在1983年，商务部举办全国名厨烹饪表演鉴定会比赛的前十名，福建就占了两个，这两个都是我爷爷的徒弟，就是强曲曲和强木根，他们也被称为"闽菜双强"。这对我也是很好的激励，所以一直做闽菜到现在。

二、远渡美国，发扬闽菜文化

（一）美国创业经历

胡鹏举：您能介绍一下在美国的经历吗？

郭克赐：那个时候改革开放浪潮刚刚开始，兴起了"出国热"，大家都想出去闯荡一下看看外面的世界是什么样子，我也随着改革开放的浪潮，想走出去看看，因为自己有手艺和（做菜）技术，所以也不怕了，到哪里都可以。民以食为天，不管到哪个地方、哪个国家它都要吃饭，三餐都要吃，我也抱着这样信念，到外面去闯荡一下，把闽菜文化发扬光大。刚到美国的时候，下了飞机都想跑回（国内）来了。那个时候，生活各方面不一定有现在这么好，人生地不熟，语言不通，我和几个朋友住在一起，生活各方面都不习惯，一天在外面要工作13个小时，我们刚到纽约的时候，人家也不知道我有什么技术，我也是到餐馆去洗碗打杂，这个巨大落差并没有让我丧失信心，我认为是金子总会发光，后面就给人家说我们会做一些菜，老板就让我试试，因为自己有技术，我很快就上了炒锅，慢慢戴上了大厨的帽子。

（二）在美国传承发扬闽菜文化

胡鹏举：您在美国是如何弘扬中华传统饮食文化的？

郭克赐：经过多年的奋斗和探索，我凭借扎实的技能在纽约唐人街成名。我不仅被各大知名酒店聘为主厨，还有了自己的私房菜馆。我被选为世界中餐业联合会理事，并被授予"国际中餐大师奖"。我在唐人街开了一家"聚春园"私人餐厅。刚开业那一天，我邀请外国人品尝亲手煨制的"佛跳墙"。当那些外国人吃完后，纷纷竖起大拇指夸赞，就这样我在当地渐渐出名。我不仅在纽约展示了祖传的"佛跳墙"烹饪技巧，还继续创造独特的福建菜，在当地也赢得了许多"粉丝"。纽约市民亲切地叫我"闽菜郭"。

当然，这并不是我的最终目标。我发现在唐人街有数百万的福建人，做闽菜开饭馆，是他们主要的谋生手段，但是大家都欠缺组织，有大部分人缺乏严格的技术培训。我当时就想，以闽菜为纽带，凝聚福建华侨力量，前景广阔。我开始在很多方面大力倡导和积极运作。在同行老乡们的共同努力下，美国福建烹饪协会终于成立了。这是一个以闽菜为缘而缔结的"家"，这个家能帮助福建侨民更好地融入当地主流社会，更好地施展才艺，实现自身应有的价值，通过团体的力量，提高闽菜在美国华人和美国主流社会的知名度。同时，这个家也成为我宣传闽菜文化的一个途径。

建会伊始，美联社有报道说中餐不健康，实则是电视台用裹了芡粉油炸的鸡肉片炮制"芥蓝鼠"，污蔑"新福建"中餐馆以鼠肉冒充鸡肉，说中餐卡路里和盐超标，并且含有不饱和脂肪酸。以一碗菜所含的热量、油脂和盐来分析整个中餐业，这显然是不合理的，没有半点科学依据，完全是一种以偏概全、偷梁换柱的行为。美国媒体的不实报道给在美中餐业带来了极大的负面影响。我联合美国福建烹饪协会与其他华人社团一道，组织并参与了声势浩大的抗议活动，发出了华人的声音。这一事件也让我意识到，闽菜文化在海外的传播任重道远。在接下去的时间里，我致力于为闽菜"正名"。在我的主导下，美国福建烹饪协会十分活跃：比如开展年度"评选闽菜名菜名点活动"；组织会员参加"新年花市厨艺表演活动"；与李锦记集团合办"2007

图3　美国福建烹饪协会成立庆典

年中餐厨艺交流会";培养人才,创新菜式,同时向美国主流社会正面宣传中餐形象,引导中餐消费。

三、重回故土,传承闽菜之魂

(一)重回故土原因

胡鹏举:2008年,您从美国回到中国,当时促使您回到中国的原因是什么?

郭克赐:当时在国外,我觉得要成立一个美国福建烹饪协会,因为每个行业都有它的规范。2008年就和我们国内的协会联系上了。然后每当有活动的时候,国内的烹饪协会就会请我们回国参加。回到国内后,我发现国内餐饮行业蓬勃发展,然而闽菜的影响力却没有什么起色,原本被称为"功夫菜"的闽菜渐渐成了"海鲜菜"。我在伤心之际,就开始考虑如何将正宗的闽菜传承下去,所以就决定留在国内传承和发扬闽菜。

(二)"佛跳墙"传承发展中存在的问题

胡鹏举:您在2008年回国以后传承"佛跳墙"的过程中,发现了什么问题?您对此有什么好的建议吗?

郭克赐:回国之后,我就发现国内餐饮行业蓬勃发展,但是相较粤菜和川菜,闽菜的发展并不太好。在与同行的交流中,我了解到随着时代的发展,快节奏的生活,使得原本被称为"功夫菜"的闽菜渐渐变成"海鲜菜",原本讲究工艺,程序精细的闽菜随着时代的发展渐渐式微,逐步走向谷底,我就感觉到(做菜)没有规范了。当时,国内餐饮行业没有规范,大家各做各的菜,都是根据自己的想法来做,现在接风酒席上,把坛罐摆上去就叫"佛跳墙"。在我年幼时祖父准备"佛跳墙",祖母都会提前一周来准备食材,单单一个鱼翅就要煨制十多个小时。但是现在很多饭店制作的"佛跳墙"很少这么费工夫,不仅如此,在烹饪佛跳墙时所用的食材、调料、火候等对佛跳墙的味道都起着很重要的影响。一样东西如果没有了标准、规范,很容易陷入良莠不齐的局面,"佛跳墙"在今天就面临这样的难题,缺乏规范和标准也成为闽菜式微的一个重要原因。

我开始考虑如何将正宗的闽菜传承下去。中华传统美食的制作方法各式各样，闽菜也是如此。闽菜历来用手工制作，食材也讲究精细，对火候的要求也很高，工序也比较繁杂，这也是闽菜又有"功夫菜"之称的原因。它不同于西方的烹饪方法。西方的烹饪方法相对简单，用料也相对简单。因此，西方国家传统烹饪的标准化和工业化生产发展相对较快。"佛跳墙"使用了十几种原材料，经过复杂的工序和长时间的烹饪，可以获得美味的口感，但这也限制了"佛跳墙"的规模化、标准化和产业化发展。所以想要大力发展和传承"佛跳墙"，就必须走工业化道路，这样生产出来的产品最起码是有标准和规范的产品，而且还可以批量生产。落后的制造设备是"佛跳墙"产业化的障碍之一。

传统闽菜的烹饪主要依靠厨师的经验。这种家庭厨房生产对"佛跳墙"的工业化生产有一定的限制。此外，由于技术不足和设备落后，机械化生产的"佛跳墙"的味道和成色都不好。"佛跳墙"作为福建的一道名菜，在全国范围还是有一定名气的。但是对于大多数人来说，可能只是被它的菜名所吸引，对于它的营养价值、文化价值并不是很了解。相较"北京烤鸭""狗不理包子"等这些为人所熟知的百年老字号，"佛跳墙"的知名度和宣传做的还不到位。

（三）"郭则贤佛跳墙"发展现状

胡鹏举：回国之后，在传承"佛跳墙"上，您是怎么做的？

郭克赐：2008年，由美国回到中国，我认真考察了一生热爱并为之献出青春的本土饮食行业，发现被称为"功夫菜"的闽菜远不如粤菜和川菜，落入谷底渐成"海鲜菜"，我心如刀割，同时也开始思考如何将正宗的闽菜传承发扬下去。"物极必反，否极泰来。"任何事物都有他存在与荣衰的必然性，坚定了必胜信心之后，需付之以奋斗与实现。

古语说：行有不得，反求诸己。所谓"反身修德"者也。

首先，我认为应该在溯本求源上下功夫，继承祖师创业的优良传统，在精神层面上与先贤对话。在家乡闽侯上街溪源宫，我建了一个闽菜宗师纪念堂，当年这在国内也是实属首例。再接再厉，在溪源宫开始动工建了一座"佛跳墙"博物馆，展示面积为500多平方米，展示一些闽菜大师的历史故事、传统闽菜的烹制过程和"功夫菜"烹饪技巧等等，让游客和后学有机会深入认识闽菜的发展变迁史，见证"佛跳墙"的辉煌。社会造就了我，我应该感恩回馈社会，这是一件功在千秋的事业。现在福州市地铁二号线通车了，可直通上街，加上位处福州大学城，许多高校汇集于此，参观学习的人员与日俱增，这片爱国爱乡历史教育基地也越来越火，让我看到了闽菜的明天与未来，越发奋志昂扬。

少时，我业余对易理有所接触，对《易经》中的许多名言犹有感悟。"穷则变，变则通，通则久。是以自天佑之，吉无不利。""天行健，君子以自强不息。"这不正是对我这一阶段生活处境的总结吗？

其次，通过对传统的挖掘梳理与继承，激发我产生打破僵局锐意创新的激情。长期积累，厚积薄发，路越走越顺越宽敞。2017年，我创立并批量生产了属于我自己品牌的"郭则贤佛跳墙"抽真空罐头，"郭则贤佛跳墙"完成了工业化第一代产品。文化部非物质文化遗产司副司长王晨阳先生称赞道："能把非遗工艺'佛跳墙'做成工业化，实在是厉害啊！"

2017年，我开始注重"佛跳墙"改良创新，将传统绍兴酒煨制成汤工艺改成用金瓜煨制，适应车驾群体逐年扩大的需求，避免受酒驾交规限制而影响"佛跳墙"销路。2019年，我投产了第二代工业化"佛跳墙"产品，采用瓦罐包装，制作精致美观的礼盒，将两代产品装入礼盒成为随手礼。经过三年的三级跳，"佛跳墙"不仅跳过墙，还从传统工艺跳到了工业现代化，从当年的皇宫贵富走进了今日的寻常百姓千万家。我做了个对联："往日皇宫御膳，今朝百姓佳肴。"在我看来，只有老百姓亲口品尝过，他们才能真正想到去传承闽菜，文化传承永远都不是一个人的事情，而是需要每一个人的共同努力。

（四）推进"佛跳墙"繁荣发展的对策建议

图4　郭克赐为文化部非遗司副司长王晨阳(中)介绍"佛跳墙"

胡鹏举：针对今天"佛跳墙"传承中所存在的问题，您有什么好的建议吗？

郭克赐：第一，我认为要出台"佛跳墙定量标准"和"佛跳墙系列标准"。每位厨师的经验，以及调料、食材的下锅时间和顺序，对菜品的口味都会有影响。要保证"佛跳墙"的质量，必须颁布"佛跳墙定量标准"和"佛跳墙系列标准"，对"跳佛墙"的材料标准进行定量化和标准化，使"跳佛墙"的口感稳定性达到一定程度。"佛跳墙"风味独特，与煨制的烹饪方式、食材、火候有莫大的关系。传统正宗的"佛跳墙"选用的必须是木质实沉、又不冒烟的白炭，白炭无烟就避免产生烟火味、焦味和其他杂味混入汤中，保证了"佛跳墙"的味道纯正。此外严格控制食材的品质也保证了菜品的口感和风味，要选用指定农场放养的土鸡和土鸭。调香用的 3 年花雕从绍兴定制，味香甜且加热不酸。这些量化标准对于"佛跳墙"发展具有长远意义。

第二，推进"佛跳墙"食材的创新与改良。随着时代的发展，食材也在随之不断变化，一盅鲜美的"佛跳墙"需要因时因地的食材而不断创新和改良，才能延续"佛跳墙"传承。我回国后到处搜寻煨制"佛跳墙"的食材，素闻莆田南日鲍肉质细嫩，品质绝佳，在朋友的介绍下，我找到了一家南日鲍生产企业，我们双方一拍即合。传统"佛跳墙"在制作时，会选择用绍兴酒来煨制，这样一来，开车的朋友为了避免酒驾就不能吃了。我也看到了这一点，因此在对"佛跳墙"的创新过程中，我将传统的绍兴酒煨制的汤改成了用金瓜煨制，解决了消费群体的不同需求。今天的"佛跳墙"可以选择适合现代都市人口味的食材，但同时，烹饪要保持传统方式，保持其闻起来肉香浓郁、吃起来清淡细腻的原味。

第三，加强"佛跳墙"工业化创新。创新是一个国家、一个民族发展进步的不竭动力，创新也是一个行业发展的不竭动力。只有不断创新产品和生产技术，这个行业才能走得更远。

第四，加强"佛跳墙"安全生产工作。俗话说"民以食为天，食以安为先"，从三聚氰胺奶粉、苏丹红鸭蛋、染色馒头、瘦肉精、皮革奶、地沟油等多起食品安全事件出现以来，食品安全事件依然频发，让我们不得不对食品安全加强警惕。当前，我们国家对食品的安全极为重视，在大力发展"佛跳墙"产业化的同时要做好食品安全工作。做好食品安全，我认为可以从如下几点着手。首先，国家要设立相关法律法规，加大处罚力度，让食品企业不敢违法。其次，食品企业要担当社会责任，必须意识到食品安全的重要性。最后，实行社会化舆论监督，鼓励群众对违反食品安全法律法规的企业进行监督举报，充分发挥部门、媒体和群众的监督作用，建立食品安全预警机制，完善信息发布制度，对一切危害食品安全的行为形成强大的打击和威慑力量。从源头生产、流通到消费者的各个环节都要建立严格的质量控制体系，不能做面子工程，这样"佛跳墙"才能产业化并长远发展。

第五，加强"佛跳墙"品牌影响力。作为福建名菜，"佛跳墙"仍需加强自身品牌影响力。近些年来，短视频发展迅速，许多人通过拍摄美食获得很大的流量。比较有名的如李子柒，她通过拍摄美食制作和乡村生活，在网上获得大批粉丝，并且还把中华文化传播到世界。"佛跳墙"宣传也可以借助短视频平台，提升自身品牌影响力。此外，要加快申遗的进度，让闽菜文化传播到全世界。

四、不忘初心，中华饮食文化守望者

（一）"佛跳墙"传承的当代价值

胡鹏举：您认为"佛跳墙"在当代有哪些价值？

郭克赐："佛跳墙"在当代的价值是多方面的。

首先，我认为它具有经济价值。"佛跳墙"作为福建名菜，具有丰富的文化内涵，传统饮食文化的经济价值是基于这种文化内涵所带来和创造的经济效益。对于当地食品工业的发展，必将为当地食品工业和其他地区的发展带来强大的动力。由于气候、地形等原因，不同地区会形成不同的饮食文化。这些饮食文化将吸引消费者到当地旅游，从而推动当地经济和其他当地文化及旅游业的发展。我在闽侯溪源宫上建立"佛跳墙"博物馆，就是想着能让人们一边吃着美食，一边欣赏美景，并且还能了解"佛跳墙"历史与文化，这也可以带动当地旅游业的发展。我认为，嘴巴空讲传承是没有用的，只有实质的东西摆在那里，供人们参观了解，有这个兴趣爱好去学习和钻研，才能一代代传承。

其次，我认为"佛跳墙"有深厚的文化价值。文化兴国运兴，文化强国运强。实现民族复兴，既需要强大的物质力量，也需要强大的精神力量。文化价值有着更深的含义，人文因素的融合体现了食物的深刻内涵和重要价值。

从个人层面来看，"佛跳墙"的文化价值体现在它能够满足人们对美食更高的需求。中国特色社会主义进入新时代，我国社会主要矛盾也发生了变化。经过40多年的改革开放，我国的综合国力有了很大提高，稳定解决了十几亿人的温饱，全面建成小康社会，人们美好生活需要的品质更高，范围更广。美食不仅要有让人吃饱肚子的价值，而且还要有满足人们精神的价值，这也是其文化价值的体现。"佛跳墙"是福建一道经典菜肴具有丰富的文化内涵，作为一道"功夫菜"，"佛跳墙"烹饪的每一步都非常有讲究，不管是从食材、调料、火候等都有很高的要求，一道美味的"佛跳墙"体现着厨师精益求精的态度，食客在品尝这道美食过程中也可以感受到中华优秀传统文化中的工匠精神。不仅如此，作为"功夫菜"的"佛跳墙"，对于我们为人处世也有启示。习近平总书记说："不能做快餐，而是要做'佛跳墙'这样的功夫菜。""快餐"是指由商业企业快速提供并立即食用的大众餐饮。它具有快速、方便、规范的特点。基于省时、省力、省钱的原则，通常只想快速，不注重餐饮特色和餐饮技术。"功夫菜"通常是指选料考究、刀工精细、工艺精湛、追求色香味俱全、慢火慢炖的一流菜肴。它通常特别注重食材、做法和工艺，主要目标是吃得安逸、美味、健康、营养和体面。习近平总书记以"快餐"和"功夫菜"做比喻，生动形象。传统美食对人们的生活态度有着潜移默化的影响，它不仅可以带来舌尖上的满足感，还可以丰富我们的精神世界，让我们进一步将中华文化融入生活的各个方面，提高我们的文化自信心。

从社会层面来看，"佛跳墙"作为福建的一道名菜，它的文化价值在今天增强两岸同胞文化认同感，促进两岸统一也发挥重要作用。历史上，大陆移民台湾有多次高潮时期。在美食文化的背后有一个关键词，那就是"饮食习惯"。从个体来看，饮食习惯有"定性"；从群体来看，饮食习惯又可以传播，进而影响到群体和地区。一个人的思想可能容易被改变，但是他的饮食习惯却是不容易改变的。福建与台湾在饮食习惯上有很多相同的地方，我认为这就是福建与台湾五缘文化中的"物缘"。正是"物缘"客观存在的事实，两岸同胞有着一致的饮食文化，这对于今天增强两岸同胞文化认同感，促进两岸同胞一家亲，促进祖国和平统一具有重要意义。

从国家层面来看，"佛跳墙"的文化价值在今天我们弘扬优秀传统文化、提高国家文化软实力、坚定文化自信、在世界传播中华文化的过程中也有着重要作用。"佛跳墙"是中华美食里知名度非常高的一道菜,上到老年人,下到小孩子,几乎人人都能说出这道菜的名字,是八大菜系闽菜菜谱的重要菜式,"佛跳墙"作为国菜曾经接待过美国总统里根、西哈努克亲王以及英国女王伊丽莎白等国家元首,早已在20世纪走上了世界烹饪大舞台,闻名遐迩。饮食文化是民心相通的先行官。随着中国全球影响力的增强,中华传统美食越来越受到世界的认可和喜爱。与从文化、历史和地理的角度了解中国相比,美食是国际友人了解这个东方古国更便捷的方式。饮食文化似乎无关紧要,但它可以默默地滋润事物,并产生巨大的后续效应。它的影响力不仅可以直接触及民众,赢得各国人民的青睐,还可以带来更多的互访、交流和商机。在这方面,作为亚洲国家,日本和韩国在美味食品的海外传播方面做了大量工作。无论是日本的《孤独的美食家》《多谢款待》,还是韩国的《大长今》,这些以自己的美食为主题的影视剧都极大地吸收和借鉴了西方文化以人为本的表达方式,不仅促进了两国美食的发展,这对日本和韩国文化的引进和推广也有很大的帮助,值得中国借鉴。近些年,国内也推出《中餐厅》《风味人间》等美食节目,以美食为载体,通过嘉宾们的海外经营之路向世界传播中国饮食文化,率先引领美食文化输出,效果也很好。在彰显中国美食自豪感的同时,强化传统元素,唤起中国人乃至世界华侨华人的情感共鸣,进而深入经营和推广中国美食文化,让世界了解中国。中华美食文化是中华传统优秀文化的一部分,在今天坚定文化自信、让中华文化传播世界的过程中发挥着重要作用。

最后,我认为"佛跳墙"还有社会生活价值。在中国,自古以来,中国传统饮食文化就与医疗保健密切相关。以"五谷"培植"六脏",注重人体保健。健康对人和人都很重要。中国人讲究"民以食为天",也很重视身体健康,所以两者都很重要。几千年前,就有"医食同源"和"药膳同工"的说法,它利用食品原料的药用价值,制作各种美味佳肴,达到预防和治疗某些疾病的目的。古今一些名医都十分重视饮食疗法。"佛跳墙"菜品材料通常选用鲍鱼、海参、鱼翅、鱼唇、鱼胶、蹄筋、花菇、墨鱼、瑶柱、鸽蛋等汇聚一起,加入高汤和福建老酒,文火煨制而成。这些食材都是十分有营养的,对人的身体也是大补的。我生长于烹饪世家,从小就对美食与养生十分感兴趣,我认为食谱的配搭太有文化内涵了，合于五行阴阳配搭，臻于周易玄境真趣：合则生，克则败，相生相克无穷无尽也。比如"佛跳墙"原产生于福州，榕城三面靠山一面出海，山丰水产丰富，祖师爷在配制食谱时就非常注意山珍海味阴阳和荤素的配搭，相

图 5　郭克赐参加中国餐饮老字号非遗传承人研修班

生相克，做到提阳不忘滋阴，味扬尤重回甘，真大师矣。福州位于两江出海口，内河发达，云雾缭绕，水湿太重，因此烹调时配入大量的绍兴酒或福州老酒以及生姜，生排湿气，抑制水多，以利健康。食谱不是一成不变，泥古不化，而应当适时而变，个性而制。"佛跳墙"产生于清末，国贫食乏，滋补为其主旨；而今国富民强，再天天大补就会恰得其反，"物极必反，盛极而衰"，天道也。我把煨汤用酒易之为金瓜，养生又避酒驾，一举两得。

（二）中餐申遗的重要性和意义

胡鹏举：您对中餐申遗有什么好的建议？

郭克赐：我认为，与孔子学院的中国文化推广模式相比，将申请中国美食世界遗产列入国家文化战略议程更合适、更紧迫、更可行。中国烹饪历史悠久，是中华文明的象征之一。它与法国菜和土耳其菜一起被称为世界烹饪的三大风味体系，也是中华民族乃至全人类宝贵而丰富的文化遗产。当前，法国大餐、墨西哥传统饮食、土耳其小麦粥、地中海饮食、韩国越冬泡菜、日本和朝鲜传统泡菜、意大利披萨相继世界申遗成功，这些做法和经验都在国内餐饮界引起强烈反响，使得中华美食申请列入世界"非物质文化遗产"名录工作成为国人更加迫切的心愿。

2006 年，文化部明确表示，中国烹饪协会是中餐申遗的申请单位。2011 年，中国烹饪协会正式向文化部提交了申请报告。然而，根据该组织每两年批准一项中国非物质文化遗产的进展情况，中餐申遗的申请至少要等到 24 年后才

能成功。我建议,尽快将中餐申遗的申报工作列入国家战略议程,借鉴法国、日本、韩国等国美食世界遗产申报工作的成功经验,及时组建由中国烹饪协会牵头的中餐申遗国家推广工作委员会,成立中餐申遗专业机构,制定中餐申遗的申报工作计划,负责中餐申遗申报日常工作,进一步发挥政府主导作用,加强中餐申遗申报工作力度,按照联合国教科文组织相关世界遗产申请标准和程序开展工作。我认为,与我国现已排列的任何一项申遗项目相比,其他一座山、一个湖、一条河的遗产项目,只是局部性、地方性的保护,而中餐申遗更具有国家性、整体性和带动性,它可以极大地提升国家形象,显得更加紧迫和必要。

(三)"佛跳墙"与五缘文化交流

胡鹏举:当前学术界把中国大陆人民与港澳台同胞、海外华人华侨的关系总结为亲缘、地缘、神缘、业缘、五缘五种关系,合称为"五缘文化"。福建和台湾只隔着一湾浅浅的海峡,两岸关系更为紧密,2009年国务院的文件里便将闽台关系进一步总结概括为地缘相近、血缘相亲、文缘相承、商缘相连、法缘相循的五缘关系。您觉得,"佛跳墙"的传承与五缘文化有什么关系?

郭克赐:美食无国界,饮食是一切文明的基础。任何国家和地区,不管是怎么样,我们都可以进行饮食交流。包括台湾,我们每年都会和台湾进行饮食交流会,通过饮食增强台湾对大陆的文化认同感,饮食是一个非常好的渠道,可以增进两岸民众的感情。最近几年,台湾民进党当局进行教科书删改,篡改历史,这些教科书之类的他们可以进行修改,但是饮食习惯却是不容易改变的。而且饮食交流与其他方面交流还不一样,比如科技交流,一些高新科技还需要有所保留,但是饮食交流没必要有所保留,大家交流之后(菜)会做得更完美,更好吃。现在台湾的菜,好多也是我们福建人传过去的。历史上从大陆移民到台湾的人中,大多数是福建人。这些福建人移民之后,也把自己的饮食习惯带了过去,所以台湾的菜和我们福建的菜相似的地方很多。

包括东南亚一带也是,福建菜馆也很多,福建省是中国著名的侨乡。在海外从事中餐业的福建籍华侨人数众多。在全球40多万家中餐馆中,近17万家中餐馆由福建籍华侨经营。因为我们福建人出国大多数都是开餐馆。早期旅外华侨、华人在异国谋生凭借的是"三把刀",第一把就是菜刀(做厨

图6 美国福建烹饪协会热烈欢迎中国烹饪协会赴美观察团

师），其余两把是剃刀（刮胡子，剪头发）、剪刀（裁剪衣服）。这"三把刀"是华侨华人初到异国他乡谋生的主要方式。

很多在国外的华侨、华人还是习惯（吃）中餐，在许多国家都有唐人街，这是华侨华人聚居的地方，在这里他们可以品尝到家乡味道的菜。他们在吃中餐的同时也会激发他们对祖国的思念之情。中国传统饮食文化如同一个纽带，把在不同国家、不同地域的海外华侨、华人与祖国紧密相连。

五缘文化是以亲缘、地缘、神缘、业缘和物缘为内涵的五种关系的文化研究，中餐在五缘文化中，我认为主要为"业缘"和"物缘"。我在美国的时候，就经常与国内中餐烹饪协会进行交流，我在美国建立的"美国福建烹饪协会"也是基于"业缘"所建立的组织。我们每年与台湾进行的饮食文化交流会，也是我们大陆与台湾的"业缘"。除此之外，我认为中餐本身就是作为海内外华侨、华人与大陆的"物缘"，也是大陆与台湾的"物缘"，基于这种"物缘"的客观存在，大陆人民和台湾同胞是永远也分不开的。我相信台湾也一定会回归祖国。

采访手记

郭克赐先生是"郭则贤佛跳墙"第三代传承人，与他的相识也是一次偶然的机会。2021年春季，当时为了完成一项《公众史学理论与实践》课程的田野调查作业，笔者和同学去往大学城附近的溪源宫，原本计划去调查"溪源宫"道观的一些历史，后来因为道观的人那天不在道观里，笔者就和同学往山上走，发现了一座"佛跳墙"博物馆。欣喜之余，发现有人在旁边修建水池和亭子。笔者向前询问这个"佛跳墙"博物馆的来历，当时郭克赐先生穿着简单，正在卖力地搬运水泥，两只手和衣服都脏乎乎的，这让笔者以为他是在这工作的建筑工人。但是聊完之后，才知道他就是这座"佛跳墙"博物馆的主人。简单的交谈之后，笔者对眼前这位"佛跳墙"传承人敬佩不已。他热情地邀请笔者和同学参观"闽菜宗师纪念堂"，并讲解"佛跳墙"的历史，以及郭则贤与"佛跳墙"的故事，笔者和同学都能真切感受到他对"佛跳墙"传承的责任感。

在交流快结束的时候，他得知笔者是附近大学城的大学生，告诫要好好学习，并且以自身为例子，讲到一生只做好一件事就够了，他这一辈子就是做好"佛跳墙"这道菜，传承闽菜文化，并将其发扬光大。临走之前，笔者加了郭克赐先生的微信，他说随时欢迎笔者去参观"佛跳墙"博物馆。

临近毕业，笔者在想毕业论文题目时，晓阳老师建议可以用口述报告形式完成毕业论文，笔者便第一个想到采访郭克赐先生，也算是为闽菜文化传承发扬光大献出自己的一份力量。在这里也非常感谢郭克赐先生接受采访，协助笔者完成毕业论文。他对闽菜文化的坚守让人十分感动，这份一生只做一件事的精神，也对笔者今后的人生有很大的启示。

（指导老师：毛晓阳）

新课改背景下高中历史教学中图片史料的应用研究
——以福州地区为例

赵楚[①]

摘要： 随着"读图时代"的到来与"年鉴学派史学"与"新文化史"等史学研究理论的转向，"图像入史"正逐渐成为未来历史研究的趋势。与此同时，2017年所颁布的新课标对"史料实证"与"历史解释"的强调，历史教学领域也更加重视图片史料的应用。本研究立足于福州地区的实际情况，对福建师范大学历史教育学科负责人、福州教育研究院教研员等具有代表性人物进行半结构式深度访谈，以获取第一手资料；再运用扎根理论对访谈内容进行"编码"，从而对当前图片史料在高中历史教学中使用的背景、现状和阻碍原因进行归纳整理，并在此基础上提出三点建议：第一，完善教培机制，定期开展图片解读研习；第二，组建人才队伍，编制教材图片应用指南；第三，加强校际合作，建立教学图片资源库。

关键词： 历史教学；图片史料；扎根理论；高中历史

---

① 赵楚，历史学系2018级文物与博物馆学专业本科生，现于福建师范大学2022级学科教学（历史）硕士研究生在读.

一、前言

　　20世纪末有学者提出，所谓的"图片史料"是指将实物等不能变为文字的材料，用图片形式反映的史料。诸如金石、甲骨文、竹木简之类的文物照片、历史地图、想象图、数据图表等均属于图片史料。[1]图片史料被认为是一种特定的记录形式，具有原始性与再造性。本研究所探讨的图片史料强调图片对史实的客观反映，是用图片来记录并反映历史事实，并服务于历史教学的材料，包括文物图片、历史地图、示意图、数据图表等。事实上，虽然"图片史料"这一概念早在20世纪末就被提出，而当前一方面受"年鉴学派史学"与"新文化史"等史学研究取向转变的影响，[2]"图像入史"正逐渐成为未来历史研究的趋势；另一方面，随着"读图时代"的到来，报纸杂志、电视平台、网络媒体，人们获取信息的渠道逐步取代文字向图片化倾斜，在一定程度上对承载信息的媒介产生冲击，以往由语言文字所主导的社会文化逐渐让位于以图片为主导的社会文化，进而转变人们的认知方式与思维模式，成为新一代的文化范式。[3]与此同时，教育部在2017年颁布的《高中历史新课标》中提出要以培养学生唯物史观、时空观念、史料实证、历史解释、家国情怀五大核心素养为目标，与历史图片紧密相关的"图史互证"的史学理念与方法，正好适应了史料实证与历史解释之核心能力。"图像符号"与"图像思维"渗透到教育教学领域中，无论是隐性的校园环境建设，还是显性的教材编写、课堂呈现等方面，图片都与现代教学切实相耦。以历史学科为例，最新版本的人教版的高中历史必修教材《中外历史纲要（上）》在新课标的指导下修订，也朝着"图像化"演进，图片史料的数量大大增加，共计应用约380幅图片史料，版面编排上尤以图文结合为突出特点，依托大量图片史料与文字相互印证加以论述，且在图片史料的选择和说明上更加讲究，修正了上一版中图片史料使用不正确、注引不清晰等问题。身处"读图时代"，历史教学势必

---

[1] 朱煜.论史料教学[J].中学历史教学参考,1999(1):33-35.
[2] 李源.图像·证据·历史——年鉴学派运用视觉材料考察[J].史学理论研究,2010(4):69-80.
[3] 钱轶群."读图时代"下的图文信息共生及其反思[J].名作欣赏,2021(17):160-161.

要在新课标的要求下，与"读图时代"下信息载体变位与思维转向齐头，与"图片史学"的趋向并进。

图片作为历史信息的载体，本身就是历史进程的一部分，在史学研究中能起到"以图证史"与"由图解史"之功用。"图像入史"正逐渐成为未来历史研究的趋势，也成为历史教育的培养方向。目前，学术界的相关研究主要集中图片史料的分类和意义、考古资料、文物与博物馆资源应用于教学等方面。例如，李德藻根据图片史料的类别和功能将教材的图片史料分为三类，一是空间类插图，二是历史遗迹类插图，三是历史人物活动的直观类插图，完整地将同一类型的图片史料紧密联系起来；[①]王鹏辉以人教版高中历史教材必修Ⅰ为研究对象，探讨文物教学对于历史学科教学的启迪意义；[②]吉利在统计现行教科书（2016年）中文物知识的基础上，分析人教版和北师大版文物运用特点，根据教学的目的、经验及实践情况将这些文物进行分类，总结出文物选择的相关原则，并提出利用现有文物补充教材的缺漏，丰富课堂教学内容等策略；[③]胡晋洲则从具体实物分析考古资料对于中学教学的意义入手，揭示了中学历史课堂教育中考古资料应用的存在的问题，并在信息资源、课堂设计等方面提出改善对策。[④]

综上所述，可以得知学术界对图片史料在教学中的应用研究成果颇丰，但主要集中于原则、意义以及具体课例等方面的讨论，对于图片史料有效应用于教学整体性提升的研究较为薄弱，且前人研究普遍立足于以往的教材版

▲陕西临潼姜寨聚落遗址复原图
姜寨聚落遗址是由5个大家族组成的一个氏族公社。它有氏族公共墓地，但各个墓葬的随葬品不多，也差别不大，反映了尚未贫富分化的母系氏族公社状况。姜寨聚落是仰韶文化聚落形态的典型代表。

图1　《中外历史纲要（上）》局部图

[①] 李德藻.中学历史教材插图教学研究[J].历史教学,1998(6):24-27.
[②] 王鹏辉.历史教育中的文物教学研究——以人教版高中历史教材必修Ⅰ为例[J].历史教学问题,2013(1):119-121+16.
[③] 吉利.中学历史教学中文物史料运用的探究[D].呼和浩特：内蒙古师范大学,2017.
[④] 胡晋洲.考古资料在中学历史教学中的运用及意义[D].汉中：陕西理工大学,2018.

本，就新版教材（2019年推行）的研究较少。据此，本文拟就福州地区几所高中的图片史料应用现状展开调查，分析当前教学中存在的问题，进而提出图片史料在教学中的应用策略，希冀为中学历史教学提供有效的参考与建议。

二、研究设计

（一）研究思路

本研究主要探讨在新课改背景下，福州地区高中历史教师如何利用图片史料开展历史教学。据此，本研究首先利用次级文献分析法对相关的材料进行分析，掌握当前的研究现况，进而拟定了3个访谈方向：1.图片史料于历史教学的作用；2.图片史料在教学中的运用；3.图片史料的获取渠道，以及8个关于图片史料在高中历史教学中应用的访谈题要（表1）。

表1　访谈题要

序号	访谈题要内容
1	您认为什么是图片史料？您有受到过相关训练吗？
2	您会有意识地在历史课堂中运用图片史料吗？为什么？
3	您通常会在什么情况下，运用相关的图片史料？
4	在选择图片史料教学时，您会遇到哪些问题？
5	您认为教材中的图片资源能够满足目前教学的需求吗？有什么需要改进的地方？
6	除了教材中的图片资源，您在日常备课中还会从哪里获取资源？这一类资源好获取吗？
7	您认为图片在历史教学中有哪些作用？可以帮助学生提升哪方面的能力？
8	您认为目前的图片在教学应用中存在哪些问题？对此有什么建议？

其次，在访谈对象方面，本研究以是否代表福州历史教育一手信息情况为考量。为了能够反映出福州历史教育一线应用情况，本研究在中学资深学科教师、历史教研员、师范院校历史学科专业负责人等领域，选取5位访谈者（表2），并对其进行半结构式深度访谈，以取得第一手资料。

最后，导入扎根理论，对访谈内容进行开发、主轴、与选择性等三阶段编码，以总结提炼出有助于图片史料有效应用于教学的可行性方法与策略。

表2　福州地区中学历史教学领域一线工作者访谈对象数据

编号	所属单位	职称	姓名
T1	福建师范大学	副教授、学科负责人	Z先生
T2	福州教育研究院	研究员	W女士
T3	福州延安中学	高三教研组组长	C女士
T4	教院二附中	高二教师	L女士
T5	福州四中	高一教师	L女士

（二）研究方法

1. 半结构式深度访谈

深度访谈是质性研究所使用的数据搜集方法。在此过程中，访谈者通过开放性的问题询问受访者，聆听并如实记录回答，并就所回答的问题继续追问相关问题，以探索访谈者深层的内心。[1]在结构上，深度访谈可以对问题进行松散式的非结构探究，亦可设计为半结构式或结构式的问题聚焦。其中，结构式访谈最为标准化，需要访谈者提前准备好访谈提纲，以固定的问答形式展开对话，访谈流程完全由访谈者主导；非结构式访谈则与此相反，完全抛开标准化的问题与流程顺序，通常采用日常对话的方式进行；而半结构化访谈介于以上二者之间，兼具方向性与弹性，由研究人员制定开放性、非判决性的问题进行灵活发问，有助于受访者说出意料之外的故事，更适合于扎根理论最终的深度分析[2]，故本研究选择采用半结构式访谈。最终，半结构式深度访谈会生成大量的文本性资料、丰富的访谈资源，利于运用扎根理论对个体经验进行比较、辨析，从而抽象出概念和范畴，并据此构建出反映生活情境的社会理论。[3]

2. 扎根理论

扎根理论（Grounded Theory）是一种质性资料分析与理论建构的方法，亦

---

[1] 江明修.我国公营事业民营化政策之评估——公共行政的观点[J].经社法制论丛,1994(13):123-142.

[2] 凯西·卡麦兹.建构扎根理论：质性研究实践指南[M].重庆：重庆大学出版社,2009:38.

[3] 孙晓娥.扎根理论在深度访谈研究中的实例探析[J].西安交通大学学报(社会科学版),2011,31(6):87-92.

被看作是质性研究中最为科学的一种方法。它始于对现实世界的观察，以田野调查的手段获取大量的现实资料，再对其进行编码形成概念，最后把相似的概念进行范畴化，从而揭示范畴之间的关系。主要分为开放性编码、主轴性编码与选择性编码三个步骤，自下而上地逐步对研究数据进行提取且加以凝练，并随着研究进度与数据编码的过程逐渐扩充、舍弃或持续发展新观念，进而建构出一套能针对核心现象以说明阐释的框架。[①]本研究通过对历史教学工作者进行半结构式访谈获取数据资料，利用开放、主轴与选择性编码从访谈稿中提取出共同的特征与信息，并对其进行分解与群组，归类在重新命名的同一个分类下，探索其与历史教学之间的关系。

三、研究操作

（一）开放性编码

所谓开放性编码是指对现象进行仔细研究，以便进行命名和分类的工作。[②]主要目的是从资料中发现概念类属，并对研究对象加以命名及类属化。[③]本研究将访谈全过程录音，并在事后根据录音内容缮打整理成为 word 文档格式的访谈稿，基本保留访谈过程中所有内容，再将其载入 Atlas.ti8 系统（汉化版）中进行开放性编码（见图2、图3）。为保留访谈

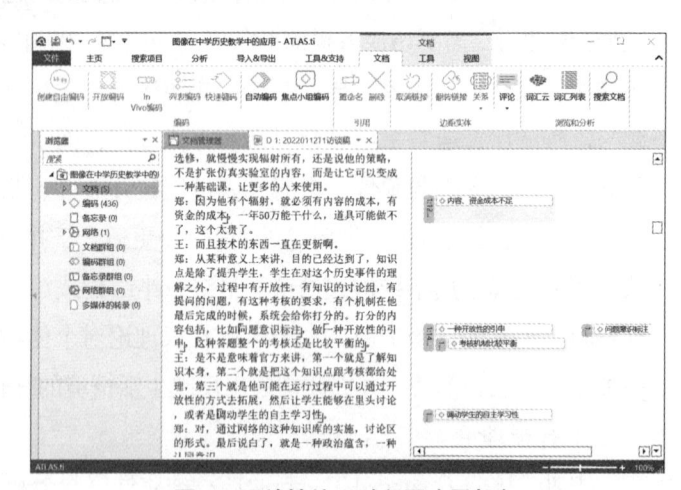

图2 开放性编码过程图（局部）

[①] 王念祖．扎根理论三阶段编码对主题词提取的应用研究[J]．图书馆杂志,2018,37(5):74-81.

[②] 同上．

[③] 陈向明．扎根理论的思路和方法[J]．教育研究与实验,1999(4):58-63+73.

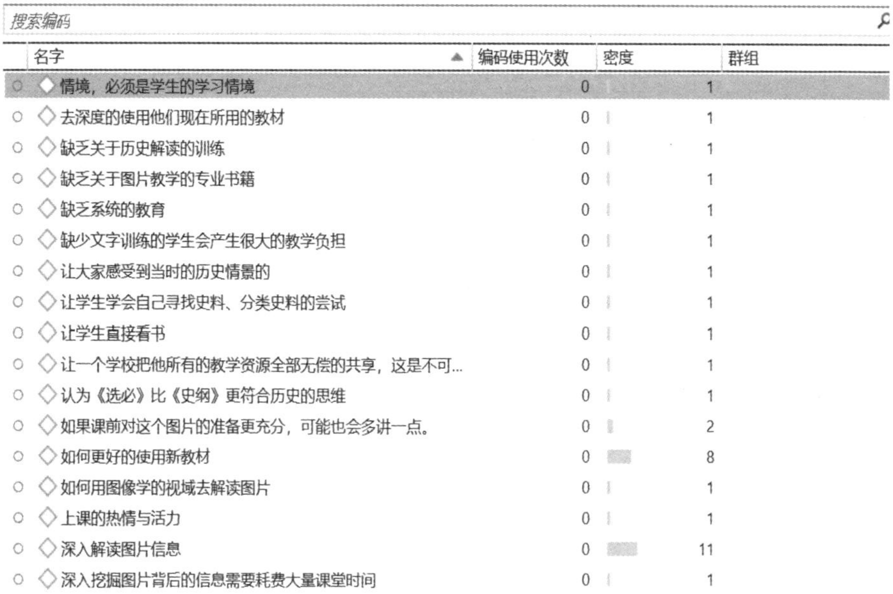

搜索编码

名字	编码使用次数	密度	群组
情境，必须是学生的学习情境	0		1
去深度的使用他们现在所用的教材	0		1
缺乏关于历史解读的训练	0		1
缺乏关于图片教学的专业书籍	0		1
缺乏系统的教育	0		1
缺少文字训练的学生会产生很大的教学负担	0		1
让大家感受到当时的历史情景的	0		1
让学生学会自己寻找史料、分类史料的尝试	0		1
让学生直接看书	0		1
让一个学校把他所有的教学资源全部无偿的共享，这是不可...	0		1
认为《选必》比《史纲》更符合历史的思维	0		1
如果课前对这个图片的准备更充分，可能也会多讲一点。	0		2
如何更好的使用新教材	0		8
如何用图像学的视域去解读图片	0		1
上课的热情与活力	0		1
深入解读图片信息	0		11
深入挖掘图片背后的信息需要耗费大量课堂时间	0		1

图 3　开放性编码内容（局部）

对象原有语意，大部分以“见实编码”（Code in Vivo）为原则，少部分语句冗长，则采用概念重命名的形式进行开放性编码，最终产生 436 个开放性编码。

（二）主轴性编码

所谓的主轴性编码，指的是通过比较的分析思路，发现和建立开放性编码和类属关系，使用链接的方式展现它们之间的有机联系。①本研究为了构建完整的类别群组，共采取两阶段的主轴性编码。

第一阶段的主轴性编码是在开放性编码所产生的 436 个编码的基础上，比较语义和句间逻辑，归属到 40 个类属中（见表 3）。在第二阶段的主轴性编码中，再将 40 个类属归类到 9 个群组门类中。其群组的类别分别为：1. 史学理论对于历史教学的影响；2. 图片媒介与文字媒介相比具备的优势；3. 图片媒介的特性；4. 教师关注使用图片开展教学工作的原因；5. 教学手段的改变；6. 影响教师使用图片开展教学的原因；7. 图片资源的获取渠道；8. 新教材带来的冲击；9. 教师提升使用图片开展教学的渠道。由此绘出图片史料在

① 王念祖，林至康．我国台湾地区《数字出版产业发展策略与行动计划》误区分析：基于扎根理论的探讨 [J]. 出版科学，2020,28(1):87-94.

高中历史教学中的应用关联图（见图4）和关联图展开图（见图5）。

表3　图片史料在高中历史教学中的应用群组类属表

序号	群组类别	序号	群组类别	序号	群组类别
1	直观化	15	情境构置	29	多用示意图
2	激发兴趣	16	有价值的图片不多	30	国家层面已经拥有的培训
3	图片本身呈现的信息有限	17	图片解读和备课难度大	31	福师大的教师培养和培训
4	图片与中高考密切相关	18	学生缺乏相关能力与知识基础	32	福师大已有的尝试：仿真实验室
5	时代信息承载方式的转变促使历史教学更加关注图像	19	《教学参考用书》的使用有助于备课备图	33	目前的历史教育还需要关于图像的哪方面培训
6	对图片的关注来源于教师自身兴趣和个人工作经历	20	图片主要用于导入部分	34	历史教师的素质与培养
7	图片资源的获取途径	21	图片的选择角度	35	一线教师对新教材的看法
8	获取图片资源过程中存在问题	22	采用图文结合的形式	36	一线教师对新教材中图片的看法
9	教学中图片仍旧相对从属于文字	23	深入解读图片信息	37	教师对新教材的使用尚不熟悉
10	教师的备课过程	24	以课程的整体视角来考虑图片的使用	38	新教材总体内容知识体量庞大
11	耗费大量课堂时间	25	以欣赏为主	39	历史教学是什么
12	图片在教学实践中的呈现效果不大	26	图片的解读需要什么	40	历史教学面临的挑战
13	图片与知识点的联系不大	27	图片目前总体使用情况较少		
14	教师不会讲图	28	教师在图片使用中存在的问题		

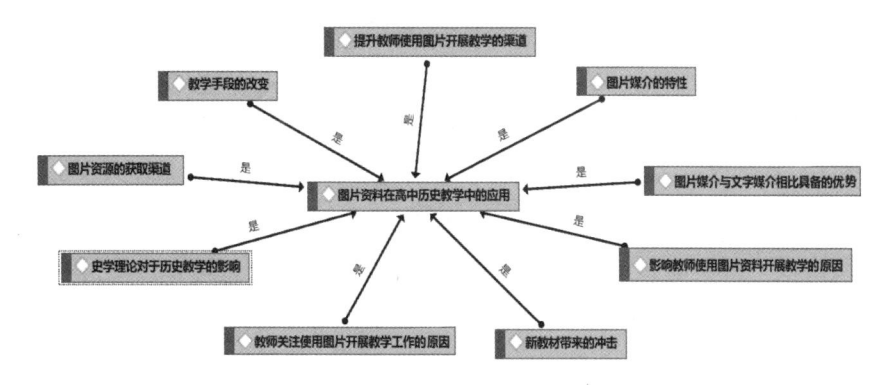

图 4　图片史料在高中历史教学中的应用关联图

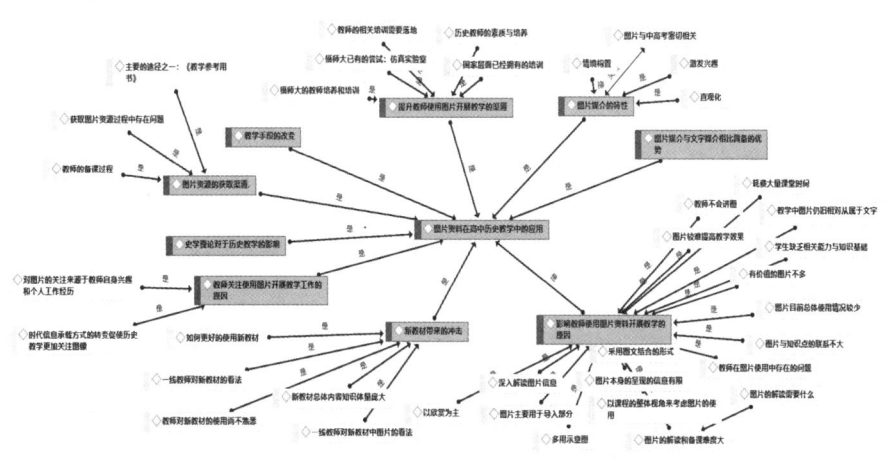

图 5　图片史料在高中历史教学中的应用关联图展开

（三）选择性编码

选择性编码是分析的最后一个阶段，主要工作是要对以上所有概念类属与关系进行整合，凝练出一个涵盖几个浓缩型关键词的"核心类属"。即在以上 9 个核心类属的基础上，不断核实类别之间的关系，并拓展与核心类属相关的分支，进而建构理论体系，为达成核验图片史料在历史教学中的应用的核心类属与其他类属间关系的目标。因此，在进行选择性编码之前，须编制一条清晰明确的故事线。本研究编写的故事线如下：

受到 20 世纪 60 年代法国"年鉴学派史学"，以及美国"新社会史""新文化史"研究范式转移的影响，历史学研究尝试摆脱各种类型的"中心论"。在提倡多元化的思维影响下，"历史文本"不再囿于"文字"，以口语传播为主的"口述历史"、以影视观看为主的"影视史学"由于有助于人们发现"大众"的历史，而越来越受到历史学者的关注。这样的关注反映在两个方面，一方面是开启了"公众史学"（或大众史学）的研究；另一方面则是与历史教学的结合后，开辟了一条新的教学路径——强化历史教学中图片史料的运用——相较于文字符号平面化、概念化的表述特性，图片媒介具有更为直观、多元、真实的特性，因此有助于重塑真实的历史情境，使学生在被建构的历史情境中，感知具体的历史形象，展现出超越时空的思想张力，极具表现力和吸引力。换句话说，在当前的"读图时代"，图片已经成为信息传播的重要媒介之一，因此从历史教育的视角而言，拥有图片释读能力，可以帮助学生在"与图片共处"的生活语境中进行知识迁移，进而培养学生拥有像"历史学家一样思考"的历史意识与思维能力，形成共通的技能品质，达成培养学会"做人"的公民教育之育人目的。

如果说史学研究范式的转移，为历史教育中的图片史料应用夯实了理论基础，那新课程改革就是使用图片开展历史教学的"催化剂"——新课改要求教师不能只是对学生"讲历史"，而是要"呈现历史"。也就是说，在这一波课程改革的浪潮下，历史教学不仅仅关注历史知识的传授，更要通过构建开放的历史学习环境来强化学生思维品质的培养。据此，图片俨然成为课程资源的开发热点，教师们开始利用多元的教学设备将各种图片资料搬上历史课堂，以图片为载体的历史与以文字为支撑的历史互为补充，成为新的教学实践形式与追求。

然而，并非所有的一线教师都能完全适应新课改的要求，将图片资源有效融入历史教学领域。多数的教师在课堂中仅仅是将图片生硬地搬上讲台，让学生自行欣赏，抑或一笔带过，这使得图片并未发挥比文字更为有效的教学效果，甚至都不能说与知识点产生多大的联系。究其原因，其一，图片在课堂中的应用对应着一来一往的"对话"互动课堂模式，既需要教师自身拥有解图的教学表现能力与专业素养，也需要学生具备相应的知识基础与读图素养。然现有的培养方案中教师缺乏相关训练，学生的整体素质也还未达到理想的解图水平；其二，在繁杂的教学资源数据库中想要找到一张有价值的图片实属不易，想要使一张图片发挥其在教学中的有效价值需要教师更为充分的备课，教师碍于教学精力的有限，往往在备课中选择将重点放在其他的教学表现形式上；其三，运用图片构建有效的教学情境需要在课堂上铺设大量的知识前提，耗费大量课堂时间，在以高考为"指挥棒"的现行教育导向和紧凑的教学任务下，为了追求达到更加"高效"课堂，大部分教师不选择采取这样的教学模式；其四，新版统编教材施行不久，教师和新教材也才刚刚"打交道"，对新事物从感知到熟悉，上升到更为深入的教学探索创造应用仍需一段时间，而新教材总体在知识体量上的庞大，使得有效的图片教学显得更为吃力。

视觉图片需要的解读与传统文字史料迥然不同，而传统历史教育人才培养模式中，并没有训练教师如何"读图"和"解图"。因此，教师要使用图片资源开展历史教学，往往取决于自身的阅读视野与兴趣取向——接触到了相关知识，才会有对应的教学输出。但即便教师拥有了一定知识储备，由于这些内容多源于"自学"，因此在对图片资源进行解读时，也很难避免解读不清、存在一定科学性误差的问题。更遑论"如何利用图片资源构建历史情境？""如何根据图片资源拟定有效的历史问题？""如何根据教学实践需要，在不违反知识产权的前提下找到合适的图片？"等问题，都大大超出了教师个人能力所能解决的范围。换句话说，虽然新课标强调的史料实证与历史解释学科素养与历史图片资料的有效应用密切相关；然而，满足新课标教学需要的配套措施并不完善，尤其缺乏教师能力培养这一部分——目前，部分的教学讲座和基地教研培训虽有涉及图片在历史教学中的应用，但并不能覆盖到所有的历史教师，也并未能形成系统的训练。就教材中图片的应用而言，图片的数量与类型虽然丰富，却也仅有《教学参考用书》的辅助解读，尚未形成一个分类型、结合教材内容的解读方法。关于教材中图片的解读急需一个可实施的教学范式，关于图片应用的相关训练更亟待完善。

通过编写故事线，本研究发现在第二阶段的主轴性编码中"教师关注使用图片开展教学工作的原因""教学手段的改变"二者是在新课改导向下的行动转向；"图片媒介与文字媒介相比具备的优势"与"图片媒介的特性"皆与图片媒介的优势息息相关，加之"史学理论对于历史教学的影响"以上5项皆是图片资料开始流行并使用的背景，故合并为"图片史料应用的背景"；而"新教材的冲击""图片资源的获取渠道""教师提升使用图片开展教学的渠道"关乎图片在教学应用中的各个环节，于是将其合并成为"图片史料在教学中的使用情况"。经由此番调整以后，原有的9个核心类属概念修改为3个（见图6、图7）。

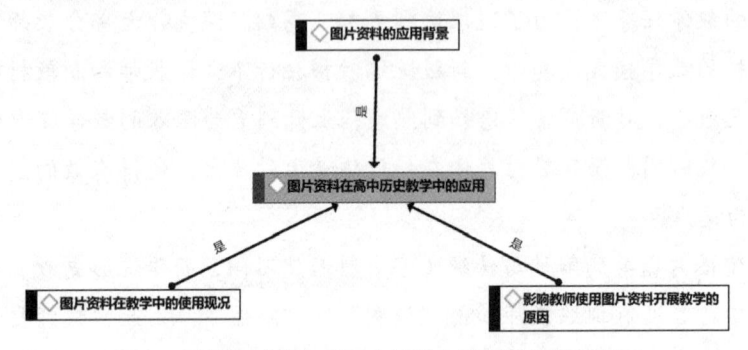

图6　图片史料在高中历史教学中的应用关联修正图

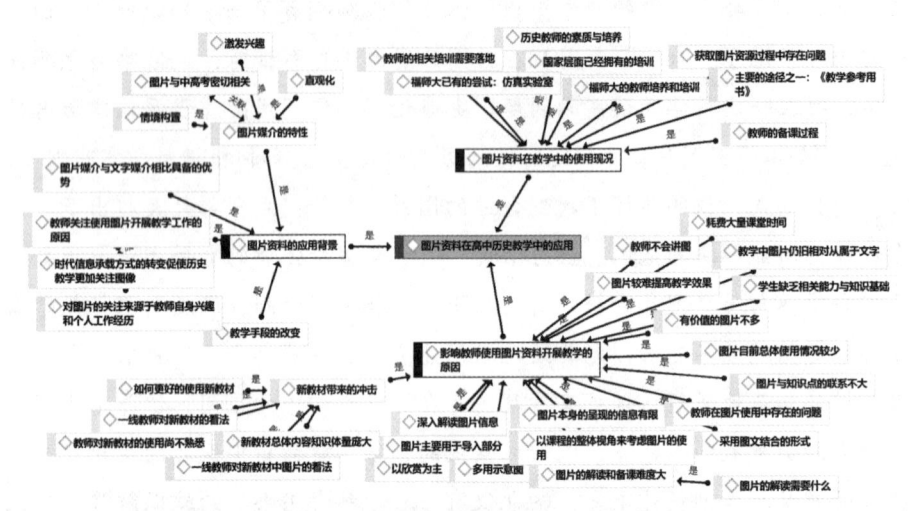

图7　图片史料在高中历史教学中的应用关联修正展开图

四、高中历史教学中图片史料的应用

（一）图片史料的应用背景

1. 图片史料的独特优势——时代转向

随着当代传媒技术的进步，电子图像以细胞增殖的强势态势迅速崛起，霸占人类社会的文化生存空间，视觉性在繁图锦簇的社会中大肆张扬。诚如鲍德里亚所言"当下的社会是一个拟像和仿像的时代"，世界在很大程度上被图像重新解构与解读，人们或主动地接触或被动式地被图像所包围。如受访者 T3 便感慨：

"信息承载方式的转变会影响信息的接收与反馈，图片确实已经在我们当下生活中随处可见，成为新的时代主流……"

"时代与认知方式的转变造成人没有耐心去读大段文字……"

事实上，在人类社会发展初期，以图像为代表的直观思维早于以文字为代表的抽象思维。语言符号以理性传统为代表，图像符号是以直观、具象呈现为主要特征的感性传统，后者较前者而言，图像的解读通过视觉直接到达大脑，无须以文字作为桥梁，因此在认知领域，具有成为便捷高效的世俗性、公众性大众传播话语的天然优势。

视觉文化的转向无疑转变人们的阅读方式，图片逐渐成为主流的阅读输入方式。"这是一个历史性的转变，形象不再用来阐释词语，如今是词语成为结构上依附于图像的信息。过去，图像阐释文本。今天，文本则充实着图像。过去是从文本到图像的涵义递减，今天存在的却是文本到图像的涵义的递增。"[①]整体图像意义的增值在教学中体现在教学环境的图像化，多元化图像的教学媒介、图像数显化的校园环境建设、图文互证的教科书编排形式等，信息承载方式的转变会影响信息的接收与反馈，时代信息承载方式的转变制约着历史教学必须更加关注图片。

2. 史学研究范式的转移——理论基础

20 世纪六七十年代，随着新史学的兴起与叙事史学的复兴，历史学开始尝试摆脱各种类型的"文化中心论"，转向关注底层大众文化，一些欧美学家将眼光落到影视与历史学的关系。美国史学家海登·怀特提出了一种与"书写历史"相对立的史学理论新概念"Historiophoty"，由台湾学者周樑楷译为"影视史学"引入国内，并扩大这一概念包含所有能呈现历史叙述的视觉影片。"图像入史""图文互证"的理念逐渐刮起东风，史学研究范式的转移为历史教育奠定了理论基础。受访者 T1 表示：

"现在统编教材之后，教材背后的这种学术视野，是需要高校的老师们给他们提供……"

"就是我们理解历史，就要像史家一样思考，像史家一样阅读……"

---

① 周宪. 视觉文化的转向[M]. 北京：北京大学出版社，2008:183.

历史教育虽不能完全理解等同于"历史学"或"历史学的教育",但是历史教育的开展势必与历史学研究离不开关系,历史教育的开展必须时刻关注史学理论动向。在终身学习与学生认知发展的要求下,一线教师也必须要与时俱进,关注最新的学术动态。

3. 新课改的教学转向——"催化剂"

20 世纪 80 年代,以《国家正处在危机中:教育改革势在必行》的发表为显著标志,掀起了美国乃至世界各国的教育改革浪潮。我国基础教育改革以"以人为本"为核心理念,课程内容由重课本转向关注学生的经验与兴趣,倡导学生主动合作探究的课程实施方式。基于新理念、新视野、新技术所理解的人类活动,促使教学不再依赖语言叙事和课本阅读,尤其不只是下功夫于一般的历史叙事,而是将多种叙事方式和史料阅读与知识建构及表现相互打通,使学科原有的认知基础和结构发生变化,让学习者获得阐释人的思想与行为的机会和能力。①历史课堂不再是只有历史教师站在三尺讲台上绘声绘色地"讲故事",而是要求关注学生主体的"人",使学生成为课堂的主体,围绕学生进行有意义的知识建构,培养历史意识、历史解释和批判性思维能力。受访者 T2 正是在新课改的指向开始关注图片教学:

"最早开始关注图片,是因为 2014 年、2015 年已经听说,可能过几年课标会重新修订,教材会重新改编……"

历史教师们开始尝试新的课堂模式,探索如何让学生更好地参与课堂,让更丰富的史料、图片在课堂中涌现。最新修订的《普通高中历史课程标准》(2017 年版 2020 年修订)更明确了"图片史料研读"的要求,即"知道绘画、雕刻、照片等的图像是重要的史料,选择有代表性的图像史料进行研读"②。图片史料的研读愈发受到重视,图片资源得到更大程度上的开发。

(二)图片史料在教学中的使用情况

1. "不自觉"的使用趋向

虽然图片已经在历史教育领域逐渐显示其优势,新课标中也明确指出图

---

① 赵亚夫. 中学历史教育学[M]. 北京:北京教育出版社,2019:74.
② 中华人民共和国教育部普通高中历史课程标准(2017 年版 2020 年修订)[S]. 北京:人民教育出版社,2020.

片研读是学生需要掌握的能力,但教师真正关注图片的使用、解读,将图片作为有效课程开发资源的教师目前在福州地区仍属于少数。受访者 T3、T5 最初都言及并未过多的关注图片。然而接下来的访谈中却也都谈到部分图片的应用经验与使用方法。换言之,教师在课堂中或多或少都有使用图片作为课程资源这一现象,然"用而不自知",尚处于"不自觉"的使用阶段。

2."简单化"的生硬使用

这种"用而不自知"的使用现象反映出教师并未真正将图片作为专门的课程资源进行有效开发与使用。在面对课件中涉及的图片,或是教科书中展示的图片时,多位受访者表示:

"部分图片仅仅点一下,没有展开讲。"(T5)

"这个图片没有太大的意义,只是让大家看一下。"(T4)

"这类图一般是欣赏。"(T5)

教师对待图片时仅仅是"一笔带过"或是让学生单纯的欣赏,图片在使用的过程中并未发挥其真正的意义,只能勉强算作知识点的"附庸品"。对图片的生硬使用不只反映出教师对图片意义的认识缺失,背后还蕴含着更多层次的原因。

(三)阻碍教师使用图片史料开展教学的原因

1.教师主体:备课精力有限,欠缺读图素养

"凡事预则立,不预则废。"备课是教学工作中必不可少的一个环节。叶澜先生曾说,一节好课的基本要求是有意义、有效率、有生成性、常态性、有待完善的课,即扎实、充实、平实、真实。[①]教师在备课中往往需要基于不同层次学生的学情,充分预设课堂中可能出现的情况,引导学生在互动中不断"生成"。因此,一堂精彩的历史课堂的呈现与充分的备课密切相关,备课需要教师投入大量的心力与时间。图片资料是备课中教师需要考虑的一个环节,然大部分教师在备课时存在以下问题:

"教师在使用图片时缺乏科学性的考究与深入的思考和挖掘。"(T2)

"大部分老师本身对于图片的解读能力也比较弱。"(T4)

"其实我也一直很好奇和疑惑,就是如何从图片当中提取信息。"(T3)

---

① 叶澜.好课,有五项基本要求[J].教育导刊,2014(6):56.

这反映出教师自身缺乏相关解图析图的素养与能力。事实上，这种素养缺失不是教师个体现象，乃是教师群体性的现状。究其根源，其实是我国目前教师培训体系的缺失。此外，部分对图片颇有见地的教师在备课中也存在这样的问题：

"你在深入挖掘这幅图片背后的信息后才能决定这幅图片适不适合用，应该用在哪个方向，这是一个很漫长的过程。"（T4）

图片的解读需要投入大量精力进行准备，挖掘图片背后的信息需要搜集大量资料，而资料的来源与科学性尚存在问题。加之新版教材刚刚推行，对新教材的适应与重新备课本身就占据了教师大量的精力，于大部分教师而言，恐实在难以分出更多的精力用于图片的研究。

2. 学生主体：素质水平不一，缺乏知识基础

课堂教学实质上是师生互动的过程，师生互动行为是引导学生探究建构学习共同体的重要手段。优质课堂中的教师常采取讲解与呈示、提问等行为引导学生参与思考，并通过对学生学习行为的回应或反馈，推进学生思维的深度，与学生共同探讨和构建学习结论，教师与学生的行为是相互影响相互作用的。[①]课堂是一个互动性的生成过程，在课堂中若想要图片得以生动地呈现，并能有效推进学生思维能力的形成，不单单需要教师具有图片解析的输出能力，更需要学生具备对应的学习行为反馈。学生的行为配合包括两个方面：主观上，学生要愿意配合教师的引导来调动各种感官与思维，发挥自己的历史想象；客观上，学生需要具备相应的读图素养与知识基础。然不同水平的学校，同一班级中不同学生的学习水平不一，这大大增加了教师引导学生解读图片的难度，受访者T4在教学工作中就对此深有体会：

"读好历史图片还需要地理、美术、语文等学科能力辅助……有一定的知识储量储备，他才可以跟你去探讨。"

读图所需要的素养更加考验学生的综合素质与能力，就一张图片与学生展开对话之时，需要学生调动先前经验进行进一步的讨论。否则，学生与教师都将处于"茫然"的对话状态。

---

① 张紫屏.课堂有效教学的师生互动行为研究[D].上海：上海师范大学,2015:74.

3. 课堂表现：呈现效果有限，耗费大量时间

课堂是学生学习的主要场所，亦是育人的主要渠道。课堂时间是指学校课程安排的时间，就目前高中而言，通常是一节课45分钟。时段性的课堂教学时间可谓是时间的一种特殊形态，会对学生的发展产生特殊的影响。因此，如何在有限的课堂时间中呈现出理想的课堂效果是每个教师不断的实践探索。一节常规的课通常包括课程导入、课程讲授与课程小结3个部分，教师在教学设计之时，需要破解课题、制定正确的教学目标、预设标准，并思考为了达到课程目标，需要选择什么样的材料，设计什么样的活动，运用什么样的方法，利用什么样的资源等，想要上好一节课绝非易事。访谈者如是说：

"深入挖掘图片背后的信息需要耗费大量课堂时间。"（T4）

"新教材其实已经完全上不完。"（T3）

图片的使用与选择关系到课程资源与材料的环节，为达到"高效"的课堂，部分教师在设计教学时考虑到课程的知识量与总体效果，可能不会考虑花费大量时间进行深度的图片解读。且教师们普遍反映新版教材的知识体量庞大，教师即便拥有深度解读图片的主动性意识，在实际的教学实践中也显得有心无力。

4. 图片自身：有价值的图片少，解读难度大

现行统编版教科书《中外历史纲要》涵盖多种类型的图片，如地图、示意图、表格图、文物图、影片图、人物图等，图片数目更是不计其数，一面纸页就有可能涵盖五六张图，图片数目与种类的丰富既是教材编写的一种改良与导向，也带来了新的难题。受访者T4说：

"很少有图让我觉得，我可以深挖这个图去解读。基于一张图，就可以讲很多东西，这种概率是很低的。要选出非常精良的一幅图，太难了。"

大量的图片被引入教科书中，教师却不知该如何使用，又难以找到值得深挖的有价值图片。图片的种类繁多散乱，不同类型的图片对应着不同的解读方法，以及可挖掘程度不一，大大加强了教师解读图片的障碍。

五、提升应用图片史料开展高中历史教学的策略

本研究在与5位历史教育一线研究者进行半结构式深度访谈的基础上，

采用扎根理论得出上述影响教师使用图片的原因分析,并就以上原因提出以下几点有助于在高中历史教学中应用图片的策略:

(一)完善教培机制,定期开展图片解读研习

"所谓教师能力是指教师自身拥有并体现在教师活动各个方面的多种素质综合构成的能力,是教师从事教育活动所需要的实际本领和能动力量,直接影响着教师水平的发挥和教育的直观结果。"[1]教师在教育教学中处于主导地位,教师的教育教学能力直接关乎学生的发展水平,教师自身对于图片资源的把握直接影响图片资源在教学中的使用效果,教师的读图素养对于实际教学应用而言显得尤为关键。据研究者调查,现行师范院校的教师培养方案中并没有设立相关的图片培训课程,提高教师的读图素养需要在教师培训方面做整体性的提高,完善教师的人才培养机制。教师群体既包括即将走向教师岗位的"准教师",又包含已经从事教育教学工作的在职教师。对于"准教师"而言,师范院校的培养方案需要在专业必修课程模块增加与图片解读相关的课程,在教学法的课程体系中融入图片解读的教学技能训练;对于在职教师而言,要围绕教材中的图片定期展开教师日常培训研习,提升教师自身解读图片的能力与综合运用图片调动学生积极参与课堂对话的应用技巧。从《历史教师培训课程指导标准》上奠定根基,凸显图片的重要性,系统设计培训课程内容。换言之,要推动各地教研团队展开图片研究课题,定期给在职教师开展全员性的图片培训课程,采用集中面授与网络研修相结合,主题研修与自主选学相结合,建立常态化、个性化的研习体系。使教师不仅在方法论上习得解图技巧,更从意识上提高对于图片的重视,形成自我提升、自我学习的终身发展学习机制。

(二)组建人才队伍,编制教材图片应用指南

以语言符号为主的文字认知方式与以形象符号为主体的图片认知方式分属两个不同的认知领域。语言文字以抽象的符号表意系统述诸概念、判断和逻辑等传统的思维要素文本,视觉图片则以其直观、形象、逼真的画面,等效地传递着语言文字所表达的含义。[2]传统的书写文本解读并不能完全迁移到

---

[1] 李成学,罗茂全.教师的素质与形象[M].成都:四川大学出版社,2001:131.
[2] 刘伟.读图时代的阅读研究[D].合肥:安徽大学,2013:14.

图片的解读，图片的解读在历史教学中还关乎不同的历史知识、教学方法与教学情境。虽然图片成千上万难以把握，但教科书碍于发行时空限制，图片数量有限，且在短时间内不会发生变化，具有一定的固定性。然而，从当前情况来看，现有与教学紧密相关的教科书图片解读仅有《教学参考用书》一本，书中有然并不充分的图片史料解读，且未提出在教学上的使用策略；此外，近年来在各类期刊上也陆续发表教科书中的部分图片应用课例，但都零散未成系统。由此观之，现有资源并不利于教师有效备课，教科书中不同类型图片的解读需要形成一套属于自己的范式。当前历史教育学界学者辈出，示范性教师工作室等更如雨后春笋般涌现各地，至今为止已在全国范围建立起百余个示范性教师工作室，每个地区亦有研究员团队，从而形成联合高校专家、骨干教研员和区域骨干教师多方位的专业人才共同体，组建一支专业的图片研究团队已具备现实条件且是一种行之有效的方式。专业团队的人员各尽其职，由高校负责理论指导，教研员和一线教师负责实践应用指导，其任务在于立项编制一本不同于《教学参考用书》的《教材图片应用指南》，着眼于教科书提供教学使用对策，编制思路可参考：1. 分类型梳理教材中的图片，建立一套不同类型普遍的图片使用范式；2. 根据教材不同子目、不同功能栏目下的图片，从学生的认知水平出发，结合内容提出可实施的教学应用参考；3. 系统收录教科书中的图片应用课例。

（三）加强校际合作，建立教学图片资源库

无法快速地找到图片资料的相关信息，成为图片资料的使用不如文字史料普遍的一大关键原因。现行的资源查找渠道包括百度搜索、微信公众号、历史园地资源网、知网和专业书籍等。可搜寻的平台看起来多元，实则并不便捷有效。以百度搜索为例，这是门槛最低的搜索方式，然而图片无法通过像文字史料一般直接在搜索框进行有效检索。其次，由于这些平台都不是专业的图片检索平台，故搜寻出的图片存在严重的科学性问题——难以判断图像及其相关信息的来源，容易陷入"以讹传讹"之误区。现行各中学都普遍拥有校属的教学资源库，资源库集本校教学实践经验之大成，收录的资源与课件具备较强的应用性，然资源库仅限校内使用，并不开放，存在严重的资源不平衡问题。加强校际合作是进行现有教学资源整合的有效途径。为达此目的，教育部门应通过颁布相关政策文件，积极建设教育资源共享的环境，

大力推动校际合作,打破原有校内资源"各行其道"的屏障,建立一个全面公开、便捷有效的图片资源库。

六、结语

图片之于历史教育具有不可言喻之价值,现代历史教育是一门育人的学科,以能力为主轴,培养学生的基础学力,包括历史认知、历史理解、历史解释等与历史意识、历史思维相关的核心能力。学生借助历史图片,穿梭于历史之真、善、美中,通过与图片对话,构建史料实证的核心素养,实现对往昔历史的真正认知与理解,形成独立思考的历史思维意识,从而唤醒学生个体的内在力量,认知"人之所以为人"的真义。在新课改的教育背景下,乘借读图时代的东风,图片作为课程资源在历史教育领域不断得到使用。根据福州地区的使用情况展开半结构式深度访谈研究,利用三阶段扎根编码析出当前图片在学生主体、教师主体、课堂表现与图片自身应用的不足之处,就此提出三方面的建议与思考。在人才训练方面,应当完善教培机制,定期开展图片解读研习;在教科书的使用方面,要组建人才队伍,编制教材图片应用指南;在资源利用方面,要加强校际合作,建立教学图片资源库。希望本研究能为历史教学在未来图片应用层面提供一定的借鉴思路。然碍于客观条件限制,本研究缺乏学生维度的调查研究,访谈样本数据也有限;且囿于本人缺乏实践经验,在整体的分析与应用层面仍有欠缺,如何进一步地开发图片资源,处理好图片资源与教学方式和方法的关系,仍值得进一步探索。

(指导老师:王念祖)

第三辑

考古文博篇

微信公众号在国家一级博物馆中的应用

陈扬洋[①]

摘要：最近几年，新媒体技术不断更新换代，应用领域逐渐扩大，国内许多博物馆开始借助新媒体技术开展宣传工作及拓展服务职能。作为用户量级大、拥有强大功能平台、运营成本低的微信公众号成为博物馆提高知名度和影响力的有效利器。如何有效运营其微信公众号成为博物馆当今所需要思考的新问题。本文以在2014—2016年国家一级博物馆运行评估中获得优秀称号的8家博物馆为例，分析其微信公众号的服务内容，参考清博大数据，评估8家博物馆微信公众号的传播力，指出博物馆在以微信公众号为平台的线上宣传和服务中的不足，并提出改进策略，对国内博物馆官方微信账号的在线运营和发展方向也有一定的参考意义。

关键词：微信公众号；博物馆微信传播指数（MWCI）；国家一级博物馆

---

① 陈扬洋，女，历史学系2017级文物与博物馆学专业本科生，现任职于东南观止（福建）文化遗产保护有限公司．

一、前言

（一）研究背景

近些年来，国内经济发达，互联网技术和智能手机得到更新与完善，新媒体技术服务于博物馆已成为常态。传播知识和服务大众是博物馆作为公共教育场所的首要职能，博物馆要想更好地发挥其职能就要转变传统的思想以及信息传播的方式，因此博物馆要与新媒体进行融合创新。目前绝大部分的博物馆已经顺应潮流，利用新媒体进行宣传和服务，例如门户网站、社交媒体、手机应用软件等。如何充分利用好这些新媒体平台为博物馆进行有效的宣传以及为大众提供优质服务是当今博物馆需要思考的问题。

故宫博物院、河南博物院、山西博物院、南京博物院、上海博物馆、苏州博物馆、浙江省博物馆、广东省博物馆是国家重点级博物馆，是综合实力强、知名度高、具有典型性和最具有发展潜力的国家一级博物馆。本文以当今最风靡的社交媒体，微信公众号平台为例，借助清博指数，分析 8 家博物馆在微信公众号平台的使用情况和传播效果，发现其不足并提出改善策略，从而使博物馆能够更好地适应新媒体的变化发展，选择适合博物馆的新媒体发展平台，更好地实现其服务职能，为大众提供更优质的服务。

（二）国内外研究现状

国外博物馆在 20 世纪末期就已经将新媒体技术应用于博物馆之中。在 21 世纪，随着社交媒体的出现，国外的学者开始关注到社交媒体在博物馆中的应用。其中出版的一些研究成果对我国博物馆与新媒体研究具有借鉴意义。如《新媒体环境中的博物馆：跨媒体、参与及伦理》探讨的是博物馆与信息网络技术、新媒体的问题。[1]《创新和技术：社交媒体、移动设备与博物馆》涵盖了博物馆与新媒体技术应用的方方面面。[2]

近些年，国内也出现了一些关于博物馆与社交媒体的研究成果。博物馆

---

[1] 简·基德.新媒体环境中的博物馆：跨媒体、参与及伦理[M].胡芳,译.上海:上海科技教育出版社,2017:1.

[2] 安娜·路易莎·桑切斯·劳斯.博物馆网站与社交媒体：参与性、可持续性、信任及多元化[M].刘哲,译.上海:上海科技教育出版社,2017:13-15.

与社交媒体的相关研究主要有微信和微博两种。关于微信的研究,郑莉、李喆从用户、影响力、传播技巧等方面对苏州博物馆微信公众号的传播效果进行了探讨。[①]王颖对"微信导览"会不会"自断财路"和新媒体技术应用要注重博物馆业务的"粘合度"两点进行了理论探讨。[②]鹿继敏着重论述了博物馆使用微信公众号的优势和服务方式。[③]杨静坤总结过去的经验,从宣传、展示、公众服务等方面讨论了辽宁省博物馆的实践与探究。[④]黄维尹对微信小程序在博物馆服务中的应用问题进行探讨。[⑤]李卓然运用数据对四川省多家博物馆微信公众号的传播现状和传播力进行研究。[⑥]王佳慧分析了秦始皇陵博物院微信公众号的运营情况。[⑦]

  根据上述的研究综述可知:新媒体在博物馆中的运用研究成果丰富,能够为本研究提供坚实的理论依据与足够的参考价值。我们也看到,过去的研究虽具有参考性,但由于新媒体具有时效性,有必要实时更新对新媒体的认识。总体来讲,多数研究偏向于浅显的理论研讨,研究多是以单一博物馆为例,缺少有效的数据作为依据,不具有代表性和典型性。本文拟以多家具有代表性的国家一级博物馆为例,借助清博指数第三方数据抓取平台,数据具有真实性,更加具有参考价值。

---

① 郑莉,李喆.博物馆微信公众号传播效果研究——以苏州博物馆微信公众号运营模式为例[J].新媒体研究,2017,3(2):43-46.

② 王颖.打造指尖上的博物馆——微信在博物馆中的应用[A].江苏省博物馆学会.区域博物馆的文化传承与创新——江苏省博物馆学会2013学术年会论文集[C].江苏省博物馆学会:南京博物院,2013:5.

③ 鹿继敏.利用微信APP平台提升博物馆公共文化服务的探析[J].创新科技,2016(6):76-78.

④ 杨静坤.微信在博物馆宣传中的应用——以辽宁省博物馆为例[J].黑龙江史志,2014(23).

⑤ 黄维尹.博物馆公众服务中新媒体技术应用研究——基于微信小程序的分析[J].博物馆管理,2020(3):90-96.

⑥ 李卓然.四川省博物馆微信公众号的传播力研究[D].成都:电子科技大学,2020.

⑦ 王佳慧."秦始皇帝陵博物院"微信公众号运营研究[D].西安:西安工业大学,2019.

二、微信公众号在博物馆宣传服务中的应用

（一）微信公众号平台

微信是一个实时通信的免费应用程序。微信公众号，主要是为了促进名人、政府、媒体和企业的合作与推广，以"一对多"的形式，直接将消息以"消息到达"的方式推送给用户。近年来，随着博物馆"以人为本"、为观众服务的观念转变以及新媒体技术的发展，互联网拓展了博物馆资讯的传达途径，许多博物馆因宣传服务的需要而陆续开设了微信服务号，一些博物馆还开通了服务号与订阅号两种微信公众号平台。

（二）8家博物馆对微信公众号平台的应用状况分析

1. 博物馆微信公众号的功能分析

本文以8家国家一级博物馆为例，利用功能指标分析法，统筹解析其微信公众号的14项服务内容指标。具体内容如表1所示。

表1　8家博物馆微信公众号的服务内容

	实时人流量	会员	语音导览	实时新闻	文创商城	参观指南	展陈公告	教育活动	推送信息	连接官网或微博	观众调查/回复	游戏	虚拟游览	藏品简介
微故宫	无	有	有	有	有	有	有	有	有	无	有	有	有	有
河南博物院	无	无	有	有	有	有	有	有	有	有	无	有	有	有
山西博物院	无	无	有	有	有	有	有	有	有	有	有	有	无	有
上海博物馆	无	无	有	有	有	有	有	有	有	有	有	有	无	有
南京博物院	无	无	有	有	有	有	有	有	有	有	有	有	无	有
苏州博物馆	有	无	有	有	有	有	有	有	有	有	有	有	有	有
浙江省博物馆	无	无	有	无	无	无	有	有	有	有	有	无	无	有
广东省博物馆	无	无	有	有	有	有	有	有	有	无	有	无	有	有

表格来源：故宫博物院、河南博物院、山西博物院、南京博物院、上海博物馆、苏州博物馆、浙江省博物馆、广东省博物馆微信公众号

表1是8家博物馆微信公众号的服务项目，接下来，根据表格内容对其进行分析。

（1）实时人流量

实时人流量指的是某一时刻参观博物馆的人数。博物馆的人流量"冷热不均"，博物馆工作人员可以通过实时客流量及时快速地对博物馆的情况做出准确的判断，确保博物馆正常有效地运作。8家博物馆中只有苏州博物馆在微信公众号中开通了实时客流量的功能菜单，显示当天参馆的总人数和当前在馆参观人数，游客可以通过了解当日的观众人流量，合理安排时间，避开高峰期，舒适自由地参观博物馆。在特殊的防疫期间，游客错峰参观博物馆，也有助于博物馆防疫工作的开展。

（2）会员

国内博物馆的会员制是参考欧美国家博物馆会员制而设立的，设立时间较晚。据考察，国内只有少数的国家一级博物馆开通了会员制度。在上述8家博物馆中，只有故宫博物院和苏州博物馆开通了会员制。博物馆会员可以享受比普通观众更多的服务和权利，如展览信息提前通知、注册折扣、专属活动邀请等，有利于博物馆与社会资源的优化整合。苏州博物馆将会员分为普通、家庭和贵宾三种会员等级，教师会员则可以免费申请。享受权益有：免预约、寄存服务、优惠购物、获赠电子期刊等特殊服务。

（3）语音导览

语音导览，是博物馆服务的主要部分。参观者可通过微信公众号扫描二维码或回复展品序列号，就可以及时接收到展品的相关信息，并可随时收听讲解。语音导览服务不仅减少了参观者租借导览设施的费用，而且提高了参观者的自主性。上述8家博物馆均设有语音导览功能。广东省博物馆语音导览设有普通话、粤语和英语三种不同语言。苏州博物馆和浙江省博物馆的语音导览功能还可与讲解员进行交流互动。

（4）消息资讯

消息资讯包括实时新闻、参观指南、展陈公告、教育活动、推送消息。作为一种社交媒体，微信的主要功能是消息资讯，消息资讯也是博物馆公众号的基本功能，博物馆在微信公众号中向用户发送信息，用户可以及时收到最新的展讯、公告等博物馆相关信息。以上博物馆公众号皆具有此服务功能，并且每周都有更新。河南博物院和上海博物馆周末休息日也会在微信公众号上发布文章,及时与用户进行信息分享。

(5)文创商城

博物馆文化创作的产业化本质上是博物馆社会功能的延展。[①]除了浙江省博物馆以外,其他7家博物馆微信菜单均设置有文创产品的购买功能,用户可直接选购文创产品,线上支付,快递至家中。"粤博小店"是广东省博物馆开通的线上微店,设有在线客服咨询服务,并在淘宝设立了天猫旗舰店。

(6)连接官网或微博

通过动态链接创建一个微型信息博物馆,连接到博物馆的官方网站或微博,加强了博物馆的连续性,展示了丰富在线收藏的博物馆,有助于大众对博物馆的进一步了解。山西博物院、上海博物馆与河南博物院微信公众号均设置有动态链接。只有上海博物馆微信公众号动态链接连接到官网,山西博物院和河南博物院的动态链接无法打开。

(7)观众调查/回复

观众的意见是博物馆不断优化服务的助力器。8家博物馆文章均设置有留言板,并且会对网友提出的问题进行解答。上海博物馆设有单独的"问问上博"菜单,可对冷知识、热门话题与自己感兴趣的问题进行提问,博物馆将会针对用户的问题进行详细的解答。

(8)游戏

博物馆研发游戏的能力受到了人力资源和物质资源的限制。样本中的博物馆只有故宫博物院和苏州博物馆设有游戏菜单,是较适合青少年的趣味小游戏,例如拼图、作画、换装、测试角色等。

(9)虚拟游览

虚拟游览包括360全景漫游和VR虚拟漫游。虚拟漫游是以全景漫游的方式来表现的,样本中的博物馆虽然只有故宫博物院、苏州博物馆、浙江省博物馆、河南博物院和广东省博物馆在微信公众号中设置有虚拟游览,但其他3家博物馆的虚拟展览则可以在其官方网站观看。在疫情期间,虚拟游览、"网上看展"的形式受到了大众的欢迎。

---

① 吴联发. 文化产业下博物馆的功能延伸与发展[J]. 文艺生活,2014(10).

（10）藏品简介

博物馆的微信公众号可以浏览到部分博物馆藏品，并配有图片和文字解说。8家博物馆均设置有藏品介绍菜单，并对其进行分类，以供用户进行浏览。浙江省博物馆运用文字、图片对当前正在展览和即将开始展览的展品进行了详细的介绍，有利于加深观众对展品的印象。

2. 博物馆微信公众号传播指数排名分析

笔者运用清博指数的数据，对2020年9月全国国家一级博物馆微信传播指数排行榜进行整合。传播指数可以通过微信公众号推导出文章的覆盖率、传播率、账户的影响力和成熟率来反映微信整体的热度。计算公式如表2所示：

表2　微信传播指数计算公式

一级指标	二级指标	指标权重	标准化方法
整体传播 O（60%）	日均阅读数 R/d 日均在看数 Z/d 日均点赞数 L/d	85% 9% 6%	$O=0.85\ln(R/d+1)+0.09\ln(Z/d*10+1)+0.06\ln(L/d*10+1)$
篇均传播力 A（20%）	篇均阅读数 R/n 篇均在看数 Z/n 篇均点赞数 L/n	85% 9% 6%	$A=0.85\ln(R/n+1)+0.09\ln(Z/n*10+1)+0.06\ln(L/n*10+1)$
头条传播 H（10%）	头条阅读数 Rt/d 头条在看数 Zt/d 头条点赞数 Lt/d	85% 9% 6%	$H=0.85\ln(Rtd+1)+0.09\ln(Zt/d*10+1)+0.06\ln(Lt/d*10+1)$
峰值传播 P（10%）	最高阅读数 Rmax 最高在看数 Zmax 最高点赞数 Lmax	85% 9% 6%	$P=0.85\ln(Rmax+1)+0.09\ln(Zmax*10+1)+0.06\ln(Lmax*10+1)$
$WCI=\{0.6*[0.85LN(R/d+1)+0.09LN(Z/d*10+1)+0.06LN(Ld*10+1)]+0.2*[0.85LN(R/n+1)+0.09LN(Z/n*10+1)+0.06LN(L/n*10+1)]+0.1*[0.85LN(Rtd+1)+0.09LN(Zt/d*10+1)+0.06LN(Lt/d*10+1)]+0.1*[0.85LN(Rmax+1)+0.09LN(Zmax*10+1)+0.06LN(Lmax*10+1)]\}^2*1.2*10$			

表格来源：清博指数官方网站

除了还未开通官方账号的博物馆和其他原因无法导入系统的账号外，全国共有85个国家一级博物馆微信公众号。其中故宫博物院的微信公众号排名第一，上海博物馆位列第四，河南博物院位例第五，浙江省博物馆位列第九，广东省博物馆位列第十二，南京博物院位列第十三，苏州博物馆位列第十七，山西博物院位列第二十一。故宫博物院的阅读总数最多，总阅读数超过59万人次，传播力指数为1285。8家博物馆样本中只有故宫博物院的

WCI 超过 1000，WCI 在 800—900 的有上海博物馆、河南博物院、浙江省博物馆，WCI 在 700—800 的有广东省博物馆、南京博物院、苏州博物馆、山西博物院。在 85 家博物馆中 WCI 在 1000 以上的也只有 3 家博物馆，分别为故宫博物院、中国人民革命军事博物馆、国家博物馆。国家一级博物馆公众号排行榜中数据显现出强者恒强、弱者更弱的现象，博物馆之间在传播力度上存在明显差异。数据显示，大部分博物馆的微信传播力度较小，只是发布每日的常规信息，无法吸引潜在用户的注意。

3. 对阅读数据的分析

（1）阅读量参差不齐

根据表 3 可知，8 家博物馆微信公众号的总阅读数、头条阅读数、平均阅读数显示，故宫博物院的微信公众号是 8 个样本博物馆中综合实力最强的，反映了故宫博物院微信公众号出色的运营能力，具有相当广泛的影响力。故宫博物院在 9 月份共发布了 11 篇文章，其中有 4 篇文章的浏览量都超过了 10 万，高阅读量代表了文章的吸引力和可读性。

表 3　8 家博物馆微信公众号的推文数据

公众号	文章数	总阅读数	头条阅读数	平均阅读数
微故宫	11	59W+	38W+	54428
上海博物馆	22	17W+	10W+	7807
河南博物院	24	18W+	17W+	7672
浙江省博物馆	15	10W+	81553	6971
广东省博物馆	20	11W+	60181	5850
南京博物院	18	11W+	67907	6172
苏州博物馆	14	77459	49223	5533
山西博物院	20	73580	28470	3679

表格来源：清博指数官方网站

对 8 家博物馆 9 月份微信公众号的阅读总量进行计算，得出平均阅读量为 176379 次，如图 1 所示，高于平均阅读量的博物馆有故宫博物院、上海博物馆和河南博物院。上海博物馆与河南博物院的总阅读数和平均阅读数的差距较小，说明两家博物馆的影响力与关注度在一定程度上是相同水准的。其他 5 家博物馆都低于平均阅读数，并且差距较大，苏州博物馆与山西博物院的阅读总数与故宫博物院的阅读总数相差数十万，在阅读数据上，说明了各大博物馆微信公众号的影响力与关注度不在同一水平上，阅读量参差不齐，两极分化。

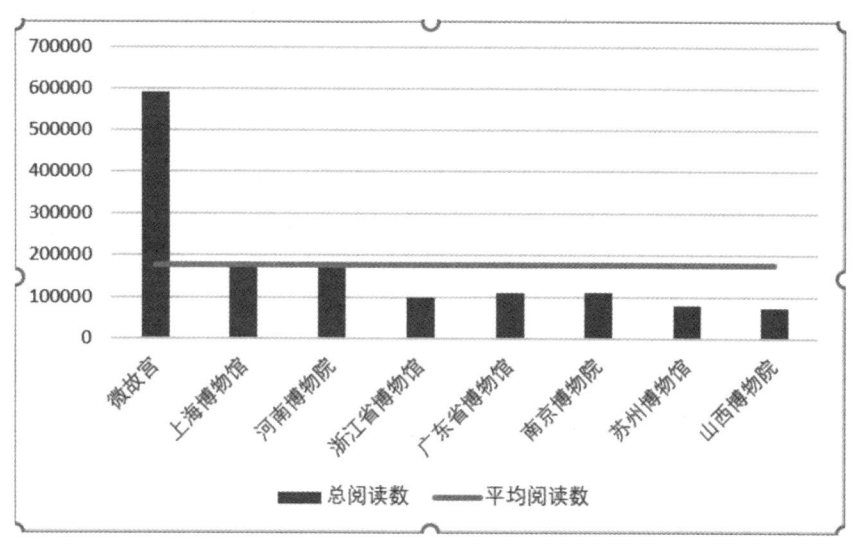

图1　8家博物馆微信公众号推文的总阅读数和平均阅读数示意图
图片来源：清博指数官方网站

（2）头条文章质量决定微信公众号传播指数高低

根据表3可知，头条文章的阅读量较高，可以看出头条文章更受观众的关注，头条文章体现了内容的重要程度与精彩程度，也会影响受众对公众号的感受与印象。经过统计，8家博物馆9月份的头条文章的阅读总数为937334次，9月份文章总阅读数为1411039次，头条阅读量与总阅读量占比为66.4%，头条文章的阅读量在文章总阅读量中的占比较大，因此头条文章质量决定了微信公众号传播指数高低。博物馆应当要对头条文章进行慎重选择，高质量文章是吸引用户阅读和关注的重要利器。

4. 文章发表数的分析

文章发表量与阅读量无关。从前文表3可以得知，并不是文章发表数越多，文章的阅读量就越多，故宫博物院的微信公众号9月份是8家博物馆中文章发布数量最少的，但总阅读数却是最多的。山西博物院微信公众号发布了20篇文章，但总阅读数是8家博物馆中最少的，这表明文章的数量多少不能决定阅读量的多少。博物馆在线上宣传中要重视文章的质量，根据用户的需求，发布具有文化价值的好文章。

（三）小结及思考

1. 微信公众号在博物馆宣传服务中的作用

（1）微信用户庞大，有助于快速提高博物馆的关注度与知名度

微信活跃用户突破11亿，微信成为炙手可热的实时通信软件。用户运用微信搜索指定的博物馆，关注即可收到资讯信息，是博物馆宣传推广的新方式。微信公众号的线上宣传可以弥补线下宣传的不足，扩大博物馆的观众群体，提高博物馆的感召力。通过宣传的感染力，增强大众对博物馆的兴趣，博物馆的吸引力和魅力值都将得到提升。

（2）多功能的微信公众号平台，为博物馆节约了运营成本

微信公众号功能多，操作简便，博物馆使用微信公众号对信息进行传播，节省了开发手机APP的费用。用户关注博物馆公众号就可以收到博物馆的消息，定期接收博物馆的展陈公告、教育活动等信息。参观博物馆前可在公众号提前了解博物馆的参考指南和参观须知。在参观博物馆过程中，可以回复微信官方账号中的号码或扫描二维码实现语音引导功能，让观众在游览过程中进一步了解展品的内在含义，也可在家在线"游览"博物馆。借助"微店"平台，建立文创产品的线上商场。微信公众号还能提供预约、购置门票、游戏互动等线上服务，为大众提供优质服务，履行博物馆以人为本，为公众服务的职责。

（3）微信传播具有及时性，传播速度快，内容丰富

微信公众号发布消息便捷，用户可以对博物馆发布的消息进行筛选，选择自己喜欢的话题和文章进行浏览。微信公众号还可进行信息分享，用户可将内容分享至朋友圈，分享内容的转发可以在熟人间扩散，进行二次传播，获得更多的热度。用户还可将内容分享给兴趣相同的个人，围绕其内容产生讨论和参与。基于微信平台的熟人联系密切、活跃性高、效果好，带动用户参与活动，传播有效性高。

2. 博物馆微信公众号传播存在的问题

通过前文对博物馆微信公众号服务内容和数据的整理和分析，可以了解到8家国家一级博物馆微信公众号的服务功能、内容运营方式、传播效果等基本情况，博物馆在微信公众号平台的宣传虽有一定的成效，但由于博物馆

对微信公众号的重视程度及公众号运营模式等问题，博物馆微信公众号的宣传仍然存在一些不足。

（1）传播力整体存在明显差异，服务内容不够完善

从前文可知，国家一级博物馆的微信公众号传播力力度不高，除了故宫博物院的微信公众号在所有类型微信公众号中综合排名在1000以内，其余的国家一级博物馆的传播力度都较低，并且它们之间的差距非常明显，发展不均衡，两极化趋势严重。一些博物馆不重视对微信公众号的运营和管理，公众号的服务功能不够完善，部分的菜单栏功能不全，内容较少，改进空间很大。

（2）推送内容吸引力不足，容易被海量信息淹没

在"信息爆炸"时代，博物馆所推送的文章经常被大量的信息淹没，人们并不是天天都会关注博物馆的信息，并且博物馆文章的主题和内容相对有限，大部分的公众号文章都迎合大众的口味，偏向娱乐化，历史文化类的文章给人以枯燥刻板的印象，对于娱乐化的文章来说，博物馆的文章就不具备竞争能力，最终淹没在"信息海洋"之中。内容精良程度不足，相似内容的文章较多，部分博物馆的原创程度不高。文章版面制作粗糙，长篇大论的文字会使用户观看失去耐心，将博物馆教学性质的内容变成通俗易懂的文章是一件难事，能做到的博物馆也屈指可数。许多文章在内容形式上大同小异，就会使用户失去阅读的兴趣。

（3）微信公众号互动性不强

博物馆开通微信公众号的一个重要的目的就是为公众提供服务，便于博物馆与大众进行交流。上述8家博物馆都有开通精选留言功能，"微故宫"的留言量是最多的，其他的博物馆精选留言量都较少，极少的精选留言量会导致用户反馈失去价值，并且针对用户的留言并没有做到及时的答复，有的博物馆只挑选部分留言进行回答。评论是用户针对自己的兴趣爱好而提出自己的看法或疑问，博物馆应当重视与用户的交流互动，积极回复观众的评论与留言，与观众形成良好的互动关系。

3. 博物馆微信公众号传播的策略

（1）注重微信公众号运营，提供全面服务

博物馆要认识到新媒体的重要性，加强对微信公众号的管理，不断完善更新公众号的服务板块和结构，开发完善语音导览、活动参与、教育科普等

功能，并且做到合理设计。公众号的设立目的是为了能更好地为大众服务，因而博物馆应充分运用微信公众号，为公众提供精神文化教育，利用新媒体优化博物馆的宣传服务功能。8家博物馆微信公众号在设立的语音导览、新闻动态、消息资讯、藏品介绍等功能的基础上，可添加或完善实时客流、留言板、会员认证等服务，提供更加全面的服务。另外，博物馆不能随波逐流，应当结合自身的特色和需求，设计菜单，树立品牌形象，提高博物馆的知名度。

（2）利用自身资源，创造优质内容

首先，博物馆的文章主题、内容多样化，博物馆文章以实践活动类、场馆动态类、文博文化类、展览资讯类、文创产品类、文化讲座类等类型的文章为主，将内容与当下的热点时事、节日节气、传统风俗相结合，使文章有新意，吸引用户眼球。根据自身文化特色资源，深耕文章质量，坚持"以内容为王"的原则。内容鼓励图文并茂，图文排版和编辑对观众的阅读体验产生直接的影响，因此图片与文字的结合，有益于加深用户对展品或展览的印象。通过音频等形式的呈现，使内容更具有吸引力，加深阅读者的印象。例如，故宫博物院发表的《解密故宫书画中的"餐桌故事"》与世界粮食日结合，给读者介绍了书画中有关"餐桌"的故事，文章阅读量达到4.8万次，并且读者纷纷留言关于"美食"的探讨。这类寓教于乐的文章比较受读者的喜爱。

其次，打造亲民定位，在确保文章专业性的基础上，在文章中增加一些通俗有趣的内容。博物馆面向广大观众传达信息时，在表达方式上，可以走亲民化路线，适当地运用网络流行语增加趣味性，把博物馆专业化的知识以通俗易懂的方式传输给观众。如广东省博物馆微信公众号的文章《"乘风破浪"的瓷器——快来pick你心中的最佳外销瓷》，文章和标题都运用了当下的网络流行语，亲民且接地气，文章向观众展示了中国的外销瓷器。在文章末尾提出问题并注明中国外销瓷的展览时间，内容使人意犹未尽，用户走进博物馆的参观率得到提升。

（3）开展多样的互动形式，增加互动

博物馆要关注并且积极回复大众的留言，通过沟通能让大众得到满足感和重视感，鼓励大众积极参与博物馆的互动。围绕大众的需求和兴趣爱好发布文章，通过问卷调查、投票等方式了解大众的喜好，创造优质有趣的文章，吸引大众的关注力，在文章的末尾可以抛出一些问题，促使大众留言回答，创造与大众沟通的机会。如浙江省博物馆举办的摄影展，将普通人相机中的浙江省博物馆以及相机背后的故事，与大众一起分享，得到了观众的积极参与。

三、微信公众号与博物馆其他宣传方式的对比

（一）微信公众号与微博的对比

1. 微信公众号与微博的传播形式存在差别

微博传播方式具有公开性，博物馆可以在微博发布内容、评论、转发等，未关注的用户也能看，是一个开放的网络平台。而微信用户是主动了解博物馆，与博物馆之间的交流方式相对平等，互动效果更好。在微信公众号上的互动可以得到更好的反馈。在微信平台中，用户与用户之间的联络更为密切，用户分享的接收率是微博无法比拟的。

2. 微信公众号与微博的功能不同

博物馆可以通过微博发布消息资讯、音频，与受众进行线上联动，但是博物馆在微博平台上无法为用户提供定制化服务。微信公众号可以给用户提供定制化服务，如语音导览、虚拟游览、参观预约等服务，微博平台则无法提供此类服务。

3. 微信公众号与微博传播内容所使用的形式不同

微博的传递信息有限，发布内容文字仅限于140字符以内，适合发布简洁明了的信息，并且微博的视频无法与图片同时发送。微信公众号的推文则没有字符限定，可对藏品进行详尽、深刻的介绍，博物馆可对推文内容进行编辑，可随意添加视频和图片，还可适当插入边框和插图作为文章的装饰。图片和视频的插入有利于加强文章的可读性和趣味性。

（二）微信公众号与传统宣传媒介的对比

博物馆传统媒介的宣传方式主要有纸质海报宣传、电视新闻宣传这两种宣传方式。纸质海报是最为传统、简单且制作成本低的宣传方式。博物馆将展览的内容、特点通过海报进行具体的展示。但纸质海报的宣传方式较为简单，大众需要进入博物馆才能对博物馆展览活动进行深入的了解，海报宣传不能很好地给游客提供了解展览活动的服务，且海报设计的内容较为简单，给人

的感觉较为刻板；电视新闻宣传是博物馆信息传播范围较为广泛的一种方式。电视新闻宣传方式的受众群体数量多，大部分的群众可以通过电视台新闻播报了解博物馆展览的相关资讯。但是，电视新闻宣传方式具有局限性，它只对规模较大、具有深度的展览活动进行宣传，并不能对所有的展陈活动进行有效宣传。因此电视新闻宣传具有较多的局限性。对比微信公众号平台而言，传统的宣传方式过于老旧、用时长、成本不易控制。微信公众号的用户量级大，并且功能齐全，对于博物馆的展览资讯等，微信公众号可以随时随地发布信息，受众对展讯所产生的疑问可直接通过微信公众号平台询问博物馆工作人员，工作人员看到即可及时回复受众的留言。微信公众号可给受众提供一个交流平台。微信公众号的宣传方式多样，可通过不同的文章形式介绍博物馆的展品或展览活动，且宣传成本低，传播范围广。

四、结语

移动互联网的发展日新月异，博物馆为寻求自身发展，其宣传服务方式也进行了更新，微信公众号庞大的用户和传播优势，使博物馆的发展有了一个坚实可靠的平台。对于国家级博物馆而言，依托微信公众号平台进行信息宣传与服务是国家级博物馆实现网络化的必要手段。

本文以 8 家国家级博物馆为例，分析其微信公众号的服务内容，通过微信公众号传播指数分析博物馆信息传播力度，对比其与其他传播方式的不同，总结出国家级博物馆在微信公众号运营中的不足，原因归结有传播力整体存在明显差异、服务内容不够完善，文章内容吸引力不足，用户互动不强三方面原因，最后提出相应的改进策略，建议从服务、文章内容、用户互动等方面进行改善。

本文也存在有不足之处，比如理论依据相对欠缺、数据分析不够全面深入等等，因此有必要在此领域上继续发现与探讨，以完善国家一级博物馆微信公众号的宣传和服务。

（指导老师：黄运明）

福州市闽侯县博物馆服务质量评价研究
——基于 SERVQUAL 模型

代月[①]

摘要：随着博物馆免费开放政策的普及和文化旅游热潮兴起，到博物馆观看展览成为越来越多人旅游休闲的选项。本文通过 SERVQUAL 模型找出影响闽侯县博物馆服务质量满意度的关键因素，发现博物馆服务质量总体满意度评价为 4.69（总分值为 5），有形性、可靠性、反应性、响应性和移情性评价分别为 4.69、4.68、4.7、4.73 和 4.67，可见闽侯县博物馆的服务质量受到游客的肯定。再结合回归分析，研究发现有形性和移情性两个维度影响闽侯县博物馆服务质量最为显著，因此建议闽侯县博物馆可以通过有形性和移情性服务的改善，进一步提高观众对博物馆服务质量的整体满意度。

关键词：福州市闽侯县博物馆；满意度；服务质量；SERVQUAL 模型

---

① 代月，女，历史学系 2017 级文物与博物馆学专业本科生，现为云南省文物考古研究所晋宁区河泊所遗址考古工作队队员．

一、前言

随着博物馆免费开放政策的普及，博物馆大门完全向公众敞开的同时，也给博物馆自身原有的服务能力与质量带来了巨大冲击。[①]博物馆免费向公众开放意味着博物馆参观观众的数量及结构都将发生巨大的变化。在某一热门展厅时，过于密集的人群、喧闹的声音都会对观众的参观环境造成影响，特别是一些观众在参观时故意违反博物馆规定，做出一些对他人参观体验造成负面影响的不雅行为。同时由于人数的上升，博物馆内的卫生环境难以得到保证，设施设备长时间处于超负荷运转状态，不仅会增加博物馆服务成本，也会提高展陈文物的损坏风险。面对日益激增的观众和各类需求，以及馆藏文物少、藏品特色弱、展馆功能单一、知名度低等问题，基层博物馆如何快速提高自身公共服务能力和水平、激发基层博物馆的可持续发展活力，成为基层博物馆发展研究的一个新视角。

福州市闽侯县博物馆新馆作为省级三级馆，于2019年由福建省福州市闽侯县文化体育和旅游局耗资2.1亿建成，馆内运用多个CAVE（洞穴式自动虚拟环境）沉浸式剧场、大型雷达互动地幕、虚拟讲解员、AR（增强现实）互动体验等高新技术，打造了一个用高科技"演绎"活历史的新型历史文化博物馆，倡导让观众在与文物的互动中感知生动形象的历史。但由于缺乏博物馆工作人员的引导和监督，展厅内密集的人群很容易出现拥挤、混乱、随意触摸文物等现象，不仅没有让观众真正体验到科技到来的便利，反而进一步提高了博物馆服务的运营成本。本研究通过实地调研发现闽侯县博物馆暂未设立产品运营部，博物馆内商店、书店等服务设施暂未开放。作为博物馆重要服务内容之一，博物馆文创商店的营收是国有博物馆的主要收入来源，同时文创商品服务质量对博物馆整体服务质量也有着重要影响。

其次闽侯县博物馆由于大厅内休息区设置不合理，许多生活服务只是作为摆设，服务大厅虽然设有服务咨询台但鲜少有工作人员值班。同时很多生活服务都是空有形式，并没有真正地发挥作用，如闽侯县博物馆入口处虽设有便捷寄存柜，但因位置不够显眼和缺乏人员引导，不方便寄存。因此，观众对闽侯县博物馆整体服务质量评价褒贬不一。

---

① 王莉. 博物馆免费开放后的公共服务分析[J]. 品位·经典, 2020(4):45-46.

本研究从观众参观体验的角度出发,借由 SERVQUAL 评价模型及李克特量表设计调查问卷,实地调查闽侯县博物馆参观观众对闽侯县博物馆服务质量的评价,并结合分析结果,给出相应的提升博物馆服务能力和质量的建议。同时以闽侯县博物馆为例,探讨文旅融合新形势下的基层博物馆如何通过提升自身服务能力和水平来提高博物馆观众对博物馆服务质量的满意度。

二、博物馆服务质量评价

关于博物馆服务质量评价,最早是来源于其他行业服务质量研究,如银行服务质量研究、图书馆服务质量研究、遗产旅游地服务质量研究等。[1]在服务质量测量理论及模型发展较为成熟的基础上,国外一些学者尝试从博物馆的角度出发将服务质量测量方法运用到博物馆服务质量评价研究,美国学者 Phaswana 在 2005 年便尝试将 SERVQUAL 模型用于测量罗德岛博物馆观众对其服务质量的期望和感知结果中。[2]对于将 SERVQUAL 模型用于博物馆服务质量研究的学者还有 Lau PeiMey、Badaruddin Mohamed,他们通过调查研究马来西亚博物馆服务质量、观众满意度和观众参观行为之间的关系,来测量观众参观行为对博物馆服务质量评价的影响。[3] 2018 年美国史密森学会将博物馆服务质量绩效评价划分为公众教育、管理与研究、收藏与展览和财政 4 个方面,在国际博物馆服务质量评价研究中被广泛应用。[4]

---

[1] 张维亚.HERITQUAL:遗产旅游地服务质量评价模型研究——以世界文化遗产明孝陵为例[J].北京第二外国语学院学报,2008(1):17-22.

[2] Phaswana-Mafuya N. and Haydam N. Tourists'expectations and perceptions of the Robben Island Museum-a world heritage site[J]. Museum Management & Curatorship. 2005 (2):149-169.

[3] Lau Pei Mey, Badaruddin Mohamed. Service quality visitor satisfaction and behavioural intensions: Pilot atudy at a museum in Malaysia[J]. Journal of Tourism. 2010(1):226-240.

[4] Department for Culture. Media and Sport. A passion for excellence: an improvement strategy for culture and sport[EB/OL]. (2018-4-21) .https://webarchive.nationalarchives.gov.uk/20080612134409/http://www.sportengland.org/a_passion_for_excellence_-_final.pdf.

目前国内学术界对博物馆服务质量的评价也主要着重于博物馆绩效研究和博物馆观众研究，如台湾地区的一些公立博物馆便对博物馆观众到访情况、博物馆网络资源使用、社会教育宣传活动等方面进行划分，并以此设计相应的评估体系对博物馆服务质量进行绩效评价。① 也有一些学者在总结博物馆绩效评价理论后，认为博物馆服务质量评价应包括"收藏管理与应用""展示与教育成效""学术研究"以及"营销推广"等方面。②

而对博物馆观众的研究多通过定性研究和定量研究相结合的方法对博物馆观众的整体性和规定性进行研究，在定量数据统计的基础上，分析博物馆观众的自然特征、参观行为与博物馆服务质量满意度之间的关系。③ 这种分析方法主要通过问卷调查、跟踪调查及大型科学技术采集等方式对博物馆观众进行调查。王娟在问卷调查数据的基础上，利用 SPSS（社会科学统计软件包）、SAS（统计分析系统）对我国博物馆观众的人口特征、参观行为及对博物馆设备设施的评价进行调查分析，以研究观众参观行为对我国博物馆服务质量满意度的影响。④ 学者吕军等人利用跟踪调查和定点观察法，对湖北省博物馆"曾侯乙墓"展区的观众参观行为、驻足时间、展品参观率等进行调查统计，以分析观众在观看展览时对展览路线安排、服务设施建设及服务质量的满意度。⑤ 学者赵昆利用 RFID（射频识别）技术对秦始皇陵博物院《丽山园遗珍——秦始皇陵出土文物精华展》的观众参观行为及流动情况进行监测和记录，以研究博物馆观众的性别、年龄等差异对参观行为及参观态度的影响，并通过研究证明将 RFID 技术利用于博物馆观众研究的实用性和有效性。⑥

随着博物馆事业的不断发展，一些学者也在尝试运用数字模型的方法对

---

① 林咏能. 国际博物馆评估比较研究[J]. 中国博物馆,2013(2):61-70.

② 唐中河,张屹,聂海林,黄雁翔,余成波. 数字科技馆及相关领域服务质量评价研究综述[J]. 科学教育与博物馆,2019,5(2):110-117.

③ 《博物馆学概论》编写组编. 博物馆学概论[M]. 北京:高等教育出版社.2019(1):220-224.

④ 王娟. 我国博物馆观众初步研究[D]. 长春:吉林大学,2005.

⑤ 吕军,左豪瑞,李慧颖,徐赫,侯霞,于小婷,李美敬,张哲,周登科,丁风雅,吴凯. 湖北省博物馆观众行为调查报告[J]. 东南文化,2012(03):115-122.

⑥ 赵昆. RFID 技术在博物馆观众行为研究中的应用[J]. 文物保护与考古科学,2015,27(1):96-102.

博物馆服务质量评价进行研究,许春晓等人从博物馆观众体验的视角出发,利用"旅游动机—满意度—忠诚关系"模型对湖南省博物馆观众进行研究分析,得出观众参观动机众多的历史知识动机、文化教育动机和休闲娱乐动机对服务质量满意度有着显著的正向影响,并通过满意度正面影响忠诚度的结论。[1]金利民利用"期望—感知"理论,对中国航海博物馆的服务特色,从票务、咨询、导览、便民、医疗救助、展区展示、讲解、影院、餐饮休闲、纪念品10个维度构建了中国航海博物馆服务质量满意度的评价体系,并通过问卷调查统计分析观众对中国航海博物馆服务质量的满意度。[2]乔雪华通过结合博物馆行业的特点,借助SERVQUAL模型和差距分析模型设定了5个维度23个评价指标的博物馆服务质量评价体系,通过对青岛博物馆观众对该博物馆服务质量评价的研究,验证了SERVQUAL模型在博物馆服务质量评价研究中的适用性。[3]

三、问卷设计与调查

(一)问卷设计

为客观有效地了解博物馆观众对福州市闽侯县博物馆服务质量的满意度,本次研究基于SERVQUAL模型结合闽侯县博物馆实际服务内容及特点,设计了福州市闽侯县博物馆服务质量满意度调查问卷,问卷内容共分为两大部分:

第一部分为受访者基本信息和参观行为特征,基本信息包括受访者的性别、年龄、学历、职业和居住地5项。参观行为特征包括受访者前往博物馆参观的出行方式、参观随行人数、和谁一起参观、参观博物馆的方式以及博物馆信息了解途径。

第二部分为观众参观完博物馆后的实际感受情况。这一部分主要基于SERVQUAL模型中的有形性、可靠性、保证性、响应性、移情性5个维度的

---

[1] 许春晓,郑静,钱文芳.博物馆游客旅游动机、满意度与忠诚的关系研究——以湖南省博物馆为例[J].湖南财政经济学院学报,2019,35(1):66-74.
[2] 金利民.中国航海博物馆观众服务满意度调查之实践[J].东方企业文化,2013(19):148-150.
[3] 乔雪华.博物馆服务质量评价研究[D].青岛:中国海洋大学,2014.

22个评价指标，结合博物馆服务的特点假设了22项博物馆观众参观时期望的博物馆服务质量，并运用"期望—感受"理论制定出福州市闽侯县博物馆服务质量感受性的评价指标（如表1所示）。评分制采用李克特5分制量表评价，从1到5分别代表非常不同意、不同意、一般、同意、非常同意，由受访者对每个问题打分。

表1 闽侯县博物馆服务质量评价表

维度/属性	期望指标	感受性评价指标
有形性	博物馆展陈设计应具有更多的现代化科技设备	闽侯县博物馆的现代化科技设备（如智能电子导览技术、3D全景视图等）能为观众提供了良好的参观体验
有形性	博物馆的展陈设备外观应具备吸引力	闽侯县博物馆的现代化科技设备具有视觉上的吸引力，能给观众留下深刻印象
	博物馆内应布局合理、藏品资源丰富	闽侯县博物馆馆内展陈布局合理，藏品资源丰富，能满足观众参观需求
	博物馆工作人员应穿着得体、整洁干净	闽侯县博物馆工作人员穿着得体、整洁干净
	博物馆所提供服务的有关设备及资料应当齐全	闽侯县博物馆提供的电子解说设备及系统齐全且有用
	博物馆应当有便利的基础服务设施	闽侯县博物馆的停车场、便民寄存箱等基础服务设施齐全且醒目，便于利用
可靠性	博物馆应当为观众提供安全可靠的服务设施及网络环境	闽侯县博物馆的现代化服务设施及网络环境是安全可靠的
	博物馆向观众提供的实际服务应与其所承诺服务相符	闽侯县博物馆向观众提供的实际服务与其所承诺的服务相符
	当观众遇到问题时博物馆应尽力帮助观众解决	观众在参观过程中遇到困难时，闽侯县博物馆工作人员能表现出关心并尽力帮助解决
	博物馆应该自始至终提供好的服务	闽侯县博物馆工作人员能自始至终为观众提供良好的服务
响应性	博物馆应提前告知观众博物馆服务类型及服务时长	闽侯县博物馆工作人员会提前告知观众博物馆服务类型及服务时长

续表

维度/属性	期望指标	感受性评价指标
响应性	博物馆工作人员应总是乐意帮助观众	闽侯县博物馆工作人员总是热情地为观众提供服务
	博物馆工作人员能提供及时有效的服务	闽侯县博物馆会及时处理观众的投诉
	博物馆工作人员无论多忙都应及时回应观众的需求	闽侯县博物馆工作人员无论多忙都会及时回应观众的需求
保证性	博物馆工作人员的行为举止是值得信赖的	闽侯县博物馆工作人员的业务能力值得信赖
	博物馆工作人员有充足的知识回答观众的问题	闽侯县博物馆的工作人员具有充足的知识回答观众的问题
	博物馆能有效地组织参观，保证观众的安全	闽侯县博物馆能有效地组织观众参观、保证观众参观过程中的人身安全
移情性	博物馆应该积极了解观众的需求	闽侯县博物馆会积极主动了解观众的参观需求
	博物馆应当能满足不同观众的不同需求	闽侯县博物馆能为观众提供良好的个性化服务
	博物馆应当提前告知观众各种服务设施的使用方法	闽侯县博物馆会主动告知观众各种服务设备的使用方法
	博物馆讲座及其他相关活动预约和报名方式应当是快速便捷的	闽侯县博物馆讲座及其他活动预定比较方便
	博物馆应当向观众提供丰富的电子文献、线上临展等网络资源	闽侯县博物馆网站上资源丰富、便于观众使用

（二）问卷发放与收集

此次调研问卷发放时间为 2021 年 1 月 5 日至 1 月 14 日，问卷收集采取直接调查与间接调查相结合，直接调查主要为实地到闽侯县博物馆让参观完闽侯县博物馆的观众直接填写问卷，间接调查主要通过闽侯县博物馆官方公众号向曾经参观过闽侯县博物馆的观众发放电子问卷，进行网络回收。此次问卷收集共收回 185 份（纸质问卷 130 份，电子问卷 55 份），扣除填答不完整的 6 份无效问卷，实得有效问卷 179 份，有效回收率为 96.76%。

(三)问卷检验

所有问卷回收后,本研究采用 EXCEL 和 SPSS22.0 分析软件对收回的问卷数据进行了统计分析和问卷信效度检验。

1. 问卷信度检验

此次研究主要通过 Cronbach α 系数对问卷可靠性进行检验,以验证问卷整体可靠性及 5 个维度之间的一致性。Cronbach α 系数的值通常在 0—1 时,一般认为当 Cronbach α 系数的值越接近 1 时,则问卷内部一致性越好,可靠性越高,当 Cronbach α 系数的值低于 0.6 时,表示问卷的可靠性不足且内部一致性较差;当 Cronbach α 系数值位于 0.7—0.8 时,说明问卷具有较好的信度;当 Cronbach α 系数值达到 0.8—0.9 时,表示问卷具有较高的可信度,且问卷内部一致性及稳定性较好;当 Cronbach α 系数值达到 0.9 以上时,则表示问卷具有极高的可靠性且问卷内部的一致性和稳定性极高。

表 2 问卷信度检验

项目	Cronbach α 系数
问卷整体信度	0.988
有形性	0.952
可靠性	0.961
响应性	0.963
保证性	0.943
移情性	0.951

从表 2 可以看出,此次问卷整体的 Cronbach α 系数值为 0.988,大于 0.8,说明此次调查问卷的整体信度较好且问卷内部之间的一致性和稳定性较高;其中有形性、可靠性、响应性、保证性、移情性 5 个维度的 Cronbach α 系数值均大于 0.9,说明问卷中 5 个维度中设计的题项之间一致性和稳定性极高,信度极好。

2. 问卷效度检验

此次研究主要通过 KMO 值和 Bartlett 检验进行问卷效度检验,KMO 值一般介于 0—1 之间,KMO 值越接近 1 表示变量间的相关性越好,问卷效度越高,反之,KMO 值越接近 0,变量间的相关性就越差。

表 3　问卷效度检验

KMO 值			0.948
Bartlett 球形度检验	近似卡方		6465.840
^	df		231
^	P 值		0.000

由表 3 可以看出 KMO 值为 0.948，KMO 值大于 0.8，且此次问卷显著性概率（P 值）小于显著性概率水平 0.05，表明此次问卷数据效度较好。

四、实证分析

（一）观众人口信息统计分析

根据此次调研所收回 179 份问卷数据进行人口统计学特征分析，得出本次研究的闽侯县博物馆观众人口信息统计表（表 4）。

表 4　闽侯县博物馆观众人口信息统计表

特征	类别	频数	百分比 (%)
性别	男	81	45.25
	女	98	54.75
年龄	17 岁及以下	19	10.61
	18—30 岁	71	39.66
	31—59 岁	79	44.13
	60 岁及以上	10	5.59
受教育程度	初中及以下	53	29.61
	高中及中专	34	18.99
	大专	26	14.53
	本科	58	32.40
	硕士及以上	8	4.47
职业	学生	45	25.14
	教师	10	5.59
	公务员	8	4.47

续表

特征	类别	频数	百分比 (%)
职业	军人或警察	1	0.56
	工人	17	9.50
	商人	16	8.94
	农民	16	8.94
	其他自由职业	66	36.87
居住地	闽侯县	98	54.75
	福州市内其他地区	47	26.26
	福建省内其他地区	18	10.06
	国内其他省份及地区	16	8.94

在性别方面，闽侯县博物馆观众男性占比为45.25%，女性占比为54.75%。从年龄分布方面看，闽侯县博物馆观众主要以31—59岁的中年观众最多，占比44.13%，其次是18—30岁的年轻观众占比为39.66%。可以看出闽侯县博物馆观众主要由青年人和中年人为主，这可能受闽侯县博物馆观众主要为家庭参观影响。

在受教育程度方面，大专及以上学历总占比为51.40%，其中大学本科学历占比最多为32.40%；高中、中专及以下学历总占比为48.60%，其中初中以下学历占比为29.61%。在职业分布方面，闽侯县博物馆观众从事自由职业占比最多，为36.87%；其次是学生占比为25.14%。这可能与闽侯县博物馆所处地理位置有较大关系，闽侯县博物馆毗邻闽侯县第二实验小学和县石山中学，且距离福建艺术职业学院较近，所以来此处参观的观众多为周围学校的学生和家长。

在观众的居住地部分，闽侯县博物馆观众主要以闽侯县本地观众为主占54.75%，其次是来自福州市其他地区的观众占比为26.26%。由此可以看出闽侯县博物馆影响范围较小，知名度较低。一方面因为闽侯县博物馆新馆2019年2月才正式向公众开放，发展水平较低，且2020年以来受新冠肺炎疫情影响，博物馆许多线下宣传教育活动及展览无法正常举办；另一方面也说明闽侯县博物馆线上网络宣传力度较小，博物馆自身品牌形象不突出。

（二）观众参观行为特征分析

此次问卷对闽侯县博物馆观众参观行为特征进行调查，其内容包括了观众前往闽侯县博物馆的出行方式、随行人数、参观同伴、参观方式及了解闽侯县博物馆相关信息的渠道。

表 5　观众参观行为统计表

特征	类别	频数	百分比 (%)
出行方式	公交车	38	21.23
	徒步	47	26.26
出行方式	自驾	64	35.75
	骑行	29	16.20
	乘坐旅游大巴	1	0.56
参观随行人数	1-2 人	64	35.75
	3-5 人	94	52.51
	6-10 人	17	9.50
	11 人以上	4	2.23
参观同伴	独自参观	22	12.29
	家庭参观	87	48.60
	亲戚朋友	60	33.52
	学校团体	4	2.23
	旅行社跟团	1	0.56
	其他	5	2.79
参观方式	随意参观	121	67.60
	参照路线图参观	40	22.35
	电子语音导览	2	1.12
	跟随导游或讲解人员	16	8.94

由调查数据表 5，可以看出，在前往闽侯县博物馆的出行方式的选择上，选择自驾的观众最多占 35.75%，其次是徒步占 26.26%，这与闽侯县博物馆观众主要由闽侯县本地居民组成有重要关系，本研究对徒步前往闽侯县博物馆的观众进行访问，发现选择徒步前往博物馆的观众多为博物馆周围社区居民；同时前往闽侯县博物博物馆的公交路线便捷度对闽侯县博物馆参观客流量也

存在重要的影响。据本研究实地走访调查发现，目前福州市前往闽侯县公交路线共有46条，其中换乘最少的公交路线主要有33路（公交仁德站—白沙）、38路（公交仁德站—闽侯青岐公交总站），两条路线全程大约需要2个小时；闽侯县内途径闽侯县博物馆公交路线仅517路（闽江一号—闽侯客运中心），全程大约需要1小时，且仍需步行10分钟左右才能到达闽侯县博物馆。因此在前往闽侯县博物馆参观的出行方式选择上较少观众会选择公交出行，而更多的选择自驾前往。因此，闽侯县博物馆观众在对博物馆停车场的基础服务设施要求会更高一些。

在参观随行人数上，3—5人一起前往参观最多，占52.51%，其次是1—2人一起参观，占35.75%；在参观同伴中，以家庭参观最多，占48.60%，其次是亲戚朋友，占33.52%。由参观随行人数和参观同伴可以看出，前往闽侯县博物馆参观的观众多为3—5人，家庭式参观。因闽侯县博毗邻多所中小学和居民区，所以家庭式参观观众多为闽侯县城区居民，同时闽侯县博物馆会在周六日向青少年提供的一些免费活动有关，如寿山石挂饰打磨体验、竹简书法体验及青少年书画展等。因此，闽侯县博物馆观众在一定程度上会希望有方便快捷的讲座、活动等信息的获取途径及预约报名方式，同时对闽侯县能安全有序地组织活动开展和参观服务的要求也会提高。

在参观方式上，选择随意参观的观众最多占67.60%，其次是参照路线图参观占22.35%，而选择跟随讲解人员、导游以及电子语音导览的观众较少，本研究随机访问了一些观众，不愿意跟随讲解人员或导游，是因为观众觉得这种参观方式会有时间和路线的限制，参观过程中也无法在自己感兴趣的展览前长时间驻足。而长时间的浏览式观光也可能造成观众的审美疲劳进而影响对博物馆参观的评价。

同时受新冠肺炎疫情的影响，闽侯县博物馆每天两场的免费人工讲解服务已取消，人工讲解服务仅限10人以上的旅游团或学生团体提前预约。观众不愿选择电子语音导览的原因则是闽侯县博物馆虽然配备有微信语音导览、展厅虚拟讲解员等电子导览设备，但由于缺乏明确的设备使用资料介绍和工作人员介绍，一些观众并不知道博物馆配有电子导览设备，另一些观众则表示不清楚电子导览设备使用方法，不敢轻易使用。因此，闽侯县博物馆应更重视主动告知观众有关博物馆现代化科技服务设备使用方法等方面的相关服务。

在了解博物馆信息渠道这一问题上，本此研究题项采用多选和半开放形式相结合，选择其他选项观众需填写相应了解渠道。

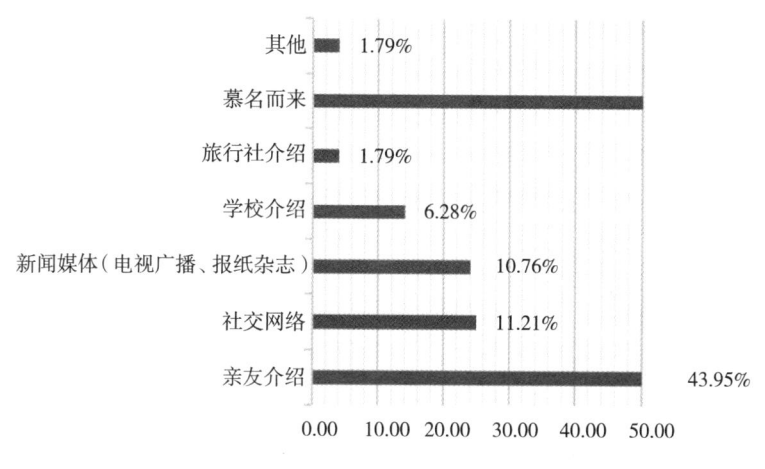

```
其他              1.79%
慕名而来                                          
旅行社介绍          1.79%
学校介绍            6.28%
新闻媒体（电视广播、报纸杂志）  10.76%
社交网络             11.21%
亲友介绍                            43.95%
       0.00  10.00  20.00  30.00  40.00  50.00
```

图 1　了解博物馆渠道

据图 1 显示，观众了解闽侯县博物馆信息的渠道主要为亲友介绍，占 43.95%；其次是慕名而来，占 24.22%。由此说明闽侯县博物馆在当地口碑较好，观众对此博物馆评价较高。

而通过新闻媒体、社交网络等渠道了解到该博物馆相关信息的观众仅占 21.97%，说明闽侯县博物馆的线上网络宣传力度不足，博物馆应加强与当地媒体的合作，线上线下宣传相结合，提高闽侯县博物馆知名度。

其次通过学校介绍了解到闽侯县博物馆的观众不到 7%，说明闽侯县博物馆虽然毗邻多所中小学，但博物馆较少与周围学校形成合作。随着各类博物馆逐步向公众免费开放，一些中小学校开始重视组织学生到博物馆进行参观，并将博物馆作为学生增长知识、了解历史、陶冶性情的第二课堂，因此，闽侯县博物馆更应加强与周围学校的合作，在提高博物馆在知名度的同时，更好地发挥博物馆在社会公众教育中的作用。

最后通过旅行社介绍和其他渠道了解的观众均仅占 1.79%，其中，通过其他渠道了解的观众多为偶然路过。通过实地走访发现，闽侯县博物馆虽然与昙石山遗址博物馆、福建省闽都民俗园在同一旅游线路上，但因闽侯县博物馆位置较偏僻且知名度不高，而缺乏与其他两个旅游景点的竞争力，因此一些旅行团体在时间精力有限的情况下往往不会选择前往该博物馆参观,所以闽侯县博物馆除应提升自身品牌形象和竞争力外,也应加强和旅行社的合作,强化博物馆在旅游功能上的开发与建设。

(三) 闽侯县博物馆服务质量描述性分析

由表6可以看出,在闽侯县博物馆服务质量满意度调查的5个维度中,观众对每一维度的评价总平均值均在4.6以上,说明观众对闽侯县博物馆服务质量的整体评价较满意;其中观众对闽侯县博物馆提供服务的保证性评价最高,总平均值为4.731;其次是该博物馆服务的反应性,总平均值均达到了4.701;再者是该博物馆服务的有形性,总平均值为4.691;而提供服务的可靠性和移情性则分别为4.68和4.66。上述说明闽侯县博物馆向观众提供的服务保证性较好,博物馆工作人员的反应性较高,博物馆整体环境及服务设施让观众较满意,但博物馆工作人员的服务能力和水平仍需要提高,博物馆应积极了解观众的参观需求,加强对观众个性化服务,更好地提高博物馆服务的保证性和移情性。

表6 闽侯县博物馆服务质量满意度描述性统计

维度	评价标准	最小值	最大值	平均值	标准差	平均值排序	总平均值
有形性	博物馆的现代化设施(如智能电子导览技术、3D全景视图等)为观众提供了良好的体验	1.0	5.0	4.698	0.669	10	4.691
	博物馆的现代服务设施相对传统博物馆服务设施更具吸引力,能更好达到观众的参观目的	1.0	5.0	4.704	0.684	9	
	博物馆馆内展品数量、等级及陈列布局给观众留下深刻印象	1.0	5.0	4.654	0.689	19	
	博物馆服务人员穿着得体、整洁干净	1.0	5.0	4.771	0.568	2	
	博物馆介绍资料详细、摆放显眼,解说系统齐全	1.0	5.0	4.665	0.686	15	4.691
	博物馆停车场、志愿服务站等基础服务设施齐全	1.0	5.0	4.654	0.697	21	

续表

维度	评价标准	最小值	最大值	平均值	标准差	平均值排序	总平均值
可靠性	博物馆能及时有效地向观众提供所承诺的服务	1.0	5.0	4.665	0.718	14	4.682
	观众在参观过程中遇到困难，博物馆工作人员能表现出关心并提供帮助	1.0	5.0	4.709	0.631	7	
	博物馆讲解人员知识的广博性及专业性较高	1.0	5.0	4.665	0.686	17	
	博物馆工作人员能明确了解观众的需求，及时有效地为观众提供准确服务	1.0	5.0	4.687	0.664	12	
反应性	博物馆工作人员会提前告知观众服务类型及服务时长	1.0	5.0	4.659	0.671	18	4.701
	博物馆工作人员能及时回应用户的需求	2.0	5.0	4.709	0.575	5	
	博物馆现代化设施的响应速度为观众提供了良好的体验	2.0	5.0	4.743	0.571	4	
	博物馆会及时处理观众的投诉	2.0	5.0	4.693	0.609	11	
保证性	博物馆服务人员的业务能力值得信赖	2.0	5.0	4.704	0.641	8	4.731
	博物馆资源丰富，能满足观众的需求	1.0	5.0	4.665	0.686	16	
	博物馆能有效地组织参观、保证观众参观过程中的人身安全	2.0	5.0	4.765	0.561	3	
	博物馆整体环境运行安全稳定	2.0	5.0	4.788	0.529	1	
移情性	博物馆能根据观众的参观需求提供良好的个性化服务	2.0	5.0	4.709	0.584	6	4.666
	博物馆会主动告知观众服务设备的使用方法	1.0	5.0	4.654	0.705	20	

续表

维度	评价标准	最小值	最大值	平均值	标准差	平均值排序	总平均值
移情性	博物馆讲座及其他活动预定比较方便	1.0	5.0	4.670	0.709	13	4.666
	博物馆网站上资源丰富，便于观众使用	1.0	5.0	4.631	0.693	22	

从 5 个维度的 22 个评价指标来看，22 个问项的满意度标准差均小于 1，说明各变量之间的变异程度较小，可以使用平均数分析样本特征。在闽侯县博物馆服务质量满意度的 22 个问项中，观众满意度评价平均值最高的前三项分别是："博物馆整体环境运行安全稳定"的评价最高，平均值为 4.788；其次是"博物馆服务人员穿着得体、整洁干净"，平均值为 4.771；再次"是博物馆能有效地组织参观、保证观众参观过程中的人身安全"平均值为 4.765。因此可以看出，在闽侯县博物馆服务质量满意度的评价中，观众对闽侯县博物馆整体环境、设施设备运行，及博物馆工作人员着装的满意度较高，其次是博物馆能有效地保证观众参观过程中的人身安全，说明闽侯县博物馆在整体环境塑造、设施设备运行维护及工作人员制度要求方面做得很好，同时表明观众对博物馆服务安全的保证性要求较高。

在 22 个满意度问项中，观众满意度平均值较差的三项分别为："博物馆会主动告知观众服务设备的使用方法"与"博物馆停车场、志愿服务站等基础服务设施齐全"平均值皆为 4.654，"博物馆网站上资源丰富，便于观众使用"平均值为 4.631。通过表 5 观众参观行为特征分析得知，闽侯县博物馆虽然配备有许多相应的电子导览设备，但由于缺乏明确的设备使用资料介绍和工作人员介绍，导致观众并不知道博物馆配有电子导览设备，或不清楚电子导览设备使用方法，而不敢轻易使用。因此造成观众对"博物馆会主动告知观众博物馆各种服务设备的使用方法"这一服务质量评价指标评价较低。

通过分析观众前往闽侯县博物馆的出行方式，本研究发现较多观众会选择自驾前往博物馆，因此对博物馆停车场等基础服务实施的便捷性要求较高，而本研究实际调查发现闽侯县博物馆虽然配有停车场、志愿者服务站和免费寄存箱等基础服务设施，但因位置不够显眼、缺乏工作人员引导、一些中老年人操作困难等原因,很多基础服务设施都是空有形式,并没有真正地发挥作用,因此造成观众对"博物馆停车场、志愿服务站等基础服务设施齐全"这一问项评价较低。

针对"博物馆网站上资源丰富、便于观众使用"这一问项,本研究调查发现,闽侯县博物馆官方网站仅"闽侯县博物馆官方微信公众号",且公众号上许多服务功能不能正常使用,公众号上相关资讯更新速度较慢、内容较少;同时有不少观众在此次问卷调查最后一个题项"对博物馆的建议"中反映闽侯县博物馆内网络信号较差,且博物馆无线网络并不对外开放,因此观众对"博物馆网站上资源丰富、便于观众使用"这一服务质量评价最低。

综上所述,观众对闽侯县博物馆整体服务质量满意度评价良好,但在保证博物馆内网络信号稳定、工作人员服务意识和水平提升、博物馆基础服务设施有效利用等方面还需改善。

(四)人口统计变量与主要变量之差异分析

为能了解性别、年龄、最高学历、职业、来源地、出行方式、随行人数、同伴、参观方式对于有形性、可靠性、反应性、保证性与移情性是否具有显著差异,以独立样本 t 检定与变异数进行相关分析,表 7 仅呈现具有显著差异的部分。

从表 7 结果可知,不同学历者对博物馆服务的可靠性、反应性、保证性与移情性在显著水平 $\alpha=0.05$ 以下,具有显著差异;且最高学历为"高中及中专"者对于可靠性(平均分数为 4.890)、反应性(平均分数为 4.890)、保证性(平均分数为 4.941)与移情性(平均分数为 4.860)的满意度皆高于最高学历为"本科"者,其平均分数分别为 4.461、4.509、4.535、4.440。

此外,"来源地"对于博物的服务质量的有形性、反应性与保证性在显著水平 $\alpha=0.05$ 以下,具有显著差异,深入了解发现,来自"福州市内其他地区"者对于有形性(平均分数为 4.798)、反应性(平均分数为 4.798)与保证性(平均分数为 4.835)之满意度皆高于来自"国内其他省份及地区"者,其平均分数分别为 4.281、4.219、4.344;来自"闽侯县"者对于反应性之满意度(平均分数为 4.727)亦高于来自"国内其他省份及地区"者(平均分数为 4.219)。

表7 背景变项之差异分析表

项目	构面				
	有形性	可靠性	反应性	保证性	移情性
最高学历					
初中及以下（1）	4.764	4.759	4.778	4.793	4.788
高中及中专（2）	4.848	4.890	4.890	4.941	4.860
大专（3）	4.737	4.721	4.721	4.760	4.731
本科（4）	4.500	4.461	4.509	4.535	4.440
硕士及以上（5）	4.771	4.750	4.719	4.750	4.469
F值（P值）	2.37 (0.054)	2.99* (0.020)	2.91* (0.023)	3.26* (0.013)	3.66** (0.007)
Scheffe事后检定		2 > 4	2 > 4	2 > 4	2 > 4
来源地					
闽侯县（1）	4.709	4.683	4.727	4.747	4.668
福州市内其他地区（2）	4.798	4.787	4.798	4.835	4.777
福建省内其他地区（3）	4.676	4.736	4.736	4.708	4.708
国内其他省份及地区（4）	4.281	4.297	4.219	4.344	4.281
F值（P值）	3.125* (0.027)	2.474 (0.063)	4.537** (0.004)	3.279* (0.022)	2.636 (0.051)
Scheffe事后检定	2 > 4		1 > 4 2 > 4	2 > 4	

注：表格内为项目对于各潜在变量之平均得分

"*"表P值＜0.05；"**"表P值＜0.01；"***"表P值＜0.001

（五）回归分析

为进一步了解服务质量满意度分别受5个维度影响的因果关系，本研究通过多元回归分析方法对假设进行验证。多元回归分析方法是一种用于评价一个因变量和多个自变量之间的因果关系的统计分析方法，其数学模型为：

$$Y = b_1 x_1 + b_2 x_2 + b_n x_n + c + e \quad (1)$$

b_n 表示第 n 个自变量 x_n 的回归系数，当其他变量不变的情况下，自变量 x_n 每变动一个单位便会引起因变量 Y 的 b_n 个单位的变化；常数项 c 为方程在

y 轴上的截距；e 表示误差项，指不在观察范围内可能对因变量造成影响的因素。因为不同的自变量的度量单位并不一致，回归系数较难直接体现不同自变量对因变量的贡献大小，而标准化回归系数则消除了测量单位的影响，因此标准化回归系数绝对值越大，说明预测变量对因变量的影响越显著，其解释变量（服务质量满意度）的变异量也会越大。

表8 服务质量与整体满意度之回归分析表

自变数	标准化系数 β 值	t 值	P 值
有形性	0.199	2.189	0.030*
可靠性	0.080	0.712	0.477
反应性	0.075	0.637	0.525
保证性	-0.035	-0.297	0.767
移情性	0.598	5.527	0.000***
F 值	134.737		
P 值	0.000***		

注："*"表 P 值＜0.05；"**"表 P 值＜0.01；"***"表 P 值＜0.001

从表8可知，有形性、可靠性、反应性、保证性与移情性对整体满意度有79%的解释力（F 值=134.737，P 值＜0.001）。且从表8中的标准化回归系数来看，在5个维度中只有有形性和移情性对博物馆服务质量满意度的影响较为显著，其中有形性对于整体满意度之 β 值为0.199（t 值=2.189，P 值＜0.05），移情性对于整体满意度之 β 值为0.598（t 值=5.527，P 值＜0.001），因此得出本次研究标准化回归方程为：

$$Y（服务质量满意度） = 0.199 \times 有形性 \times 0.598 \times 移情性 \quad (2)$$

通过表8可知，当观众对于博物馆现代化服务环境打造、工作人员管理、基本服务设施建设等有形性服务的感受性越正向，对于博物馆整体服务满意度也会提高，且每增加一单位的有形性服务感受值便会增加0.199的整体服务质量满意度。同理，当观众对于博物馆个人化的服务、服务设备的使用等服务质量满意度越高，对于博物馆整体满意度之感受也会提高，且每增加一单位的移情性服务感受值便会增加0.598的整体服务质量满意度。

五、基于 SERVQUAL 模型对闽侯县博物馆的建议

通过前文的理论研究和实证分析结果，得出影响闽侯县博物馆服务质量的最显著的因素为有形性和移情性 2 个维度，因此可以评定闽侯县博物馆可以通过提高博物馆在有形性和移情性方面的服务质量来提高观众对博物馆服务质量的整体满意度。本文针对闽侯县博物馆在有形性和移情性 2 个维度服务存在的问题，提出了适用于闽侯县博物馆提升博物馆服务质量的建议和策略。

（一）有形性

坚持以藏品为出发点，明确陈列重心，结合新颖的科技展示手段，让文物"活起来"。博物馆藏品是一个博物馆存在和开展活动的基础，馆藏的多少、藏品的价值是影响一个博物馆专业度及知名度的重要因素。在闽侯县博物馆有形性服务中，"博物馆馆内展品数量、等级及陈列布局给观众留下深刻印象"一问项观众的满意度评价最低，可以看出观众对闽侯县博物馆藏品及展陈服务评价较低。通过实地调查发现，闽侯县博物馆内知名度较高、价值较大的藏品并不多，虽然博物馆内陈列展览运用了大量高新技术，让观众觉得新颖，但由于缺乏陈列重心，无法给观众留下深刻的影响。这也是许多基层博物馆同样亟须解决的困境。

基层博物馆因级别较低、资金匮乏等原因，在文物征集、考古发掘等方面都有很大的局限性，基层博物馆想要丰富馆藏文物只能通过政府划拨、借调等方式征集文物。但除此之外基层博物馆还可以通过积极与社会各界合作，拓展更为宽阔的文物征集渠道，如通过和爱心人士及民间文物收藏家合作，鼓励其对博物馆进行捐赠，从而丰富博物馆馆藏内容；其次，还可通过和各大著名博物馆加强合作，通过借展的形式定期开展一些知名文物的临时展览。

除丰富博物馆藏品外，博物馆在基本陈列时应有明确的展陈重心，注重展陈的一致性、互动性和趣味性。通过问卷数据分析，本研究发现闽侯县观众对"博物馆的现代服务设施相对传统博物馆服务设施更具吸引力，能更好达到观众的参观目的"这一指标评价较高。实地调研发现闽侯县博物馆通过科学技术让观众与文物进行互动，让观众通过趣味性的互动更加直观地了解

展品的历史背景。在进行文物展览陈列时，博物馆采用通俗易懂并富有趣味性的语言或其他展示方法对展品进行解说，而不是简单地介绍文物的出土时间、年代等，通过有别于传统展览的展陈方式，既能让观众通过参观展品了解到我国历史文化的源远流长而不会觉得枯燥乏味，也可以体现出所展览陈列展品的真正内涵和价值。

通过本研究实地调查发现闽侯县博物馆虽然配有停车场、志愿者服务站和免费寄存箱等基础服务设施，但因位置不够显眼、缺乏工作人员引导、一些中老年人操作困难等原因，很多基础服务设施都是空有形式，并没有真正地发挥作用。因此，在闽侯县博物馆所有服务质量评价指标中"博物馆停车场、志愿服务站等基础服务设施齐全"这一指标评价较低。博物馆内的生活服务、休闲娱乐等公共设施的使用便捷度和安全性是博物馆提供服务的重要保证，博物馆生活服务设施是否齐全、使用是否方便快捷直接影响观众对博物馆服务质量的直观感受。博物馆应定期对馆内生活服务、休闲娱乐等基础公共设施进行检查和维护，提高博物馆服务设施使用的便捷性、安全性。同时，加强对博物馆工作人员，特别是直接与观众接触的服务人员的服务意识培训，提高服务人员主动服务的意识和积极性，保证博物馆服务业务水平，提高观众对博物馆服务质量评价满意度。

（二）移情性

注重了解观众需求，提高个性化服务水平。在闽侯县博物馆服务的 5 个维度评价指标中，观众对闽侯县博物馆服务的移情性维度评价最低，可见闽侯县博物馆在了解观众需求、向观众提供良好的网络资源、为观众提供个性化服务方面的服务质量较差。

对于博物馆而言，要保证观众的参观量，除了应具备丰富且具有特色的馆藏资源外，博物馆相关网站也应配备丰富的电子资源。在闽侯县博物馆所有服务质量评价指标中，观众对"博物馆网站上资源丰富、便于观众使用"这一指标评价最低，主要因为闽侯县博物馆虽设有官方网站，但网站信息已长时间未得到更新，且官方微信公众号也仅限于活动报名及参观预约等功能。2020 年，受疫情的影响，许多博物馆均推出"云展览""移动博物馆"等展览方式，让观众足不出户便能观看博物馆展览，闽侯县博物馆在 2020 年也曾推出 50 余期线上展览和 2 场展览直播，收到 27 万人次浏览观看，是线下参观人次的 2 倍。但 2020 年 5 月 1 日，博物馆恢复正常开放后，闽侯县博物馆线上展览便取消了。在网络信息发达的今天，"线上看展"越来越流行，比起舟车劳顿的旅程、摩肩接踵的参观环境，越来越多的观众更倾向于在家"云看展"，博物馆线上展览既能突破地理位置带来的影响，也能更好地吸引更多观众，进而快速提升博物馆的口碑和知名度。

博物馆除了利用网络科技提高博物馆展览知名度外，还应积极关注观众需求，为观众提供高质量的服务，让观众享受到满意的服务体验。在闽侯县博物馆移情性维度评价中"博物馆能根据观众的参观需求提供良好的个性化服务"和"博物馆会主动告知观众服务设备的使用方法"两项评价指标均较低，通过实地调研发现闽侯县博物馆服务人员服务积极性不高，服务意识不强。在闽侯县博物馆前台咨询处，大部分时间没有工作人员，且咨询处服务人员不会主动询问观众需求或告知观众博物馆服务内容及服务时间，这也是大部分观众在参观时不会请讲解员或租用电子语音导览器的原因，观众不知租借语音导览器价格及使用方法，当观众有疑问时也没有专业工作人员可以提供帮助。

博物馆服务人员服务水平和服务态度的好坏，是影响博物馆观众参观体验的直接因素，也是决定博物馆服务质量的重要因素。基层博物馆在馆藏资源有限、知名度较低等条件的限制下更应时刻关注观众在参观过程中的需求变化，通过加强对博物馆服务人员的服务意识和服务技能的培训，使其能够更快、更及时观察到观众在参观前及参观过程中或参观后的特殊需求，并通过为观众提供个性化定制服务，让观众感受不一样的服务体验。而不是只关注完成工作任务，忽略观众的参观体验。

六、研究总结

（一）研究小结

经过前文的论述，本研究借由 SERVQUAL 模型了解了影响闽侯县博物馆服务质量满意度的关键因素，结合闽侯县博物馆服务的特点，建立了闽侯县博物馆服务质量评价体系，并通过实证分析评定闽侯县博物馆可以通过提高博物馆在有形性和移情性方面的服务质量来提高观众对博物馆服务质量的整体满意度。此次研究主要成果体现在以下几个方面：

1. 研究基于 SERVQUAL 模型结合闽侯县博物馆服务特点，制定了符合闽侯县博物馆服务质量满意度评价的评价体系，涉及了影响博物馆服务质量评价的有形性、可靠性、反应性、响应性、移情性 5 个维度，涵盖了多个博物馆服务质量的评价指标，有效地对闽侯县博物馆服务质量满意度进行测评。

2. 通过观众人口信息统计分析、观众参观行为特征分析、博物馆服务质量描述性分析、人口统计变量与主要变量之间的差异分析及回归分析，对观众对博物馆服务质量满意度进行分析，得出了闽侯县博物馆服务质量总体满意度评价为 4.694，总分值为 5，证明观众对闽侯县博物馆服务质量总体满意度评价较满意。其中，在影响博物馆服务质量评价中，有形性、可靠性、反应性、响应性和移情性 5 大维度的评价分别为：4.691、4.682、4.701、4.731、4.666；通过回归分析得出影响闽侯县博物馆服务质量的最显著的因素为有形性和移情性 2 个维度，因此可以评定闽侯县博物馆可以通过提高博物馆在有形性和移情性方面的服务质量来提高观众对博物馆服务质量的整体满意度。

3. 本文基于 SERVQUAL 模型及数据分析结果，分别从影响闽侯县博物馆服务质量的有形性和移情性 2 个维度，针对闽侯县博物馆服务现状提出了闽侯县博物服务质量的改进建议和策略。

（二）研究不足

本次研究受个人能力以及疫情对调研时间的影响，仍存在诸多不足之处：

1. 评价体系方面：虽然在进行研究前及研究过程中本研究通过广泛查阅资料，对博物馆服务质量评价相关研究做了了解，但由于目前国内外对博物馆服务质量评价还未确立标准的评价体系。而 SERVQUAL 模型虽经过众多学者的不断修正、验证，但其自身仍存在许多不足，不能完全适用于博物馆服务质量评价。同时，不同的博物馆具有不同的服务特色，此次研究中设计的评价体系是否能用于其他博物馆服务质量评价研究，仍有待进一步研究证明。

2. 数据收集方面：由于受数据收集时间和疫情的影响，本次研究仅收集了 179 份有效问卷作为分析，不能全面地了解所有闽侯县博物馆观众对博物馆服务质量的感受，因此研究结果可能会和实际存在一些偏差。

3. 数据处理方面：本文虽然运用了变量统计分析、差异分析、回归分析等分析方法对闽侯县博物馆服务质量进行评价分析，在一定程度上发现了闽侯县博物馆服务的不足，但受数据量较小及数据准确性不足等原因影响，此次研究评价分析结果准确性有待进一步验证。

除此之外，本文在问题阐述与解决方面也有待改进，希望未来通过不断学习和实践，提升自身的理论素养和实践能力，提高研究实践及解决问题的能力和水平。

（指导老师：张铎瀚）

文物保护视野下明代惩治发冢犯罪法律研究

王君[1]

摘要：古代发冢犯罪法律禁止破坏、发掘及盗取坟冢，对现代盗掘古墓葬犯罪法律的制定值得借鉴。其历史最早可追溯到先秦时期，发展至明代已经相当完备合理。此外，也深受儒家礼法思想的影响，法律表现出"亲亲尊尊"和"尊重逝者"的观念。既存在鲜明的历史局限性，同时也蕴含历史逻辑性和进步合理性。本文在文物保护视野下面向现代盗掘古墓葬犯罪，全面把握明代发冢犯罪法律并化其制度得失为历史启示。今后，我国应当更加致力于建设和谐社会，推进社会主义法治文化建设，满足人民对美好生活的向往。在预防盗掘犯罪方面，要注重刑事处罚的教育性和相适性，加强法制宣传的指向性和创新性，加大古墓保护的积极性和技术性，强化政府监管的责任性和有效性。对待古代传统法律，我们要以正确理性的态度对其客观评价，坚持去粗取精、古为今用。

关键词：发冢；明代；大明会典；盗掘古墓葬；预防犯罪

---

[1] 王君，女，历史学系2017级文物与博物馆学专业本科生．

一、前言

新中国成立以来,盗掘古墓葬现象日益猖獗。1997年起《中华人民共和国刑法》在"妨害文物管理罪"中特别设置"盗掘古墓葬罪"来惩治盗墓行为。盗墓现象古今皆有且屡禁不绝,盗掘犯罪法律的历史其实相当悠久,它的前身就是古代发冢犯罪法律。

古今法律存在着本质差别,但现行盗掘古墓葬犯罪法律在一定意义上可以说是古代发冢犯罪法律传统的延续,两者间既有区别又有联系。目前,对于中国古代传统法律研究展开的学术研究可以说是方兴未艾。法律史学界关于传统法律的研究已经涌现出不少的成果,但在该领域还存在进一步扩展的空间。对其研究,一方面可以拓宽中国古代传统法律研究的广度和深度,有助于我们基于时代背景深化对传统法律的认识;另一方面,可以挖掘出行之有效的预防犯罪的法制措施,并结合我国实际情况进行创造性转化、创新性发展,以期能够有效遏制并减少盗墓犯罪,加快完善法律法规以保护古墓葬,积极推动社会主义文物保护法治建设。

而本文所以选择明代发冢犯罪法律作为研究对象,主要是因为笔者在查阅相关学术文献时,发现明代发冢犯罪法律相当典型,却没有受到相应的重视。据此,笔者力图以面向现代的法律史研究新思路对明代发冢犯罪法律展开综合考察研究。首先,通过从现象到本质的研究途径,基于时代背景把发冢犯罪法律史实与理论结合起来。其次,评析探讨明代发冢犯罪法律的历史局限性和逻辑进步性。最后,在文物保护视野下挖掘具有当代意义的内容,从而为我国的文物保护法制建设提供一些经验教训。

二、古代发冢犯罪法律的立法传统

(一)前代惩治发冢犯罪法律的历史考察

产生发冢现象的历史几乎与坟冢出现的历史一样久,惩治发冢犯罪法律也有着相当悠久的历史,我国古代惩治发冢犯罪的规定最早可以追溯到先秦时代,以下对明以前发冢犯罪法律的重要阶段进行大致描述。

1. 秦汉成文，严加禁止

翻阅现存的史料，禁止发冢的法律规定最早可以追溯到先秦时期，《吕氏春秋·节丧》有言："棺椁数袭，积石积炭以环其外。奸人闻之，传以相告。上虽以严威重罪禁之，犹不可止。"[①]虽然法律的实施效力有限，发冢现象仍禁绝不止，但足以见得我国在先秦时代已有相关的法律惩罚措施。

根据新中国建立以来考古发掘所出土的文物资料也可得出发冢犯罪历史悠久的结论。张家山二四七号汉墓出土的竹简《二年律令》被推断为西汉吕后二年施行的法律，其中就有惩治发冢的法律条文，并规定有具体的刑罚，"盗发冢，略卖人若已略未卖，矫相以为吏，自以为吏以盗，皆磔"[①]，盗发冢者被处以磔刑，"师古曰：磔，谓张其尸也"[②]，磔刑即是一种分裂肢体的死刑。可见到了西汉，"盗发冢"已被正式写入法律条文内。居延甲渠侯官遗址第22号房址内曾出土3枚木牍，内容是禁令文，第1枚为文件标题，第2枚是对大将军幕府来文的转述，第3枚是报告内容。"甲渠言部吏毋铸作钱、发冢、贩卖衣物于都市者"[③]，作为河西五郡大将军的窦融禁止河西兵民发冢，可见东汉也对盗墓行为严加禁止。

2. 唐代规范，承前启后

唐代承袭秦汉的立法成果，将封建立法推向高峰，在中国法制史进程中具有承前启后的重要地位。法律空前系统完备，《唐律疏议》对发冢相关犯罪设置了专门的法律条文，比如"十恶"重罪中的"谋大逆"条，和贼盗律中的"残害死尸"条、"穿地得死人"条、"发冢"条及"盗园陵

图1 居延甲渠侯官遗址木牍
编号 EPF22:37-39

---

① 彭浩,陈伟,工藤元男.二年律令与奏谳书[M].上海：上海古籍出版社,2007:115.
② 班固.汉书[M].卷五.北京：中华书局,1962.
③ 马怡,张荣强.居延新简释校[M].天津：天津古籍出版社,2013:755.

内草木"条。"发冢"条规定:"诸发冢者,加役流(发彻即坐。招魂而葬亦是);已开棺椁者,绞;发而未彻者,徒三年。"唐代进一步完善立法,犯罪情形更加细化,量刑上轻重有别,最严厉的惩罚是处以绞刑,为后世制定相关法律条文提供了借鉴。

(二)古代惩治发冢犯罪法律的立法渊源

发冢在古代是重罪,自唐代起更是规定发冢犯罪为"常赦所不原"。《旧唐书》记载:"应京城天下诸州府见禁囚徒,除十恶忤逆、官典犯赃、故意杀人、合造毒药、放火持仗、开劫坟墓及关连徐州逆党外,并宜量罪轻重,速令决遣,无久繁留。"[1] "开劫坟墓"与"官典犯赃、故意杀人、合造毒药、放火持仗"等一同被列为性质特别严重的犯罪,不予普通赦免所宽宥,不为统治者所原谅,可见发冢惩治力度之大,法律之严苛。但这其中也是蕴含着深刻原因的。

1.保护坟冢,维护统治

中国古代是传统封建宗法社会,宗族往往是社会发展稳定的中坚力量。在宗族中,最为重要的概念莫过于"祖宗"。坟冢作为祖宗灵魂安息的场所,隐含着极为特殊的意义,祖坟风水事关子孙命运。律学家雷梦麟这样写道:"坟冢,逝者之所藏而不致暴露,生者之所保而不忍发掘者也。"[2] 保护坟冢,祖先及逝去亲人得以安息,生者得以尽孝道,保护祖坟以庇佑后代。每年共同祭拜祖先还能维系家族纽带,坟冢逐渐成为凝聚宗族情感的象征。统治者通过法律保护坟冢安宁,可以使宗族关系和谐、社会秩序稳定,把道德和法律统一起来,宣传家国天下、忠孝两全的儒家思想,封建皇权统治得以巩固。与此同时,皇室陵墓作为皇权象征物,统治者更是要对其重点保护。为了凝聚宗族情感和维护封建皇权统治,古代国家重视保护坟冢是必然的。

2.毁掘坟冢,扰乱秩序

我国历朝历代对发冢都是持否定态度。发冢导致重大危害,扰乱两个世界的和谐秩序。发冢叨扰逝者死后的世界,是对逝者的大不敬,也是对生者的困扰,破坏祖先庇佑。发冢触及封建社会人伦底线,遭人唾弃,不加以打击会扰乱社会道德风气,引起社会混乱,助长其他犯罪活动。"冢墓被发,

---

[1] 刘昫,等撰.旧唐书[M].卷一九.北京:中华书局,1975.
[2] 雷梦麟.读律琐言[M].怀效峰,李俊,点校.北京:法律出版社,2000.

即帝王不免。"①皇室陵墓也会被利欲熏心的发冢者设为目标。为了维护皇室尊严，维持社会良好道德风气，历朝历代的统治者都对发冢行为严惩不贷，相关法律惩治是必然的、是局势所迫的。

三、明代发冢犯罪法律的继承发展

（一）明代惩治发冢犯罪法律的规定特点

关于惩治发冢犯罪法律，历朝历代是一脉相承并不断发展完备的。明代继承发冢犯罪传统法律，并根据自身特点加以发展。开国皇帝认为元朝的覆灭与法度松弛有着重要关系，"元氏昏乱，纪纲不立，主荒臣专，威福下移，由是法度不行，人心涣散，遂致天下骚动"②。朱元璋即位后，相当注重法治建设，以"重典治国、法贵简当、明刑弼教"作为立法指导思想。

1. 刑法保护，面面俱到

明代进一步加大坟冢的刑法保护范围。笔者根据《明会典》卷一百六十八中的"谋反大逆"条、"盗园陵树木"条、"发冢"条，以及卷二百二规定的"若毁人坟茔内碑碣石兽者、杖八十"，③制作了表1。不管是坟冢外的坟地、树木、碑碣和石兽，还是坟冢内的棺椁和死尸，甚至是墓室建筑材料、随葬器物及逝者身着的衣服，明代都给予了充分的法律保护，可谓是从里到外、面面俱到。凡是破坏、发掘及盗取坟冢保护范围内所有物，都加以刑罚惩治。明代判牍就曾记载关于盗砍墓木和盗取衣物的案例。"审得林若禄与侄林廷瑞共一祖坟，而廷瑞之房即在坟傍，若禄告称廷瑞盗砍墓木四十余根。"④叔叔告侄子盗砍墓木，就算是子孙后代也不能私自砍伐墓木。"劈棺剥衣，即入土之躯尚遭掊击，不独见尸而已也。国亮数年前曾以盗刺，今改其术而为发冢，拟律拟绞，夫复何辞。应春姑以为从拟配，赃衣应给原主。"⑤郑国亮、李应春劈开逝者棺椁并剥下衣服，被逮捕后处以刑罚，并要求归还逝者衣物。法律对坟

---

① 沈德符.万历野获编·卷二[M].北京：中华书局，1997.
② 中央研究院历史语言研究院.明太祖实录[M].台湾：中央研究院历史语言研究所，1962：1.
③ 李东阳，等撰.大明会典[M].（明）申时行等，重修.江苏：广陵书社，2007.
④ 杨一凡，徐立志主编.历代判例判牍（五）[M].北京：中国社会科学出版社，2005.
⑤ 杨一凡，徐立志主编.历代判例判牍（四）[M].北京：中国社会科学出版社，2005.

冢的一草一木、一衣一物都进行保护，不容破坏。

表1 犯罪行为与对象对照表

犯罪行为	犯罪对象
盗葬	坟地
平治坟墓为田园	坟冢、坟地
弃尸卖坟地	死尸、坟地
盗常人坟茔内树木	树木
盗园陵内树木	树木
毁人坟茔内碑碣石兽	碑碣、石兽
谋毁山陵	坟冢
于坟墓熏狐狸	坟冢
于坟墓熏狐狸，因而烧棺椁	坟冢、棺椁
于坟墓熏狐狸，因而烧尸	坟冢、死尸
见棺椁	棺椁
未至棺椁	棺椁
开棺椁见尸	棺椁、尸体
残毁，及弃尸水中	尸体
穿地得死尸，不即掩埋	尸体
以致失尸	尸体
盗尸柩	尸柩
盗取器物砖石	附葬器物、建筑材料
盗取衣服	附葬器物

无论是本朝历代帝王、贵族、官僚还是庶民百姓的坟冢，都在法律保护范围之内。《问刑条例》补充法律条文："一凡发掘王府将军中尉、夫淑人等、郡县主、郡君、乡君、及历代帝王、名臣、先贤坟冢、开棺为从、与发见棺椁为首者、俱发边卫。"且不论有无尸体，都受到同等保护。明代规定"招魂而葬，亦是"，《律解辩疑》中这样解释道："谓人因远方而故、尸骨不能回家，或过阵亡尸骨无迹、祖贯遇会安葬无尸骨，或用衣冠，或用布帛作件衣服、招其魂，或用木刻其人，或不刻人、只一块□□石（而）用木匣□而葬之。若发见棺椁、若开匣见衣帛、木石，即见尸之罪。"古人认为"逝

者魂气归于天,形魄归于地,与万化冥然"。如果没有尸骨即形魄,则用衣帛、木石代为安葬,招其魂气,此为"招魂葬"。招魂而葬的坟冢和普通坟冢受到同样的保护,开棺椁见物等同见尸,处以死刑。明代对坟冢的保护力度之大,可见一斑。

2. 量刑严密,重其重罪

明代具体规定发冢者与墓主之间的身份关系,分为常人之间、亲属之间和贵贱之间。并对亲属之间发冢行为进行定罪量刑,可以用表2来说明,表2以犯罪行为作为排序标准。亲属等级可分为子孙、卑幼和尊长,亲属之间可分为"子孙对尊长""卑幼对尊长""尊长对卑幼"和"尊长对子孙"。明代对定罪量刑的犯罪情节和量刑标准都规定得相当严密细致。以"于坟墓熏狐狸、因而烧棺椁"犯罪为例,"发冢"条规定"若缌麻以上尊长,各递加一等。卑幼,各依凡人递减一等"。《律解辩疑》这样解释道:"(递加),谓烧缌麻尊长棺椁者,杖九十,徒二年半;小功,杖一百,徒三年;大功,杖一百,流二千里;期亲,杖一百,流二千五百里……(递减),谓烧缌麻卑幼棺椁者,杖七十,徒一年半;小功,杖六十,徒一年;大功,杖一百;期亲,杖九十。"亲属之间发冢犯罪依照服制定罪量刑,即"准五服以制罪"。五等丧服由亲至疏分别是斩衰、齐衰、大功、小功和缌麻。服制愈近,血缘关系越亲,尊长烧卑幼棺椁的刑罚越轻,到大功和期亲(斩衰、齐衰)只剩下杖刑;同样的情况下,卑幼烧尊长棺椁的刑罚更重,从杖刑变为更严厉的流刑。

表2 犯罪情节与刑罚裁量对照表

犯罪情节		刑罚裁量	
亲属之间	犯罪行为	刑罚	量刑标准
子孙对祖父母、父母	熏狐狸	杖一百	
子孙对祖父母、父母	熏狐狸,因而烧棺椁	杖一百、徒三年	
卑幼对尊长	熏狐狸,因而烧棺椁	缌麻:杖八十、徒二年	小功以上,各递加一等
尊长对卑幼	熏狐狸,因而烧棺椁	缌麻:杖八十、徒二年	小功以上,各递减一等

续表

犯罪情节		刑罚裁量	
亲属之间	犯罪行为	刑罚	量刑标准
子孙对祖父母、父母	熏狐狸，因而烧尸	绞	
卑幼对尊长	熏狐狸，因而烧尸	缌麻：杖一百、徒三年	小功以上，各递加一等
尊长对卑幼	熏狐狸，因而烧尸	缌麻：杖一百、徒三年	小功以上，各递减一等
子孙对祖父母、父母	残毁，及弃尸水中	斩	
卑幼对尊长	残毁，及弃尸水中	斩	弃而不失，及髡发若伤者各减一等
卑幼对尊长	弃尸卖坟地	斩	
尊长对卑幼	残毁，及弃尸水中	缌麻：各杖一百、流三千里	小功以上，各递减一等
尊长对子孙	残毁，及弃尸水中	杖八十	
卑幼对尊长	未至棺椁	杖一百、徒三年	
卑幼对尊长	见棺椁	杖一百、流三千里	
卑幼对尊长	开棺椁见尸	斩	
尊长对卑幼	发坟冢，开棺椁见尸	缌麻：杖一百、徒三年	小功以上，各递减一等
尊长对子孙	发坟冢，开棺椁见尸	杖八十	

清代薛允升通过律文对比，认为"贼、盗及有关帑项、钱粮等事，明律又较唐律为重"[1]。发冢属于"贼盗律"，发冢重罪严重违背礼治，有可能冲击封建专制统治的基础。明代对发冢重罪重点打击，尤其是侵害皇陵和卑幼对尊长实施的发冢犯罪。《大明律》规定"其子孙毁弃祖父母、父母，及奴婢、雇工人、毁弃家长死尸者、斩""若卑幼发尊长坟冢者，同凡人论。开棺椁见尸者，斩。若弃尸卖坟地者，罪亦如之"，将唐代时的最高刑罚绞刑提升为斩刑，"绞者，身首不殊，缠缚而缢；斩者，以刀刃杀戮，身首异处，弃于

---

[1] 薛允升.唐明律合编[M].怀效锋,李俊,点校.北京:法律出版社,1999:170.

市也"，斩刑是封建制五刑之极，因为不能保全遗体而重于绞刑。"谋毁山陵"被单独放在"十恶"重罪中的"谋大逆"条，"山陵者，古先帝王因山而葬，黄帝葬桥山即其事也。如山如陵，故曰'山陵'"，山陵即是古代帝王的陵寝。"此条之人，干纪犯顺，违道悖德，逆莫大焉。故曰'大逆'"，侵害皇陵者严重危害到了封建国家统治，明太祖对其加以严惩，处以凌迟极刑。凌迟处于五刑之外，"即剐也。谓碎脔肢体，身首异处"，可以说是最残忍的刑罚之一。且是"不分首从，皆凌迟处死。祖父、父、子、孙、兄弟，及同居之人，不分异姓，及伯叔父、兄弟之子，不限籍之同异，年十六以上，不论笃疾、废疾，皆斩"。不仅发冢犯罪者本人要被实行凌迟处死，还要株连亲属，满门抄斩。

（二）明代预防发冢犯罪法律的规定特点

预防犯罪是治理犯罪的根本途径，能够避免和减少犯罪对社会造成的伤害，维持社会秩序和谐稳定。明律相当重视预防犯罪，在预防发冢犯罪上有着较高的水平，为后世提供了宝贵的经验。

1. 明礼导民，明刑弼教

明以前的朝代重视"明礼导民"，侧重对百姓的教化，对普法教育不是特别用心。明代创新性地在"明礼导民"的基础上，同时以"明刑弼教"作为立法指导思想，将提倡道德与法制宣传教育结合起来预防犯罪。

在"明礼导民"思想的指导下，全社会达成了共识，认为发冢行为会叨扰逝者，是对逝者的不尊重，会使其无法安息，是有违礼法的，是不仁不智的。明代判语就曾写道："坟听国鼎砌，郑志及元章等皆素知礼法，惟曾魁协争，不宜伤及墓石，并杖之。""李汝忠挟仇唆寡乘隙造端，欲掘他人已瘗之骨，偿己子应尽之魂，不仁不智甚矣。"

在"明刑弼教"思想的指导下，统治者十分重视法制宣传教育，采取了一系列前所未有的普法措施。《大明律》专门设立了"讲读律令"的条文，组织专人对具体法律条文进行讲解。此外，统治者颁布了《大诰》和《教民榜文》等文书，这些法律法规还成为各级学校的必修课程，出现在科举考试的考题中，发冢犯罪法律就是通过这样的形式进行普及。此外，《明实录》记载："兴化卫指挥佥事李春发宋时人家，盗黄金等物，有司以闻，上命罪之如律。仍追所盗物敛瘗其骸，立木刻其事于墓左，以为民戒。"明代还通过在案发地点刻木碑记发冢事的形式普法，用真实发冢犯罪惩治案例来警戒教育百姓。在充分的法制宣传教育下，百姓知法、畏法而守法，一定程度上有效遏制和减少发冢犯罪。

2. 优待守冢，择优护陵

明代对皇帝及皇帝宗室、王侯等专门设置有守冢的陵户和坟户，其主要来源于各陵墓周围的民户。不同等级的陵墓设置陵户的数量规模不一，皇室陵墓设置数量较多，其中明皇陵最多，设有陵户3342户。与此同时，皇室陵墓还派有军队把守，"孝陵军士、原额五千七百有奇"，孝陵专门守护陵墓的驻军人数竟多达5000人，可见其保护力度之大。

对于陵户，统治者还给予了一定的优惠政策，明律规定："凤阳等处皇陵祠祭署官员社长土民陵户女户人等，朝贺到京，钞十锭。""经过凤阳，陵户及亲戚，人赐钞六锭。""南京太常寺委官，及孝陵凤阳陵户、坟户、社长、香首、礼生，赴京关领香帛等物，官支廪给。""陵户坟户杂泛差役，除正身外，准免二丁。"明代陵户可以受到皇帝的亲自朝见，在重大日子或是皇帝出巡时能得到物质赏赐，还可以免除一定赋税徭役。特别一提，为了能够更好地予以保护，守冢的陵户也有着相应的选择标准。明时，来自湖南的夏姓泥水匠和来自江西的王姓砖匠，以手艺赢得了靖江王府的认可，被委派为靖江王陵的护陵人，虽然两位护陵人不是周围的民众，但他们的一技之长有利于坟冢的后期修缮，得以为桂林靖江王室守冢。

3. 重典治吏，以吏监管

明代奉行"重典治吏"，注重吏治，通过官员监管下属和百姓。明律规定："遣官行视历代帝王陵寝，凡三十六陵，令百步内禁樵采，设陵户二人看守，有司督近陵之民，以时封培。""各该巡守人役……不行用心巡视，及守备留守等官，不行严加约束，以致下人恣肆作弊者，各从重究治。"官员要负责监督管理好下属的陵户、巡守人员以及附近的民众，监管不当以至于出现纰漏也会受到相应的重罚。

（三）明代惩治预防发冢犯罪的礼法思想

儒家思想经过董仲舒的加工改造后，成为封建正统思想统治中国封建社会长达2000年之久，宗法社会中的"亲亲""尊尊"原则在君主专制时代被赋予了新的意义。礼法结合、以礼入法最终构成中国古代传统法律的基本精神。处于封建社会后期的明代，虽然具有自身的特点，但也深受中国传统法律思想的影响，从发冢犯罪法律中可以洞悉古人的礼法思想。

1. 亲亲尊尊，等级秩序

明代发冢犯罪法律依据人们的血缘关系、身份地位及社会成就来断案量刑，表现出鲜明的等级法、伦理法色彩。法律条文和司法实践贯穿着涉及血缘宗法的"亲亲"和涉及君主专制的"尊尊"原则。

（1）亲属相犯，依五服论处

服制愈近，即血缘关系越亲，以卑犯尊者，处刑愈重。《莆阳谳牍》有一件儿子开棺毁弃父亲尸体的案例："乃乘夜开棺并父骨而窃之而碎之，是盖穷奇梼杌所不若也……天下有子毁父形而复能庇子者乎？倘当时以母老子幼宽之，则三尺几于尽灭，而顽凶何以惩戒也？伏候裁夺。"儿子对父亲守孝的服饰是斩衰，服制最近，血缘关系最亲。儿子以卑犯尊亲属，严重违反伦理道德，破坏尊卑贵贱、亲疏有别的等级秩序，判语甚至将罪犯与中国神话上古时期的恶兽穷奇、梼杌类比，知府依子弃父尸者律对其处以斩刑，不为宽宥。

服制愈近，即血缘关系越亲，以尊犯卑者，处刑愈轻。又有一案件："审得辜和镇恃富逞强，功侄身死，不容顿柩寝堂，又不公从兄侄妥议，辄潜搬万人坑内，令饱鸟鸢……情辞支吾不一，灭骸夫复何辞。按律应徒，功亲幸免。"辜和镇抛弃侄子的尸体到万人坑。根据"准五服以制罪"原则，辜和镇和逝者为叔侄关系，服制为小功丧服，辜和镇以尊犯卑，处刑轻于常人，因其是逝者的功亲尊长，而免于徒刑。"尊卑之分固不可踰，然使挟其尊长凌卑幼以不堪，准则甘之。"在古人的思想里尊卑有序是最重要的。

（2）良贱相犯，依身份论处

以贱犯良者，墓主身份地位越高，社会成就越大，处刑越重。明律规定："凡历代帝王陵寝，及忠臣烈士、先圣先贤坟墓，不许于上樵采耕种，及牧放牛羊等畜，违者、杖八十。"《新纂四六合律判语》是判语释法的经典之作，"历代帝王陵寝"判语："童竖牧其上，掷为耕种之场。矧兹弓剑之埋藏，岂容斧斤之斩刈？悲生三恪，感动百灵。郭崇韬行盗掘之诛，诚有见也。周太祖严樵采之禁，岂无故欤？加以杖刑，杜其窥伺。"郭崇韬在历代帝王陵寝旁樵采耕种，被杖打惩戒。为表示对历代帝王、忠臣烈士和先圣先贤的敬重，其坟冢周围不容许百姓日常的樵采耕种和畜牧牛羊。

以良犯贱者,贵族阶层破坏庶民阶层坟冢的发冢犯罪存在法外特权。明代位于封建社会后期,法自君出,皇权至上,君主意志凌驾于整个法律体系之上,掌握着国家最高立法权和司法权,左右着发冢犯罪法律的有效运行,可以任意赦免和处置他人,规定"八议"和"上请"制度对贵族特权阶层进行保护。

2. 事死如生,尊重逝者

儒家长期以来有"事死如生"的传统孝道丧葬观念,《礼记·中庸》曰:"事死如事生,事亡如事存,孝之至也。"《荀子·礼论》又言:"丧礼者,以生者饰死者也,大象其生以送其死也。故事死如生,事亡如存,终始一也。"古人侍奉死去的祖先亲人,如同生前一般孝敬。推己及人,对待逝者如同生者从家庭亲人扩大到整个社会。古代社会尊重逝者,对待死去的人如同他活着的时候。明律对坟冢进行全面保护,维护逝者尊严并保护其权益,体现的正是"事死如生"的思想观念。为了使逝者的魂魄得以安息、不受打扰,明代还规定"籍产不入茔墓"①,没收财产时不把坟冢内的陪葬品计算在内。

从真实判语中更是能深刻感受到古人"事死如生"的观念,他们把逝者当作活人一样对待。《莆阳谳牍》记载了不少明代发冢犯罪案件,有一案件为:"挥四十两之贿,而应则见金不见法,转展蒸拆人骨,孤魄夜号,通国共愤。艇之罪固不必言,应之恶可胜道哉?杀人者死,开棺盗尸者亦死,法律俱在,恐应亦不当以一成幸免也,伏候上裁。"石斑杀害王兴昭,验尸时收买林应盗尸并毁尸。古人崇信灵魂不灭,王兴昭的身形被毁,只留孤魄哀号。法律保护逝者的权益,林应被判以死刑。又有一案件为:"前件看得廖杰与侯九发杨氏棺中之物,至于破柩剥裳,致逝者不得安,一抔之土惨何如哉?开棺见尸律无首从,不必论也。至盗取衣饰而后议绞也。"廖杰与侯九搅乱逝者死后世界的安宁,严重破坏坟墓,将被处绞刑以平息逝者愤懑。《莆阳谳牍》所收录的案件中还有不少争山、争水的案件:"在李不得因管山以毁墓,在连不得毁墓以争山。""审得旗山下一池,离杨生梦周墓前七弓,杨生借以荫墓,理固有之。然亦不能禁郑生之田不借以灌溉也。郑生灌溉则可,毁掘则不可。"处理此类案件时,前提都是不得

---

① 张廷玉,等.明史[M].卷四十八.北京:中华书局,1974.

毁掘坟冢，足以见得古人对逝者的尊重。

四、现代文物保护视野下预防启示

"按照现代以前的任何标准来看，中国法典显然是自成一格的宏伟巨作。亦同中国社会的许多其他方面一样，中国旧法制是'非现代'的，然而按其所处的时代环境来看，还不应马上称它是'落后'的。"[①]笔者相当赞同美国学者费正清的这番中肯评价，明代发冢犯罪法律存在鲜明的历史局限性，但同时我们也要看到它的历史逻辑性。在当时的历史背景下，发冢犯罪法律发挥了不可忽视的作用，它促进了宗法社会和谐发展，维护了封建皇权统治，以法律形式传播儒家思想，并在和平时期有效预防发冢犯罪。一些进步合理的法制举措，在今天依然有值得肯定的意义。

明代发冢犯罪法律的坟冢保护对象，在近代"文物"观念产生之后，对应当前可分为文物保护视野下的古墓葬和人类社会生活中的坟墓。笔者尝试在现代文物保护视野下进行思考，面对当前盗掘古墓葬犯罪相当猖獗的严峻形势，足以表明还存在不足之处。盗掘古墓葬是"出资、探测、盗掘、倒卖、走私"文物犯罪链的开端，亟须从根本上加以预防。我们不妨化明代发冢犯罪法律得失为历史启示，总结经验教训，积极探索预防盗掘古墓葬行为的有效法制措施。明代发冢犯罪法律的合理部分也属于中华优秀传统文化之一，我们可以结合当前社会形势对其进行创造性转化和创新性发展。以下就是笔者基于明代面向现代所思考的预防盗掘古墓葬犯罪对策：

（一）现代盗掘古墓葬罪的宏观社会预防

1. 推进社会主义法治文化建设

明代处于我国封建社会后期，君主专制空前强化。法自君出，存在法外特权，使法律丧失了稳定性和权威性。"以礼入法"使得发冢犯罪法律充满了封建社会色彩，"亲亲""尊尊"原则贯穿于律文之间。封建时代殊贵贱重等级秩序，别亲疏重伦理道德，法律的公正性原则在明代无法实现。另一方面，"明礼导民"使得人们加强自身道德的修养，事死如生、尊重逝者、

---

① 费正清. 美国与中国[M]. 北京：商务印书馆, 1987: 85-86.

忠孝两全成为社会共识，有效预防和减少犯罪。

通过对历史经验的总结，如今我国将"人治"社会转变为"法治"社会，将基于人治社会的"礼治"转化为基于法治社会的"德治"，使古代传统法律文化得以创造性转化和延续。中国特色社会主义法治建设将依法治国和以德治国相结合，强调法治和德治共同维系社会秩序。依法治国的基本内涵是有法可依、有法必依、执法必严、违法必究，我国专门设有国家法律和地方性法规对古墓葬进行保护和对盗掘行为进行惩治。与此同时，我国积极传承并宣扬中华优秀传统文化中的优秀道德观念，培育和践行社会主义核心价值观，以道德滋养法治精神。尊重逝者、保护国家文物、遵纪守法就是其中的重要理念。相信随着中国特色社会主义法治建设的不断加强完善，盗掘古墓葬的犯罪行为会有所减少。

2. 推动实现人民美好生活需求

田亮先生曾提出："纵观中国历史，我们发现：绝大多数的盗墓案件都是发生于社会动荡、政权倾覆、经济凋敝、道德沦丧、法律无以维系之际。"中国特色社会主义进入新时代后，经济建设、政治建设、文化建设、社会建设、生态文明建设全面进步，我国致力于脱贫攻坚战并取得了全面胜利，逐步迈向共建共享的全面小康社会。十九大报告正式提出，我国社会主要矛盾已经转化为人民日益增长的美好生活需要和不平衡不充分的发展之间的矛盾。[①]古墓葬多处分布于偏远农村地区，盗掘古墓葬的罪犯多是当地居民，甚至联合外地人共同犯案，罪犯总体呈现出较低就业率、较低文化程度的特征。对古墓葬集中地区，要注重扶贫同扶志、扶智相结合，扎实做好基本民生保障，优化教育、就业等社会福利政策，不断推动实现古墓葬集中区人民对美好生活需求，使人民获得感、幸福感、安全感，从而提高当地居民对违法后果的认知和降低他们对盗掘古墓葬犯罪的欲望，将犯罪扼杀在萌芽阶段。

（二）现代盗掘古墓葬罪的刑罚行政预防

1. 注重刑事处罚的教育性和相适性

古代向来有重刑主义传统，明太祖加以广泛推行，把"重典治国"作为

---

① 中共中央宣传部.习近平新时代中国特色社会主义思想三十讲[M].北京：学习出版社,2018:65.

立法的主要指导思想，用刑相当严酷。旨在透过严刑峻法来威慑警惕民众，使人们害怕受罚以遏制和减少犯罪。另一方面，明代刑法是"轻其轻罪，重其重罪"，严刑并非针对所有犯罪，而是集中力量打击重大犯罪。

时至今日，盗掘古墓葬犯罪在各地依然时有发生，且日益科技化、集团化和暴力化，造成严重的社会危害，加大犯罪打击力度、充分发挥法律威慑力迫在眉睫。现代发挥法律威慑不能靠严刑峻法，而应当依靠刑罚教育和罪刑相适应原则。按现在的刑罚学来说，刑罚预防目的可分为特殊预防和一般预防。特殊预防，是指预防犯罪人重新犯罪。特殊预防的对象是已经实施了犯罪行为的人。一般预防，是指预防尚未犯罪的人实施犯罪。一般预防的对象不是犯罪人，而是犯罪人以外的社会成员。一般预防通过对犯罪人判处刑罚，警戒与抑制社会成员，使社会成员不敢或者不愿意实施犯罪行为。[1]明代的严刑峻法属于消极的一般预防。在现代社会，出于人道主义精神，我们要避免使用残酷处罚手段，应当采用积极的一般预防来降低盗掘古墓葬犯罪的发生率，透过刑罚对社会大众进行积极教育，表明国家对盗掘古墓葬犯罪分子及其行为的否定评价，提高广大人民群众的认同感。

1997年起《中华人民共和国刑法》第五条规定："刑罚的轻重，应当与犯罪分子所犯罪行和承担的刑事责任相适应。"[2]对盗掘古墓葬犯罪刑罚，应当充分考虑其犯罪前科、犯罪情节和危害后果等情况。对初次参与盗掘犯罪、偶然发现并临时实施犯罪的罪犯可以宽大处置，以教育改造为主，使其悔过自新，重新做人。对多次盗掘古墓葬、盗掘重点文物保护单位的古墓葬、采用炸药爆破等暴力方式破坏古墓葬、盗窃并导致珍贵文物破坏流失的罪犯和组织犯罪团伙盗掘古墓葬的罪犯头目，应当设置重刑，集中力量打击此类罪犯。文物具有时代性、不可再生和不可替代性，盗掘罪犯对古墓及随葬品的暴力破坏，会造成无法挽回的毁灭性损失。随葬品文物脱离古墓葬环境，也使其历史、艺术、科学价值受到极大的伤害。盗掘行为不仅给考古工作带来重重阻碍，众多珍贵历史信息受到破坏甚至毁灭消失，而且会滋生和助长倒卖、走私等其他文物违法犯罪活动。盗掘行为的危害可见一斑，对故意为之、危

---

[1] 龚大春.刑法学简明教程[M].湖北：武汉大学出版社,2018:79.
[2] 姚国斌.《中华人民共和国刑法》(修订)学习纲要[M].北京：中国致公出版社,1997:5.

害重大的盗掘犯罪必须进行严厉惩治。通过刑罚教育让人们了解罪刑相适应的"罪刑价目表",明白犯罪行为必然会受到刑罚制裁,从而警戒不稳定分子,使刑罚起到威慑、教育的效果,遏制减少盗掘古墓葬犯罪。

2. 加强法制宣传的指向性和创新性

明代相当注重法制宣传教育,并在当时取得了相当有效的成果。法制宣传教育的作用在今天仍然至关重要,我们要更加注重法治宣传的实效,针对性创新普法宣传形式。

《清稗类钞》曾记载:"广州剧盗焦四,驻防也,常于白云山旁近,以盗墓为业。其徒数十人,有听雨、听风、听雷、观草色、泥痕等术,百不一失。"[1]盗墓从古至今都是技术型犯罪,盗墓者需要具备一定的盗掘知识和技术经验,例如风水玄学、地方古史、历代葬制和野外钻探等,现在往往还会借助现代高科技手段判断墓穴位置并实施犯罪。中壮年人犯罪在盗掘古墓葬犯罪中占有较大的比例。与此同时,近年来盗掘犯罪也逐渐体现出低龄化趋势。盗墓小说、电影等文艺作品广受大众关注,盗墓被渲染得相当神秘惊险。部分思想不成熟,辨别能力较低的观众,尤其是青少年,竟在现实生活中上演了真实版"盗墓笔记"。文物法制宣传要针对中壮年和青少年有侧重点地展开,尤其是中壮年人群,中壮年盗掘犯罪的社会危害性远大于青少年犯罪。

信息化时代更有利于提高法治宣传的影响力和传播力,我们要打破传统被动灌输式宣传模式,拓宽法治宣传渠道,创新法治宣传手段。近年来,随着智能手机的普及和社交媒体的兴起,适合全年龄向、民众喜闻乐见的短视频形式已经成为人们日常生活中重要的娱乐活动和知识传播工具。我们可以把握这个契机,充分利用新媒体壮大网络普法声势,通过抖音、微博、哔哩哔哩等短视频平台引导大众主动学习法律常识;注册官方账号,结合潜在盗掘犯罪人群的文化水平、思维方式等针对性地制作法制宣传内容,通过案件解读、条款科普、剧情演绎等形式对盗掘古墓葬犯罪法律进行科普。还可以与被较多中壮年或青少年所认同、拥有众多粉丝的"up主"合作宣传,有助于进一步搭建普法人员与群众之间的桥梁,提高文物法制宣传的影响力和接受性。

---

[1] 徐珂. 清稗类钞(第十一册)[M]. 北京:中华书局,1986.

3. 提高古墓保护的积极性和技术性

现代保护古墓葬的义务文物保护员，与明代守护冢墓的陵户之间有着极其相似的地方，可以在义务文物保护员身上看到古代守陵人的影子。义务古墓葬保护员一般也是由附近的群众担任，主要负责保持墓葬周围环境的整洁，进行日常安全巡查工作，如果发现盗掘等违法违规现象，及时向文物部门报告。

我国明确鼓励支持社会力量参与文物保护，古墓葬保护员是保护文物和预防盗掘犯罪的重要力量，我们要保障保护员的有关待遇。目前古墓葬保护员基本是业余的，没有固定工资收入，可以给予一定的经济补贴。此外，还可以对有突出贡献或者从事多年的古墓葬保护员给予表彰，如评选"最美文物保护员"。这是社会对他们保护祖国文物的称赞和肯定，能够切实增强他们的荣誉感、归属感和获得感，进一步激发对文物保护事业的热情。还能起到良好的榜样示范作用，带动全社会一起参与到文物保护中来。

我国历史悠久，幅员辽阔，拥有广泛的古墓葬文物资源。有不少古墓葬长期处于无人看守的状态，尤其是在一些偏远地区，它们很有可能成为犯罪分子觊觎的潜在目标。国家人力资源是有限且需要合理利用的，不可能给每一座古墓葬配备充分的保护员。在信息化时代的背景下，我们不妨充分利用现代高新技术手段加大对不可移动古墓葬文物保护力度，提高预防盗掘古墓葬的效率，比如天网监控和无人机技术。天网监控通过动态人脸识别技术和大数据分析处理技术能够准确识别人脸，可以在文物犯罪前科人员靠近时自动预警，也有利于抓捕已经实施犯罪的犯罪。使用无人机巡查保护古墓葬，不仅能扩大单人看护范围，还极大地提高了巡查效能。在盗掘行为容易发生的夜间，无人机也能携带声光和红外探测设备进行巡查。如果探测到犯罪行为，还可以视频记录下犯罪分子的大致样貌，并利用空中喊话警告盗掘古墓葬犯罪分子停止犯罪行为。更为关键的是，盗墓犯罪日益呈现暴力化趋势，面对可能携带武器的犯罪分子，高科技巡查保护方式更能保证文物保护人员的人身安全。

4. 强化政府监管的责任性和有效性

明代推行"重典治吏"，重视官员的监管作用。"从严治吏"的观念被传承至今，我国注重优化国家治理体系，提高政府的监管能力。政府人员尤其是基层乡镇政府人员，要明确对辖区内古墓葬文物保护的责任，加强文物安全基础管理。对不可移动文物古墓葬，要确定保护范围并完善保护档案，设立保护标志牌和界桩。对古墓葬保护员队伍，要加强监督管理、队伍建设和经费保障。业余义务古墓葬保护员直接接触古墓葬，掌握文物分布信息，注重对保护员的选拔录用、培训考核、工作监管和备案登记十分有必要。

为了更好地看护古墓葬，义务保护员应该有相应的选拔标准，不一定需要是专业人士，但一定要责任心强、热心文物保护事业、懂得文物基本知识及文物保护法律法规，可以向当地的村委会或居委会咨询意见。在录用后，要适时进行法律法规宣传、业务培训和经验交流，讲解野外文物常见的安全隐患、古墓葬盗掘盗抢隐患、人为破坏隐患等预防常识，提高其业务能力和责任意识，以便更好地开展文物保护工作。在工作期间要进行定期考核，及时剔除出不符合标准的人员，对保护工作认真负责的人员可以予以长期录用。在工作结束后也要对工作人员及其负责区域进行备案登记。与此同时，建议可以将文物保护工作作为地方政权建设和政绩考核的重要内容，提高政府工作人员的重视程度。通过自上而下的重视，有力推动地方性文物保护工作的开展，降低盗掘古墓葬犯罪的发生率。

五、结论

邓建鹏先生所倡导的"面向现代"中国法律史学研究新思路是切实可行且合理的。首先，本文全面把握明代发冢犯罪法律制度。明代继承发展传统发冢犯罪法律，法律制度既有自身的特点，又深受古代传统法律思想的影响。而后，在此基础上对明代发冢犯罪法律予以客观公允的评价，认为其既存在鲜明的历史局限性，同时也蕴含历史逻辑性和进步合理性。最后，思考与现代盗掘古墓葬犯罪法律的联系，为其提供历史实践中的经验教训。古墓葬文物是兼具文化价值、科学价值、艺术价值和经济价值的不可再生资源，近年来猖獗的盗掘古墓葬犯罪使得大批文物毁损流失，严重侵害了国家财产和人类历史文明。古代发冢犯罪法律作为现代盗掘犯罪法律的前身，在许多方面仍然具有当今意义。笔者从消极因素中得到反面启示，继承法律智慧并基于时代创造性转化和创新性发展，助力加快完善文物保护法律体系。

"我国古代法制蕴含着十分丰富的智慧和资源，中华法系在世界几大法系中独树一帜。要注意研究中国古代法制传统和成败得失,挖掘和传承中华法律文化精华,汲取营养、择善而用。"[1] "面向现代"的中国法律史学研究新思路相当契合习近平总书记的这番话。发冢犯罪法律就属于典型的古代法律,对待古代传统法律,我们既不能"厚今薄古",也不应"以古非今"。不忘本来才能开辟未来,善于继承才能更好创新,我们要正确理性地对待古代法律并给予公允评价,深入挖掘具有当今意义的内容,坚持古为今用、以古鉴今,积极推动我国社会主义法治建设。

(指导老师:晁舸)

---

[1] 习近平. 加快建设社会主义法治国家[J]. 求是,2015(1).

从墓葬资料看中国战国秦汉时期西南地区的地方民族社会

——以赫章可乐墓地为例

刘婷[①]

摘要：中国西南地区的社会历史是中国古代社会历史的重要组成部分。通过墓葬资料研究战国秦汉时期中国西南地区地方民族社会，对研究中国统一多民族国家的形成有重要意义。本文通过对西南地区赫章可乐墓地乙类墓的墓葬形制、规格以及出土的各类随葬品进行分析，推测战国秦汉时期可乐地区的先民是一支具有鲜明地域特色的地方部族，他们的社会生产力发展到了较高的水平，逐渐形成了一套本民族的信仰艺术形式，社会形态发展到了酋邦社会早期，并且与周边及中原汉王朝都保持交流。

关键词：赫章可乐墓地；套头葬；酋邦社会

一、前言

近几十年来，对于西南地区的考古学研究逐渐兴盛，贵州西部地区的众

[①] 刘婷，女，历史学系2018级文物与博物馆学专业本科生，现任职于广东省东莞市星火教育集团。

多地方民族考古学遗存也不断受到重视。在对西南地区的地方民族考古学研究中，赫章可乐墓地是一个绕不开的话题。随着西南地区考古工作的不断加强，对于可乐墓地考古学遗存所属文化、社会形态和文化遗物等方面的研究不断增多，但这些研究的角度大多集中在"古夜郎文化"，至于墓地中地方民族墓葬中的"套头葬"习俗，墓葬中所出的陶器、铜器和铁器等随葬品，可乐墓地人群的族属以及可乐墓地的社会形态、与中原文化的关系方面，以及对于赫章可乐墓地反映的社会、政治、经济和宗教艺术等方面的状况分析研究则比较少。

一直以来，考古学资料是研究一个地区古代历史、社会形态的重要媒介，而在这些考古学资料中，墓葬资料的地位又是最突出的。在对西南地区地方民族社会的研究过程中，许多观点主要立足于文献，将考古出土的材料作为辅助材料。本文则主要从赫章可乐墓地考古发现的墓葬形制、葬俗与随葬品等材料出发，阐释中国战国秦汉时期西南地区地方民族社会的政治、经济和文化艺术形式的相关问题。希望能够在此基础上不断进行反思，从而对可乐墓地社会的考古学研究有所启益。

二、赫章可乐墓地墓葬分析

（一）赫章可乐墓地简介

可乐位于贵州省赫章县西部，是黔西北乌蒙山东麓的一个山间坝子，行政上属于可乐彝族苗族乡。可乐所处的坝子呈窄长形，西北东南走向。可乐乡政府就位于坝子中央。从西南方流来的可乐河和从西北方流来的麻腮河在坝子的西部汇合，向东流过坝子，在流经赫章县城后，汇入乌江主要支流之一——六冲河。在坝子周围分布一系列高在60—100米的黄土小山，可乐已发现的战国至汉代遗址和墓葬群就分布在这些黄土小山上（图1）。

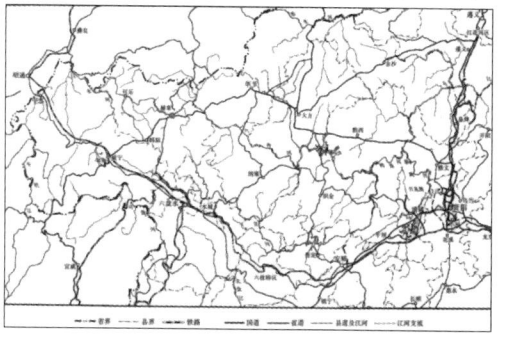

图1 可乐地理位置及周边环境示意图[①]

---

① 贵州省文物考古研究所. 赫章可乐2000年发掘报告[M]. 北京：文物出版社，2008.

1960 年以来发掘过并公布资料的墓葬主要分布情况如下：1.1960 年发掘的墓葬位于可乐中寨；2.1976 年发掘的墓葬甲类墓分布于雄所屋基、可乐区医院、赫章第三中学、营盘、燕家坪子、马家包包，乙类墓分布于祖家老包、锅落包、罗德成地；3.2000 年发掘的墓葬位于锅落包和罗德成地两座土山上；4.2012 年发掘的两座乙类墓位于可乐乡农场村农场组，位置在罗德成地的东部边缘。

本文主要选取赫章可乐地区在 1960—2012 年间发掘的甲类墓和乙类墓作为研究对象，包括：1.1960—1961 年贵州省博物馆在可乐清理发掘的 7 座东汉时期墓葬；[1] 2.1976—1978 年贵州省博物馆和赫章县文化馆在可乐地区进行多次发掘，报告将发掘清理的中原式汉墓称为甲类墓，共 39 座，时代大约在西汉昭宣以后至东汉初期，地方民族墓称为乙类墓，共 168 座，时代延续较久，上限可能早到战国晚期，下限相当于西汉晚期，大部分墓葬为西汉早、中期，本阶段发表的发掘报告中首次提到并命名了特殊的"套头葬"；[2] 3.2000 年秋季贵州省文物考古研究所在赫章县可乐乡发掘 111 座战国至西汉时期墓葬，其中 3 座为中原汉式墓，108 座为地方民族墓葬；[3] 4.2012 年 8 月贵州省文物考古研究所同赫章县文物局对可乐乡农场村农场组的两座地方民族墓葬进行了抢救性发掘。[4]

（二）墓葬分类与分期

1. 乙类墓

在《赫章可乐 2000 年发掘报告》一书中，发掘者将发掘的 108 座乙类墓分为三期，本文也将延续同样标准，将已有资料的赫章可乐墓葬分为五期（表 1）[5]。

一期墓葬有：

---

[1] 贵州省博物馆. 贵州赫章县汉墓发掘简报[J]. 考古,1966(1):21-29.
[2] 贵州省博物馆. 赫章可乐发掘报告[J]. 考古学报,1986(4):199-251.
[3] 贵州省博物馆. 贵州赫章县汉墓发掘简报[J]. 考古, 1996(1):21-29.
[4] 贵州省文物考古研究所,赫章县文物局. 贵州赫章县可乐墓地两座汉代墓葬的发掘[J]. 考古,2015(2):19-31.
[5] 本文中进行分期的墓葬并非发掘登记的全部墓葬，而是排除了空墓和无法判断年代的墓葬。

M294、M298、M302、M308、M309、M310、M318、M334、M335、M337、M340、M341、M343、M354、M356。共 15 座，时代为战国早期至战国中期。

二期墓葬有：

M25、M39、M74、M78、M91、M144、M161、M187、M190、M194、M198、M210、M212、M264、M267、M268、M277、M292、M296、M299、M301、M304、M305、M306、M312、M317、M319、M322、M324、M325、M330、M331、M348、M350、M365、M370。共 36 座，时代为战国晚期。

三期墓葬有：

M27、M28、M29、M30、M32、M35、M36、M37、M38、M41、M42、M44、M45、M47、M55、M56、M58、M59、M60、M61、M62、M64、M65、M67、M69、M70、M72、M76、M77、M80、M84、M85、M86、M88、M89、M92、M98、M102、M108、M117、M120、M121、M122、M127、M128、M130、M134、M136、M137、M140、M143、M146、M149、M151、M152、M156、M162、M164、M165、M168、M169、M170、M188、M189、M191、M193、M197、M205、M206、M208、M266、M269、M270、M271、M272、M273、M274、M275、M286、M287、M288、M300、M311、M338、M342、M351、M359、M360。共 88 座，时代为战国末期至西汉前期。

除了以上三期之外，笔者根据《赫章可乐发掘报告》和《贵州赫章县可乐墓地两座汉代墓葬的发掘》两篇发掘报告另外分出了四期和五期。

四期墓葬有：

M373、M374。共 2 座，时代为西汉前期至西汉中期[1]。

五期墓葬有：

M31、M33、M43、M46、M124、M126、M131、M133、M153、M160、M186、M213。共 12 座，时代为西汉晚期。

2. 甲类墓

本文所讨论的甲类墓根据发掘报告所判定的年代可分为三期（表 1）。

---

[1] 此处原发掘报告没有给出确定年代，虽然与三期的时代有所重叠，但仍按照原报告《贵州赫章县可乐墓地两座汉代墓葬的发掘》的时代单独列出来讨论．

一期墓葬有：

M281、M283、M284。共 3 座，时代为西汉中期。

二期墓葬有：

M8、M9、M10、M11、M12、M13、M14、M15、M16、M17、M18、M19、M20、M21、M22、M23、M24、M48、M49、M50、M51、M52、M53、M54、M171、M173、M174、M175、M176、M177、M178、M179、M180、M181、M182、M183、M199、M200、M216。共 41 座，时代为西汉晚期。

三期墓葬有：

M1、M2、M3、M4、M5、M6、M7、M15、M20 共 9 座，时代为东汉时期。[1]

表 1　乙类墓与甲类墓分期对照表

乙类墓	甲类墓
一期（战国早期至战国中期）	
二期（战国晚期）	
三期（战国末期至西汉前期）	
四期（西汉前期至西汉中期）	一期（西汉中期）
五期（西汉晚期）	二期（西汉晚期）
	三期（东汉时期）

（三）乙类墓内容

1. 一期墓葬

一期墓葬共 15 座，时代为战国早期至战国中期。一期的乙类墓墓葬的规模都不大，但随葬品数量上有所差别，有的墓出十几件随葬品，有的墓则只有一两件随葬品。虽然随葬品有数量上的差异，但似乎并未体现出等级之分，该时期的一些墓葬墓底发现木棺痕迹，如 M302 和 M310，这 2 座墓的随葬品仅有一两件小型铜器；而随葬品较多的 M308 和 M341 则并未发现木棺痕迹，当然不排除这些墓使用了其他葬具的可能性；同样随葬品较多的 M298 则发现了特殊葬俗——铜洗垫头（图 2）。

此时的墓葬等级分化不明显，很大程度上这些墓的墓主人都是根据自己

---

[1] M15 和 M20 的年代为东汉初期。贵州省博物馆. 赫章可乐发掘报告[J]. 考古学报, 1986(4):199-251.

的财产状况、社会风俗等来进行墓葬规模的确定，而非根据自己所处的等级。因此会出现豪华葬具与少量随葬品的组合，也会出现有许多随葬品而不见葬具的情况，还有既无葬具、也无太多随葬品的墓葬出现。即使是随葬品最多的墓葬，其随葬品也不过十几件，且都是一些铜兵器、小件的铜饰品等，陶器也不多见。一期墓葬尚处于战国早期至战国中期，此时的西南地区生产力还比较落后，可能尚未掌握冶铁技术，墓葬中的少量铁器可能来源于与中原地区或楚国之间的贸易来往[1]。即使有

图2　M298用铜洗垫头葬的出土现场[2]

了制作铜器和陶器的技术，受限于当时的社会状况，可乐地区的地方民族也不具备制造大型铜器或是制造大量陶器或铜器的能力。而正是由于这样的社会状况，恰好也使得可乐墓地所反映出的社会并无明显的等级差异。

一期的15座墓葬中共有10座出土有兵器，兵器在一期墓葬出土的随葬品中所占比例较大。并且这些兵器都是铜兵器，一期墓葬的随葬品中几乎不见铁器，这或许与赫章可乐地区的民族尚未掌握冶铁技术有关。虽然墓中出土的大部分都是铜器，但这些铜器中也几乎不见大型器物，都是一些小型兵器和装饰品。同时，只有M294、M337和M340这3座墓有出土陶器，一种可能是该地区的民族尚未熟练掌握陶器的制作技术，以至于他们没有太多可以用来随葬的陶器；另一种可能则是这些墓葬的主人并不喜欢用陶器作为随葬品，故而没有选择把陶器放入墓葬中。关于特殊葬俗，一期的墓葬只出现了M298的铜洗垫头这一例，并不具备太多代表性，有可能是还有其他的墓葬尚未发现。但笔者认为，一期的铜洗垫头的葬俗正像是此后的铜容器套头的"套头葬"的原型，铜洗垫头的葬俗是"套头葬"的原始版本。

一期墓葬中也出土了一些比较有特色的铜剑，如柳叶形铜剑和镂空牌形

---

[1] 司马迁.史记·西南夷列传[M].北京：中华书局出版社，1963.
[2] 贵州省文物考古研究所.赫章可乐2000年发掘报告[M].北京：文物出版社，2008.

茎首铜剑。柳叶形铜剑一直是中国西南地区长期流行的一种青铜兵器,②可乐墓地墓葬出土的柳叶形铜剑可能是来源于巴蜀文化,而镂空牌形茎首铜剑则是可乐本地区的风格,并且有小范围的对外输出。③

2. 二期墓葬

二期的乙类墓葬中的特殊葬俗开始增加,36座墓葬中有15座墓出现特殊葬俗。特殊葬俗包括铜釜套头、铜洗盖脸以及铜戈斜插于头侧地面。在这一期使用特殊葬俗的墓葬中,大部分的随葬品都较为丰富,数量和种类都有所增加。但在这些特殊葬俗墓中,随葬品也出现了较为明显的差别,如M190和M198,二者皆有铜釜套头,但随葬品除去铜釜外仅有一件随葬器物。此时的套头葬或许已经成为代表宗教的一类葬俗,但只是刚有了雏形,无论是在使用规范还是使用规格方面都还没有严格的界定。换言之,在当时的赫章可乐地区社会,套头葬是代表宗教的,但并没有对"套头葬"与宗教之间的关系做出严格详细的规定,于是出现了只要与宗教相关,就可以使用套头葬的现象。二期墓葬中有特殊葬俗并且随葬品丰富的墓葬,正是高级的神职人员,而同样使用套头葬但随葬品较少的墓葬,则只是一些与宗教事务相关的人员。

在出土的随葬品中,开始出现更多的铁器。铁器可视为中原文化因素的一种,④铁器制作技术及原料的传入,使得可乐地区出现并开始使用铁器。但

图3 M341墓坑局部①

---

① 贵州省文物考古研究所. 赫章可乐2000年发掘报告[M].北京:文物出版社,2008.
② 王洋洋. 柳叶形剑研究综述[J].黑龙江史志,2015(1):111-115.
③ 叶成勇. 黔西滇东北地区战国秦汉时期考古遗存研究——以南夷社会文化变迁与文明化进程为重点[D].北京:中央民族大学,2009.
④ 在叶成勇《黔西滇东北地区战国秦汉时期考古遗存研究——以南夷社会文化变迁与文明化进程为重点》这篇文章中,作者认为:西汉时期西南地区的铁器及其原料大部分来自四川,在外来技术和原料输入刺激下,土著社会才会大量使用铁器,然后制造具有地方特点的铁器.因此,将铁器归为中原文化因素.

即使铁器制作技术和原料是从中原传入，制成的铁器的风格却是能够由制造铁器的民族决定的。因此，可乐地区墓葬出土的铁器应该是代表了本地区的文化风格的。

在二期的36座墓葬中，有19座出有铁器。半数以上的墓中都随葬铁器，可见铁器在可乐地区社会中的重要地位。二期墓葬中出土的铁器涵盖面甚广，有铁剑和铁刀这样的兵器，也有铁钎这种日常生活用具，还有作为饰品的铁带钩。虽然不少墓葬都出土铁器，但整体看来，二期墓葬还是以铜器为主。这或许是因为此时西南地区与中原虽然来往，但交流并不频繁，西南地区也并非铁矿产地，可乐地区能获得的原料较少，因而铁器虽然颇受欢迎，却也并不十分普及。

本期开始出现许多较为大型的铜容器，如特殊葬俗中用到的铜釜与铜洗等；铁器也被用在兵器和日常工具中。更多的铜器以及铜器体积的增加，意味着可乐墓葬的墓主人们制作铜器的技术进一步发展；而铁器的制作技术虽然非本土产生，但能够接收并学习外来的技术，说明此时的可乐地区已经和中原地区有了技术上的交流，并且有了能够制作铁器的条件。还有一个值得关注的地方是，在M25、M91和M187的随葬品中还出有残漆器，这些漆器应当是从中原地区传入，这也进一步说明了可乐地区与中原地区的交流。

陶器在二期墓葬中仍然不多见，在有随葬品出土的二期墓中，仅有6座墓有出陶器。这些陶器皆用泥条盘筑法成型，烧成温度大致在600℃—700℃，陶质较为粗糙，可能是为了随葬而特意烧制的明器。但陶器在随葬品中不多见并且数量很少，可见陶器并非主流随葬品，随葬陶器是否出于某些特殊需要，还需要更多的研究。

二期墓葬出土随葬品中逐渐增加的饰品种类与数量也值得注意，不仅是随葬品中饰品增加了，随葬饰品的墓葬的数量也增加了。三期墓葬共有36座，其中23座墓出有饰品，包括铜铃、铜发钗、镯、带钩以及各类珠子等等，出土饰品的概率非常大。这些饰品体现了墓主人对于美的追求，一般来说，只有当人的物质生活有了保障之后，才会有精神上的追求，诸如对美的追求等。众多墓葬中出土的饰品也从侧面反映了此时的可乐地区生产力的进步以及可乐先民的朴素审美。

总之，此时的可乐地区社会生产力较前一期有所发展，与外界的交流也在不断增加。随葬品逐渐体现出了社会的分化，特殊葬俗的使用也逐渐成熟，并且此时的社会的精神文化范畴也有了一定的发展。

3. 三期墓葬

三期的乙类墓葬的特殊葬俗出现不多，仅有12座墓使用特殊葬俗。特殊葬俗的使用范围越来越小，说明掌握宗教权力的人也越来越少，这些权力都集中在少部分人手里，剩下的人或是仅仅作为执行者，或是完全与宗教事务隔绝。

值得注意的是，在本期墓葬的特殊葬俗中，除了前两期的铜戈斜插于头部地面、铜洗盖脸和铜釜套头等，还出现了一些十分豪华的特殊葬俗，如M58（图4）既有铜、铁容器套头，也有铜、铁容器"套脚"；M273（图5）有铜釜套头、铜洗垫足、右上肢垫铜洗、左上肢旁立铜洗；M274的则有铜釜套头、套脚，铜洗盖脸，右上肢盖两铜洗，左上肢旁立一铜洗，同时随葬品数量与种类也非常可观。M342（图6）也属于此种豪华的特殊葬俗。

在这些使用豪华葬俗的墓葬中，随葬品的数量和种类也有所不同。最多的如M274，随葬品包括铜器、铁器和玛瑙等等，且数量众多；而M273中随葬品除去用于特殊葬俗的铜容器外，仅有一件镂空牌形茎首铜柄铁剑和一件铁削刀。同样是豪华的特殊葬俗，随葬品之间的差距却如此之大，说明了即使是在掌握权力的社会上层阶级之间也存在着分化。

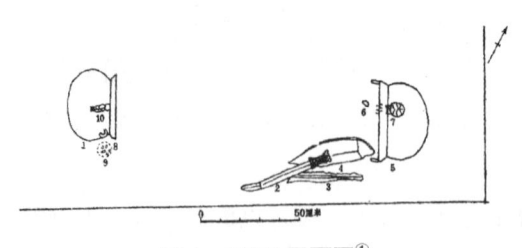

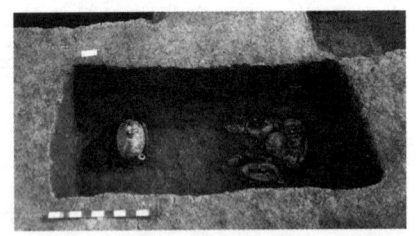

图4　1M58平面图[①]　　图5　M273墓坑（向北摄）[②]

这种现象的出现可能意味着可乐地区的社会形态出现了较大变化，宗教权力集中在少部分人手中，这少部分人形成了一个高等级的阶级，或许是负责宗教事务的高级神职人员如祭司、巫师等，也有可能是同时手握宗教权力

[①] 贵州省博物馆.赫章可乐发掘报告[J].考古学报,1986(4):199-251.
[②] 贵州省文物考古研究所.赫章可乐2000年发掘报告[M].北京：文物出版社,2008.

和政治权力的统治者。总之，此时的可乐地区已经有了宗教与统治阶层和普通阶层的严格划分。而在统治阶层中，也有了等级更高的"高级阶层"和"一般阶层"之间的区分，阶级分化进一步加深，虽然这些手握权力的一般阶层按照社会风俗仍然可以享受特殊葬俗，但由于与高级阶层之间的分化，他们已经无力承担豪华的随葬品。而那些仅用铜釜、铁釜套头的特殊葬俗、只有几件随葬品的墓葬显然也属于这类一般阶层。

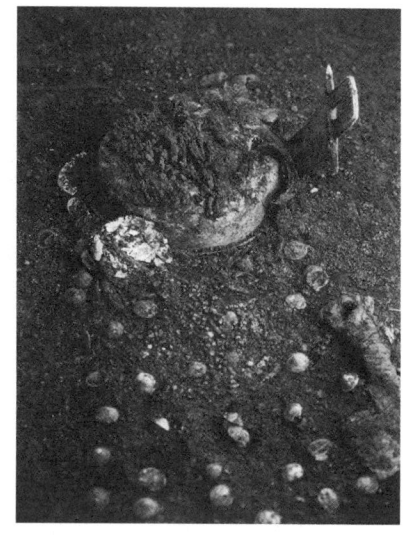

图6 M342墓坑局部[1]

本期墓葬中共有22座墓出土漆器[2]，比例较之二期有所增加。这一时期的可乐地区尚无任何有关本土制作漆器的记载[3]，此时墓葬中随葬的漆器应当是来自中原地区（包括长江中上游的部分）。这些墓葬中出土漆器，说明此时可乐地区与中原地区有着更加频繁和密切的交流；同时，代表着中原文化因素的漆器出现在本地民族的墓葬中，这一定程度上也代表了中原文化对可乐地区民族的影响。而这一时期可乐地区的先民选择中原而来的漆器作为自己的随葬品，也说明了他们已经对来自中原的东西有了一定的接受程度。

三期乙类墓中的随葬品种类也有所增加。在三期墓葬出土的随葬品中，陶纺轮、五铢钱、铁锸与铁镢等都是前二期没有出现过的物品。陶纺轮的出现可能与此时可乐地区生产力提高、纺织业发展有关系；而五铢钱则完全是汉王朝的产物，五铢钱作为当时流通的货币，出现在可乐地区的民族墓葬中，这正好反映了汉王朝的势力已经到达可乐地区。虽然汉初中原汉王朝实行无为而治的政策，对西南地区的各个小国采取放任自流的管理方式，但汉武帝

---

① 贵州省文物考古研究所.赫章可乐2000年发掘报告[M].北京：文物出版社,2008.

② 这些墓出土的漆器都是残件或是仅有漆器痕迹。

③ 可乐地区位于黔西，而最早的关于黔西地区采生漆的记载是在三国时期，并且这些记载中能够制作漆器的民族是彝族，明显不属于可乐地区的民族.见：张建世.贵州大方漆艺文化的历史现状及保护措施[J].东南文化,2003(10):56-61.

登基之后，便逐渐开始着手对西南地区的管理和开发①。如非考古发现的巧合，那么中原的汉王朝势力进入可乐地区的时机恰好与文献记载相符合。

图 7　M273 所出的铜洗②　　图 8　M274 所出的铜釜③

本期墓葬中共有 67 座墓出有铁器，比例极高。铁器的种类包括铁釜等容器，还有铁刀、铁剑与铁戈等兵器，还有铁锸和铁钎等日常生活用具。可见铁器不仅十分受欢迎，在可乐地区也得到了大范围的普及。此外，铁器在墓葬中越来越普遍，这也反映出了当时社会生产力的发展，人们在物质生活较为富足④，因而可以把能长时间使用的铁器在自己死后带入墓中。

4. 四期墓葬

根据 2015 年发表的《贵州赫章县可乐墓地两座汉代墓葬的发掘》这一报告，可乐地区发掘的 2 座乙类墓 M373 和 M374 的大致年代在西汉早期至西汉中期，因而单独将这两座墓列出来讨论。

图 9　M373（俯拍，右为北）⑤　　图 10　M374（右为西）⑥

---

① 司马迁.史记·西南夷列传[M].北京：中华书局出版社,1963.
② 贵州省文物考古研究所.赫章可乐 2000 年发掘报告[M].北京：文物出版社,2008.
③ 同上.
④ 此处的"富足"是相对的，是根据当时西南地区的社会形态和生产力状况来说的"富足".
⑤ 贵州省文物考古研究所，赫章文物局.贵州赫章县可乐墓地两座汉代墓葬的发掘[J].考古,2015(2):19-31.
⑥ 同上.

M373 的墓葬形制与前述的乙类墓差别不大（图 9），葬具为木棺，使用特殊葬俗"套头葬"。M373 是目前可乐地区已发现的乙类墓中出土随葬品最丰富的一座墓葬，共出土了各类随葬品 69 件，包括铜制的容器和兵器、漆器、各种材质的饰品、陶器等，种类繁多。值得注意的是，人骨鉴定结果显示 M373 的墓主为幼儿个体，年龄在 4—5 岁。一个完全没有行为能力的幼儿却能够享受如此高的墓葬规格，或是其父母长辈有着非常高的地位，幼儿受此荫庇，因而享受了高等级的墓葬规格，如隋代李静训墓[1]；或是这个幼儿本身就是某种宗教角色，代表了极高的权威，如藏传佛教中活佛转世[2]。

M374 的墓葬形制比此前的乙类墓都要大得多（图 10），虽然早年被盗，但其现存墓坑口残长 3.5 米、宽 2 米，墓底部残长 3.56 米、宽 2—2.1 米、深 1.2 米。这样的规模与同时期的甲类墓类似，这座墓是可乐地区已发现的乙类墓中最大的一座。除了这座墓的规模独特之外，还在 M374 的墓坑底部还发现了四道沟槽，沟槽之间相互连接，围着中间的木棺痕迹，这在可乐地区的乙类墓中也是首次发现。[3]墓葬规模增加到与甲类墓相似的规模，这或许是地方民族对于汉人墓葬的一种学习与模仿。既然这座乙类墓的主人能够模仿甲类墓的规模，这就意味着这一时期的可乐地区有汉人长期居住的，并且死后也埋葬在此地。但是由于可用的资料仅有 M374 这一座墓，因此不能判断这种情况是普遍情况，还是偶然发生的情况。

从墓葬规格和出土随葬品数量来看，M373 和 M374 两座墓的墓主人身份应该都比较高。[4]丰富的随葬品不仅代表墓主人崇高的地位，还代表着当时可乐地区社会的生产力水平和精神追求。随葬品中，装饰品的数量最多，反映出了这一时期人们（至少是上层阶级们）对美的追求。这些饰品十分精美，造型朴素典雅，具有一定的艺术性（图 11）。这两座墓的随葬品中还有一些

---

[1] 中国社会科学院考古研究所.唐长安城郊隋唐墓·隋代李静训墓[M].北京：文物出版社,1980.

[2] 中国藏学研究中心西藏文化博物馆.藏传佛教的活佛转世[J].中国藏学,2013(1):102-133.

[3] 贵州省文物考古研究室，赫章文物局.贵州赫章县可乐墓地两座汉代墓葬的发掘[J].考古，2015(2):19-31.

[4] M374虽然被盗，但是仍然出土了数量和种类较多的随葬品，且其规模也较大.

首次出现、造型别致的器物,如铜人面形饰(图12)、铁叉等。铜、铁器的器物造型逐渐增加,制作的器物的用途也越来越广泛。

此外,蜻蜓眼式琉璃珠的出土也是一个值得注意的现象。蜻蜓眼式琉璃珠在贵州地区是首次发现。"蜻蜓眼"式珠是埃及的发明,最早出现于公元前1400—公元前1350年的埃及。此后,西方类型的玻璃或琉璃珠开始出现在中国战国时期的古墓中,1978年在湖北随县的曾侯乙墓就出土了一串典型的蜻蜓眼玻璃珠[3]。根据蜻蜓眼玻璃珠的出土地点自西而东可以复原出一条从古波斯统治中心——波斯波利斯——长江流域楚国的交通路线。[4]而蜻蜓眼琉璃珠在贵州地区的发现,或许能够将这一交通路线往西南延伸。且战国时楚国的势力范围曾到达过西南地区,"始楚威王时,使将军庄蹻将兵循江上,略巴、黔中以西。蹻至滇池,方三百里,旁平地,肥饶数千里,以兵威定属楚。"[5]这一时期正是汉廷与"西南夷"逐步深入交流的时期,这也与两座墓中出现的墓葬形制、随葬器物中众多的汉文化因素相符合。

5. 五期墓葬

五期的乙类墓葬已经有了更多的汉文化

图11 M373、M374出土的饰品[1]

图12 M373出土的铜饰[2]

---

[1] 贵州省文物考古研究所,赫章文物局.贵州赫章县可乐墓地两座汉代墓葬的发掘[J].考古,2015(2):19-31.

[2] 同上.

[3] 湖北省博物馆.中国田野考古报告集·曾侯乙墓[M].北京:文物出版社,1989.

[4] 林梅村.丝绸之路考古十五讲[M].北京:北京大学出版社,2006.

[5] 司马迁.史记·西南夷列传[M].北京:中华书局出版社,1963:2993.

因素。在出土的随葬品中，出现了日光镜和铜鐎斗等汉式器物，也有3座墓出土了五铢钱。

特殊葬俗方面，五期墓葬发现有M153（图13）、M160（图14）这2座墓使用了套头葬，但这2座墓的随葬品并不十分丰富；还发现M126、M160与M213这3座墓有漆木棺痕迹，M160同时有套头葬和漆木棺痕迹，除了M126的随葬品较为丰富外，M160和M213的随葬品也不丰富。套头葬等特殊葬俗在本期已经不再那么受欢迎了，也许是受到越来越多的汉文化的影响，也有可能是社会形态的变化使得宗教的影响开始减小。[①]

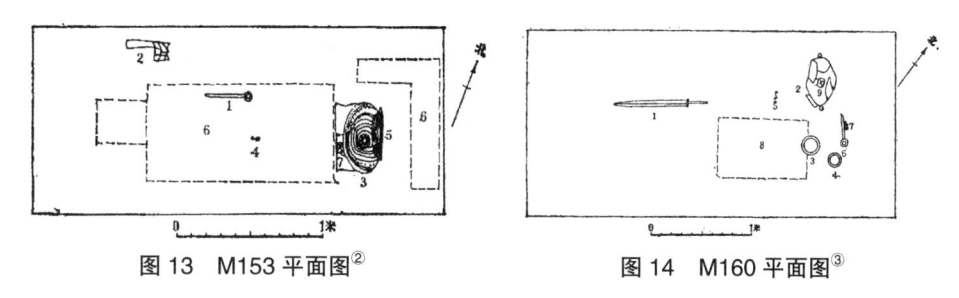

图13　M153平面图[②]　　　图14　M160平面图[③]

五期的墓葬似乎反映出一种可乐地区的文化与到达此地的汉文化和谐相处的状况。根据史料记载，此时的西南地区早已被纳入汉王朝的版图，汉王朝在此设立郡县，可乐地区为汉代汉阳县的治所，[④]必定有不少汉人居于此地，双方在和平或冲突的相处之中，潜移默化，也就有了文化间的交流与影响。因此，乙类墓中越来越明显的汉式风格也就不奇怪了。

（四）甲类墓内容

1. 一期墓葬

本期甲类墓的已知材料仅有2000发掘的3座墓，其具体的年代范围在元狩五年（公元前118年）到元鼎末年之间。3座墓中M281和M284两座墓皆发现有木棺痕，其中M281在墓底发现一个不规则坑（图15），M284则在墓底棺外东侧发现有小石块铺成的地面。这两座的随葬品都较为丰富，包

---

① 此时汉王朝在西南地区置郡县管理，西南地区本土的小国君主也在管理，相当于是双轨管理制．

② 贵州省博物馆．赫章可乐发掘报告[J]．考古学报，1986(4)：199-251．

③ 同上．

④ 同上．

括陶器、铜器和铁器。相比之下 M283 的随葬品数量较少，也并未在墓中发现棺木痕迹等。

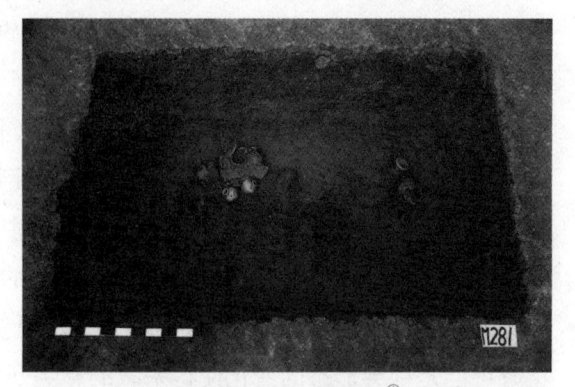

本期甲类墓葬的随葬品以陶器为多，这些陶器中既有日用品，如陶壶、陶罐、陶碗等，也有用于装饰的陶饰品等。这些陶器都是常见的汉式器物，但其制作方法大多是泥条盘筑成形，有少数慢轮修整的现象；陶器烧成的火候不高，大多在 750℃以下，仅有个别器物的烧成温度在 900℃。整体看来，这些陶器的制作都比较粗糙，一种可能是这些陶器是特意烧制的明器；还有一种可能是，这些迁到可乐地区的汉人，虽然掌握了更好的制作陶器的技术，但是困于可乐地区的原料、烧制的条件等，只能制出上述墓中出土的这种类型的陶器。

图 15 M281 平面图①

图 16 M281、M284 随葬的陶罐②

3 座墓出土的铜器很少，主要有铜釜、铜铃及铜币，这些铜器在日常生活中并不占据很大的作用。相比铜器，本期墓葬中所出的铁器无论是在种类还是数量上都更多一些。M281 出土的铁锯片、铁钎和铁三脚架等，应当都属于日常生活用具，而 M284 中出土的铁锸、铁铚和铁斧很有可能是农具。此外，3 座墓都出土了铁刀一类的武

---

① 贵州省考古研究所.赫章可乐 2000 年发掘报告[M].北京：文物出版社,2008.
② 同上.

器，但数量不多，鉴于汉人在可乐地区的地位与处境，①这些随葬的武器很有可能是墓主人处于自卫防身需要而配备的。

从墓葬材料看，这3座墓的主人并不十分的富裕，但也算得上殷实；随葬品中以日常生活用具和农具等为主，说明墓主人只是从事农业生产的普通百姓。考虑到这一时期汉朝对西南地区的开发，这些墓的墓主人很有可能是应征迁往可乐地区的"豪民"。

2. 二期墓葬

二期甲类墓葬中共有24座墓葬发现棺木或棺木痕迹，有棺木的墓葬所占比例较高。本期墓葬随葬品中陶器的类型开始减少，反而是青铜器、铁器等其他类型的随葬品不断增加。

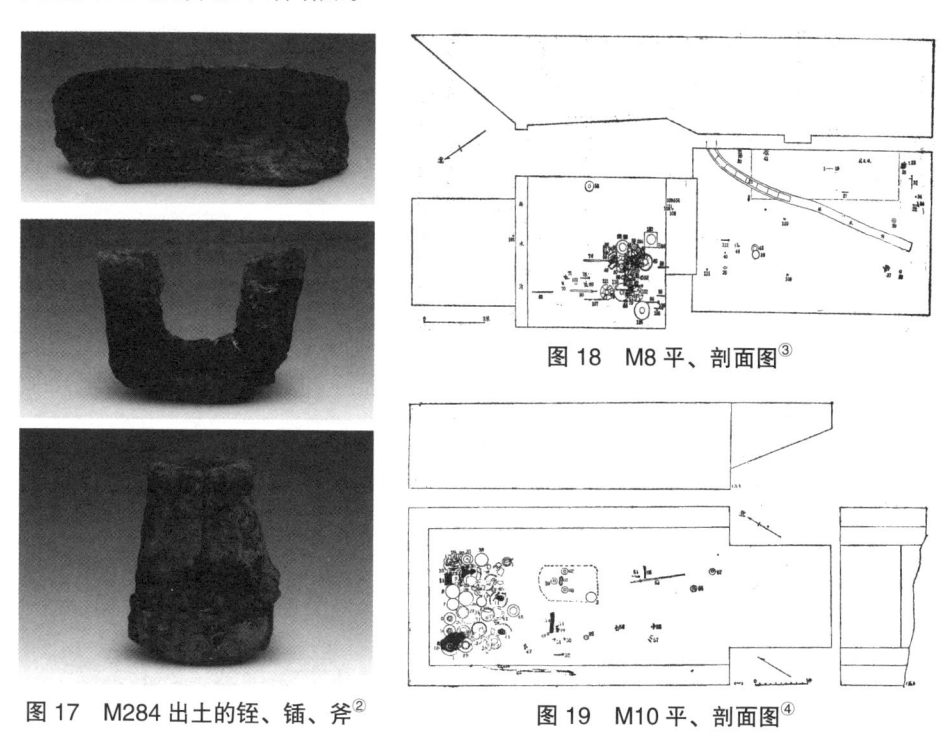

图17 M284出土的铚、锸、斧②

图18 M8平、剖面图③

图19 M10平、剖面图④

---

① 此时汉王朝开始管理西南地区，但地方民族常有叛乱. 见：张勇. 略论汉代西南夷地区的部都尉——以犍为南部为例[J]. 昭通学院学报, 2017(2):1-6.

② 贵州省考古研究所. 赫章可乐2000年发掘报告[M]. 北京：文物出版社, 2008.

③ 贵州省博物馆. 赫章可乐发掘报告[J]. 考古学报, 1986(4):199-251.

④ 同上.

39座墓中的M8和M10规格较高。其中，M8分前后室，前室长5.1米、宽4.35米，后室长8.1米、宽4.7米，前后室皆发现有漆木棺痕（图18）。随葬品中除了少量的陶器外，还出土了大量的青铜器，包括容器、配件、兵器和货币等，还出土有铁器、漆器以及其他各类材质的装饰品等。M10虽无前后室，但也发现了棺椁，并且随葬品的丰富程度仅次于M8，随葬的青铜器和铁器种类繁多，大多以实用器为主（图19）。这两座墓在墓葬整体规模都比同时期的其他墓规格要高，或许其墓主人是这一时期居住在可乐地区的政治地位较高的人，

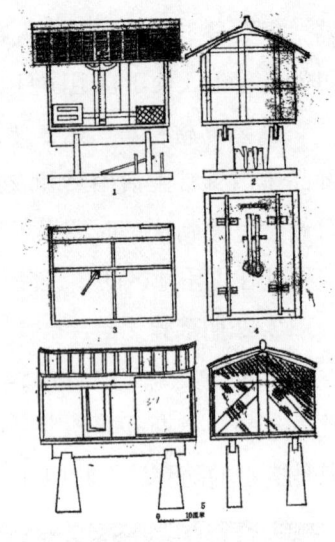

图20 M24、M216出土的陶屋①

鉴于墓中并无太多兵器出土，因而墓主人应当不属于军队首领一类的人，有可能是汉王朝派往此处，负责管理可乐地区的官员。

此外，这一期的39座墓所出的随葬品似乎有一个有趣的规律：如果一座墓随葬品中所出的陶器较多，那么相对的这座墓中出的铜、铁器就会少一些；而当一座墓中所出的陶器较少时，这座墓随葬的铜、铁器则会相应地增加。这或许是陶器与铜、铁器之间的一种互补。在出土的这些陶器中，也出现了一些零星的陶模型明器，如陶井和陶屋等（图20）。

在这些墓葬出土的随葬品中，除了许多的日用品与兵器之外，还出现了不少生产工具，这与汉王朝开发西南地区的历史记载相符。随葬生产工具的往往都是那些随葬品并不十分丰富的墓葬，这也说明了具体开发工作是由普通民众来完成的，群众才是社会历史的创造者②。

总体看来，这些墓葬中的随葬品种类繁多，尤其是铜器，器形多样，并且每座墓都有出土。陶器大部分是生活用具，也有一些生产工具。墓中出土的货币既有五铢钱，也有大泉五十，说明这些墓的时间延续到了新莽时期。随葬的铁器既有生产工具，也有兵器，铁器的适用范围很广。漆器也有出土。

---

① 贵州省博物馆.赫章可乐发掘报告[J].考古学报,1986(4):199-251.
② 恩格斯,马克思.神圣家族[M].北京:人民出版社,1958.

墓中还随葬了各种材质的装饰品及其他器物，装饰品如玛瑙珠、水晶珠和绿松石等，说明前往此处的汉人也有着自己的审美追求。这些装饰品与小型的生产工具还有可能意味着墓主人的女性身份，她们可能是开发可乐地区的汉人的妻子、女儿等，从饰品风格看，也可能是汉人与地方民族女性进行了通婚。

3. 三期墓葬

三期9座甲类墓葬中M1、M2、M3、M4、M6与M7都遭到严重破坏，随葬品早已所剩无几，但仍有一些遗物可供研究。从这些遗物和现存状况较好的M5、M15和M20所出遗物来看，这些墓葬的随葬品包括漆器、铜器、铁器和陶器等。出土的陶器有陶罐、陶屋、陶井和陶俑等，西南地区汉墓从西汉晚期开始流行陶罐等日用陶器作为随葬品，陶模型明器和俑类逐渐增多。

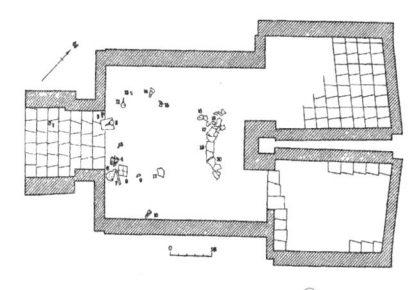

图21　M3平面图[①]　　　图22　M15出土的摇钱树残片花纹[②]

值得注意的是摇钱树在墓葬中的出现。摇钱树是一种特殊的随葬品，其上往往铸有神话人物、珍禽异兽、钱纹等，这种摇钱树可能是民间信仰崇拜的神树；还有树座上铸佛像的，可能与当时佛教的传入有关。目前摇钱树主要出土于以四川为中心的西南地区，是具有西南地域特色的文物[③]，而这些摇钱树大致在东汉初至蜀汉后期流行于西南地区巴蜀文化圈[④]。M3中出土的摇钱树仅有十多片残片，包括树干和枝叶等，但树干是铜皮铁心，并无纹饰，枝叶的正面和背面则是相同的兽面、花草及人物等纹饰，还有钱纹，并未在钱树上发现佛像的痕迹；M15出土的摇钱树残片有鸟翼形、枝条形和钱叶片等，钱叶片上有"千万"字样，钱间还有车马人物，极为生动形象（图22）。

---

① 贵州省博物馆.贵州赫章县汉墓发掘简报[J].考古,1966(1):21-29.

② 同上.

③ 何志国.摇钱树研究评述[J].四川文物,2009(1):62-67.

④ 江玉祥.关于考古出土的"摇钱树"研究中的几个问题[J].四川文物,2000(4):10-13.

M3 和 M15 皆为砖室墓，加上有摇钱树作为随葬品出土，2 座墓的墓主人身份可能也比较高。并且，考虑到摇钱树具备的作为某些崇拜的实物载体，因此摇钱树应该具备某些祭祀或礼仪功能，而能够拥有摇钱树作为随葬品的 M3 和 M15 的主人，很可能承担了祭祀或者其他礼仪活动的工作。

　　汉代青铜摇钱树上的图案反映的主题主要是长生不老和荣华富贵，根据民族学的资料，四川凉山彝族在进行超度祖先的"送灵"仪式的时候，有一个环节是替儿女求富贵，"牺牲用绵羊一只和白公鸡一只，并备一树枝上挂以钱，男主人跪树前祈祷，毕摩（凉山彝族的男性巫师）念经后，家人抢夺树上的钱或夺取别人手中已得的钱，需时约半小时，以示财源茂盛"[1]。这个仪式中将钱挂在树枝上的行为与在摇钱树上铸钱纹有异曲同工之妙。虽然摇钱树流行于西南地区，但在可乐地区的乙类墓中尚未发现过摇钱树，因而可乐地区并非摇钱树流行的地区，M3 和 M15 中出现的摇钱树应当是汉人从别处带到可乐地区的器物。

三、赫章可乐墓地墓葬所反映的社会

（一）酋邦社会

　　根据上面的分析，可以认为乙类墓所属的民族是战国至西汉时期西南地区的一支地方少数民族。这一时期，西南地区小国林立，地方民族混杂，但主要是以贵州中西部的夜郎国和云南的滇国为主，他们是这一地区较大的政治实体，因而许多小国在名义上是归属于夜郎国与滇国的。赫章可乐地区在夜郎的管辖范围内，应当是属于夜郎国统治范围里的一支地方性民族。西汉时汉武帝在此置郡县，可乐属于当时的汉阳县。1986 年的发掘报告推测乙类墓墓主人的族属与古代濮族系统有关。汉代的濮人，就是魏晋之后所称的"僚人"。[2]也有观点认为这些乙类墓是古夜郎民族墓葬，推测可乐地区是夜郎国的主要活动中心。[3]不管怎么说，可乐所见的乙类墓的葬俗仅出现于可乐地区，

---

[1] 凉山彝族奴隶社会编写组.凉山彝族奴隶社会[M].北京：人民出版社，1982:177.

[2] 贵州省博物馆.赫章可乐发掘报告[J].考古学报，1986(4):199-251.

[3] 席克定.威宁、赫章汉墓为古夜郎墓考[J].考古，1992(4):366-374.

别的地方不曾出现过。虽然没有明确的证据证明可乐乙类墓墓主人的族属，但战国秦汉时期的可乐地区无疑是一支非汉族群的活动中心。

关于夜郎族群社会的性质问题，早期有观点认为战国秦汉时期的夜郎社会属于奴隶制社会。[①]童恩正在1994年发表的《中国西南地区古代的酋邦制度——云南滇文化中所见的实例》一文中，批判了大多数学者将公元前7世纪至公元前2世纪末的滇族社会的性质定为"奴隶社会"的观点，并且提出了古代滇族社会是一个具有"酋邦"特征的封闭性社会。[②]那么，与滇文化的时间差不多、且地理位置相毗邻的贵州境内的各类文化是否也可能存在这种"酋邦社会"呢？

（二）可乐地区乙类墓反映的酋邦社会性质

根据童恩正的观点，具有普遍性，并且可以用考古学材料验证的酋邦社会标准[③]来看，似乎赫章可乐墓葬所反映出的社会并未到达一个严格意义上的"酋邦社会"，但在主要方面又与酋邦社会有着密切的关系。那么，滇文化所属的酋邦社会应当已经发展到了鼎盛阶段，非常接近早期国家，是复杂化的酋邦社会，而可乐地区所属的酋邦社会还只是酋邦发展早期的简单酋邦阶段。

从乙类墓的墓葬形制、随葬品和葬俗等方面来看，乙类墓皆无封土，且就算规模较大的墓葬，也只是甲类墓的一般水平。随葬品虽然有多寡之分，甚至还有无随葬品的墓葬，但是差距并没有特别大，随葬品最多的墓也没有非常的豪华精美，只是在数量和种类上比较丰富。随葬品并没有组合规律，也没有特定的随葬器物，也没有特定的礼仪性器物。以上这些，也能反映出这一时期的可乐地区所处的是一种比较松散、简单的社会形态，虽然出现了社会等级的分化，或许也有了集中的、脱离群众的统治阶层的出现，但总的来说，可乐墓地所反映的社会仍然只是一个没有集权、政治上与其他族群之间平等的酋邦社会。

（三）乙类墓的葬俗与随葬品所反映的社会状况

观察乙类墓中比较特殊的有"套头葬"及相关葬俗的墓葬可以发现，有

---

① 宋世坤.试论西汉时期夜郎的社会变革[J].历史问题研究,1979:69-74.

② 童恩正.中国西南地区古代的酋邦制度——云南滇文化中所见的实例[J].中华文化论坛,1994(1):84-98.

③ 同上.

的套头葬不仅套头套脚,并且随葬品丰富;而有的仅是套头,随葬品不多;还有的只是更简单的方式如铜铁容器垫头、垫脚或在头侧地面插铜戈,随葬品数量更少。这些现象表明,即使是在掌握宗教的神职人员中,也有着比较明显的阶级划分,高级的宗教首领、巫师等能够享受更高规格的墓葬,而下层的巫师或普通的神职人员的墓葬则相对简陋。此外还有一种可能,套头葬与其他葬俗并存于可乐乙类墓中,除了套头葬,还能看到很多的用木棺作为葬具的墓葬。而包括套头葬在内的各种葬俗并没有必然的关联性,有套头葬与木棺葬并行的,也有仅用套头葬的,还有仅用木棺作葬具的,甚至还有不用木棺的。可以看出这些墓葬形式是可以选择的,或许是早期的可乐地区尚未形成稳定的关于葬俗、墓葬礼仪的规则,因而套头葬也并非是神职人员独享的专利,可能只是当地人们的一种创造,被不断使用后成为一种可供选择的习惯,可视作一种公共文化产品。

从乙类墓的随葬品来看,铜器和铁器都比较普遍,说明当时可乐地区铜器和铁器的制作技术已经比较成熟。这些铜铁器物主要是日常生产生活用具和兵

图23 乙类墓随葬的镂空牌形茎首剑[1]

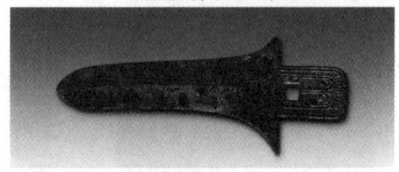

图24 乙类墓随葬的铜戈[2]

器诸如铜剑、铜戈、铁刀、铁剑之类。随葬兵器在可乐乙类墓中十分常见(图23、图24),也并不是仅限于部分墓葬,而是普遍皆有。这样的情况

---

[1] 贵州省文物考古研究所.赫章可乐2000年发掘报告[M].北京:文物出版社,2008.
[2] 同上.

1.虎形挂件（M274:79） 2.戳形挂件（M274:69） 3.A型（左:M298:2,右:M298:3） 2.B型（左:M350:5,右:M350:4） 3.B型（左:M277:3,右:M277:9）

图26 乙类墓随葬的铜发钗②

3.双齿挂饰（M274:90 左:正面、右:侧面）

1.A型Ⅰ式（M341）

1.C型Ⅰ式（M356:2）正、侧面

4.戒指（M308:5） 5.B型带钩（DT1005 采:1）
乙类墓随葬铜饰品

2.A型Ⅱ式（M365）

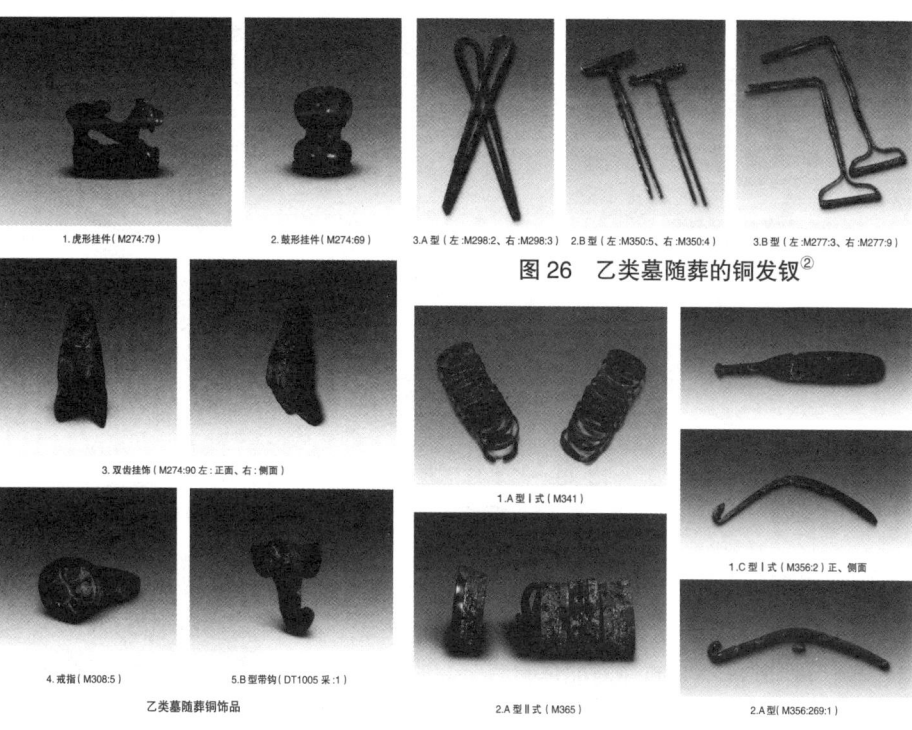

2.A型（M356:269:1）

图25 乙类墓随葬的各类铜饰品①　　图27 乙类墓随葬的铜手镯③　　图28 乙类墓随葬的铜带钩④

说明这些乙类墓所属的民族也许就是一支好勇善战的民族，无论是什么身份，社会大部分成员都拥有武器并且在死后将武器随葬，这或许该民族普遍的习俗，这些武器是他们日常生活的必备品。不过如此普遍的武器持有率，可能也与当时西南地区各部族之间有战争、当地民族与中原汉朝之间不断有战争相关。

乙类墓中也出土了不少具有装饰或者美学意义的随葬品。如铜发钗（图26）、铜铺首、铜手镯（图27）、铜带钩（图28）和铜铃，还有各种材质的珠子、挂饰、骨玦等等，这些都反映了这些乙类墓的墓主人们对于美的追求。一些剑的剑柄上的工艺也十分吸引人，不仅有精美的纹饰，还有镂空的设计。

---

① 贵州省文物考古研究所.赫章可乐2000年发掘报告[M].北京:文物出版社,2008.
② 同上.
③ 同上.
④ 同上.

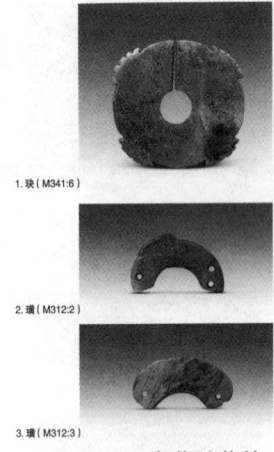

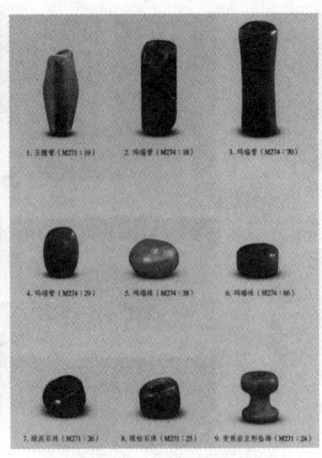

图 29　乙类墓随葬的玉器①
图 30　乙类墓随葬的珠玉饰品②
图 31　乙类墓随葬的珠串、骨器③

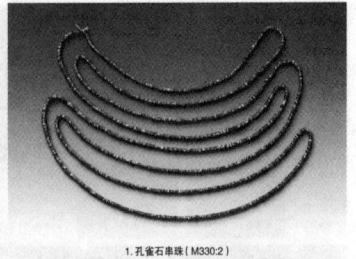

许多珠子颜色十分鲜艳，一整串的串珠更是绚丽多彩（图30、图31）；铜手镯、铜戒指也十分的古朴典雅，上面还有暗暗的花纹。许多铜釜、铜洗等容器上的耳做成了兽耳（图8），有的耳上还有各种纹饰。这些都体现出了当时可乐地区的先民们对美和艺术的追求与实践。

关于陶器的问题，可乐乙类墓中出土的陶器并不多，仅少数墓有出土陶器，并且所出的陶器或是单独一件，或是数量很少。但是根据对出土的陶器的研究来看，无论是陶土的选择还是轮制技术，陶器的制作水平是比较成熟的。④ 也许是当地并无将陶器放入墓葬中随葬的习惯，抑或是当时社会陶器的使用并不普

图 32　乙类墓随葬的陶器⑤

---

① 贵州省文物考古研究所. 赫章可乐2000年发掘报告[M]. 北京：文物出版社，2008.
② 同上.
③ 同上.
④ 叶成勇. 黔西滇东地区战国秦汉时期考古遗存研究——以南夷社会文化变迁与文明化进程为重点[D]. 北京：中央民族大学，2009.
⑤ 同注①.

遍，因而陶器在随葬品中也不常见。

（四）可乐地区的甲类墓

值得注意是，从1960年到2012年，可乐地区共发表了发掘资料的墓葬327座，其中甲类墓49座，乙类墓278座，甲类墓在其中占比约为15%。墓葬作为灵魂安息的形式，一向是比较受重视的，尤其是对于来自中原的汉人来说，无论是埋葬的地方还是埋葬的形式都很重要。而汉人的墓葬出现在了远离中原的西南地区地方民族的地域内，与此同时，可乐地区的乙类墓中也不断有汉式风格的器物出现，[①]说明当时的可乐地区与中原有着贸易、文化、技术等方面的交流。更有甚者，中原汉王朝对可乐地区的政策已经有了改变——可乐从独立的酋邦小社会变成了汉王朝所设的郡之下的一个县，可乐地区被囊括进了汉王朝的统治版图中。[②]汉人迁徙至此，或许就是汉王朝管理西南地区少数民族的一种手段。

相比起乙类墓来说，甲类墓的数量并不算多，在可乐地区，汉人才算是"少数民族"。但就他们在此地的目的来说，他们又是作为"入侵者"的，甚至汉人还有一层"统治者"的身份。在《史记》《汉书》等历史文献中，均将西南地区称为"西南夷"，可见汉文化社会并不认为西南地区的少数民族是与汉人平等的。在汉人进入可乐地区的这一阶段，汉人与当地的民族是否和平相处仍然值得商榷。甲类墓共49座，其中有22座墓出土有兵器，约一半的墓都出土的兵器。可以说这些出土兵器的墓葬的墓主人都是当时驻扎于可乐地区的军人，但笔者认为更可能是当时开发可乐地区的汉人与地方民族之间并不十分和谐，[③]时有矛盾发生，因而常备武器用以自卫。

综上所述，战国秦汉时期的赫章可乐地区是一个比较初级的类似酋邦社会的社会结构，距离国家形态还比较遥远，也没有统一的集权政治，可乐地

---

① 张齐.赫章可乐出土陶器研究[D].贵州：贵州大学,2017;史忞.滇东黔西地区出土东周秦汉时期青铜兵器研究[D].陕西：西北大学,2017;段渝.夜郎国与夜郎地区青铜文化[J].社会科学战线,2016(7):118-130.

② 颜建华.论汉王朝在贵州的行政建置[J].贵州民族研究,2012(1):140-144;席克定."南夷夜郎"两县考[J].贵州文史丛刊,2008(2):20-24.

③《汉书》中就记载了西汉中后期西南地区民族的多次反抗起义.见：班固.汉书西南夷两粤朝鲜传[M].北京：中华书局出版社,1962.

区极有可能是一个在夜郎国统治下（该统治是指广义上的管辖）的小方国。此时可乐地区的生产力已经比较发达，无论是铜器、铁器还是其他方面的器物的制作技术已经比较成熟，文化艺术也有一定发展，有自己的宗教和信仰。处于这种情况下的可乐，已经发展到了比较高级的社会阶段，即使没有中原王朝的势力进入，也可以自己发展到国家形态的社会。

四、结语

历来关于赫章可乐的研究大多旨在探讨可乐地区与中原王朝之间的交流，或是将可乐地区作为西南地区整体研究的一个地方类型，更多时候是在探讨中原汉文化对可乐地区乃至整个西南地区的影响。历史上中原王朝对西南地区的开发确实有过很大的贡献，但是在开发的同时，汉王朝也不可避免地从利益角度出发。比如中原和西南地方民族之间不断的战争，最后汉廷直接灭了许多西南小国，将汉人迁于此，使西南地区逐渐汉化。这样的方式，无论是从政治上还是从文化上来看，汉廷都对西南地区原本的发展历程造成了较大的影响。正是因此，许多观点都认为中原汉朝时的西南地区与中原汉王朝相比是更加"低级"的社会形态。但是社会形态并无高低之分，只是相对于西南地区的自然环境以及此地的民族所掌握的生产技术来说，选择这样的社会形态对于他们来说是最合适的。也许在没有其他文化进入的情况下，最后它们也会发展成中原王朝那样的社会形态，或是发展成其他与汉王朝的社会形态完全不同的社会。这些社会并非是水平低下的，而只是不同于它们的更有名望的邻居而已。

当然，本文旨在从墓葬材料探讨战国秦汉时期中国西南边陲的可乐地区的社会状况。任何研究总会有将现有的观念强加在考古材料上的危险，一旦这样做，那么从这些考古材料中就得不出新的认知，只是在原地兜圈子罢了，因此要避免只接收那些自己喜欢的猜想、只接受那些看起来容易或可以被证实的推测。当然做到这些是很难的，完全地从考古材料出发也是做不到的。本文根据可乐墓地所提出的观点也只是一些浅显的推测，也是被框在一个固有的模式中去进行推论的。透过对现象和实物资料的分析，而得出结论，这是本文的研究方式。但本文的观点也仅仅是根据可乐地区的墓葬材料来进行研究而得出的，一个社会，即使是简单的社会，其构成也是很复杂的，需要进行整体性的聚落考古研究，聚落的空间结构、功能划分都是研究其社会形态的重要部分，仅靠墓葬材料远远不够。也许之后会有更新的材料，更合理的观点，这些都是需要更多时间去研究的。

（指导老师：陈玭）

第四辑

"传统文科+"篇

安溪茶农的生产困境研究
——以西坪镇为例

林秋玲[①]

摘要： 铁观音是中国十大名茶之一，在国际上也同样享有重要地位，安溪作为中国知名的茶乡，茶农在安溪总人口以及茶叶产值在全县 GDP 中所占据的比例都极具分量。随着近几年铁观音价格的下降和茶叶市场的相对不景气，以茶为生的安溪茶农在生产和收入方面都遇到了不小的困境。西坪镇是铁观音的发源地，是蜚声中外的乌龙茶之乡，也是安溪二十四个乡镇中重要的茶叶交易市场之一，清朝时期就是远近闻名的茶市，被誉为"西坪墟"。安溪茶农遇到的生产困境，西坪的茶农也同样面临着。钻石理论模型是波特先生在对数十个国家的产业进行研究之后得出的结论，本文以钻石理论的模型为基础进行访谈，并运用扎根理论对访谈稿进行三段式编码，从而对西坪镇茶农正面临的生产困境进行研究，希冀有所成果。

关键词： 安溪铁观音；茶农；钻石理论模型；扎根理论

[①] 林秋玲，女，历史学系 2013 级历史学（师范）专业本科生，现为安溪金火完全中学历史教师．

一、前言

  安溪是铁观音的发源地，是一个种茶、饮茶、制茶历史达千年以上的古老茶乡。而茶业也一直都是安溪最大、最具地方特色的支柱产业。根据陈进火的研究，截至2012年底，安溪全县茶园总面积共计60万亩，茶叶年产量约6.7万吨，涉及茶的产业总产值达101亿元，安溪县目前共有常住人口115万，其中有20万户以上的家庭种植茶叶，有50多万人以茶为生，80多万人从事着与茶相关的行业；安溪农民的人均年收入约1.08万元，其中有56%来自茶产业。安溪的茶园总面积、茶叶总产量、涉茶产业的总产值、茶业相关从业人员数量、受益的人口、农民收入中茶叶的所占比例、茶叶贸易额等多项指标，均在全国县级指标中位列第一。[①]

  然而，近年来铁观音的产地收购价格不断下跌，仅仅一年的时间，便从2006年的每千克440元，迅速下降到2007年的每千克340元，到2010年时甚至降到每千克240元，还不及2001年时的每千克260元的价格水平；与此同时，随着国家通货膨胀和物价上涨，制作茶叶的人工成本却在不断提高，在2005年已突破千元，2010年更是达到每亩1734元。[②]短短5年间上涨了7成之多。在单位售价不断下降，人力成本却大幅提高的条件下，安溪的茶农们不得不开始外出打工以养活家庭，许多茶园也面临了废耕、任其荒芜的困境。

  安溪铁观音本来就存在着诸多问题，除了产业化程度较低，更多的是茶农一家一户的低层次的小农经营，缺乏一体化和专业化，[③]加上近几年的生态环境日益恶化，茶农为了扩大茶叶的种植面积和提高产量，无序将山林地开垦成为茶园，并对茶园施各种含有化学物质的工业化肥，造成水土流失加剧和生态环境的进一步被破坏[④]，连带导致安溪近几年的茶叶产生了质量问题。

---

  ① 陈进火.提升安溪茶叶产业化水平存在的问题与对策[J].福建茶业,2013(4):42-43.
  ② 淘宝卖茶的小男孩.安溪铁观音价格变动及影响因素分析[EB/OL].[http://blog.sina.com.cn/s/blog_69daa25e0100w9s3.html].2016-5-10.
  ③ 章志刚.福建安溪铁观音产业化发展研究[D].福建：福建农林大学,2014:2-26.
  ④ 郑慧星.安溪茶产业可持续发展存在的问题与对策[J].福建轻纺,2011(8):51-54.

随着现代人对健康的追求让茶在国际饮料市场地位愈加重要,安溪现在茶叶的农药残留与国际卫生质量检测的相关指标存在有较大的差距,这成了安溪铁观音出口国际难以突破的"绿色贸易壁垒"。[1]

面对这样的困境,目前坊间代表茶产业信息的各类产业研究报告,不但未能指出实情,反而以毛茶产值和产量的增加作为论证基础,以此说明安溪铁观音快速向前发展的势头良好。这样的分析主要是以收入代表盈利,完全不符合安溪铁观音产业的发展实情!换句话说,只有产出大于投入,即产业具有净利润且净利润值逐渐增长,才能说明一个产业是处于不断发展状态的。否则,仅仅从茶产值的方面作为佐证,有可能忽略了产值的增长是因为投入的增多所造成。而在此情况下,产值的增长意味着亏损的增加,而亏损的增加则意味着产业正处于负增长的情况。而缺少了产值和投入的对比的产业报告,明显存在信息不足,无法正确反映茶产业真实情况的问题。

承上所述,本研究拟以安溪铁观音的发源地,亦即笔者的家乡西坪镇为研究对象,希望通过实际调研,达到以下的研究目的:

第一,反映安溪铁观音的发展现况,修正产业报告的分析论点。

第二,构建分析模型,以探讨目前安溪茶农所面临的生产困境。

第三,在上述基础上提出相关建议,为安溪茶农进行产业转型升级提供参考依据。

二、研究方法与设计

(一)理论与方法

1. 钻石理论

1990年美国战略管理学家迈克尔·波特从政府角度出发,罗列了全球十大领导国家(英国、美国、日本、意大利、德国、韩国、丹麦、瑞士、瑞典、新加坡)的个案,分析了上百种产业的成功模式后,发现"国家"在产业建

---

[1] 杨江帆,吴声怡,余文权,等.安溪产业升级与跨越的发展战略研究[J].福建农林大学学报,2008(3):49-54.

立优势的过程中是不可获取的一个环节。波特将所有的观察研究整理归纳后，出版了《国家竞争优势》[①]一书，并提出了"钻石理论"，以此作为分析一个国家竞争力的理论模型。其模型体系图1所示，第一组决定因素有4个，分别是：（1）生产要素；（2）需求条件；（3）相关与支持产业；（4）企业的战略、结构和同业之间的竞争。第二组附加决定因素是：（1）机会；（2）政府。波特将这6个要素组成一个有机的整体，也是一个动态的整体[②]。

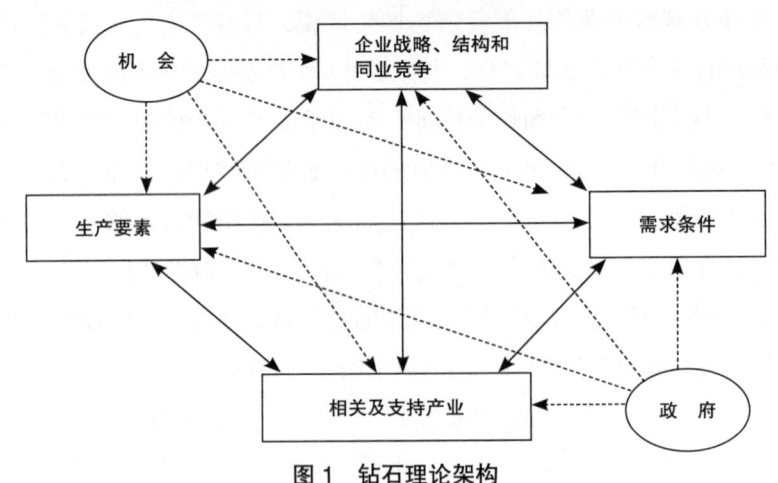

图1 钻石理论架构

资料来源：波特，1990年钻石理论模型

笔者通过波特钻石理论模型的视角，对安溪铁观音产业进行了审视。其一，安溪铁观音作为一个农业产业，生产要素在产业升级中起着重要的作用，只有政府、企业或者个人不断投资创造生产要素，尤其是高级要素和专业生产要素，才能不断提升产业的竞争优势和质量，因为高级的生产要素的可获得性和精制程度决定了其所在的经济主体是否可以获得较多比较利益的能力。[③] 据此，笔者根据钻石理论中对生产要素的阐述，制定访谈大纲和对茶农的访谈，对铁观音目前的发展现状中在气候、土壤等自然因素以及人力、技术等高级

---

① Michael E.Porter.National Competitive Advantage Theory[M].Massachusetts: Harvard business school press,1990.

② 李建平,邱正华.提升我国农业市场竞争优势分析——基于波特钻石理论的启示[J].财贸经济,2004(7): 75-78.

③ 刘学忠,崔茂森.中国农业国际竞争力分析——基于钻石理论[J].农村经济,2006(7): 6-9.

因素方面遇到的困难进行分析,包括原因、造成的影响以及解决的建议或意见。

其二,在需求条件方面,不论是国内或是国际,茶叶的市场潜力都不容小觑,因为茶叶既是一种长期消费的商品,又是拥有长远历史且越来越受欢迎追捧的饮品。[1]铁观音在中国的茶叶市场一直占据着不错的生产和销售额度,[2]但近几年经历所及的现况却是茶农生产的茶叶只有产量增加,价格却呈现幅度不小的下滑趋势。笔者利用钻石模型理论中关于需求条件的知识通过实地的访谈分析安溪铁观音遭受"冷遇"的原因。

其三,在相关性支持产业方面,茶叶产业的相关性支持产业一般指的是茶叶加工行业,尤其对茶叶进行深加工的相关行业。[3]在2006年时,安溪茶叶加工企业已达到530家的规模,其中年产值在500万以上的近20家,但总体而言,龙头企业所占的比重仍旧很小,大部分企业的技术研究和市场开拓能力不足,[4]即使到了2016年,安溪铁观音依然缺乏拥有绝对影响力的龙头企业,具有超强实力的品牌数量还依旧远远不够。通过跟茶农的访谈和笔者实地的走访,深入了解铁观音相关产业发展缓慢的具体原因,以期找到解决的方法。

其四,"在竞争优势中,最重要的部分并不是静态的效率,而是企业充沛的活力"[5],波特在《国家竞争优势》一书中这样论述道。产业的发展竞争力至关重要,波特的钻石模型本身就是一个具有竞争力的动态模型,企业或者个体之间的竞争力的重要性由此可见一般。[6]安溪茶农之间的竞争能够更好地促进安溪铁观音的发展,通过访谈了解茶农之间的关系,分析茶农个体以及安溪铁观音所蕴含的竞争力大小。

其五,任何产业的发展都是机遇与挑战并存,茶业也不例外。茶叶中富含茶多酚、氨基酸、茶多糖、多种维生素和矿物质元素等,均是有利于人体

---

[1] 彭继权.基于钻石模型的安徽茶叶出口竞争力研究[J].荆楚学刊,2015(2):64-68.
[2] 秦明,王志刚.福建省茶业发展分析及展望[J].农业展望,2014(9):48-64.
[3] 丁传中.基于钻石模型的安徽省茶叶产业竞争力分析[J].山西农经,2016(3):124.
[4] 陈海翔.安溪县茶产业调研报告[J].发展研究,2007(3):70-71.
[5] 迈克尔·波特.国家竞争优势[M].李明轩,邱如美,译.北京:中信出版社,2007:122-123.
[6] 蔚鹏.应用钻石模型理论提升苏州工业园竞争力的战略对策研究[D].南京:东南大学,2005:10-12.

健康的营养物质。[1]现代社会越来越追求健康食品和绿色食品,铁观音作为茶叶就是一种有利于养生的饮品,希望通过访谈可以深入探究,追求"绿色"的社会浪潮是否能够成为铁观音转型的推动力。

其六,便是政府扮演的角色与功能。政府对于产业的发展起的是重要的推动作用,通过实地的调查和与茶农之间的深度访谈,剖析政府在茶农经营铁观音的过程中所起到的作用,以及茶农所希望的政府可以提供的帮助。

2. 扎根理论与三阶段编码

扎根理论研究法渊源已久,最早源于 Glaser 和 Strauss 的著作《发现扎根理论》[2]。在此之后,两位作者及其合作者不断对这一方法加以发展,导致扎根理论目前有许多不同的版本,但总的来说,扎根理论方法的使命非常明确,即经由质化方法来建立理论。[3]如今,扎根理论已经成为一种相对成熟的重要的社会科学研究方法。[4]

扎根理论与其说是一种理论,毋宁说是一种方法——通过将所收集到的数据打散、加以赋予概念、及再以新的方式将数据重新放在一起的过程,[5]经由这个过程,可以帮助研究者形塑出一套清楚的理论的分析程序。而这个将句子或段落予以标签化的动作,即是"编码"。[6]通过开放性、主轴性与选择性三阶段的编码,得以构建出相关的分析模型。

其中开放性编码要求研究者以一种开放的心态,尽量放弃个人的"偏见"和研究界的"定势",将所有的资料按其本身所呈现的状态进行编码。[7]这是一个将收集的资料打散赋予概念然后再以新的方式重新组合起来的操作化过程。编码操作的目的是从资料中发现概念类属,对类属加以命名确定类属的

---

[1] 黄海英,黄秀鑫,朱荣辉,等.茶叶保健与四季养生[J].广东农业科学,2010(6):166-168.
[2] Glaser B, Strauss A. The Discovery of Grounded Theory: Strategies for Qualitative Research[M]. Chicago: Aldine, 1967: Vii.
[3] Strauss AL. Qualitative Analysis for Social Scientists[M]. New York: Cambridge University Press, 1987.
[4] 张敬伟,马东俊.扎根理论研究法与管理学研究[J].现代管理科学,2009(2):115-117.
[5] 陈向明.扎根理论的思路和方法[J].教育研究与实验,1999(4):58-63.
[6] 林本炫,何明修.质性研究方法及其超越[M].嘉义:南华大学教育学研究所,2004:3-9.
[7] 孟娟.心理学扎根理论研究方法[J].吉首大学学报(社会科学版),2008(3):170-174.

属性和维度,然后对研究的现象加以命名及类属化①。具体来说,开放性编码就是将资料分解、比较、分类,根据一些既定的属性来群组相似的事项,并赋予其一个能代表该共同联结的命名的一个过程。

主轴性编码就是将开放性编码中被分割开来的资料,再重新组合起来,在主轴性编码中,将类别与次类别相互关联,找出现象本身、前因后果、脉络之间的关系。主轴编码的主要任务是发现和建立概念类属之间的各种联系,以表现资料中各个部分之间的有机关联。在主轴性编码中,研究者每一次只对一个类属进行深度分析,围绕这一个类属寻找相关关系,因此称之为"主轴"。

随着分析的不断深入,有关各个类属之间的各种联系应该变得越来越具体。在对概念类属进行关联性分析时,研究者不仅要考虑到这些概念类属本身之间的关联,每一组概念类属之间的关系建立起来以后,研究者还需要分辨其中什么是主要类属,什么是次要类属。这些不同级别的类属被辨别出来以后,研究者可以通过比较的方法把它们之间的关系联结起来。②

选择性编码指的是:在所有已发现的概念类属中经过系统的分析以后,选择一个"核心类属"分析,不断地集中到那些与核心类属有关的码号上面。核心类属必须在与其他类属的比较中,一再被证明具有统领性,能够将大多数的研究结果囊括在一个比较宽泛的理论范围之内。就像是一个渔网的拉线,核心类属可以把所有其他的类属串成一个整体拎起来起到"提纲挈领"的作用。简单来说,就是所有类别是以一个核心的解释性概念组织起来的,并将主要类别与这个核心的概念相连接。

(二)研究设计

1. 研究规划

本研究以"半结构式访谈法"为研究方法,根据钻石理论的六大决定要素设计访谈大纲,引导受访者对问题做出自己的回答,并根据访谈现场的情况针对访谈问题进行调节。本研究依据钻石理论模型的6个维度及其涵盖的

---

① 陈文昌.水稻种子产业实施电子商务模式的影响因素实证分析[J].商业时代,2012(11):48-50.

② 王念祖,隋鑫.数字出版盈利模式误区研究——基于CSSCI高被引论文的分析[J].出版科学,2014(5):82-86.

因素，列出了访谈的大纲，与选择访谈对象的相关介绍如下表1和表2：

表1 访谈大纲

题号		相关构面
1	关于安溪铁观音的发展，在生产要素或者生产技术上有什么看法？是否有新的维度补充？	生产要素
2	根据铁观音产业的现阶段发展，它的需求条件是什么？是否有新的维度补充？	需求条件
3	目前安溪铁观音的产业是否有和其他产业相关联？是否有新的维度补充？	相关性及支援性产业
4	目前安溪铁观音的经营策略、结构以及竞争各自为何？是否有新的维度补充？	企业策略、企业结构与同业竞争
5	安溪铁观音目前的发展机会是什么？是否有新的维度需要补充？	机会
6	政府是否有给予安溪铁观音相关的支持？是否有新的维度补充？	政府

表2 访谈对象简介及选择原因

编号	姓名	简介	选择原因
1	W先生	55岁，以前是茶农，后跟儿孙一起做茶叶生意，不再制作茶叶，而是买卖茶叶。	有过制作茶叶的经历，也会收购和销售茶叶，既是茶农的角色，也是茶贩子的角色，有双重意义。
2	L先生	30岁，家里共有六口人，父母及一双儿女。	就笔者所见所闻，很多青年人都选择外出打工，L先生是为数不多这个年纪在家里以茶为生的茶农，具有代表性。
3	X先生	55岁，儿子茶季回家帮忙，农闲时期做铝合金生意。	年龄相对较大，制作茶叶三十余年，是最普通的茶农。
4	H先生	35岁，六口人，全家以茶为生，相对而言家庭条件处于中上水平，父母身体不错，农忙时还可以帮忙，儿子学历不高，依靠熟人谋取了一份相对稳定且有一定前途的工作。	H先生是少见拥有私家轿车的茶农，具有特殊性。
5	R先生	45岁，曾外出在茶叶实体店做过烘焙师傅，后又继续制作茶叶。	R先生对茶叶实体店的销售有一定的了解，既有制作茶叶的技术，也拥有一部分的销售经验和客户，有代表性。

2. 研究架构与研究流程

根据产业报告等相关文献资料以及茶农的访谈资料，可以知道目前安溪铁观音的经营现状以及未来可能存在的发展方向，在访谈内容的编码分析之后，可以看出铁观音产业发展遇到的经营问题，希望通过笔者的深入了解，可以帮助安溪铁观音走上可持续发展之路。本研究的相关架构请见图1：

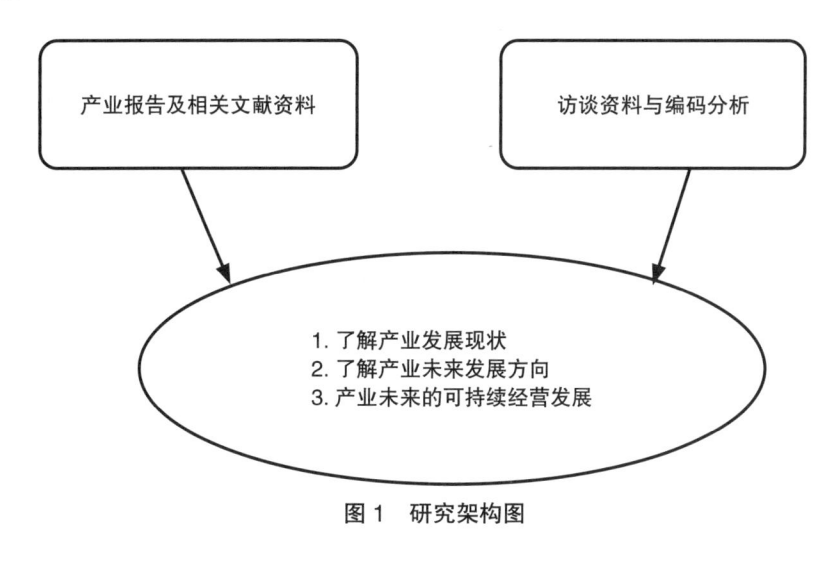

图1 研究架构图

在研究流程方面，本研究流程进行步骤如下：（1）确立研究主题；（2）收集相关的文献以及产业资料；（3）以1990年，美国著名战略管理学家迈克尔·波特提出的波特钻石模型建立研究架构；（4）以钻石模型理论为基础，进行个案访谈；（5）对访谈稿进行编码分析并进行相关讨论；（6）根据前述步骤所得探讨以获得结论并提供建议。

三、研究分析

（一）开放性编码

本研究先将访谈内容缮打成逐字稿，然后利用Atlas.ti5.2软件（繁体字版）协助进行编码。在第一阶段的开放性编码中，为了避免语言意义表达产生误差，以"见实编码"为原则，尽量保留受访者原来的语意，除部分语句因字数过长进行删减，最后共产生275个与研究主题相关的编码。

（二）主轴性编码

主轴性编码是指，将意义相接近的编码连接在一起的编码过程。本研究的主轴性编码共两个阶段，第一阶段是将开放性编码中产生的275个编码根据不同的性质，归纳到50个主要类别之中（见表3）。

表3 铁观音发展现状关键因素类别表

编号	群组类别	数量	编号	群组类别	数量
1	土质变差	5	26	茶叶销售对象单一	11
2	反腐败政策	6	27	茶农人数减少	5
3	缺乏旅游等第三产业带动	14	28	茶农的年龄结构不均衡	4
4	市场行情变化	2	29	茶农缺少茶叶销售的渠道	3
5	市场供需不平衡	3	30	茶农收入减少	4
6	社会风气影响	6	31	假冒铁观音层出不穷	8
7	政府推行政策不当	6	32	产量增加影响茶叶质量	6
8	气候变化	6	33	喝茶有助于身体健康	5
9	质量难以辨别	4	34	电商破坏市场规则	3
10	消费者有不同的需求	3	35	制茶需要技术和经验	8
11	消费者缺乏和茶农直接联系的渠道	7	36	质量下降导致茶价下跌	7
12	思维定势	3	37	机器化造成茶叶质量下降	5
13	茶叶种类多样化	15	38	铁观音耐存放	5
14	市场萧条	15	39	铁观音缺乏品牌建设	6
15	茶叶生产出现恶性循环	7	40	茶叶包装费用上涨	2
16	茶叶产量不断增加	3	41	茶叶实体店成本高	6
17	茶叶生产制作成本上涨	8	42	茶农之间缺少联盟	4
18	茶叶制作技术难以共享	10	43	农药残留等卫生问题	2
19	茶叶价格存在不确定性	6	44	电商抢占市场	3
20	茶叶质量决定茶叶价格	2	45	茶贩子存在的合理性	13
21	铁观音茶籽会变种	2	46	茶叶混合销售	7

续表

编号	群组类别	数量	编号	群组类别	数量
22	茶籽会影响茶叶的生长能力	2	47	茶农缺乏竞争意识	4
23	茶园种植茶叶种类基本固定	2	48	交通不便	3
24	教育的作用	5	49	茶农缺乏行销意识	4
25	茶树年龄影响茶叶质量	3	50	网络卖茶受到挤压	2

第二个阶段的主轴性编码，再将50个主要的类别分别归纳入11个关键群组类别，分别为："铁观音质量变差"——主要是茶叶质量下降对茶叶价格的影响；"政府政策缺乏针对性"——政府对茶农的补助措施难以真正落到实处，而且也并没有针对茶农的需要而进行帮助；"市场规则不够完善"——包括电商间的价格战及外地茶叶假冒铁观音进行销售；"价格下跌"——以2010年前后铁观音售价为对比数据；"农药残留等卫生问题"——铁观音为了防止虫害需要喷洒农药，容易在茶叶上造成残留，达不到其他国家的标准，遇到绿色贸易壁垒；"包装费用增加"——以茶叶包装费用在茶叶售价中占据的比例为依据；"铁观音具备的优势"——以促进铁观音未来更好发展所具备的条件为考虑因素；"茶农面临的发展困境"——包括成本增加、销售渠道单一、技术、产业联盟、收入下降等问题；"难以满足消费者的需求"——包括不同消费的不同需求、多样化的购买途径等；"教育的促进作用"——包括通过教育帮助茶农改善茶种，教授茶农茶叶包装和行销手段等；"缺乏品牌建设"——以安溪铁观音存在容易被其他茶叶假冒替代进行销售的问题为考虑。

（三）选择性编码

在完成主轴性编码的归纳工作后，就要进行选择性编码，通过对"故事线"的编写，同时借助前期各项资料中所呈现出来的因果关系、脉络、策略等，对编码所得的内容进行联结，并进行类别之间的比较和筛选，使最后所得的结果更加完备和精致。

1. 编写故事线

安溪铁观音位列中国"十大名茶"，对于茶农和当地政府来说，每年的收益都不可小觑，但随着气候的变化和土壤营养成分的流失，铁观音的质量受到影响；与此同时，劳动力的不断外流使得铁观音的制作越来越依靠机器，而机器制作的铁观音质量更大不如前；除此之外，在"三公政策"和电商的冲击之下，铁观音的价格更进一步地下滑。目前铁观音的生产更多的还是一家一户的个体经营，茶农之间既缺乏竞争也没有结盟意识，不仅如此，茶农的文化水平相对低下，没有办法通过教育来提升茶农本身的制作技术和行销方法，铁观音价格的一路下跌严重损害了茶农的既得利益；更重要的是，对于铁观音市场不景气、茶农利益受损等的现象，当地政府并未制定相对应的有效措施进行改善，不仅如此，在茶业产业报告或其他书面的报告上，茶产地还是一片欣欣向荣的景象。

2. 选择性编码

在主轴编码中形成了9个群组类，分别是"质量变差""政策缺乏针对性""市场规则不够完善""价格下跌""铁观音具备的优势""茶农面临的发展困境""难以满足消费者的需求""教育的促进作用""品牌建设"。经过选择性编码阶段再次检查前述9个类别后，本研究发现，第一，"品牌建设"并不是茶农一己之力能够完成的，还需要市场规则的建立和完善才能促进铁观音品牌形象的建设和发展，而拥有了属于铁观音独立的品牌，外地茶叶无法再对其进行仿冒，整个茶叶的市场会更加规范，所以将"品牌建设"与"市场规则不够完善"合并为"市场规则不够完善，缺乏品牌建设"；第二，铁观音的农药残留等指标一直都较难达到对外出口的标准，虽然其中不乏是西方国家故意设下的"绿色贸易壁垒"，但是以前为了防虫害而使用相对浓度较高的农药从而对现在铁观音的形象造成了不好的影响，更是茶叶价格一直上不去的原因之一，因此铁观音农药残留等卫生问题是"国内市场规则不够完善"造成的，同时也导致了茶叶价格的下跌；第三，随着社会送礼风气的流行，铁观音的包装越来越精美，包装费用也日渐上涨，但是市面的售价却持续低迷，茶商为了保证利益的获得将此危机转嫁到茶农身上，压低对茶农的收购价格，加剧茶农的生产困境，因此茶叶包装费用的不断上涨导致茶农在茶叶销售市场建设还不完善的情况之下，被迫接受更多的风险。

经上述整理之后，原来的9个群组类别调整为8个，分别是"质量变差""政府政策缺乏针对性""市场规则不够完善，缺乏品牌建设""价格下跌""铁观音所具备的优势""茶农面临的发展困境""交通不便,难以满足消费者的需求""教育的促进作用"。

(四)分析模型的构建

根据波特的钻石理论模型,将上节所述的选择性编码与图1研究架构图相对应的理论模型联结,如图2:

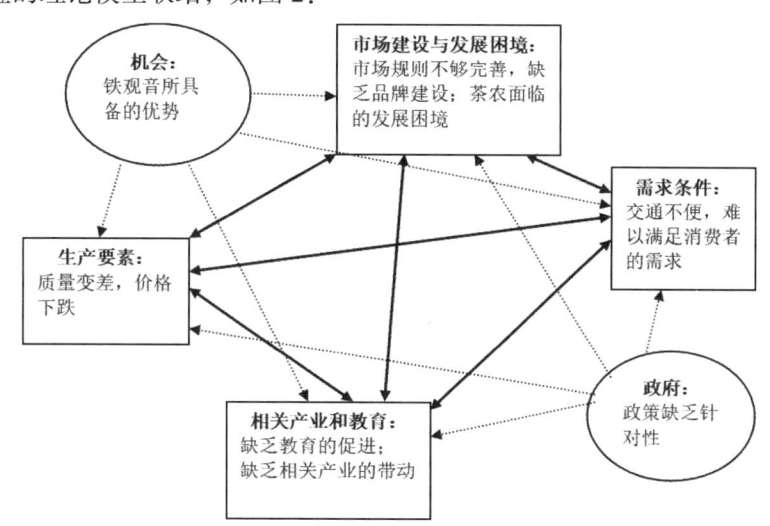

图2 安溪铁观音钻石理论分析模型图

四、安溪茶农生产困境分析

根据第三章所述的安溪铁观音钻石理论分析模型图,进行以下几个方面的分析。

(一)生产要素分析

1. 质量变差

安溪铁观音的生产和经营目前仍旧是属于农业的范畴,而农业生产一直以来都很容易受到天气的影响,铁观音也不例外——茶叶采摘的时候需要有充沛的阳光,这样才能保证茶叶可以得到充分的晾晒;晴天和阴天采摘下来的茶叶制作出来的味道相差甚远,充分的晾晒可以让茶叶的香味得到更好的发挥,茶叶的颜色也会更加青翠,冲泡的茶水味道也会更好;但全球的气候变化使茶产地的天气变得更不稳定,茶叶的质量也因为天气变化的影响而变差,对此茶农H先生就说:

"今年（2016年）可以这样说，今年的天气不好。这个还是要靠天吃饭，天气还是要好。"

茶价会有一个不确定性，像是当年的雨水、气候都会影响到茶叶的质量，然后质量就会影响到茶价。

X先生也是深有体会：

"我们做好茶也是要讲究天地人杰，现在就是没有好的气候，这几年气温比较高。像今年（2016年）国庆一直下雨，然后又是茶季就没有办法制作出好茶叶，下雨的话就没有好天气，不能采茶，也不能好好晒青。"

不仅如此，气候还是不可控制的外在因素，不稳定的气候使茶农无法控制自己制作的茶叶的质量水平，这成了茶农要承担的风险，L先生就深有体会：

"对茶商来说，利润又高，风险又低，就像今年气候不好他觉得质量不好就换一家买啊，像是施肥啊什么的都是茶农来，风险也是茶农承担，可是利润的最大头却不在茶农这边。"

气候不仅不可控，还会因为地理位置的不同而不一样，不同气候下生长的茶叶制作的过程也不尽相同，茶农家里放置茶叶的位置不同都会使茶叶的风干情况不一样，而安溪的地理范围并不小，各地的茶叶制作就更难一致，导致茶农之间的制茶技术难以共享，制茶技术的发展受到了阻碍。茶农X先生就说过：

"哪有什么效果，制作茶叶是没得学的啦。他们说是有道理，不能说没有道理，但是你去学是学不会的，为什么呢，因为我们这里的气候和别的地方的气候不一样啊！

"虽然说总体上会有很相似的流程，但是就算你自己制作的茶叶挺不错的，但到了别的地方起码也要学三天才能知道具体怎么做，像是什么时候可以开始炒茶这样子，因为每个地方的气候都是不一样的，就算是同一户人家里面，放置青茶叶过夜的房间朝向方位不一样茶叶制作出来都不一样，有的比较干燥，有的比较潮湿。"

除了气候之外，茶园的土质会影响茶树的生长，茶树的营养状况会影响生长出来的茶叶，铁观音的茶叶厚薄和水分含量能够决定摇青时间长短，而摇青的程度又是茶叶香味程度的决定因素，环环相扣的情况让茶园的土壤质量成为茶农需要特别关注的环节。X先生如此认为：

"环境和土质也会影响茶树的生长,像是安溪祥华、感德那边就会比较经常更换茶树,因为环境和土壤不一样。"

为了改善土壤,让茶树获得更多营养,茶农通常会为此购买数量不低的化肥进行施肥,一定程度上帮助茶树在短期内迅速生长,但并不利于长期的土质改良,更有甚者物价的上涨使肥料的购买变成了茶农一笔不小的支出。

气候、土质都会影响铁观音的发展,但茶叶的制作技术更是铁观音质量的保证,拥有足够的熟练的制作技术和经验才是茶农最根本的依靠,技术过硬的茶农可以制作出质量更好的茶叶,才有更高的售价,铁观音也才能够成为茶农引以为生计的产业。技术的重要性在访谈之中就被多次提及,L先生就是如此:

"新种的茶叶是比较有味,就比较有茶的味道,但是我的感觉也不一定,主要还是制作茶叶的技术。

"第一就是技术,因为人工的肯定会比机器的好,而且量太多制作就会比较简略,就只能依靠机器,所以现在的质量就是比以前的会差。"

同样的X先生也如此认为:

"这个就是技术啊,技术问题和经验问题。"

铁观音的制作需要大量的劳动力投入,并辅之以机器,但是现在却有不少茶农放弃茶农的身份外出打工,即使仍旧继续种植茶叶的茶农也并不希望自己的下一代继续制茶,更进一步地说,现在茶农的年龄结构已经失衡,茶农的年纪都偏大。与此同时,制茶虽然属于初级劳动力产业,但茶叶的采摘和制作对技术的要求也并不低,茶农人数的减少使得劳动力流失,茶叶制作更加依赖机器,茶叶质量难以提高,访谈中L先生就说:

"我这季秋茶差不多做了十来担吧,就差不多一千多斤毛茶。我这个数量算是比较少的,人家有的比较多的两个人就要制作两三千斤毛茶,就是那种年轻人都出门了,然后老人家做一下,比较随便,做出来卖的时候人家出价几块钱,就几块。

"像现在,做茶的人很少,做茶的时候人手要够,有时候还会需要请工人,但现在茶价实在太低,请的工人人工费又一直涨价,那就会亏钱啊,不划算。"

另外,20世纪末开始的计划生育政策使茶农家庭成员减少,但以前高昂的茶价让茶园面积的开垦不仅不受限制还得到政府的支持,到现在为了应对大量的茶叶生产，茶季的时候茶农不得不雇佣工人帮忙，劳动力的不断涨价增加了茶农的生产成本，在茶叶的价格又难以提高的情况之下，茶农面临的困境更加窘迫，访谈中R先生就直言：

"以前的那个是没有办法做的了，现在请人工一天工资都要好几百啊，还要吃喝，哪里请得起，如果毛茶能有一斤一百多块那还可以请得起，现在产量那么多自己忙不过来，如果有一百多块一斤那请2人还好，如果就几十块哪里请得起。"

2. 价格下降

茶叶的价格由茶叶的质量决定，当铁观音的质量越来越差，铁观音的价格也呈现下跌的趋势，对此X先生就提及：

"一个就是质量，像今年的秋茶质量就特别的不好，有的质量好点的价格才会比较高，一般价格卖不太上去。"

H先生也是一样的看法：

"现在没有了，现在主要是要看茶叶的质量，质量如果好的话比较贵一点，质量不怎么好就会价格低一点。那现在质量都没有好，价钱就比较上不去。"

除了质量这个决定性因素之外，在"三公政策"和电商对茶叶销售市场的冲击之下，铁观音的价格也受到很大的影响。W先生在访谈中说道：

"因为政府推动那些反腐败，送礼的少了这个还是有关系的……（茶叶价格）慢慢地还是会有影响。"

电商对铁观音价格的影响更为严重，L先生的访谈中就多次提及：

"我的感觉（茶叶价格下跌）是从有这个微商下来，就电商嘛……他们（指电商）自己竞争，差价很大，你也在做，他也在做，你卖10块，他就卖9块……（价格下降）主要我觉得还是电商。"

"……不是说有没有能力，你看整个社会就知道，网店一起来你看茶叶实体店很多都倒闭了。"

"供货给他们（指电商）……我们没有那种货啊，网上卖的都是外面进来的仿冒的，价格就接受不了。"

"像网上卖的那样，九块九一斤包邮，还要包装，一件就十来块，我们这边随随便便的毛茶十来块都买不到。"

（二）需求条件的分析

安溪地形多山地、丘陵，铁观音又是高山茶，相对而言茶园的海拔较高，位置也比较偏僻，硬件的交通设施还不够完善，消费者要依靠公共交通前往铁观音的产地需要历经多次转车，X 先生就直言：

"就是交通不够方便，散客要从福州或者其他地方过来都比较麻烦，要一直转车，自己开车又不认识路。"

茶农是生产者，和茶叶消费者之间缺乏直接的联系，而铁观音作为一种饮品的大众化程度并不如可乐、雪碧等饮料。封建社会时期茶叶就是和士大夫相联系的，到了现代社会，饮茶和健康、人文气息或者文艺之间的联系也仍旧存在，甚至更为紧密，喝茶也变成了一种追求健康和社会潮流的时尚活动。但是铁观音的种类繁多，质量又参差不齐，消费者如果对其了解程度不够深，缺乏"火眼金睛"，就容易在购买的时候上当受骗，或是高价买质量远远不值的茶叶，或是买到假冒的铁观音。X 先生在访谈中就直言不讳：

"网上其实你很难买到真正的铁观音。你到茶乡或者实体店买还可以，但是就算你在外面那种茶叶店买的价格也是会很贵啦，那种还要店面的租金啊、包装啊、水电费什么的，所以价格都比较贵。现在真正懂茶的人都会选择在茶季的时候到茶农的家里去买，但我们这里还是很少。"

H 先生也说：

"主要是你也要懂茶，懂得这个品质是好的还是不好的，要懂茶，如果不懂就不行。"

不仅如此，农药残留以及机器制茶造成质量下降之后，消费者对铁观音的印象受到破坏，铁观音的销售市场逐渐萧条。W 先生就说：

"以前价钱也比较高，买的人也比较多，现在都变少了。"

H 先生也认为：

"大家买茶买得比较少了……"

更进一步地说，消费者对铁观音已经形成了固定的印象认知，即使在改进了质量推出新的品种后，如果没有适时的进行营销和推广，新的品种依旧难以被市场所接纳，更加没有办法带动铁观音整个产业的发展。L 先生就在访谈中透露：

"一般市面上比较多都是这个绿色的铁观音……主要是外面的消费者就

是要买这种（未加工的清香型铁观音），因为消费者理解中的铁观音就是清香型的这个样子的。

"像消费者就知道那个像绿茶一样的是铁观音，没有大火加工的铁观音颜色比较绿，茶水也比较清。因为外面的人没有喝过那种加工过的，烤黑以后他们就分辨不出质量的好坏，本来清香型的就不容易分辨质量好坏，何况是加工过黑黑的。"

与市场不一样的是茶农所推荐的是浓香型铁观音，所谓浓香型铁观音是经过多次的大火烘焙过后的铁观音，与消费者印象中的铁观音并不一样，茶叶的颜色更黑，茶水颜色也偏黑和黄，不再是原来的青翠绿色，相对于清香型铁观音来说，浓香型铁观音不伤胃，且更易于保存，但目前在铁观音的销售市场上浓香型铁观音的推广效果并不理想，L先生就说：

"现在一直在推销的就是这个浓香的……推销其实已经很久了，就是卖得比较少。"

X先生也这样说道：

"外面卖的就是制作好了烘干而已，我们自己喝的这种就是烘干了后要除去茶枝，然后再用火再加工，我们这里差不多百分之八十都是喝的这种。"

（三）相关产业和教育

1. 缺乏教育的促进

安溪铁观音的种植由来已久，对于茶农而言，种茶制茶是一种子承父业的家族产业，大部分茶农都是从小看着父辈制作茶叶之后自学成为茶农，没有进过学校系统的学习和培养，没有改良茶种的意识，更缺乏对茶叶的包装和行销意识。X先生就讲到关于制茶和教育之间的关系：

"我们这里的中专职业学校就有茶学，这边有人去读，但是毕业了要考茶艺方面的资格证书，要再额外花钱，所以就没有考，我们这里会有一种观念，就是茶为什么要读书才会，就是会觉得茶叶这方面应该是生来就会，为什么会需要读书。"

正是因为缺乏教育的带动，茶农对铁观音的形象包装和营销一直都很匮乏，茶农就一直都是单纯的销售铁观音，而没有对铁观音的销售进行升华，安溪的铁观音长期停留在一级产业的状态。

2. 缺乏相关产业的带动

一直以来铁观音的生产制作都还是被划分到传统农业的范畴，茶农只会最原始的种茶，缺乏对茶叶的包装和行销意识，更缺乏将茶与文化发展相结合的意识。L 先生就是如此：

"现在还是主要负责种茶，都是批发商过来，然后看多少钱没有亏本就卖。"

H 先生的看法也是一样：

"所以现在就干脆单纯做茶，不再去研究怎么样烘焙，反正茶贩出的价格符合预期我就卖，不然就还要再有人工什么的，也很麻烦的。"

与此同时，安溪当地的旅游等第三产业也并不发达。这种情况下的当地的政府更缺乏将茶业与旅游业相连接的意识，因为通过两种产业的结合可以将消费者直接带到茶乡，加强茶农和消费者的直接联系，既能够扩大茶农的销售渠道，开辟市场，同时还可以带动当地相关产业的发展。X 先生就直言：

"安溪的旅游业不多，就算来比较多也是去安溪清水岩那边拜拜清水祖师而已，其他地方很少见。政府也没有说弄个观光季之类的，在采茶的时候可以来观光体验，把那个游客招过来。"

目前的实际情况是茶业依旧属于一级产业，政府对铁观音的推广更是日渐衰落，茶产业并没有得到很好的持续发展。L 先生说：

"以前还会经常弄茶王赛，最初是从农村开始，然后一步一步往上升级，但是现在都没有了，也没有向外推广。"

所以，安溪铁观音的发展中仍旧缺少相关与支撑的产业的介入，缺少带动铁观音产业向第三产业转变的动力。

（四）市场建设与发展困境

1. 市场规则不够完善，缺乏品牌建设

正如上文所提及的，目前网络上有许多销售铁观音的店铺，但事实上这些网店所销售的茶叶质量并不能得到保证，首先是它们的售价极其低廉，甚至远远低于铁观音产地的茶农所卖出的第一手价格，在这样的价格之下茶叶的质量就得不到保障，对于其是否是铁观音让人怀疑；其次是目前市场上铁观音并没有建立一个属于自己的品牌，茶农也没有办法对铁观音进行一个系

统的认证，使得铁观音很容易被仿冒，网店的茶叶都打着铁观音的旗号进行销售，但质量的参差不齐和价格的低廉严重破坏了铁观音在消费者眼中的形象，茶农们对这一情形也是有所了解。W先生就说：

"网上也有那种六七块钱的啊，网上的销售量太大，价格也差很多……这个是肯定的，这些茶叶质量都好不到哪里去啦。"

L先生也如此说道：

"我们没有那种货啊，他们（网店）卖的基本都是仿冒的，价格就接受不了……网店也是便宜，卖得很便宜啊……那种都不是铁观音，铁观音没有那么便宜，我们这里最差的价格都没有那么便宜。"

2. 茶农面临的发展困境

种植铁观音的茶农面临着各种各样发展困境，首先是老茶树的生长能力问题，安溪的铁观音尤其是西坪，大部分都是老茶树，年龄越大的茶树生长能力越弱，并非茶农不想更换茶树，而是因为更换茶树需要购买茶苗，这大大增加了茶农的生产成本，同时铁观音的茶苗一直都是采用传统扦插方式进行培植，一样需要大量劳动力的投入，茶苗的价格也逐渐上涨，安溪的地理环境又使得新种植的茶树要三四年后才能收成，由此可见，更换茶苗对于茶农并不划算。X先生就说：

"更换茶树要买树苗，那个也是一个投入……因为我们这里偏向属于高山，所以新栽种的起码要三年才能采收，别的地方有的五六年就换一次茶树，它是那种春天栽种下去秋季就能采收的……有的五年了还只有一小棵，所以五六年就更换茶树很不划算。"

虽然新茶树的生长能力更强，茶叶的质量也更好，但是铁观音的茶种多年来都是传统的培育，没有利用科学技术对其进行改良，不论是政府还是茶农，生产研发的意识都非常薄弱。

其次是茶农严重缺乏竞争意识。种植铁观音的茶农大部分都是生活同个村庄的乡亲，不论是血缘上的还是情感上的关系都很融洽，而且茶农都是生活在底层最淳朴的农民，并不具备有竞争意识。波特在钻石模型理论中就直言本地竞争者之间的压力有助于产业的向前发展，茶农缺乏竞争意识一定程度上并不利于茶叶质量和价格的提高，但是茶农似乎并不愿意因为竞争而破坏彼此之间的关系，W先生就说：

"就批发商自己来找啊，看到有店面，就进来跟老板说要什么样子的茶叶，要什么价钱的，然后老板就会拿出来给你喝，如果觉得喝着还可以，再谈价钱。"

X先生也一样的看法：

"我们家种的铁观音和这附近人家种的没有什么不一样……不会有要超过邻居的想法，只会想说把自己的茶叶做好点卖个好价钱而已啦。"

除了缺乏竞争意识，茶农同样没有同业结盟的意识。茶农种植制作铁观音只是各自为政，制作自己的茶叶，并没有通过联盟将大量茶叶掌握在自己手里，在茶叶产量不能人为控制的情况下凭借所拥有的茶叶数量掌握议价的主动权，以提高售价增加茶农的收入。从跟L先生的访谈中就可知：

"可是这个得要有政府出来带头，不然只有一家减产那市场就被别人占领了，就没有了。"

H先生也直言：

"种茶是不可能少种，不是像种菜那样，今年种了明年就种别的，我们这里就是老茶树。"

再者，茶农还需要面临茶叶制作技术、气候变化、土壤养分流失、劳动力变少、依靠机器造成茶叶质量下降使得茶叶价格无法提高等问题，而这些在访谈中也被多次提及，W先生说：

"天气的变化会影响茶叶的质量……"

L先生也觉得好天气才能制作好茶叶：

"一般是秋茶的时候天气比较好，所以比较好制作茶叶。"

在目前的发展形势里面，茶农所面临的困境都不是容易解决的，也不是依靠茶农就可以解决的，更需要的是政府政策的调整或者有效措施的帮助。

（五）政府要素分析

1. 政府政策缺乏针对性

铁观音是安溪的支柱产业之一，在安溪的GDP中占据着重要的地位，因此铁观音的发展不能只依靠茶农，政府更应该担负起带头作用，铁观音名气的打响最初凭借的就是政府的推广活动，但是近几年的政府制定的政策和实际推行情况却并未给茶农带来发展的希望，甚至未能正视茶农面临的发展困境和铁观音经营遇到的各方面问题。对于茶价下跌政府并没有适时对茶农提供帮助。

虽然政府也有推行一些金钱上的补助政策，但却没有真正落实到茶农身上，甚至有的时候推行的政策并不符合当地的实际生产情况。L先生就有提出自己的看法：

"没有啦，那个都没有。很多时候钱都没有真正落实到最需要的人手上啦，反而是到有钱人手上，我们这种穷人根本就补不到，没什么用……我觉得还不如靠自己。"

X先生也在访谈中提到补助：

"像之前有过说给那些买电烘焙机械的一些补助，但是最后都没有到茶农身上，反而是在卖茶叶机械的人手里，实际上到茶农手上都很少。"

H先生提及推广政策：

"就是不知道啊，也不知道政府要怎么办，以后就没有接班人啊……这个有时候政府会推销说新茶树比较好，但是我们西坪就是老茶区，就没有办法跟人家竞争。"

当然，政府也有促进铁观音发展的政策，如开始推行的茶叶合作社和小型农场，虽然有茶园面积的要求，但政府会提供相应的补贴，以帮助茶农扩大茶园的面积。H先生的访谈中就有提及：

"现在政府就是在推广那个合作社，和小型农场……合作社就是我们这些散户集中在一起，联合起来。茶叶如果粗加工好了统一由合作社收购，茶农就会有自己的品牌，这个合作社很重要。小型农场那个就是像家庭农场一样，要比较大一点，茶园面积要十亩以上……就是政府有补贴让你搞……而且可能农药残留那方面也会做得比较好，就可以统一规定农药。"

2. 政府未起带头作用

茶农所面临的发展困境中包括茶农缺乏同业结盟的意识，但这个问题仅仅依靠茶农并不能得到彻底的解决，茶农结成联盟需要有较为完善的制度来规范和带动，目前当地的政府并未对这方面制定相对有效的措施，而且对于铁观音的推广也不如从前。L先生就说：

"以前还会经常弄茶王赛，但是现在都没有了，也没有向外推广……而这个茶不是可以随便减产的，所以需要政府帮忙协调，但是目前并没有这方面的政策。"

（六）机会要素分析

铁观音作为当之无愧的十大名茶之一，仍旧有着不可取代的发展优势。安溪的地理环境相对属于高山气候，铁观音也属于高山茶[①]的范畴，高海拔的生产和制作环境让铁观音的味道能够更好地保存，不易散味，在访谈中得到了 H 先生的证实：

"我们主要是高山茶，我们这里是山上，山上的茶叶比较耐存放，如果今年的秋茶真空包装放置一年也不会变味，那如果不是山上这种就不行……茶叶味道会比较不容易散掉。"

铁观音只是茶叶的名称，在茶的产地，铁观音还具备种类多样化的特点，虽然茶树和茶种相似度高，但生长出来的茶叶并不相同，茶农对其的称呼也不尽相同，但都属于铁观音，只是品质不一。X 先生就告诉我们：

"铁观音有好多种，本山是质量最低的铁观音，还有那种叶子长长的……就是以前叫作"歪尾桃"，那个就是比较好的铁观音，但是这种产量会比较低，不过制作出来的茶叶质量会比较高……茶种和茶树其实差不多，就是长出来的茶叶不一样。"

对于茶农来说，茶叶已经成了他们的生活必需品，喝茶成了一种固定的习惯，并不仅仅是因为当地的茶叶的产地，更因为茶是一种健康食品，喝茶有利于身体健康，尤其是针对当下很常见的"肥胖""三高"等问题。W 先生说：

"这个浓香的对身体比较好……对胃啦或者身体其他方面会比较好一点。"

五、结论与建议

研究者通过扎根理论对安溪茶农生产困境进行分析，得到 5 点结论，并提出相应建议。

（一）结论

本研究共得出 5 点结论如下：

[①] 这里的"高山茶"并不是指"台湾高山茶"，而是一个和"平地茶"相对的概念名词.

1. 质量变差和价格下跌

铁观音质量下降是目前经营中遇到的最大问题，质量决定价格，茶叶的质量无法提高，售价也就随之下跌，茶农收入减少，无法维持正常的生活开销，越来越多茶农放弃种植茶叶寻求其他发展道路，造成大量的劳动力流失，而制茶又是一种需要经验技术和人力的产业，人力的不足使得茶农不得不依靠机器制茶，但是过于依赖机器制作出来的茶叶质量远不如人工制作，回到质量下降的原点，铁观音经营陷入恶性循环的怪圈。

2. 茶农面临的发展困境

通过上述内容可知茶叶质量是源头，但是质量的提高并不容易，一是气候等外界自然环境的不稳定导致茶农制茶存在不可控制的因素；二是制茶是需要大量经验的积累才能保证拥有熟练的技术和技巧，茶农不同的制茶技术也是影响质量提高的重要因素；三是茶叶市场繁荣发展时在政府的支持和茶农主动要求下，毫无节制地开辟茶园，茶叶又不同其他经济作物，可以根据市场的需求变化而进行调节，茶农首先要有前期的金钱、精力投入才能收获茶叶，故而产量不断增加的情况之下，茶农难以很好地顾及茶叶质量；四是茶农之间缺乏竞争和联盟意识，不利于互相提高茶叶制作技术和茶叶质量，更不能掌握茶叶售价的主动权；五是茶农普遍年龄偏大，年龄结构的失衡造成茶农制茶能力的下降，转而寻求机器的帮助，进一步拉低茶叶的质量。茶农面临的不只是质量的难以提高，还有生产成本的不断上涨，雇佣工人劳动力涨价，但价格的持续低迷使茶农获得的利益不断遭到挤压，茶农对铁观音的经营陷入发展困境。更重要的是，铁观音的销售市场并不掌握在茶农手中，相反的，茶农种植、生产、制作茶叶之后的售价反而要受到市场的主导，茶农作为生产者却不能拥有议价的主动权。

3. 茶叶市场规则制定和铁观音品牌建设不够完善

中国的茶叶种类繁多，品质也参差不齐，铁观音在其中享有一定的地位和名气，故而容易有投机取巧的不法商人为了利益而利用一些特殊手段用质量极差的茶叶假冒成铁观音进行销售，用来欺骗不懂茶叶的消费者；与此同时，随着网络电商的兴起，在网上购买茶叶也成了一种新的消费方式，但当笔者在某宝上面搜索"铁观音"的相关产品用销量进行排行之后发现，上面售价均在百元以下，而且都是有礼盒包装，就笔者访谈过程中所知，在茶产地购买的茶叶价格即便是已经远远低于实体店的售价，也还远远满足不了网络的售价，假冒铁观音和网络的售价这一系列做法严重影响了铁观音的市场秩序，正因为铁观音有一定的名气，但却缺乏完善的市场规则和品牌的建设，才让不法商人有机可乘。

4. 交通不便，难以满足消费者需求

安溪地形多山地、丘陵，茶园通常都位于海拔较高地理位置相对偏僻的山村，自然原因造成了茶产地的交通相对不够便利，就笔者家乡而言，虽然都已经建有水泥路，但出门仍旧有诸多不便，山上和乡镇仍未有公交，到县城依靠班车，如果要到福州这样的省会城市依靠公共交通需要经过多次转车，私家车也需要高速行驶三四个小时。这些限制阻碍了消费者和茶农之间直接联系的建立，既不利于消费者对茶产地的了解，更不利于消费者前往产地购买茶叶，当生产者和消费者之间无法有直接的沟通和联系，产品就需要经过多次的转手才能进行销售，生产者的既定利益被分割之后消费者反而还需要付出更大的金钱才能购买产品，这也使铁观音的销售不利于铁观音的经营与发展。

5. 缺少教育融入和带动

安溪铁观音的种植由来已久，在市场繁荣发展的时候，对于茶农而言，种茶制茶是一种子承父业的家族产业，大部分茶农都是从小看着父辈制作茶叶自学成为茶农，没有进过学校系统的学习和培养，没有改良茶种的意识，更缺乏对茶叶的包装和行销意识。福建农林大学在安溪设有茶学院的分部，安溪政府可以通过政策将教育和茶业相结合，以教育促进铁观音产业的发展。

（二）建议

根据以上 5 点结论，提出 5 点建议如下：

1. 提高并稳定茶叶质量

针对铁观音质量变差和价格下跌的现象，首先要做到的就是提高并稳定铁观音的质量，才能进一步提高价格。近几年以来，由于产量增加和劳动力的减少，茶农不得不求助于机器制茶之后，安溪铁观音的质量呈现出大不如前的景象，从根本上提高安溪铁观音的质量并将其控制在一个相对稳定的状态下，才能最直接而快速地提高铁观音的售价，帮助茶农获得利益，以带动整个产业的发展。而提高质量首先要依靠政府大量资金的投入，向茶农提供实际的金钱补贴，以帮助茶农用手工取代部分会造成茶叶质量下降的机器制作茶叶；其次，茶农要有逐步回归传统手工制作茶叶的意识，当然，手工制作并不等同于完全不依赖机器，有一些可以帮助提高茶农制茶效率而且不会降低茶叶质量的机器反而可以大批量地投入使用。

2. 改善产销体系——建立茶农合作社

现状中存在的一个较为严重的问题就是茶农无法掌握销售价格的主动权，茶农对茶叶的售价只能会有一个相对的心理预估价，实际的销售价格要受到市场行情和商人讨价还价等的影响，所以茶农之间要结成联盟，将茶叶的产量控制在茶农手中，拥有了数量才可以掌握销售的主动权，才可以进一步拥有和收购的茶贩子或者茶商议价的主动权，茶农才能获得原本就属于自己的既得利益。在茶农形成结盟的过程中，政府还要介入提供帮助，建立合作社，帮助茶农联合起来，让茶农从只会单纯种植、制作茶叶，成为可以掌握销售的主导者，改变以往的茶农生产、茶商销售的单方向体系，促进铁观音产业积极向上发展，走出茶农利益不断被动变薄的困境。

3. 打造属于安溪铁观音的品牌故事

对于茶叶市场规则不完善和铁观音缺乏品牌建设的问题，首先要建立属于铁观音独特的品牌。安溪铁观音作为中国十大名茶之一，在市场上总是会有各种茶叶假冒铁观音的品牌进行销售，而这些假冒的茶叶中绝大部分都是质量低劣的茶叶，但价格却又不一定低廉，这大大破坏了安溪铁观音的形象，让消费者对铁观音产生负面的影响。安溪铁观音的起源带着神秘的传说色彩，既有魏荫受观音托梦得铁观音茶叶之说，也有王士让"南轩"发现并得乾隆赐名说。[1]这些传说除了让铁观音的由来带上一层神秘的面纱之外，还可以将两处传说的遗址建造成为旅游胜地，打造出属于安溪铁观音特有的品牌故事，可以是深受中国民间信仰观音菩萨所喜爱之茶叶，也可以是乾隆之后多位皇帝和领导人御用茶叶，以此来突出安溪铁观音所具有的特殊地位。除此之外，政府还应该加大打击假冒铁观音的力度，同时给安溪铁观音申请其特殊的认证标准，利用现代先进的科学技术，在茶叶的包装上粘贴二维码，让消费者可以通过扫描二维码得知所购买茶叶的整个生产流程，提高茶叶的质量和卫生保障。

---

[1] 池宗宪.铁观音[M].安徽：黄山书社,2009:6-11.

4. 文化创意产业转型——建设休闲农场

对于茶产地交通不便等硬件设施等方面的问题，当地政府要加大在硬件设施上的财政投入，只有交通便利的情况下才能带动消费者和游客前往茶产地，以带动当地茶叶的消费。在软件方面，要建设带有当地特色的休闲农场，把第一产业的茶业升级成为文化创意产业。茶在中国素有"国饮"的称号，千百年来，历代文人雅士对茶的钟爱和追捧、由茶而衍生的各类佳话，让茶的意义超脱出饮料本身，变成一种文化的符号，喝茶也变成了一种优雅的仪式。[1]到了今天，这一份浓浓的文化气息可以转变成为茶叶的附加价值，安溪铁观音的发展历史并不短，同样有着浓厚的文化沉淀可以转变为自身的价值，但遗憾的是安溪铁观音到目前为止还是属于一级产业，既未好好加以利用这份浓厚的文化气息，也并未引进相关服务性产业以带动产业发展。

茶业产业的发展趋势应该是结合生态、娱乐、休闲为一体的综合性旅游业，[2]可以向台湾嘉义县学习，带动当地居民的积极参与，将原本单纯的茶叶种植发展成为由民宿、餐饮等为主的观光旅游业，以及包含咖啡、芋头等经济作物的农业。[3]安溪也可以如此，由政府带头建设用来旅游观光的休闲茶旅，在当地生态环境和自然资源的基础之上，将各种各样的茶类文化活动融合进去，把新兴的产业经营理念和传统茶业的发展相结合，[4]将茶业当成一种文化产业进行建设、发展和推广宣传。

政府可以起带头作用，对当地的交通设施进行改善，利用当地的地理环境建设休闲农场，并和旅行社合作，用旅游大巴等交通工具将游客直接送到铁观音的产地，既能帮助茶农增加茶叶的销售渠道提高价格，也能让游客体验茶叶从采摘到制作一系列的过程，用更实惠的价格购买到质量更有保障的铁观音，还能够在风景优美的茶叶产地、坐在茶园边上品尝自己亲手制作的

---

[1] 俞鸿,刘泓,刘晨.安溪铁观音品牌命名的问题与建议[J].广告大观(理论版),2010(6):68-74.

[2] 向建红,雷安妮.福建省茶产业集群与产业链存在的问题及对策研究[J].经济研究导刊,2014(23):36-38.

[3] 王志坤,杨炳君.台湾茶山村社区发展模式探析[J].农村经济与科技,2016(11):239-241.

[4] 彭禧阳.中国茶叶贸易环境及产业竞争力提升策略刍探[J].农业考古,2012(5):204-208.

铁观音的体验，这个时候品尝的不再是茶，而一种文化、一种生活的态度，就像去星巴克喝咖啡一样，喝的不是咖啡，而是一种咖啡文化。

对于茶乡来说，休闲农场建设发展起来之后可以带动当地经济的发展，增加更多的就业机会，能够有效改善茶园荒废的现状，甚至可以将更加年轻的劳动力留在本地促进经济的发展。

5. 产教合作

针对铁观音发展缺乏教育带动的问题，产教合作是一条可供参考的道路。产教合作能够在产业转型升级的过程中提供高质量的人才，但它有一系列的制度和相关机制需要去建立和完善，同时涉及高校、政府部门、企业、行业协会，只有这四个部门在人才培养过程中相互协调，明确各自的定位，才能构建"产教合作"，培养促进产业发展的高素质人才。[①]目前中国"产教合作"的突破口是建立行业指导机制，以解决校企合作中双方高度的合作意愿与合作动力不足之间的矛盾。[②]

福建农林大学安溪茶学院是我国目前唯一一所以茶业为主体的公办民助本科学院，但就现如今的社会发展现状而言，很多涉农专业的学生普遍存在着"学农不爱农""毕业即离农"等现象，[③]这些问题的存在不仅仅是职业观念落后带来的影响，更重要的是学生缺少实践的机会，没有足够的专业素养应对工作中遇到的困难。茶业是安溪的特色和支柱产业，安溪茶学院则是以茶产业为主的综合性学院，校地双方应该加强合作，以"产教合作"的模式培养具有足够专业能力的学生，并用这些高素质的人才带动安溪茶产业的转型和升级。

首先，当地茶农可以在政府的组织下成立一个制度和组织等都相对完善的非营利性茶行业协会，充当茶农和学校之间的桥梁，[④]然后由这个协会提供

---

① 易飚，胡清."产教合作"高技能人才培养体系研究——以产业转型升级期的苏州为样本[J].苏州教育学院学报,2014(5):65-68.
② 张祺午.产教合作走向制度化[J].职业技术教育,2011(33):70-72.
③ 兰思仁.校地合作举办应用技术大学的理论与实践——基于福建农林大学安溪茶学院的探索[J].教育评论,2015(9):3-7.
④ 石红梅.农业产业化与特色农业的发展——以安溪茶产业发展为例[J].农业经济问题,2007(4):30-33.

茶园给茶学院研究实践之用，以完善和更新茶学院的硬件设施；茶学院则在每年招生时候为当地茶农子弟预留部分名额，并适当降低录取标准，并由政府提供一定的物质补助，或减免学费，或设置特殊奖学金，但学生除了户籍要求之外，还要签订协议书，保证学成之后留在安溪，以带动铁观音的经营和发展。安溪茶学院是综合性的茶业学校，提供的不只是种茶制茶系统化的知识，还可以提供茶叶包装和销售的知识，而学生在学校学到理论知识后还可以跟随父辈进行实践，掌握实际操作经验，并进行理论与实践的结合，既可以促进铁观音制作技术更进一步发展，一定程度上还能够改进茶叶品种。更重要的是，这些茶农子弟可以在学校学到对铁观音进行包装和行销的方法，这些正是茶农所需要却又极度匮乏的知识，通过这些方法可以改善铁观音销售一路下滑的现状，促进铁观音的经营，帮助茶农获得更大的既得利益。当茶农的收入得到提高之后，茶农子弟纷纷外出谋取新的生路不愿继续种茶，茶农人数减少的现状也会得到改变。

（指导老师：王念祖）

福建省少年儿童图书馆室内设计研究

郑丽媛[①]

摘要： 本研究分析了少儿图书馆室内设计的演变历程，并总结出当代少儿图书馆的室内设计需具备以下6个关键要素：探险性与安全性要素；舒适性与家庭化要素；主题性要素；人文关怀要素；开放性要素；数字化要素。并以福建省少儿图书馆为例，对其室内空间、动线、配色、标志、装修、物理和生态环境，与陈设艺术等设计进行分析，指出其仍待改进之处，其能为国内其他省区少儿图书馆的构建或改建提供参考。

关键词： 儿童观；少儿图书馆；室内设计

一、前言

（一）选题背景

从古代的藏书楼到现代的图书馆，中国的图书馆事业经历了从以"藏"到以"用"为本的转变。公共图书馆越来越重视满足读者需求，希望通过"人

[①] 郑丽媛，女，历史学系2013级历史学（师范）专业本科生，现为福建省周宁县狮城镇党委一级科员．

性化"服务，让图书馆得以尽其"用"。而随着中共十八届五中全会提出的"全面实施两孩政策"的落实，在可预见的未来，少年儿童这一阅读群体将会大有增长，这也意味着少年儿童将成为公共图书馆的重要服务对象。

少年儿童是祖国的未来，国家的成长奠基于少儿的发展之上。少儿时期为人类认知发展的重要阶段，而少儿的认知发展除了依靠自身心智成长外，外在环境也是重要的影响因素。因此，如何提供一个适当环境，让少儿能在此环境中养成正确人生观，并借此提高国民素质成为国家文化发展战略的重中之重。据此，《中国儿童发展纲要（2011—2020年）》提出，应该要着重于"培养儿童阅读习惯，增加阅读时间和阅读量"；文化部也下发了《文化部关于进一步加强少年儿童图书馆建设工作的意见》，指出"各级文化行政部门要进一步增强责任意识、大局意识，把加强少年儿童图书馆的工作，作为当前和今后一个时期文化建设的一项重大任务，在政策、经费投入、人才培养等方面予以重点支持，促进少年儿童图书馆事业的快速发展"。[1]

在政府政策的支持下，我国少年儿童图书馆事业发展进入了一个新纪元，福建省积极响应中央号召，省少年儿童图书馆于2011年9月26日正式开馆，为福建省少年儿童图书馆事业写下新的篇章。然而，要有效推动少儿阅读，除了保障少年儿童的阅读权利外，不应该忽略的是，合理的室内设计，是满足培养少儿阅读习惯的物质基础。换句话说，除了重视少儿图书馆本身的馆藏内容外，如何通过少儿图书馆建筑设计的新思考，提供少年儿童舒适、有趣的阅读环境，让少年儿童在图书馆里获得良好的阅读体验，养成良好的阅读习惯，也是少儿图书馆的关注焦点。

除了图书馆职能在"以人为本"的思维影响下，导致空间规划也跳脱以往配合馆员工作流程优先考虑，转向以读者需求为优先外；[2]随着社会经济的发展及认知的提高，人们对低碳生活、可持续发展愈发关注，环保意识有所

---

[1] 《文化部关于进一步加强少年儿童图书馆建设工作的意见》：文社文发〔2010〕42号，为满足广大未成年人日益增长的精神文化需求，全面提高未成年人的素质，进一步加强少年儿童图书馆建设提出的七点建议.见：国家文化部.文化部关于进一步加强少年儿童图书馆建设工作的意见[EB/OL].中国政府网，2010-12-9.

[2] 吴可久，图书馆建筑编辑小组.公共图书馆建筑之特色与发展[A].林光美主编.图书馆建筑[M].台北：五南，2013:64-65.

提高。《十二五规划》中提倡绿色发展,要求建设资源节约型、环境友好型社会,也强调"绿能"的重要性。在这一注重环保的意识要求下,绿色建筑①将可持续发展理念引入建筑领域,亦将成为未来建筑的主导趋势。②

(二)问题意识与研究目的

承前所述,随着社会文明的发展以及国家政策的影响,少年儿童图书馆越来越受到重视。然而,我国少年儿童图书馆因其自身发展的限制,尚存在一些亟待探讨的问题。

首先,当前的少儿图书馆多以成人角度进行设计,未必符合少儿需求。少年儿童图书馆出于为少儿提供舒适、有趣的环境以及人性化服务之考虑,需要在室内设计上符合少儿生理及心理需求,对建筑的要求更高。但少儿无论是在精神思想还是身体机能上,都有异于成人,故少儿图书馆无论在书架设计、排架方式等方面,皆应针对少儿的心理与身体特性,量身定做。但目前学界对这一方面的讨论尚显不足。

其次,图书馆与家中书房不同,在开放期间,要维持一定的"舒适性",才能保持一定的服务品质,这造成建筑能耗较大。诚如王丽娜研究指出:图书馆建筑中的空调采暖、照明、电梯等都属于高耗能设施。③而根据潘向泷的统计,中央空调系统约占图书馆总耗能的50%—60%,照明用电约占图书馆总耗能中的20%—30%。④这些高耗能设施不但造成国家的巨大负担,同时也不符合建筑设计的经济原则。因此如何导入绿色建筑的理念,节省能量输出成为公共图书馆发展的当务之急。

最后,目前的图书馆存在过分抑制休闲功能的情况。由于一般认为,"图书馆只是学习看书的场所",这过分抑制了图书馆的休闲功能。⑤尤其对少

---

① 绿色建筑:全寿命周期内,最大限度地节约资源(节能、节地、节水、节材)、保护环境和减少污染,为人们提供健康、适用和高效的使用空间,与自然和谐共生的建筑.
② 中国建筑科学研究院.绿色建筑在中国的实践 评价·示例·技术[M].北京:中国建筑工业出版社,2007:3.
③ 王丽娜,钱晓辉.图书馆建筑设计理念与实用功能分析[J].图书馆建设,2013(2):66-67+72.
④ 潘向泷.关于图书馆建筑节能的研究与实践[J].图书馆论坛,2003,27(3):147-149.
⑤ 王荣国,刘晓霞.文化休闲服务:图书馆功能拓展的重要内容[J].图书馆学刊,2005(4):3-5.

儿来说，他们的天性活泼好动，不具备成人克制好动欲望的能力，因此，少儿图书馆应作为一种具有休闲性、可自由表达和进行创造性游玩的空间，[①]但这一定位在我国目前并未完全落实。

据此，本研究以福建省少儿图书馆的内部空间为研究对象，利用文献分析法、观察法与个案分析法，希望达到以下研究目的：

1. 为少年儿童图书馆的构建或改建提供参考

由于我国政府倡导"全民阅读"以及实施"二孩政策"，少年儿童图书馆在今后的利用率将会大有提升。如何构建符合社会预期、满足少儿需要的少儿图书馆将成为关注的焦点。据此，本文从室内设计的视角，对少年儿童图书馆进行介绍与探讨，期望能为少年儿童图书馆的构建提供参考。

2. 为少年儿童图书馆功能与少儿图书馆事业拓展提供新角度

少年儿童图书馆不仅是典藏书籍、传播信息的公共文化教育机构，更是一个开放、共享的公共空间。现今图书馆提倡"以人为本"的服务理念，即意味着要满足读者的需求。笔者作为一名普通读者，经过实地考察发现图书馆中存在的优点与不足，并对此进行探析，期望能为少年儿童图书馆的功能及少儿图书馆事业的扩展提供新的思考角度。

二、儿童观与少儿图书馆环境的转变

所谓儿童观，是指成人对于儿童的认识、看法以及与儿童有关的一系列观念的总和。[②]菲立普·阿利斯曾指出："中古世界完全不知道有'童年'这个东西，没有'婴孩的情怀'，也不知道童年的特殊性质，这项特殊性质将儿童与成人分开，甚至也将年轻人与成人分开。一直要到十五至十七世纪童年的'发现'，人们才承认儿童在成长到可以加入成人世界之前需要特别的

---

① 阿利斯塔尔·布莱克,卡洛琳·兰金.儿童图书馆设计的历史：延续与断裂[A].邦,克兰菲尔德,拉蒂梅尔,编.儿童图书馆的空间设计[M].石鑫,李恺,等译.北京：国家图书馆出版社,2014:1-46.

② 周红安.中西儿童观的历史演进及其在教育维度中的比较[D].湖北：华中师范大学,2003:1-67.

照顾。"①劳伦斯·史东则从娱乐童书、玩具店的出现、孩童和父母亲相处形式的改变、避孕观念的发展等几个面向，界定17、18世纪英国"孩童取向"社会的出现和发展。②尼尔·波兹曼则把16世纪印刷术的发明作为界线，认为自印刷术发明之后，成年指的是有能力阅读的人，童年指的是欠缺阅读能力的人，儿童必须经由学习进入印刷品的世界成为成人，"成年"和"儿童"的界线越来越清楚，儿童概念因而出现。③

少儿图书馆的环境在不同时代由于各种因素的导向而发生转变，其中，儿童观的变化和发展发挥着不容忽视的作用。英国的图书馆事业经过近两个世纪的发展，拥有完善的公共图书馆体系，④在世界图书馆发展中居于领先地位；中国则是本文的论述焦点。因此，现就概述英国、中国儿童观的发展情况，探讨其对少儿图书馆环境的影响。

（一）英国儿童观发展及其对图书馆环境的影响

儿童图书馆启蒙于英国，早在18世纪末英国的儿童图书馆就已经初步形成。⑤1861年，曼彻斯特公共图书馆设立了面向儿童的单独空间，1882年，诺丁汉公共图书馆系统独立出了专门的儿童图书馆。直至19世纪末，图书馆面向儿童提供的服务才开始接近我们今天的范畴。⑥英国儿童图书馆事业起步较早，图书馆设计也经历了诸多变化。不同的历史阶段对儿童的看法也在儿童图书馆环境方面有所体现，以下分别简述：

1. 学校与庇护所式的图书馆：以规训为目的的儿童观

第一次世界大战之前，图书馆倾向在空间上将青少年和成年人分隔开的

---

① 柯林·黑伍德.孩子的历史：从中世纪到现代的儿童与童年[M].黄煜文,译.台北：麦田出版,2004:23.
② 劳伦斯·史东.英国十六至十八世纪的家庭·性与婚姻[M].刁筱华,译.台北：麦田出版,2000:327-337.
③ 尼尔·波兹曼.童年的消逝[M].萧昭君,译.台北：远流出版,1994:26-27.
④ 周力虹,黄如花,Tim Zijlstra.世界经济危机下英国公共图书馆的生存与发展[J].中国图书馆学报,2015(1):16-27.
⑤ 江山.近代世界儿童图书馆的发展及其对中国的影响[J].图书与情报,2011(1):10-15.
⑥ 阿利斯塔尔·布莱克,卡洛琳·兰金.儿童图书馆设计的历史：延续与断裂[A].邦,克兰菲尔德,拉蒂梅尔,编.儿童图书馆的空间设计[M].石鑫,李恺,等译.北京：国家图书馆出版社,2014:1-46.

做法，为成年读者提供安静的环境，并依照成人空间的概念对少儿图书馆进行塑造，缺乏对少儿本身及其需求的关注。与此同时，图书馆扮演着学校与庇护所的角色，以期为孩子们提供一个容身之处，减少社会及环境对他们的消极影响。因此，早期儿童图书馆大多采用朴素的装饰、如同教室般规整的布局来塑造一种严肃的空间氛围，以达到规训和引导的目的。例如，于1904年开放的格拉斯哥金士顿区图书馆儿童阅览室将男孩和女孩区隔开来，图书馆管理人员则于其中直接监督两个区域，呈现出教室式严肃而整齐的空间布局（图1）。

图1 格拉斯哥金士顿区图书馆儿童阅览室

2. 开放式设计的少儿图书馆：重视个性需求的儿童观

儿童图书馆在20世纪20年代和30年代得到显著发展。19世纪诞生的儿童心理学在这个时期被运用于馆员培训和儿童图书馆环境营建，儿童权利及其个性化需求得到重视。在这个时期，儿童图书馆更倾向利用舒适的装修来营造家庭般温馨的环境。

时至20世纪40年代到80年代，人们对儿童服务的兴趣日渐高涨，更多的关注儿童的需求，渴望给予儿童更多自由的愿望也在图书馆建筑采用开放规划设计[1]中进一步显现出来。采用开放式设计的图书馆建筑空间具有较高的灵活性与适用性，儿童空间与成人空间的隔离较之前有所弱化，客观上为儿童创造更为广阔的活动空间。在整体环境方面，通过在这个空间内配置舒适华丽的家具，使其具有高度时代性。

---

① 开放规划设计：也称为"自由规划"或者"流动规划"，产生于20世纪早期，也可追溯到19世纪晚期与艺术和工艺运动有关联的日本设计时尚．阿利斯塔尔·布莱克，卡洛琳·兰金．儿童图书馆设计的历史：延续与断裂[A]．邦，克兰菲尔德，拉蒂梅尔，编．儿童图书馆的空间设计[M]．石鑫，李恺，等译．北京：国家图书馆出版社，2014:1-46．

3. 家庭温馨式的少儿图书馆：重视家庭影响的儿童观

20世纪80年代以后，青少年、幼儿及其家庭成为社会的关注焦点。由于政策的支持，儿童早期教育和护理愈受重视。因此，少儿图书馆吸收家庭化设计的要素，尽力打造舒适的、温馨的无障碍空间。此外，还通过鼓励儿童参与图书馆实体设计以及建立主题空间的方式，增进孩子们的学习兴趣及探索精神。例如，在2001年开放的坐落于卢普塞特住宅区的阳光图书馆选择以农场为主题对图书馆内部进行装修，运用羊、青草等元素创造儿童化的主题空间（图2）。由于当地家庭积极参与，他们的意见也反映在图书馆规划到开发的全过程中，这也使得阳光图书馆体现出家庭因素的影响。英国少儿图书馆在一个多世纪的发展历程中，在儿童观的影响之下探索发展，并于不同时期形成符合当时甚至适用于现代的空间理念，为少儿图书馆建设做出贡献。

图2 以农场为主题的阳光图书馆

（二）中国儿童观发展及其对图书馆环境的影响

中国图书馆事业起步较晚。20世纪初期，我国公共图书馆尚处在草创阶段，也没有一所儿童图书馆。[①]直至1909年，蔡文森先生发表了《设立儿童图书馆办法》一文，设立儿童图书馆的构想才被提出。此后，儿童图书馆逐渐出现在社会大众的视野当中。不同时代占据主流趋势的儿童观，也影响着中国少儿图书馆的建设。

1. 新文化运动时期嫁接西方的儿童观

20世纪初，社会仍以中国传统儿童观为主流思想，其本质的特征表现为

---

① 李然.中国近代儿童图书馆史上的两个"第一"人——蔡文森、王柏年及其学术成就述略[J].新世纪图书馆,2013(8):59-61+38.

无视儿童的独立人格与社会地位,①将儿童当作家族的附属。由于当时救亡图存的时代背景与"教育救国"主张的提倡,图书馆更多的是作为一个"开民智"的场所,儿童图书馆的构想虽被提出,却很少在图书馆建设实践上为少年儿童设置专属的区域。直至1917年,中国创办了第一所独立建制的少年儿童图书馆。②

新文化运动出现的"儿童热"引起中国社会对于儿童前所未有的关注。以鲁迅为代表的知识分子也在其文学作品中宣扬西方"儿童本位论"思想,呼吁尊重儿童的独立人格与话语权。新文化运动后,美国"儿童中心主义者"约翰·杜威到中国进行为期两年的讲学,提倡儿童本位思想,客观上促进儿童中心观的传播。20世纪30年代,全国少儿图书馆已有一百余所,少儿图书馆事业得以初步发展。

在中国传统儿童观与西方中心儿童观碰撞与融合的阶段,尽管我国的儿童观发生了转变并意识到儿童的重要地位,但由于时代发展和客观条件的限制,对于刚起步的少儿图书馆事业而言,尚且无法倾注过多的注意于图书馆环境的改善。儿童观的转变对于图书馆环境直接的影响在于少年儿童专属空间的出现。

2. 新中国成立后社会本位的儿童观

新中国成立后,儿童被视为社会主义事业的接班人,被赋予神圣的职责,少儿的特殊性被忽视,图书馆建筑环境以成人意志占主导地位,少儿图书馆的空间环境及布局、装饰等大都参考成人的审美观及行为习惯进行设计,尚未周全地考虑到少儿的生理和心理特征,也不太关注儿童真正的需求,儿童图书馆的氛围相对严肃、无趣,对于儿童的针对性和适应性考虑不足。在图书馆环境建设中考虑儿童需求的观念尚未得到重视。"文化大革命"时期,人们对儿童的认识与看法倒退回将其视为小大人、小玩偶,③儿童的特殊性及其需求更被忽视。与此相对的,此时的儿童图书馆遭到严重破坏,一切建设

---

① 王泉根.儿童观的转变与20世纪中国儿童文学的三次转型[J].娄底师专学报,2003(1):68-73.

② 乔纪娟.对我国少儿图书馆事业可持续发展的探讨[J].内蒙古图书馆工作,2012(1):7-10.

③ 王海英.20世纪中国儿童观研究的反思[J].华东师范大学学报(教育科学版),2008(2):16-24.

均停滞甚至倒退。①

3. 20世纪80年代：儿童本位观的回归

直至1979年全国托幼工作会议的召开，"以儿童的方式对待儿童"之认识才得以回归。②由于社会发展及政治等因素的影响，直至20世纪80年代和90年代，中国图书馆建设进程才突飞猛进。1989年第44届联合国大会通过了《儿童权利公约》，认为儿童自出生就是一个权利的主体，中国政府于1991年宣布加入其中，儿童的权利在法律上得以保障。

由于儿童观的转变以及当代社会对少儿的关注，图书馆建筑也在相当程度上为少儿做出改变，图书馆空间针对少儿设计的特征逐渐显现。把"儿童当作儿童"的观念使得图书馆室内设计更加注重考虑儿童本身，强调灵活性与适应性。同时通过充满童趣的、好玩的设计，以及色彩的搭配打造富有创造性的环境，以增加少儿阅读的兴趣及积极性。随着学科的发展与交流，儿童心理学、教育学、生物学等多学科知识与儿童观的结合被运用于探析少儿发展，客观上有利于指导少儿图书馆的设计更加符合其服务群体的需要。总的来说，儿童观的进步在相当程度上促使少儿图书馆与时俱进，彰显"人性化"。

（三）儿童观递嬗对少儿图书馆的发展影响

承上所述，西方"近代"儿童观，是一种发现儿童概念的价值观，是近代以来随着近代教育、近代产业、近代信息传播技术等的发展，以及中产阶级的成长而一步步形成的一个特殊年龄阶段，③或者是近代学科研究将儿童"群体"观念塑造出来的结果。随着社会的发展，儿童观也发生一系列变化。大体来说，其发展趋势大体可以概括为两个阶段。

第一阶段：20世纪初到20世纪30年代。儿童观从将儿童作为附属和管教对象转变为提倡"儿童本位"思想。第二阶段：20世纪30年代以后。这一时期中西方儿童观的发展差别较大。20世纪30年代后，西方对于儿童权利与个性需求愈加重视。中国的儿童观则转变成被社会忽视其儿童的本质却又赋

---

① 林梦笑.中国儿童图书馆独立建制思想的发展研究[J].图书馆理论与实践,2014(11):46-49.

② 同上.

③ 陈映芳.图像中的孩子——社会学的分析[M].济南：山东画报出版社,2003：2.

予责任与期待的"小大人"阶段，直至20世纪70年代才转向尊重儿童独立人格和个性需求的儿童观。

儿童观递嬗不仅反映社会对于儿童认知的改变，也对少儿图书馆的发展产生了影响。一方面，为了尊重儿童的独立人格，随着儿童从成人中区分出来，少儿图书馆也开始从图书馆中独立出来。这样一来，图书馆建筑设计在客观上更具有针对性和适应性。另一方面，儿童观递嬗使得图书馆空间进行相应调整。图书馆室内设计从注重规整、严肃，从成人角度进行设计转变为注重营造主题性、舒适性、开放性以及人性化的发展趋势，更加关注少儿的身心需求。这些转变能够反映出社会对于儿童个体的重视程度的提升，以及就整体而言对环境与人和谐共融的精益求精。

三、少儿图书馆室内设计的关键要素

近代以来随着儿童观的改变，儿童被视为具备独立人格的个体而非成人的附属物，进而影响少儿图书馆从以成人为主的图书馆中独立出来。那么，从室内设计的角度而言，少儿图书馆的室内设计关注哪些方面？笔者将从以下6个方面分别进行讨论。

（一）兼顾探险与安全性的室内设计

活泼好动是少儿的天性。在行为理论方面，由于儿童喜欢小团体活动，并且会利用"半封闭性"的空间作为逃离现实的环境。因此，需要在图书馆室内规划合适的秘密空间以满足他们活动的需要。对于儿童而言，过大的环境容易让他们感到压抑，而类似秘密基地般的小尺度空间则会让他们更有安全感，也更乐意与其他同伴在此交流。[1]青少年注重对自身隐私的保护，不喜欢被打扰，因此，相对独立的秘密空间也为其所需。总的来说，设置不同风格的秘密空间既能使少儿活动时更加自在，也能够营造探险的空间特色，培养少儿的冒险精神。与此同时，由于少儿生理年龄的局限，他们对于自我控制的意识和能力犹显不足，因此应格外注重空间的安全性。换言之，安全化的设施与环境是少儿在图书馆内获得良好体验的前提与保障。图书馆室内设

---

[1] 李圆圆.儿童户外游戏场地设计与儿童行为心理的耦合性研究[D].重庆：西南大学,2009.

计的安全性主要体现在两方面。一是空间布局及动线设计考虑到不同年龄层少儿的特点及需求,排除不安全因素。例如,从身体机能方面来说,儿童则尚未"发育完全",主要反应在行动能力与目视能力上。在行动能力上,儿童骨骼发育尚未成熟,因此会有行走不易之困扰,故空间设计上,应充分考虑到无障碍空间与坡道、扶手设计与阶梯高度差等空间设计因素;而在视力方面,在空间设计上,除在地板建材的选择上避免反光材质,并设置足够的照明外,更应针对儿童对颜色敏感度不足的特征,从空间之配色及颜色对比上下功夫,以红、黄或橙等较能敏锐感知的颜色进行搭配,以符合此年龄层读者之视力需求。[1]二是对室内家具及装修材料的选择。如选用无棱角、线条圆润的家具,即使少儿碰触也不会造成太大伤害;选用环保无害的装修材料,提供一个健康的环境。

(二) 舒适性与家庭化的室内设计

瑞士心理学家皮亚杰的"发生认识论"主张:儿童心理发展的实质是主体通过动作完成对客体的适应,对环境做出适应性变化,使其认知发展积极建构的过程。少儿对环境的适应性越强,客观上发展得越快。舒适、家庭化的环境能够给少儿以亲近之感,相对而言容易增强他们对图书馆的适应性,进而促进其认知构建。因此,少儿图书馆更应强调其内外拥有亲密而友好的环境,[2]注重舒适性。在少儿图书馆室内设计中,舒适性与家庭化这两种设计理念之间联系紧密。无论是将未来的图书馆打造成为"第二起居室"[3]的想法,抑或是要把图书馆设计融入"蚕室"[4]的理念,都体现了图书馆室内设计吸收了家庭化设计的因素来营造舒适氛围的倾向。

---

[1] 王念祖,李常庆.我国台湾地区漫画馆空间布局研究——以中仑分馆(漫画馆)为例[J].图书馆论坛,2015(5):131-135.
[2] 亚历山大·拉米斯,芭芭拉·顾缤.杰克逊维尔公共图书馆中的少年儿童图书馆[A].邦,克兰菲尔德,拉蒂梅尔,编.儿童图书馆的空间设计[M].石鑫,李恺,等译.北京:国家图书馆出版社,2014:78-104.
[3] 舒茨.有关图书馆舍建造过程中某些问题的评论[A].李明华,沈济黄,于铁南.论图书馆设计:国情与未来——全国图书馆建筑设计学术研讨会文集[C].杭州:浙江大学出版社,1994:303-307.
[4] 阿利斯塔尔·布莱克,卡洛琳·兰金.儿童图书馆设计的历史:延续与断裂[A].邦,克兰菲尔德,拉蒂梅尔,编.儿童图书馆的空间设计[M].石鑫,李恺,等译.北京:国家图书馆出版社,2014:1-46.

家庭环境中的自由符合少儿不愿被拘束的天性，家庭化的设计也能给予他们相对的安全感，因此，少儿图书馆室内设计借鉴这种设计思维十分有必要。一方面，馆内要有舒适且富有吸引力的家具和布置，适宜的环境和条件，亲近、自由的氛围。另一方面，要注重空间的私密性，即设置相对独立的、不易受干扰的空间。[1]少儿往往是由家长陪同或结伴前往图书馆，除却开放的空间，往往还会需要可供家庭交流、同伴分享讨论的私密空间。由于儿童无法控制自己的情绪，难免会出现哭闹的情况，相对独立的空间在为他们提供便利的同时，也能避免打扰到其他读者。

（三）主题性的室内设计

少儿图书馆的主题性表现为在建筑室内环境的设计与装修中融入某种特定的主题或概念。兴趣是人对事物的一种认识倾向，往往伴随着积极的情绪体验，对于个体的活动具有动力功能。由于不同年龄段的少儿人格特征有所差异，与此相对的他们的兴趣也难免不同。因此，营造符合不同年龄段少儿审美的、有趣的主题空间环境，在一定程度上有利于激发其阅读兴趣，让他们将在图书馆内阅读视为有趣的事而非负担。根据少儿的审美观念、心理特点及其发展的需要，所采用的主题通常为经典或时下流行的、被少儿们喜爱接受的卡通元素；满足少儿好奇心、激发少儿探索精神的元素；抑或是展现当地民俗风情或地方特色的元素。通过家具陈设、色彩与环境等各方面的组合，打造出形象具体而且容易被他们理解的故事。[2]少儿图书馆主题性的设计趋势，既能使室内环境美观多元，增加其辨识度，更重要的是考虑到了少儿的需求，能够让他们对图书馆产生亲近感，进而激发阅读兴趣，主动走进图书馆。

（四）人文关怀的室内设计

美国学者杰西·H·谢拉曾强调："图书馆学始于人文主义。"近年来，国内外学者在图书馆建设当中也非常注重人文关怀。人文关怀是指对人的生

---

[1] 周未隼.舒适·经济·科学——关于21世纪图书馆建筑的构想[J].图书馆理论与实践,2004(3):13-15+18.

[2] 亚历山大·拉米斯,芭芭拉·顾缤.杰克逊维尔公共图书馆中的少年儿童图书馆[A].邦,克兰菲尔德,拉али梅尔,编.儿童图书馆的空间设计[M].石鑫,李恺,等译.北京：国家图书馆出版社,2014:78-104.

存状况的关注，对人的尊严和符合人性的生活条件的肯定。①

少儿图书馆由于其服务群体的特殊性，更应该在室内设计当中融入人文关怀，为少年儿童提供能够符合他们需求的环境。按照年龄划分活动区域，放置符合不同年龄层需求的书籍材料，减少彼此之间的干扰；购置家具时要考虑少儿的身体结构，选择符合人体工学的产品；功能区的布局应该遵循安全、便捷的原则；要提供更多的室内外的交往空间，②方便读者的交流与活动，突显出共享空间的存在。与此同时，要格外重视无障碍空间的设计，提供专用通道与阅读空间，为弱势群体提供方便。

此外，由于少儿多由家长陪同而来，因此，少儿图书馆也应当考虑成年人的阅读需求，为成人提供信息服务以及相应的设备。

（五）开放性的室内设计

由于少儿对于变化着的事物充满浓厚兴趣，反之对于一成不变的事物容易厌倦，且天性喜欢自由不愿意被束缚，因此，在少儿图书馆内提供灵活、开放的空间十分必要。开放性的室内设计意味着场地边界的模糊处理，创造通透自由的空间，为室内空间的变化与改造提供无限可能。与此同时，也能够舒缓封闭空间对于儿童的心理阻碍，为其提供轻松的阅读环境。

少儿图书馆的开放性体现在两个层面：一是室内空间布局的开放性，即通过对图书馆空间的灵活划分增强其互相通达的可能，使之成为一个动态的可调整的空间，在提供一个开放场所的同时增加其空间的可用性；二是营造开放的空间环境与氛围，为读者提供一个可以自由分享、交流的平台。通过家具的选择以及对不同功能区的规划使得少儿图书馆成为孩子们可以自由表达、玩乐、进行创造性活动的空间，而不是被拘束于各种规矩之中只能安静看书。注重室内设计的开放性有利于为少儿提供良好的阅读体验。

（六）数字化的室内设计

当前我们处于一个全新的并且快速发展演变着的媒体出版物时代，在未来一段时间内，获取信息更为快速便捷的数字化阅读将会愈加普及。2010年

---

① 彭艳.少儿童图书馆建筑设计的人性化理念[J].中小学图书情报世界,2009(12):30-31+18.

② 林海昧.对现代图书馆建筑设计的思考[J].广东科技,2013(6):171-172.

12月9日文化部颁布的《文化部关于进一步加强少年儿童图书馆建设工作的意见》中提出："少年儿童图书馆、公共图书馆均要建设标准规范的公共电子阅览室，免费对广大未成年人开放，满足未成年人健康的网络文化需求。要不断丰富和充实未成年人喜闻乐见的数字资源，大力开展数字图书馆服务，着力提高未成年人的信息素养，引导广大未成年人正确使用互联网，发挥互联网在未成年人增长知识、了解世界、展示才华等方面的独特作用。"[1]面对瞬息万变的世界，具备能够满足用户及时掌握信息的服务成为人们对于图书馆的新要求。少儿正处于快速汲取知识的发展阶段，少儿图书馆应当提供相应的设备及服务满足孩子们的需要，并且根据不同年龄段为孩子们选择可操作的电脑程序，以保证他们能够通过网络获取知识。图书馆的室内设计在这个发展趋势的主导下作出积极且更合适的改变，增加媒体设备，最大限度地整合与利用图书馆资源，帮助读者在利用传统媒体的同时，还能享用各种新媒体。[2]

综上所述，随着时代发展和生活水平的提高，人们对于室内设计有了新要求。图书馆美观大方的设计以及轻松和谐的氛围，已不能够满足人们多元化的需要。少儿图书馆作为少年儿童获取知识、进行课外活动的重要场所，更被寄予厚望。与此同时，由于少儿图书馆服务群体的特殊性，其建筑的室内设计被赋予了特别的、发展着的要求：少儿图书馆在安全的前提之下强调塑造如家般舒适且不受拘束的环境，主题化、充满童趣或创造性的设计成为主流，如何适应信息社会发展需要以及彰显人文关怀也成为关注的重点。而这些室内设计的改变都与少儿的特殊性息息相关。少儿生性敏感、好动，且正处于汲取知识的重要阶段，舒适、开放、充满趣味性和人文关怀的环境适应其身心发展特点，客观上能够使他们获得良好的阅

---

[1]《文化部关于进一步加强少年儿童图书馆建设工作的意见》：文社文发〔2010〕42号，为满足广大未成年人日益增长的精神文化需求，全面提高未成年人的素质，进一步加强少年儿童图书馆建设提出的七点建议；国家文化部.文化部关于进一步加强少年儿童图书馆建设工作的意见[EB/OL].中国政府网,2010-12-9.

[2] 亚历山大·拉米斯,芭芭拉·顾缤.杰克逊维尔公共图书馆中的少年儿童图书馆[A].邦,克兰菲尔德,拉蒂梅尔,编.儿童图书馆的空间设计[M].石鑫,李恺,等译.北京：国家图书馆出版社,2014:78-104.

读体验，进行创造性活动。

近年来，我国少年儿童图书馆建设事业有所发展，对于图书馆室内设计也愈加重视。国内少儿图书馆的室内设计情况又是如何呢？笔者将于下一章以福建省少年儿童图书馆为个案进行详细的分析。

四、福建省少年儿童图书馆室内设计分析

福建省少年儿童图书馆坐落于省会福州，于2011年9月正式开馆服务，占地总面积约14.5亩，是福建省面积最大的少儿图书馆，其室内设计中也对上述舒适性、主题性与家庭化等设计关键要素有所应用。笔者现从室内空间构成、室内装修设计、室内物理和生态环境设计、室内陈设艺术设计4个方面对福建省少年儿童图书馆室内设计进行分析。

（一）室内空间构成

1. 空间序列

空间序列的合理安排是组织、协调图书馆各功能区域，使之利用价值最大化的有效手段。图书馆建筑对于空间序列的规划应充分考虑到读者类型与需求，将读者流量大或文献使用率高的部门安排在低层馆舍，休闲、娱乐、交流场所避开研究、阅览区域的楼层，并确保内部流线简洁清晰，为读者节约时间的同时也方便馆内维护。[①]福建省少年儿童图书馆通过集中功能类似区域与读者类型划分空间序列，一层主要为人流量大的功能区及无障碍空间，设有服务总台、借还处、视障儿童阅览区等；二层主要为娱乐区及亲子空间，设有玩具游乐区、亲子阅读区、音像借阅区等；三层主要为幼儿学习区，设有儿童文学图书借阅区，低幼儿专业教室，语言、教育图书借阅区等；四层主要为青少年及教育工作者提供服务，设有青少年专业教室，教师、儿童工作者参考借阅区，港台、外文图书借阅区等。这些功能区大致围绕中庭呈四方形分布，空间没有明显的隔断且较为通透，导向性明显，呈现开放式的布局特点。

---

① 吴庆珍.谈公共图书馆建筑布局的发展趋势——以杭州图书馆新馆为例[J].图书馆工作与研究,2010(12):65-68.

2. 动线安排

图书馆的动线主要有 2 条，即人流和书流。人流、书流的规划不仅要畅通、便捷，而且应当将二者区分开来以避免相互影响。由于读者活动空间和馆方人员工作区间不同，在人流的规划上也要区分二者以方便管理与工作。[①]福建省少年儿童图书馆将读者区域设置在建筑前区，东西两侧均设置电梯及安全通道，缓解人流压力；阅读区采用走道式空间分布形式，不易造成人流的交叉和拥堵。[②]含采编部在内的图书馆办公区设于建筑后区，有效减少书流、馆员动线与读者动线交叉，为双方都提供便利。

（二）室内装修设计

1. 室内界面装修与材料

室内界面是指围合成室内空间的底面、侧面和顶面。[③]由于人们通常会在图书馆建筑内进行长时间活动，室内界面装修美观与否与材料是否环保无害作为影响读者阅读体验的重要因素应当引起注意。室内界面装修与材料的选定要与建筑功能、风格相适应，力求塑造良好的空间品质。同时还要从读者角度出发，根据他们的心理生理特点及需求进行选择，实现装饰性与实用性的统一。福建省少年儿童图书馆在一楼顶面大面积使用带有文字的灯具，营造书香氛围（图 3）；在室内墙面装修中以白色为基调，运用黄色、绿色的色块装点，突显活泼、清新之感。与此同时，福建省少年儿童图书馆的室内界面材料大量选择环保无害的产品，墙面漆使用立邦环保漆，室内屋顶和柱子的装饰材料采用已加工的、没有刺激性气味的铝单板、铝扣板、铝塑板，在公共走廊、大厅、阅览室的地面使用德国生产的诺拉橡胶地板，[④]以期为读者提供一个健康而舒适的环境。

---

① 赵维平.图书馆建筑内部空间的布局[J].科技情报开发与经济,2005(16):58-66.
② 走道式空间分布形式是将各个空间设置在走道的一侧或者两侧形成并列式的布局.走道式空间主要是借走道将没有直接联系的各使用空间联系起来,这样可以保证各个空间的独立性.这种空间组合形式具有明显的连续性和较强的引导性.高小涵.城市公共空间中儿童室内游憩空间的设计研究[D].北京：北京服装学院,2013:31.
③ 程宏,樊灵燕,赵杰.室内设计原理[M].北京：中国电力出版社,2008:17.
④ 郑卫光.低碳节能：现代图书馆建筑的发展趋势——以福建省少年儿童图书馆新馆建设为例[J].图书与情报,2011(6):132-135.

2. 色彩配置

色彩是人体器官最容易感受的外在形态,[①]对人的情绪及身心产生重要影响。合理的色彩配置是室内装修设计的重要组成部分,它既能营造出设计者想要呈现的空间氛围,美化环境,也能有效划分功能区域,起到降低成本的作用。福建省少年儿童图书馆建筑整体以白色为主,

图3 福建省少儿图书馆一楼顶面灯具装饰

其中借阅区、电子阅览室、低幼儿专业教室等局部使用明快的黄色、绿色小面积装点墙面;音像借阅区、玩具游乐区则以黄色、绿色、橙色装点墙面,并使用卡通图像的贴纸加以点缀,在营造平静氛围的同时避免空间过于单调,增添清新活泼之感。在各层围绕中庭的四方形走廊及柱子上则采用原木的颜色,营造亲近自然的氛围。

3. 标识设计

标识系统是读者在图书馆内正常活动的重要参考工具。它在指引读者最大限度地利用图书馆内的信息资源,了解图书馆内部结构的同时,也明确规定馆内禁止事项,具有一定程度的约束作用。由于少年儿童仍处于发展阶段,认知能力还未发育完全,因此标识系统应当运用友好而易懂的儿童化语言或图案,[②]标识指引清晰、明确,方便他们获取自己所需的资源。福建省少年儿童图书馆在各楼层都设置了图书馆楼层索引(图4),方便用户明确各楼层功能区的分布,并且在相应功能区前也设有明确的标识。在书架标识方面,福建省少年儿童图书馆采用中国图书馆分类法进行大类划分(图5),并且由于标识过于简略,导致书籍排架错乱之问题较为突出。

---

① 陈华新,李劲男.建筑室内设计[M].北京:中国电力出版社,2008:52.
② 凯瑟琳·英霍夫.世界各地的儿童图书馆空间[A].邦,克兰菲尔德,拉蒂梅尔,编.儿童图书馆的空间设计[M].石鑫,李恺,等译.北京:国家图书馆出版社,2014:160-170.

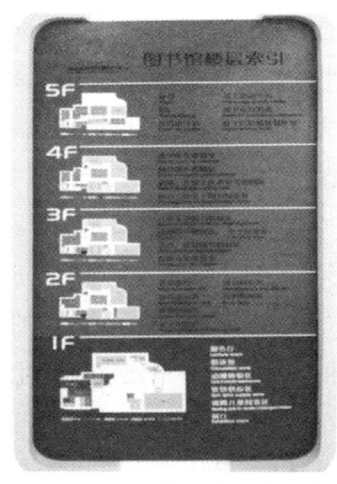

图4 图书馆楼层与区域索引　　图5 图书馆书架标识

（三）室内物理和生态环境设计

1. 空调系统

据研究统计，空调用电在图书馆用电中所占比例最高，耗能极大。[①]所以，选择合理的空调系统能够有效降低图书馆的能源消耗，节省运营经费，也符合可持续发展的要求。福建省少年儿童图书馆在项目建设中依据本馆不同时间段人流量情况，并征询专家意见，选择采用能够控制开关数量的冷媒多联机系统，使之能够根据不同的使用情况进行调节，以此达到降低能耗之目的。[②]

2. 自然通风

据研究发现，室内空气污染对比室外更为严峻，能够引发多种疾病，已经成为危害人体健康的重要因素。[③]而图书馆内存放大量书籍，且人流量较大，容易造成室内空气污染。因此，出于保证读者健康之考虑，图书馆建筑设计应当重视自然通风。福建省少年儿童图书馆的建筑主体外部采用双层表皮的

---

① 潘向泷.关于图书馆建筑节能的研究与实践[J].图书馆论坛，2003,27(3):147-149.

② 郑卫光.低碳节能：现代图书馆建筑的发展趋势——以福建省少年儿童图书馆新馆建设为例[J].图书与情报，2011(6):132-135.

③ 唐军.与时俱进，树立生态觉悟——论高校图书馆建筑中的"绿色"理念[J].法律文献信息与研究，2008(4):59-63.

构造做法，通过利用空气流动带走外界热量达到通风的目的。[1]在阅读区大面积设置窗户以缓解潮湿，满足通风需求。此外，还通过设置合理的窗墙比、增大外窗的可开启面积等方式，对气流加以组织以保证良好的自然通风，有效降低了建筑物能耗，也为读者提供了舒适的环境。

3. 采光和照明

光是室内环境设计的重要部分，直接影响人的视觉感知，[2]进而对人的心理产生影响。在图书馆建筑中，是否具备良好的光环境直接影响读者的活动。

室内的采光方式有2种，即自然采光和人工采光。福建省少年儿童图书馆通过设置中庭、门窗协调组织侧光、高侧光、顶光，以此增加对自然光线的运用，并使用LOW-E玻璃降低太阳光的热辐射，利用挡光板调节光线，以此改善室内空间的明亮度。同时，通过设置照明系统进行人工采光，弥补自然采光过程中的不足。如在室内采用三基色节能型荧光灯，不仅比普通节能灯的发光效率高30%左右，且光线更柔和，有利于保护读者视力。

4. 隔音设计

由于少儿天性活泼好动，自控能力也尚未发育完全，因此经常会有比较大的动静。少年儿童图书馆既不能为保持安静的环境而压抑在馆内活动的儿童的天性，又要为其他读者提供良好的阅读体验，因此，室内隔音设计优良与否非常重要。福建省少年儿童图书馆在室内隔音设计上做出诸多努力：其建筑外墙采用穿孔铝板的双层皮的设计，具备良好的隔音性能。同时，将玩具游乐区、动漫体验区、音像借阅区等功能区集中安排在一、二楼层以减少对其他读者的影响。此外，通过摆放绿色植物、安装密封性良好的门窗以改善室内的声环境。

（四）室内陈设艺术设计

1. 家具

家具是沟通室内空间和个人的重要媒介，不仅为人们的活动提供便利，还能够利用其不同功能与造型起到划分空间、营造氛围的作用。少儿图书馆

---

[1] 郑卫光.低碳节能：现代图书馆建筑的发展趋势——以福建省少年儿童图书馆新馆建设为例[J].图书与情报，2011(6):132-135.

[2] 陈华新，李劲男.建筑室内设计[M].北京：中国电力出版社，2008:52.

家具的选择在保障安全的前提下应当符合人体工程学的要求，与此同时还要考虑少儿的审美需求，做到实用与美观并重，并与室内空间有机结合。福建省少年儿童图书馆在借阅区摆放颜色鲜艳且舒适的沙发供读者休息（图6），在亲子阅读区、音像借阅区放置色彩鲜艳的小桌子、小椅子，符合小朋友的需求。使用的桌椅、书架的边角也经过处理，体现安全方面的考量。但是就总体而言，福建省少年儿童图书馆中的家具大部分造型工整规矩且样式单一，桌椅无法调整且不具备多种类型可供不同读者进行选择，书架较高不方便低年龄段的读者拿取书籍，且书架较少使用书籍封面朝外的展示方式，不便于直观展示（图7）。在这些方面，家具对于美观性的表现犹显不足，不利于营造亲近而友好的空间氛围。

图6　图书馆内的沙发　　　　图7　阅读区的桌椅及书架

2. 室内绿化陈设

近年来，随着人与自然和谐相处之理念的普及，室内绿化陈设受到更多关注。绿色植物不仅能够吸声减噪，而且还能清除有害气体以达到净化空气之目的，为室内环境增添情趣，在一定程度上也能够满足读者亲近自然之需求，将阅读空间与户外自然环境有机融合。摆放不同形状、气味、颜色的植物，使得少儿对其有了直观的接触，有利于丰富他们的感官认知，也能培养少儿善于观察的品质以及环保意识。福建省少年儿童图书馆在一楼摆放景观树，在开放的空间内起到隔断作用；在各楼层的楼道均摆放常绿的观赏植物，郁郁葱葱，在美化环境的同时也能够缓解读者视觉疲劳。但是，由于福建省少年儿童图书馆内主要采用平面绿化，缺乏对垂直绿化的应用，且植物类型较为单一，在空间立体感和空间层次感方面的表现稍显不足。

五、福建省少年儿童图书馆室内设计评价

（一）福建省少儿图书馆室内设计优点

综上所述，通过对福建省少年儿童图书馆室内设计的分析，笔者认为其室内设计与规划具有以下优点。

1. 空间配备完全

福建省少年儿童图书馆设有亲子阅读区、玩具游乐区、软饮供应区、动漫体验区、图书借阅区、青少年专业教室、视障儿童阅览区、教师与儿童工作者参考借阅区、电子阅览室等功能区，空间配备完全，既能以传统媒体与新媒体相结合的方式为不同年龄、不同类型的用户提供相应的服务，彰显人文关怀；又能将其塑造成一个兼具开放性的休闲场所，满足用户学习、娱乐的需求，使之成为用户彼此之间交流与分享的平台，为他们提供良好的体验。

2. 符合绿色建筑理念

福建省少年儿童图书馆通过设置合理的窗墙比、使用玻璃幕墙、加大外窗的可开启面积等方式组织自然通风与采光，减少对空调系统、照明系统的依赖，同时通过使用节能灯和依据使用行为进行分区开关的空调系统等能耗较低的方式来实现节能减排的目的。此外，图书馆室内装修材料选择符合国家安全标准的、新型节能环保产品，使得建筑实现低碳节能，符合绿色建筑的理念与可持续发展的要求，在客观上为读者营造舒适的环境。

（二）福建省少儿图书馆室内设计存在问题

尽管福建省少年儿童图书馆室内设计考量较为完备，但其在具体落实方面也存在不足之处。

1. 室内设计对于少儿的考量不足，带有成人化的因素

福建省少年儿童图书馆室内设计表现出的更多是以成人角度进行考量。例如，电子阅览室内座位以隔板区分开，与现代办公室设计类似，不方便少

儿进行沟通交流与分享（图8）；家具造型简单，缺乏童趣，不符合少儿审美，不利于营造富有吸引力的空间氛围；书架过高与儿童身材不适应，没有考虑儿童可能存在取书不便的问题，且不利于家长在阅读时注意儿童的状况，存在安全隐患；成人化、常规化的标识语言对于少儿而言不够友好、易懂，对于少儿在馆内的活动所起到的引导作用有限。

2. 室内设计主题性表现不足，没有明显的主题空间

图8　电子阅览室

在室内装修设计中虽然强调环保、健康的理念，但对于室内设计的主题性表现不足。在诸如亲子阅读区、玩具游乐区、低幼儿专业教室等以低年龄段儿童为主要服务对象的功能区内，并未通过丰富多彩的、富有创造性的主题性设计来打造吸引儿童兴趣的空间，呈现出的更像是普通的图书室与玩具堆积处。纵观全馆的室内设计在空间个性化与创造性方面的塑造较为欠缺。

图9　无障碍卫生间兼更衣室

3. 无障碍空间设计存在不足

无障碍卫生间兼具更衣室的功能（图9），对于残障人士而言在使用过程中可能会造成新的不便。

4. 部分空间使用率不高

福建省少年儿童图书馆虽然设有教师、儿童工作者参考借阅区，但实际上尚未投入使用；而视障儿童阅览区规定需要提前预约才能够使用，这样一来无法为视障儿童提供便捷的服务，也可能因此打击他们到馆阅读的积极性；馆内的故事角、动漫体验区、软饮供应区也都存在利用率不高的问题，由此也反映出福建省少年儿童图书馆在管理方面存在不足。但由于管理问题与本论文研究方向无关，故不在此赘述。

（三）福建省少儿图书馆室内设计改进建议

针对上述不足之处，笔者也提出一些应对的想法，希望能够为福建省少年儿童图书馆室内设计的改进略尽绵薄之力。

1. 征询少儿读者的意见，通盘考虑图书馆室内环境的想法

由于少儿与成人对于事物的欣赏角度及看法有所不同，而少儿是少年儿童图书馆的主要使用群体，因此，图书馆室内环境设计应当以少儿的角度作为出发点和落脚点，创设符合他们审美及需求的空间，彰显更多的人文关怀。福建省少年儿童图书馆馆方可以通过举办征文比赛、演讲比赛、图画展等方式征询少儿读者的意见，鼓励广大少儿将心目中对图书馆室内环境的期望表达出来，并从中选取具有代表性且可操作性强的想法，为图书馆室内环境设计及后续改造提供参考依据。

2. 融入福建当地特色，打造特色主题

在室内设计中融入能够展现福建民俗风情或地方特色的元素，以此打造特色主题，增强图书馆建筑的辨识度。如使用海上丝绸之路相关主题，运用海洋元素、地理元素、工具器物等打造海上探险的空间环境，既能由此向广大少儿介绍海上丝绸之路与福建的渊源以及当时的历史情况，又能吸引少儿的兴趣，扩宽他们的视野与知识面。此外，福建也拥有诸多独具特色的建筑，例如有"中国明清建筑博物馆"之称的三坊七巷，被联合国教科文组织列入《世界遗产名录》的福建土楼，均可作为图书馆主题性设计的素材，成为福建省少年儿童图书馆独特的名片。

3. 构建特殊人群专属空间

由于儿童身材与成人差异巨大，且因生理发育尚未完全而无法自控，因此，少儿图书馆内应该设置数量充足的适合儿童身材的专用卫生间，方便儿童使用。同时也应设置为幼儿换尿布的空间，方便家长的同时也有利于减少对其他用户的影响。儿童好动且不喜欢受到拘束，大多无法长时间端坐于位置上进行阅读，因此，少儿图书馆应当设置宽敞舒适的地板区域供儿童自在的伸展坐卧。儿童多是在父母的陪同下到图书馆进行活动，因此也要将家长的需求纳入室内设计的考量，如设立哺乳室为妈妈们提供哺乳的专属空间。

在图书馆内，读者经常会选择安全通道和卫生间接听电话，于己而言不利于保护隐私，同时也会打扰他人。因此，在条件允许的情况下，设置一个专门供读者接听电话的隔音性能良好的空间，在很大程度上可以缓解这一尴尬情况的发生。此外，无障碍空间应专区专用，力求为残障人士提供便利的环境。

4. 设计以图像为主的书籍分类标签与导向指示

儿童的阅读习惯大多是随意浏览，对书籍的选择大多是依据兴趣而非按照特定的标准，并且由于儿童逻辑思维与知识水平发展有限，因此，以文字为主的书籍分类标签与导向指示对于他们而言过于抽象，并不容易理解，更谈不上能够对其加以利用。而形象、简单的图像对于识字不多的儿童来说更为直观，也方便他们根据图像标识选择感兴趣的书籍进行阅读。福建省少年儿童图书馆应当设计以图像为主的书籍分类标签与导向指示，并结合儿童化的语言，为儿童读者提供简洁直观、友好易懂的标引系统，这样对青少年而言也能提供便利。如在存放漫画的书架上以漫画主人公形象及书名为标识。

5. 强化环保设施

为了最大限度实现节能减排，更符合绿色建筑的标准，福建省少年儿童图书馆应当立足于整体，继续强化环保措施。福州属于亚热带海洋性季风气候，自然条件优越，热量资源丰富，水资源充沛。如若图书馆能够对这些自然资源加以合理的利用，则有助于减少其能源消耗，实现节能减排。例如，在屋顶设计绿化草坡用以存储雨水，同时在屋顶设计一个排水系统，将收集到的雨水回收利用，或供馆内厕所使用，或用于浇灌植物，这样一来能够减少图书馆建筑用水量。与此同时，还可以设立太阳能板将太阳能转换为电能，供应建筑物自身所需。

六、结语

阿根廷前国家图书馆馆长博尔赫斯曾说过这样一句话："如果有天堂，天堂应该是图书馆的模样！"随着少儿主体地位的提高以及社会对于少儿愈加重视，加之全民阅读氛围的影响，少年儿童图书馆引起社会各界的广泛关注。如何创设一个以少儿之需求作为出发点和落脚点并为少儿所喜爱的图书馆环境，具有探讨的价值与意义。

福建省少年儿童图书馆的设计理念与使用的技术都较为先进，能够适应当代发展需求。尽管在服务过程中存在一些不足，但相信在各方协调配合与努力之下能够令它更加完善并获得新的发展，更好地为广大少年儿童提供更精良的服务。

（指导老师：王念祖）

可持续地方创生视角下的福建乡村振兴评价指标构建

谢晓青[①]

摘要：当前，中国乡村振兴建设有序开展实施并取得一定成果，对乡村进行评价的需求日益凸显。以 2019 年度福建省乡村振兴实绩排名的相关数据为基础，在《乡村振兴战略规划（2018—2022）》的指导下，构建乡村振兴评价指标体系，用于评估乡村振兴进程。本研究采用熵值 TOPSIS 法，在科学性原则、可操作性原则、可比性原则的基础上研究构建 5 个层面 33 个指标乡村振兴的评价指标体系。同时选取东南沿海的江苏、浙江、福建、广东的部分城市进行评价分析。研究结果表明，城镇化水平、医疗保障、特色产业建设、教育文化水平和环境质量等占比权重更高，在乡村建设时应着重关注。这一指标体系，不仅有利于发现乡村建设中的不足以改变策略，同时能对比不同阶段乡村建设发展。

关键词：乡村振兴；评价指标；熵值 TOPSIS

[①] 谢晓青，女，历史学系 2018 级文物与博物馆学专业本科生．

一、前言

2018年9月26日，中共中央、国务院印发《乡村振兴战略规划（2018—2022）》，提出"产业兴旺""生态宜居""乡风文明""治理有效""生活富裕"五大总要求，并将其作为"三农"工作的总抓手，科学有序推进乡村产业、人才、文化、生态、组织振兴。近年，乡村振兴已成为热点话题，但是对乡村振兴战略评价体系的研究略显不足，且存在评价指标较为单一、评价方法不够多元、评价区域不够广泛和成果不够严谨等问题。[1]本研究拟以《乡村振兴战略规划（2018—2022）》的科学理论为指导，运用"熵值法""TOPSIS法"开展相关研究。

其中，熵值法是一种客观赋值法，在客观条件下，根据各项指标的变异程度，通过客观地计算出各项指标的权重，为多指标综合评价提供依据，一定程度上减少主观赋值带来的偏差。[2]本研究中，通过对收集来的福建省各市有关乡村振兴的数据，进行系统可操作处理，得出客观权重。一定程度上减少主观因素的影响，使其赋权更加科学客观；TOPSIS法是一种常见的多目标决策分析方法，适用于多种方案、多个对象的对比研究，以此从中找出最佳方案对象。TOPSIS法是评估方案系统中任何一个方案距离理想最优解和最劣解的综合距离。

本研究拟由熵值法得出权重后将其与TOPSIS法相结合，有效掌握当前福建省各市乡村振兴的发展阶段，通过科学合理的定性、定量方法，有效反映福建各市乡村发展实际水平与理想水平之间的差距、构建乡村振兴评价的相关指标体系。

---

[1] 曹均学,代文姣.党的十九大以来乡村振兴战略研究综述[J].长春师范大学学报,2021,40(11):40-46.

[2] 李灿,张凤荣,朱泰峰,奉婷,安萍莉.基于熵权TOPSIS模型的土地利用绩效评价及关联分析[J].农业工程学报,2013,29(5):217-227.

二、乡村振兴评价指标的内容和步骤

（一）评价指标体系建立

1. 评价指标的选取原则

乡村振兴评价指标体系中的指标选取，直接影响了评价指标的具体内容，同时对评价结果也起着重要作用，是乡村振兴评价指标体系构建的基础和前提，因此在评价指标的选取应遵循以下几点原则。

（1）指标体系应遵循科学性原则。科学性原则是指决策活动必须在决策科学理论的指导下，遵循科学决策的程序，运用科学思维方法来进行决策的决策行为准则。遵循科学性原则使得研究得以准确、严细、客观、可靠、适用。[1]在本研究立基于《福建统计年鉴2020》《厦门经济特区年鉴2020》《厦门市政府工作报告2020》《2019年福州市国民经济和社会发展统计公报》等材料；在采用熵值法、TOPSIS法处理数据，进而使得到的结果符合科学性原则。

（2）指标体系应遵循可操作性原则。可操作性原则是从具体的行为、特征、指标上对变量的操作进行描述，将抽象的概念转换成可观测、可检验的项目。本研究选取的指标均是有明确定义且可以通过搜集取得。指标的选取与乡村振兴发展密切相关，能够客观合理地反映乡村振兴水平。

（3）指标体系应遵循可比性原则。在可比性原则中，不同对象指标的可比性，称为统一性；同一对象不同时期指标的可比性，则称为一贯性。统一性强调的是横向比较，一贯性强调的是纵向比较。可比性原则以一致性原则为前提，以客观性原则为基础。[2]在本研究中，以福建省的各地级市作为研究对象，通过横向比较不同地区乡村振兴建设水平，建构评价指标体系。同时，这个指标体系也可前后比较乡村振兴发展的概况，并根据评价结果找出问题及时调整策略，有效正确推进乡村振兴建设。

2. 评价指标的选取依据

指标的选取以国家出台的政策为导向，同时结合福建省的地域特色进而

---

[1] 萧浩辉. 决策科学辞典[M]. 北京：人民出版社，1995.
[2] 高立法. 资产评估[M]. 北京：中国审计出版社，1997.

制定出合理的、科学的乡村振兴评价指标体系。在本研究中，以《乡村振兴战略规划（2018—2022）》《福建省乡村振兴促进条例》和相关文献研究作为主要的指标选取依据。《乡村振兴战略规划（2018—2022）》提出的总要求是乡村振兴工作的基础，为乡村振兴工作指明方向。《乡村振兴促进法》作为一份具备激励性质的法案对乡村振兴建设提供规范准则，是对《规划》的进一步补充和完善。将《规划》与条例相比，《条例》更注重各种激励机制来推动乡村振兴建设对于乡村建设无论什么时候都应将产业发展作为根本，产业兴旺为乡村振兴提供物质基础。同时，在《条例》中明确指出要充分发挥数字化在农村建设中的运用，实现农村、农业各方面数字化，推动现代化农村建设。在本研究中以《规划》和《条例》为指导，适宜选取评价指标，构建乡村振兴评价指标体系。

3. 评价指标体系的建立

在2019年度，福建省各市在乡村振兴建设中福州实绩排名第一，厦门排名第二。本研究以福建省2019乡村振兴实绩评比作为研究对象，构建乡村振兴评价指标体系。

规划中决定了乡村振兴的具体方向，以"产业兴旺""生态宜居""乡风文明""治理有效""生活富裕"这5个总要求作为第一指标和33个二级指标。在学者研究和政策方针的基础上，制定出适合的、科学的乡村振兴评价指标体系。具体如下表1。

表1 福建省乡村振兴评价指标

一级指标	二级指标	三级指标
产业兴旺（A）	A1. 粮食综合生产能力*（万吨）	全社会的粮食总产量
	A2. 水产品产量（万吨）	人工养殖水产品和天然水产品的捕捞量
	A3. 农业劳动生产率*（万元/人）	农林牧渔服务业产值/农业劳动人口
	A4. 休闲农业和农村旅游招待人次*（万人）	国内外旅游招待人数
	A5. 人均生产总值（万元）	地区生产总值/劳动人口
	A6. 农村劳动力（万人）	农村劳动力资源数

续表

一级指标	二级指标	三级指标
产业兴旺（A）	A7. 每亩耕地拥有农业机械总动力（瓦/亩）	机械总动力/耕地面积
生态宜居（B）	B1. 空气优良率（%）	空气优良率
	B2. 村庄绿化覆盖率*	绿化面积/村庄总面积
	B3. PM2.5浓度（ug/m³）	PM2.5浓度
	B4. 生活垃圾无害处理率（%）	无害化处理的垃圾量/总处理垃圾量
	B5. 污水集中处理率（%）	污水处理产集中处理的村占比
	B6. 一般工业固体废污综合利用率（%）	工业固体废物综合利用量/（产生量+贮存量）
	B7. 人均城市道路面积（m²）	城市道路面积/人口
乡风文明（C）	C1. 平均受教育年限	平均受教育年限
	C2. 农村居民教育文化娱乐支出占比*	农村居民教育文化娱乐支出/消费总支出
	C3. R&D人员数（万人）	科技活动人员数
	C4. 博物馆、纪念馆数量（个）	该地区博物馆数量
	C5. 图书馆馆藏数量（万册）	图书馆馆藏
	C6. 教育支出占地方一般公共支出比（%）	教育支出/地方一般公共支出
	C7. 综合广播电视覆盖率（%）	广播、电视覆盖率均值
治理有效（D）	D1. 村委会个数（个）	行政村数量
	D2. 民主法制示范村覆盖率	民主法制示范村/行政村总数
	D3. 农村贫困人口发生率	低保人口/农村人口
	D4. 城镇化水平	常住人口城镇化率
生活富裕（E）	E1. 常住人口（万人）	该地常住人口数
	E2. 农村居民恩格尔系数*（%）	农村居民食品支出/消费支出
	E3. 城乡居民收入比*	城市居民收入/农村居民收入

续表

一级指标	二级指标	三级指标
生活富裕（E）	E4. 农村自来水普及率*（%）	用户使用经过净化处理的自来水占比
	E5. 失业率（%）	年末登记失业人数/就业总人数
	E6. 医院数量（个）	医院数量
	E7. 农村人口人均可支配收入（万元）	农村居民人均可支配收入（元）
	E8. 农村千人卫生机构床位数（张/千人）	农村每千人口医疗卫生机构床位数

注：其中带有"*"为《乡村振兴战略发展规划（2018—2022）》中的指标

（二）指标权重的确定

1. 公式原理

熵值 TOPSIS 法是一种熵值法与 TOPSIS 法相结合的综合评价方法。熵值法是一种客观赋值法，一定程度上能减少主观赋值带来的偏差；而 TOPSIS 法是一种常见的多目标决策分析方法，适用于多种方案、多个对象的对比研究，从多个对象种中找到最佳方案。TOPSIS 法是评估方案系统中任何一个方案距离理想最优解和最劣解的综合距离。当一个方案距离理想最优解越近，距离最劣解越远，这个方案较其他相比就更好。熵值 TOPSIS 是先由熵值法计算得到指标的客观权重，再利用 TOPSIS 法对各评价对象进行评价。

2. 公式步骤

假设有 n 个地区作为样本，设计 m 个评价指标。x_{ij} 表示第 i 地的第 j 个评价指标值（$i=1,2,\cdots,n$；$j=1,2,\cdots,n$）。

（1）对原始数据进行标准化处理

评估乡村发展水平的指标分为正向指标和负向指标，正向指标的值越大表示乡村发展水平越高，负向指标的值越小表示乡村发展水平越高。为了使指标数据具有可比性，对正向指标与负向指标进行无量纲标准化处理，处理后的值位于 [0,1] 之间，其中 x_{ij} 表示评价指标的原始值 x_{ij}'，为标准值，$\max x_{ij}$ 和 $\min x_{ij}$ 分别表示 i 个地区第 j 个指标的最大值和最小值。

正值标：$x_{ij}'=\dfrac{(x_{ij}-\min x_{ij})}{\max x_{ij}-\min x_{ij}}$ ①

负值标：$x_{ij}' = \dfrac{(max\ x_{ij} - x_{ij})}{max\ x_{ij} - min\ x_{ij}}$ ②

（2）再将无量纲化后的数值整体向右平移 0.0001 个单位后，求公式。

$P_{ij}' = \dfrac{x_{ij}'}{\sum_{(i=1)}^{n} x_{ij}}$ ③

得到：$P_{ij}' = \in [0,1]$

（3）熵值的计算。定义 H_j 表示第 j 项的熵值。

$H_j = -\dfrac{1}{\ln n}\sum_{i=1}^{n} P_{ij}\ln(P_{ij}), 0 \leq P_{ij} \leq 1$ ④

（4）熵权的计算。定义第 j 个评价指标的差异系数为 e_j。定义第 j 项评价指标的熵权为 ω_j。

$e_j = 1 - H_j$ ⑤

$\omega_j = \dfrac{e_j}{\sum_{i=1}^{n} e_j}$ ⑥

（5）构建加权决策矩阵 V。

$V = w_i * x_{ij}'$ ⑦

（6）确定指标的正、负理想解。令 V^+ 表示所有方案中最好的方案，称为正理想解；V^- 表示最不理想的方案，称为负理想解。

$V^+ = \{max\ v_{ij} | i=1,2,3\cdots,m\}$ ⑧

$V^- = \{min\ v_{ij} | i=1,2,3\cdots,m\}$ ⑨

（7）计算欧式距离。设各评价地区向量到正、负理想解的距离分别是 D^+ 和 D^-。

$D^+ = \sqrt{\sum_{j=1}^{m}(v_{ij}-v_j^+)^2}\ (i=1,2,\cdots,n)$ ⑩

$D^- = \sqrt{\sum_{j=1}^{m}(v_{ij}-v_j^-)^2}\ (i=1,2,\cdots,n)$ ⑪

（8）计算贴近度 Cj。

$P_{ij}' = \dfrac{D^-}{D^+ + D^-}$ ⑫

得到：$C_j \in (0,1)$

利用贴近度来检测乡村发展水平,贴近度用 C_j 表示。当 C_j 的值越趋向于 1 时,说明乡村发展水平越高;当 C_j 越趋向于 0,则说明乡村发展水平越低。

3. 数据收集

通过对 2019 年福建省 9 个市乡村振兴实绩数据的收集,构建乡村振兴评价体系,评估乡村振兴发展水平。数据来源于《福建统计年鉴 2020》《福州统计年鉴 2020》《厦门经济特区年鉴 2020》《厦门市政府工作报告 2020》《2019 年福州市国民经济和社会发展统计公报》等。通过查找、整理分析各市乡村振兴的数据,各市在不同层面中都有其优势与劣势。具体如下表 2。

表 2　2019 年福建省 9 个市乡村振兴实绩数据

	福州市	厦门市	莆田市	三明市	泉州市	漳州市	南平市	龙岩市	宁德市
A1	46.88	2.43	18.30	93.09	48.98	40.82	115.78	80.67	46.95
A2	283.75	7.59	99.51	11.47	104.99	204.47	8.88	6.19	103.49
A3	2.26	0.64	2.50	2.82	2.91	2.40	2.54	1.66	2.30
A4	9654.1	10012	3977.0	3917.5	7801.1	4560.8	5829.9	5504.0	3838
A5	12.09	14.27	8.93	10.06	11.41	9.21	7.40	10.15	8.43
A6	274.05	49.35	131.23	107.34	373.11	229.18	150.56	151.57	136.52
A7	290.94	1085.9	594.31	329.76	893.45	736.64	522.22	308.84	613.71
B1	98.6	97.5	97.8	99.5	96.4	97.3	99.7	99.8	98.4
B2	45.39	45.13	45.43	44.34	43.24	45.46	43.37	44.68	42.50
B3	24.00	24.00	25.00	17.00	24.00	24.00	21.00	22.00	21.00
B4	100.00	100.00	99.50	99.84	100.00	99.95	99.89	100.00	100.00
B5	96.60	92.70	95.15	91.63	90.89	94.24	93.81	94.40	89.75
B6	95.00	87.99	90.00	93.30	96.00	95.00	99.00	31.50	58.00
B7	13.65	28.50	18.40	14.86	26.64	26.14	12.22	19.56	19.63
C1	10.39	11.17	9.13	9.23	9.30	8.95	9.05	9.42	8.83
C2	8.21	7.90	12.61	12.01	9.41	8.84	9.83	9.47	8.60
C3	7.3268	7.0434	0.9145	0.8699	4.355	2.6054	0.8931	1.2378	0.9153
C4	38.00	4.00	7.00	13.00	17.00	14.00	14.00	15.00	13.00
C5	1139	709.00	104.00	283.00	625.00	155.00	225.00	254.00	139.00
C6	19.16	16.17	24.63	20.30	22.93	18.99	18.38	21.34	18.54

续表

	福州市	厦门市	莆田市	三明市	泉州市	漳州市	南平市	龙岩市	宁德市
C7	100.00	100.00	87.50	99.29	98.72	99.20	99.35	98.63	99.45
D1	2362	147.00	816.00	1736	2055	1610	1634	1787	2136
D2	3.53	8.37	4.83	5.15	4.23	5.02	4.52	4.54	3.64
D3	2.14	1.05	3.74	3.24	2.14	3.85	3.90	4.10	4.55
D4	70.50	89.20	61.70	60.90	67.20	60.00	57.50	58.00	57.60
E1	780.00	429.00	291.00	259.00	874.00	516.00	269.00	264.00	291.00
E2	36.80	29.50	39.12	35.98	31.00	38.20	35.60	36.20	38.50
E3	2.25	2.38	2.04	2.07	2.24	1.96	2.02	2.06	2.02
E4	99.90	100.00	99.90	100.00	98.10	100.00	99.90	100.00	99.40
E5	2.16	2.84	1.84	2.40	1.05	2.43	2.31	2.73	2.72
E6	140	63	54	56	127	89	53	47	49
E7	2.13	2.48	1.97	1.83	2.21	1.99	1.74	1.89	1.78
E8	16.64	40.58	1.53	1.48	12.70	13.52	14.26	16.96	11.51

（三）评价指标赋值

1.标准矩阵的获得

除去在不同乡村振兴指标中数量单位不相同无法处理这一问题。需要对原始数据进行无量纲化处理。计算处理依据前述公式①②对其处理后，得到标准矩阵。具体如下表3。

表3　标准矩阵数据

	福州市	厦门市	莆田市	三明市	泉州市	漳州市	南平市	龙岩市	宁德市
A1	0.3922	0	0.1400	0.7998	0.4107	0.3387	1	0.6903	0.3928
A2	1	0.0050	0.3362	0.0190	0.3560	0.7144	0.0097	0	0.3506
A3	0.7120	0	0.8161	0.9600	1	0.7725	0.8367	0.4484	0.7277
A4	0.9419	1	0.0225	0.0129	0.6418	0.1171	0.3226	0.2698	0
A5	0.6818	1	0.2228	0.3873	0.5827	0.2626	0	0.3994	0.1487
A6	0.6940	0	0.2529	0.1791	1	0.5554	0.3126	0.3157	0.2692
A7	0	1	0.3816	0.0488	0.7579	0.5606	0.2909	0.0225	0.4060

续表

	福州市	厦门市	莆田市	三明市	泉州市	漳州市	南平市	龙岩市	宁德市
B1	0.6471	0.3235	0.4118	0.9118	0	0.2647	0.9706	1	0.5882
B2	0.9764	0.8885	0.9899	0.6216	0.25	1	0.2939	0.7365	0
B3	0.125	0.125	0	1	0.125	0.125	0.5	0.375	0.5
B4	1	1	0	0.68	1	0.9	0.78	1	1
B5	1	0.4307	0.7883	0.2745	0.1664	0.6555	0.5927	0.6788	0
B6	0.9407	0.8369	0.8667	0.9156	0.9556	0.9407	1	0	0.3926
B7	0.0878	1	0.3796	0.1622	0.8858	0.8550	0	0.4509	0.4552
C1	0.6667	1	0.1282	0.1709	0.2009	0.0513	0.0940	0.2521	0
C2	0.0658	0	1	0.8726	0.3206	0.1996	0.4098	0.3333	0.1486
C3	1	0.9561	0.0069	0	0.5398	0.2688	0.0036	0.0570	0.0070
C4	1	0	0.0882	0.2647	0.3824	0.2941	0.2941	0.3235	0.2647
C5	1	0.5845	0	0.1730	0.5034	0.0493	0.1169	0.1449	0.0338
C6	0.3534	0	1	0.4882	0.7991	0.3333	0.2612	0.6111	0.2801
C7	1	1	0	0.9432	0.8976	0.936	0.948	0.8904	0.956
D1	1	0	0.3020	0.7174	0.8614	0.6605	0.6713	0.7404	0.8980
D2	0	1	0.2686	0.3347	0.1446	0.3079	0.2046	0.2087	0.0227
D3	0.6886	1	0.2314	0.3743	0.6886	0.2	0.1857	0.1286	0
D4	0.4101	1	0.1325	0.1073	0.3060	0.0789	0	0.0158	0.0032
E1	0.8472	0.2764	0.0520	0	1	0.4179	0.0163	0.0081	0.0520
E2	0.2412	1	0	0.3264	0.8441	0.0956	0.3659	0.3035	0.0645
E3	0.3143	0	0.8214	0.7333	0.3333	1	0.8524	0.7667	0.8667
E4	0.9474	1	0.9474	1	0	1	0.9474	1	0.6842
E5	0.3799	0	0.5587	0.2458	1	0.2291	0.2961	0.0615	0.0670
E6	1	0.1720	0.0753	0.0968	0.8602	0.4516	0.0645	0	0.0215
E7	0.5305	1	0.3104	0.1250	0.6414	0.3371	0	0.1987	0.0565
E8	0.3879	1	0.0014	0	0.2869	0.3079	0.3268	0.3958	0.2565

经过处理后得到数据,为了使其运算有意义,则必须消除零和负值的影响,故需对无量纲化后的数值进行整体平移,即 $x_{ij}'= x_{ij}'+α$,为了不破坏原始数据的内在规律,$α$ 的取值需尽可能小,故选取 $α =0.000$。[①]

2.评价指标的熵值、差异系数及熵权

根据公式③④⑤⑥计算得到熵值、差异系数和熵权。依据熵的特性,信息量越大,不确定性就越小,熵也就越小;信息量越小,不确定性越大,熵也越大。常用熵值来判断一个事件的随机性及无序程度。同时也用熵值来判断某个指标的离散程度,指标的离散程度越大,该指标对综合评价的影响越大。差异系数,可以体现对象数据与标准数据的相对差异,数值越大,表示不平衡程度越大。通常使用差异系数来计算熵权,差异系数与熵权呈正比,差异系数越大熵权也就越大。[②]具体数据如下表4。

表4 熵值及熵权计算结果

维度	指标	熵值	差异系数	熵权
产业兴旺（A）	A1. 粮食综合生产能力 * A2. 水产品产量 A3. 农业劳动生产率 * A4. 休闲农业和农村旅游招待人次 * A5. 人均生产总值 A6. 农村劳动力 A7. 每亩耕地拥有的农业机械总动力	0.887213 0.710293 0.936402 0.746101 0.875204 0.875052 0.810332	0.112787 0.289707 0.063598 0.253899 0.124796 0.124948 0.189668	0.0205 0.052657 0.01156 0.046149 0.022683 0.02271 0.034474
生态宜居（B）	B1. 空气优良率 B2. 村庄绿化覆盖率 * B3. PM2.5 浓度 B4. 生活垃圾无害处理率 B5. 污水集中处理率 B6. 一般工业固体废污综合利用率 B7. 人均城市道路面积	0.902299 0.904695 0.8134 0.942575 0.897102 0.93418 0.856788	0.097701 0.095305 0.1866 0.057425 0.102898 0.06582 0.143212	0.017758 0.017323 0.033916 0.010438 0.018703 0.011963 0.02603
乡风文明（C）	C1. 平均受教育年限	0.76253	0.23747	0.043162

---

① 陈玮莹.江西电网Z供电分公司综合绩效评价研究[D].南昌：东华理工大学,2019.
② 吴殿廷.区域系统分析方法研究[M].南京：东南大学出版社,2014:248.

续表

维度	指标	熵值	差异系数	熵权
乡风文明（C）	C2. 农村居民教育文化娱乐支出占比 C3. R&D 人员数 C4. 博物馆、纪念馆数量 C5. 图书馆馆藏数量 C6. 教育支出占地方一般公共支出比 C7. 综合广播电视覆盖率均值	0.82207 0.632709 0.857117 0.742993 0.89572 0.946092	0.17793 0.367291 0.142883 0.257007 0.10428 0.053908	0.032341 0.066759 0.02597 0.046713 0.018954 0.009798
治理有效（D）	D1. 村委会个数 D2. 民主法制示范村覆盖率 D3. 农村贫困人口发生率 D4. 城镇化水平	0.927708 0.799243 0.845682 0.664658	0.072292 0.200757 0.154318 0.335342	0.01314 0.036489 0.028049 0.060952
生活富裕（E）	E1. 常住人口 E2. 农村居民恩格尔系数* E3. 城乡居民收入比* E4. 农村自来水普及率* E5. 失业率 E6. 医院数量 E7. 农村人口人均可支配收入 E8. 农村千人卫生机构床位数	0.664559 0.813775 0.917908 0.943672 0.809881 0.703622 0.8274 0.829249	0.335441 0.186225 0.082092 0.056328 0.190119 0.296378 0.1726 0.170751	0.06097 0.033848 0.014921 0.010238 0.034556 0.05387 0.031372 0.031036

3. 乡村振兴评价指标权重体系

对于乡村振兴评价指标体系中权重部分，本研究采用熵值法。通过这种客观赋权的方法，一定程度上减少了主观上的偏差，使得得到的权重更加客观。通过对数据进行一系列相关处理，得出乡村振兴指标的权重，具体如下表5。

表5 乡村振兴评价指标权重体系

维度	权重	二级指标	权重
产业兴旺（A）	21.07%	A1. 粮食综合生产能力*（万吨）	2.05%
		A2. 水产品产量（万吨）	5.27%
		A3. 农业劳动生产率*（万元/人）	1.16%
		A4. 休闲农业和农村旅游招待人次*（万人）	4.61%
		A5. 人均生产总值（万元）	2.27%
		A6. 农村劳动力（万人）	2.27%

续表

维度	权重	二级指标	权重
产业兴旺（A）	21.07%	A7. 每亩耕地拥有的农业机械总动力（瓦/亩）	3.45%
生态宜居（B）	13.61%	B1. 空气优良率（%）	1.78%
		B2. 村庄绿化覆盖率*(%)	1.73%
		B3. PM2.5 浓度（ug/m³）	3.39%
		B4. 生活垃圾无害处理率（%）	1.04%
		B5. 污水集中处理率（%）	1.87%
		B6. 一般工业固体废污综合利用率（%）	1.20%
		B7. 人均城市道路面积（m²）	2.60%
乡风文明（C）	24.37%	C1. 平均受教育年限	4.32%
		C2. 农村居民教育文化娱乐支出占比*	3.23%
		C3. R&D 人员数（万人）	6.68%
		C4. 博物馆、纪念馆数量（个）	2.60%
		C5. 图书馆馆藏数量（万册）	4.67%
		C6. 教育支出占地方一般公共支出比（%）	1.90%
		C7. 综合广播电视覆盖率均值（%）	0.98%
治理有效（D）	13.86%	D1. 村委会个数（个）	1.31%
		D2. 民主法制示范村覆盖率	3.65%
		D3. 农村贫困人口发生率	2.80%
		D4. 城镇化水平	6.10%
生活富裕（E）	27.08%	E1. 常住人口（万人）	6.10%
		E2. 农村居民恩格尔系数*（%）	3.38%
		E3. 城乡居民收入比*	1.49%

续表

维度	权重	二级指标	权重
生活富裕（E）	27.08%	E4. 农村自来水普及率*（%）	1.02%
		E5. 失业率（%）	3.46%
		E6. 医院数量（个）	5.39%
		E7. 农村人口人均可支配收入（万元）	3.14%
		E8. 农村千人卫生机构床位数（张/千人）	3.10%

（四）评价综合指数计算

1. 构建加权决策矩阵 V

利用公式⑦计算可得到加权决策矩阵 V，具体如下表6。

表6 加权决策矩阵 V

福州	厦门	莆田	三明	泉州	漳州	南平	龙岩	宁德	V^+	V^-
0.0080	0.0000	0.0029	0.0164	0.0084	0.0069	0.0205	0.0142	0.0081	0.021	0.000
0.0527	0.0003	0.0177	0.0010	0.0187	0.0376	0.0005	0.0000	0.0185	0.053	0.000
0.0082	0.0000	0.0094	0.0111	0.0116	0.0089	0.0097	0.0052	0.0084	0.012	0.000
0.0435	0.0461	0.0010	0.0006	0.0296	0.0054	0.0149	0.0125	0.0000	0.046	0.000
0.0155	0.0227	0.0051	0.0088	0.0132	0.0060	0.0000	0.0091	0.0034	0.023	0.000
0.0158	0.0000	0.0057	0.0041	0.0227	0.0126	0.0071	0.0072	0.0061	0.023	0.000
0.0000	0.0345	0.0132	0.0017	0.0261	0.0193	0.0100	0.0008	0.0140	0.035	0.000
0.0115	0.0057	0.0073	0.0162	0.0000	0.0047	0.0172	0.0178	0.0104	0.018	0.000
0.0169	0.0154	0.0171	0.0108	0.0043	0.0173	0.0051	0.0128	0.0000	0.017	0.000
0.0042	0.0042	0.0000	0.0339	0.0042	0.0042	0.0170	0.0127	0.0170	0.034	0.000
0.0104	0.0104	0.0000	0.0071	0.0104	0.0094	0.0081	0.0104	0.0104	0.010	0.000
0.0187	0.0081	0.0147	0.0051	0.0031	0.0123	0.0111	0.0127	0.0000	0.019	0.000
0.0113	0.0100	0.0104	0.0110	0.0114	0.0113	0.0120	0.0000	0.0047	0.012	0.000
0.0023	0.0260	0.0099	0.0042	0.0231	0.0223	0.0000	0.0117	0.0118	0.026	0.000
0.0288	0.0432	0.0055	0.0074	0.0087	0.0022	0.0041	0.0109	0.0000	0.043	0.000
0.0021	0.0000	0.0323	0.0282	0.0104	0.0065	0.0133	0.0108	0.0048	0.032	0.000

续表

福州	厦门	莆田	三明	泉州	漳州	南平	龙岩	宁德	V⁺	V⁻
0.0668	0.0638	0.0005	0.0000	0.0360	0.0179	0.0002	0.0038	0.0005	0.067	0.000
0.0260	0.0000	0.0023	0.0069	0.0099	0.0076	0.0076	0.0084	0.0069	0.026	0.00
0.0467	0.0273	0.0000	0.0081	0.0235	0.0023	0.0055	0.0068	0.0016	0.047	0.000
0.0067	0.0000	0.0190	0.0093	0.0151	0.0063	0.0050	0.0116	0.0053	0.019	0.000
0.0098	0.0098	0.0000	0.0092	0.0088	0.0092	0.0093	0.0087	0.0094	0.010	0.000
0.0131	0.0000	0.0040	0.0094	0.0113	0.0087	0.0088	0.0097	0.0118	0.013	0.000
0.0000	0.0365	0.0098	0.0122	0.0053	0.0112	0.0075	0.0076	0.0008	0.037	0.000
0.0193	0.0280	0.0065	0.0105	0.0193	0.0056	0.0052	0.0036	0.0000	0.028	0.000
0.0250	0.0610	0.0081	0.0065	0.0187	0.0048	0.0000	0.0010	0.0002	0.061	0.000
0.0517	0.0169	0.0032	0.0000	0.0610	0.0255	0.0010	0.0005	0.0032	0.061	0.000
0.0082	0.0338	0.0000	0.0110	0.0286	0.0032	0.0124	0.0103	0.0022	0.034	0.000
0.0047	0.0000	0.0123	0.0109	0.0050	0.0149	0.0127	0.0114	0.0129	0.015	0.000
0.0097	0.0102	0.0097	0.0102	0.0000	0.0102	0.0097	0.0102	0.0070	0.010	0.000
0.0131	0.0000	0.0193	0.0085	0.0346	0.0079	0.0102	0.0021	0.0023	0.035	0.000
0.0539	0.0093	0.0041	0.0052	0.0463	0.0243	0.0035	0.0000	0.0012	0.054	0.000
0.0166	0.0314	0.0097	0.0039	0.0201	0.0106	0.0000	0.0062	0.0018	0.031	0.000
0.0120	0.0310	0.0000	0.0000	0.0089	0.0096	0.0101	0.0123	0.0080	0.031	0.000

2. 正、负理想解和贴近度的计算

为了能检测出，在乡村振兴中各地建设水平与理想水平的差距，因此采用 TOPSIS 法进行测验。利用公式⑩⑪⑫计算得出正理想解、负理想解的距离分别是 D^+、D^- 和贴近度 C_j。具体数据如下表 7。

表 7 福建省 2019 年各市乡村振兴实绩排名

	D^+	D^-	贴近度	排名
福州市	0.00441	0.01106	0.71510	1
厦门市	0.00648	0.01063	0.62136	2
莆田市	0.11630	0.00182	0.11630	6
三明市	0.12670	0.00201	0.12670	5

续表

	D^+	D^-	贴近度	排名
泉州市	0.56744	0.00690	0.56744	3
漳州市	0.20599	0.00259	0.20599	4
南平市	0.09214	0.00145	0.09214	7
龙岩市	0.08561	0.00131	0.08561	8
宁德市	0.05757	0.00094	0.05757	9

贴近度表示评级对象与正理想解的接近程度。C_j 越接近 1，说明该地区的乡村发展水平距离最优水平越近，乡村发展水平越高；C_j 越接近 0，说明该地区的乡村发展水平距离最优水平越远，乡村发展水平越低。本研究，在综合评价中采用邹秀清、谢美辉学者的《基于熵权-TOPSIS法的乡村发展评价及障碍因子诊断》乡村发展水平评判标准为基础。[①]将乡村振兴建设的水平划分为5个区间，具体如下表8。

表8　乡村发展水平评判标准

发展水平	很差	较差	一般	良好	理想
贴近度	[0-0.20)	[0.20-0.40)	[0.40-0.60)	[0.60-0.80)	[0.80-1.00)

四、乡村振兴评价指标体系的运用

（一）福建乡村振兴评价分析

1. 福建总体概况

福建省位于中国东南沿海，东北和浙江省接壤，西北与江西省接界，西南面是广东省，东南与台湾隔海相望。下辖福州、厦门、泉州、漳州、莆田、龙岩、三明、南平、宁德9个地级市。

从生态上来看，福建地势呈现西北高、东南低。水系密布，河流众多，

[①] 邹秀清,谢美辉,肖泽干,武婷燕,尹玉林.基于熵权-TOPSIS法的乡村发展评价及障碍因子诊断[J].中国农业资源与区划,2021(10):197-206.

水路交通便利。林木资源丰富，森林覆盖率位于全国首位。耕地面积辽阔，土壤肥沃。从文化上来看，福建地区文化底蕴深厚，闽南文化、妈祖文化、客家文化等独具一格，同时佛教文化在福建地区也同样影响深远。宗教文化与民间文化相互交融，形成了福建地区独特的文化氛围，为福建省乡村振兴发展奠定了坚实的文化基础。从产业上来看，因其林地、耕地面积广、气候适宜、河流众多，福建地区多粮食、果蔬、茶叶、花卉、鱼类资源丰富。福建地区自然景观众多，在结合其当地文化习俗，为其旅游业的发展也带来一定机遇。

2. 乡村振兴建设情况

在这个新时代的背景下，福建省根据中共中央发布的文件，采取一系列措施。2018年3月26日，福建省印发《关于实施乡村振兴战略的实施意见》，在坚持党对"三农"工作的引领下，实施"优质粮食工程"，推进农业特色小镇的建设，推动"渔港+"项目实施，打响"清新福建·绿色农业"品牌，实施乡村旅游"百镇千村"提质升级行动，建设"一镇一品、一村一景"工程。

于2021年10月22日，福建省印发《福建省乡村振兴促进条例》，为乡村振兴建设提供了法律依据，系统、规范地推进乡村振兴建设。在保障农民合法权益的同时激发农民在乡村振兴建设中的积极性、主动性、创造性。这个条例对于福建省的乡村振兴建设具有重大、深远意义。

3. 2019年度福建省乡村振兴实绩分析

结合第三章的福建省2019年各市乡村振兴实绩排名表（表7）可以得出，在乡村振兴建设中福州和厦门处于乡村振兴建设水平中的良好区间，乡村振兴建设发展水平较高。泉州处于乡村振兴建设中一般区间，较福州、厦门相比较为落后。漳州在乡村振兴建设中处于较差区间，而莆田、南平、三明、龙岩、宁德这几个城市在乡村振兴建设中处于很差区间，乡村振兴建设最不理想。

在乡村振兴评价指标体系中，产业兴旺占比21.07%，生态宜居占比13.61%、乡风文明占比24.37%、治理有效占比13.86%、生活富裕占比27.08%。在福建省乡村振兴建设中生活富裕、乡风文明、产业兴旺这三者的权重大于治理有效和生态宜居。福建地区产业发展层面较为落后，在乡村建设时更应该将侧重点放在调整优化产业结构，促进产品高质量发展。注重社会良好风气的培养,同时必须牢牢把握福建特有的民俗文化,打造特色文化小镇。人民群众的生活,提升人民群众的生活质量水平。

4. 建议

(1) 以民为本,落实乡村振兴建设

福建地区乡村振兴发展不平衡,福建省各地级市之间乡村振兴实绩成果差距大,这一点应值得重视。造成这种现象的原因可能是经济发展水平、建设宣传力度、人才队伍建设、各市政府重视程度等。无论是哪种因素而导致的,都应该不断反思。要将人民群众,作为一切工作的出发点和落脚点。我国是人民当家作主的国家,要以民为本,牢牢抓住乡村建设的本质。

(2) 优化产业结构,融合"一、二、三产业"协调发展

福建地区有着独特的地形结构,林木、耕地、河流资源颇丰。其粮食、蔬果、茶叶、鱼类等自然资源丰富,延长产业链,提升附加值,打造特色品牌。将产品与文化相结合,使得产品赋予特殊的文化内涵。调整优化产业结构,推动"一、二、三产业"协调发展。

(3) 挖掘文化资源,培育文明风尚

福建是一个拥有深厚文化底蕴的城市,其宗教文化和民间文化相互交融,形成了独具特色的福建风情。在面对这一局面,我们更应该把握机遇,充分挖掘特色文化资源,将传统习俗文化与新时代文明有机统一,在两者相互碰撞的过程中更加彰显其光彩,建设独一无二的福建特色乡村。

(4) 改善民生,实现共同富裕

当前中国步入新时代,中国的面貌焕然一新。人民的生活质量也不断提升,在乡村振兴建设中,在交通、住房、医疗保险等方面也应不断完善,为人民生活奠定坚实的物质基础,提升人民生活的幸福指数,为中国梦的实现和中华民族的伟大复兴,做好坚实的倚靠。

(二) 东南沿海地区乡村振兴评价指标的运用

1. 东南沿海地区概况

在本研究中,在2019年福建省乡村振兴评价实绩结果排名的基础上,构建乡村振兴评价指标模型。为检测其适用性,选取东南沿海的江苏、浙江、福建、广东中的同级城市进行测验,即江苏省的南京和苏州、浙江省的杭州和宁波、福建省的福州和厦门、广东省的广州和深圳。选择测验的城市均在中国东南

沿海处，地理位置较为类似。同时在地级市的选取上一个为该省的省份城市，另一个为发展程度较高的地区，从总体上选择的都是较为发达的地区。

2. 乡村振兴评价指标的运用

通过对收集来的 2019 年度部分东南沿海城市相关数据，运算得出以下排名结果见表 8。

表 8　2019 年度部分东南沿海城市乡村振兴排名结果

	江苏		浙江		福建		广东	
	南京	苏州	杭州	宁波	福州	厦门	广州	深圳
总体排名	3	2	1	4	5	8	7	6
产业兴旺	3	4	1	2	5	6	7	8
生态宜居	8	7	4	6	2	1	5	3
乡风文明	4	3	5	6	7	8	2	1
治理有效	7	5	3	1	2	8	4	6
生活富裕	5	3	2	7	6	8	4	1

根据结果得出，在东南沿海的部分城市中，乡村振兴总体情况排名杭州第一、苏州第二、南京第三、宁波第四、福州第五、深圳第六、广州第七、厦门第八。通过与其他东南沿海的地级市对比，在产业发展这个层面上，杭州发展水平最高，深圳最差。厦门较其他自然生态环境状况最好，最适合宜居，而南京的生态状况较其他相比略差。在乡风文明建设中，广东省的状况较好，福建省的有待加强。在治理上，宁波治理水平效果最好，厦门治理程度较为落后。在生活富裕上，深圳发展状况最好，厦门较差。

五、结论与展望

（一）结论

本研究以福建省各市的乡村振兴建设作为研究对象，在十九大报告中提出乡村振兴战略的背景下，结合国内外相关文献研究基础，构建适合福建地区乡村振兴建设的乡村评价指标体系。同时通过收集 2019 年度福建省各市有关乡村振兴建设的数据，运用相关方法，得出综合评分结果，并且对其分析探讨，为其福建省乡村振兴建设提出相关策略。具体研究成果如下几点：

一是在福建省乡村振兴中福州、厦门建设成果较为突出,处于良好区间,在乡村振兴这一背景下取得一定成果。但是,其他一些地级市在乡村振兴中表现较为不尽人意,较多处于很差这一区间。福建省各市的乡村振兴呈现出乡村振兴发展不平衡的状况,这可能受到经济、信息传播、重视程度等因素的影响。

二是通过构建乡村振兴评价指标体系,有利于福建地区在乡村振兴建设时明确与理想水平的距离,有利于发现该地在乡村振兴建设时的不足之处并及时调整改进策略方案,有利于该地纵向比较乡村振兴建设水平的变化发展,有效观察反映出该乡村在不同时期的变化进程。

三是乡村振兴建设时应坚持党的引领,坚持以民为本。福建地区产业层面发展较为落后,充分挖掘特色文化资源,将文化以产业融合发展,坚持绿色发展理念,打造品牌,建设特色乡村。提升人民生活质量,实现共同富裕,建设社会主义现代化强国。

四是本研究中的乡村振兴评价指标同样适用于东南沿海地区,通过排名得出,从总体乡村振兴建设成效上,杭州、苏州、南京、宁波建设程度高于福州,而深圳、广州、厦门低于福州。

(二)主要创新

第一,本研究针对福建地区乡村振兴建设而制定的乡村振兴评价指标体系,对于数据的选取也较为客观真实丰富。以福建省各市的具体数据,作为研究的基础,能够合理有效的反馈福建省各市乡村振兴的进程。

第二,在本研究中,可以通过乡村振兴评价指标观察到福建地区乡村振兴建设的不足之处,进而调整改变乡村建设的重心,把握正确的乡村建设方向,有效推进,加快社会主义现代化强国建设的步伐。

第三,在本研究中,通过这个福建省乡村振兴评价指标体系可以纵向比较该地区乡村振兴建设发展水平。将福建某地区乡村建设的不同时期对比,清晰明确乡村振兴的发展成果。

(三)研究不足和展望

在本研究中,由于笔者自身能力、时间因素、资料的收集等因素受限,研究存在一定程度上不足。在这个以乡村振兴为背景的新时代下,对于乡村振兴指标构建仍有提升的空间。首先,在不同阶段,对于指标的侧重点需有所调整，这是一个动态变化的过程，本研究中这一部分有所欠缺。其次，乡村振兴评价指标的选取可能地域特殊性体现得并非十分明显，这一点需要根据当地的实际情况再不断调整改善。最后，在本研究中采用熵值法这一方法，虽然获得了较为客观的赋权，但是在一定程度上对乡村振兴中人民群众的需求意愿缺乏体现，无法切实了解到当地乡村振兴发展的切实内涵。

当前，乡村振兴发展建设对中国建成社会主义强国有着重大意义，是实现中国梦、富强中华民族不可缺少的一个环节。乡村振兴评价指标体系的构建，对乡村振兴建设起着指导作用，能够反馈和及时调整乡村建设的进度，对其影响深远。在后续的研究中，将从以下几点进行调整、深入研究。第一，会将乡村振兴建设在不同阶段的因素考虑其中，争取把动态变化这一要素纳入其中。第二，在指标的选取上，会实际深入调查寻找到更加贴近福建各市的评价指标，使得评价指标更贴合福建乡村地区的发展状况。第三，对于方法的使用，会将主观因素纳入其中，使得其指标和权重体现乡村地区人民的意愿，切切实实落实到人民群众中。

（指导老师：张铎瀚）

图书在版编目(CIP)数据

云程初声:闽江学院史学优秀毕业论文选集/毛晓阳主编.—福州:海峡文艺出版社,2023.10
ISBN 978-7-5550-3361-5

Ⅰ.①云… Ⅱ.①毛… Ⅲ.①史学－中国－文集 Ⅳ.①K207－53

中国国家版本馆 CIP 数据核字(2023)第 100239 号

云程初声:闽江学院史学优秀毕业论文选集

毛晓阳　主编

出 版 人	林　滨
责任编辑	邱戊琴
编辑助理	王清云
出版发行	海峡文艺出版社
经　　销	福建新华发行(集团)有限责任公司
社　　址	福州市东水路 76 号 14 层
发 行 部	0591－87536797
印　　刷	福州德安彩色印刷有限公司
厂　　址	福州市金山工业区浦上标准厂房 B 区 42 幢
开　　本	787 毫米×1092 毫米　1/16
字　　数	352 千字
印　　张	21.5
版　　次	2023 年 10 月第 1 版
印　　次	2023 年 10 月第 1 次印刷
书　　号	ISBN 978-7-5550-3361-5
定　　价	69.00 元

如发现印装质量问题,请寄承印厂调换